WEINLANDSCHAFT SPANIEN

John Radford

WEINLANDSCHAFT SPANIEN

Tradition und Aufbruch

Hallwag Verlag Bern und Stuttgart

Die englische Originalausgabe ist unter dem Titel THE NEW SPAIN beim Verlag Mitchell Beazley, einem Imprint von Octopus Publishing Group Ltd., London, erschienen.

Design: Kenny Grant
Kartografie: Hardlines, Kenny Grant

Aus dem Englischen von Reinhard Ferstl
Lektorat: Harda Kuwer
Umschlaggestaltung: Robert Buchmüller
Redaktion: Werkstatt München · Martin Waller
Satz: Viola Müller, Werkstatt München
Printed and bound by Toppan Printing Company, China

ISBN 3-444-10553-3

Hallwag

Inhalt

Vorwort

Miguel Torres

Miguel Torres, der moderne spanische Weinpionier schlechthin. Er leitet nicht nur die weltberühmte Bodega gleichen Namens, sondern spielt auch eine entscheidende Rolle bei der Erzeugung von Qualitätsweinen in Penedès – und Spanien insgesamt.

Viele haben dem spanischen Wein während seiner langen Geschichte ihren Stempel aufgedrückt: die historischen Sherry-Häuser, die Adeligen in Rioja, die im 19. Jahrhundert den Grundstock für die *crianzas* legten, die Katalanen mit der Entwicklung des Cava im Jahr 1872 und die großen Familien von Córdoba.

Diese Pioniere waren ihrer Zeit weit voraus. Stolz zeigten sie der Welt, was sie in Weinberg und Kellerei vollbrachten. Zu jenen großen Persönlichkeiten, die den Ruhm spanischer Erzeugnisse mehrten, gehörte auch mein Vater Miguel Torres Carbó (1909–1991). Ebenso setzte der in Santander geborene, später in die USA ausgewanderte Jean León Zeichen: Er pflanzte 1962 in Penedès die ersten Chardonnay- und Cabernet-Sauvignon-Reben. Niemand ahnte damals, dass er damit eine neue Epoche einleitete. Heute hat Spaniens Wein endlich den Stellenwert, den er verdient.

Die natürlichen Bedingungen in den iberischen Weinbergen sind ideal. So gedeihen die edelsten einheimischen Trauben – Moscatel, Albariño, Verdejo, Parellada, Macabeo/Viura, Garnacha und Tempranillo – neben den besten internationalen Sorten wie Riesling, Gewürztraminer, Sauvignon blanc, Chardonnay, Cabernet Sauvignon, Merlot und Pinot noir. Eine weitere Aufwertung erfuhren die spanischen Weine durch Investitionen in die Rebflächen, die Bereitung und den Ausbau. Der Kunde weiß heute, dass oxidierte Weiße und maderisierte Rote der Vergangenheit angehören. In den meisten Regionen bereitet man Tropfen, die Aroma und Eleganz bekunden und gleichzeitig den Stil, die Tiefe und die Farbe der großen Kreszenzen aus dem Mittelmeerraum bewahren. Außerdem hat ein allgemein gestiegenes Interesse an Kellereiprodukten dem spanischen Rebensaft insgesamt zu mehr Popularität verholfen hat.

Die Blüte der Weinkultur ist eines der großen Phänomene des 20. Jahrhunderts. Spaniens Erzeugnisse haben sich weltweit einen festen Platz erobert – nicht nur mithilfe durchdachter Werbestrategien, sondern auch dank einer umsichtigen Arbeit in Weinberg und Labor, beim Verkauf und in der internationalen Gastronomie.

Die Zeit ist also mehr als reif für eine zeitgemäße Exkursion in Spaniens Weinlandschaft. Der Liebhaber guter Tropfen wird John Radfords Buch als Standardwerk schätzen lernen. *Weinlandschaft Spanien – Tradition und Aufbruch* bringt dem Leser alle Weine meines Landes näher: von den traditionellen Gewächsen, deren Geschichte sich im Werden der *Denominaciones de Origen* und in den einheimischen Trauben widerspiegelt, bis hin zu den Produkten der «neuen Ära». Die moderne spanische Weinpalette gründet sich auf eine Vielzahl von Bodenarten, Rebsorten und Weinstile und deckt deshalb ein außerordentlich breites Spektrum ab. Und sie bietet etwas, das der Kunde von heute über alles schätzt: ein ausgezeichnetes Preis-Leistungs-Verhältnis. In diesem Buch erfährt der Leser Wissenswertes über die Arbeit in spanischen Weinbergen, die Einbürgerung von Edelsorten und die umweltbewusste Wirtschaftsweise vieler Winzer. Er lernt die neuesten Kultivierungsmethoden mit Traubensorten aus Bordeaux und Burgund ebenso kennen wie die erstaunlich vielfältige Weinbautradition an sich. Nachdem in Katalonien beispielsweise Anfang der 80er Jahre Cabernet Sauvignon und Chardonnay erfolgreich eingeführt worden waren, konzentrierte man sich auf eine Wiederbelebung der alten, nach der Reblausinvasion im 19. Jahrhundert fast völlig verschwundenen katalanischen Reben – mit viel versprechenden ersten Ergebnissen.

In den kommenden Jahren wird Spanien die Weinwelt um einige faszinierende neue Kreszenzen bereichern, die lange vergessene Aromen und Geschmacksnuancen wieder aufleben lassen. Die enorme Vielfalt an Böden, Lagen und mikroklimatischen Bedingungen macht die Bereitung selten köstlicher Nektare möglich: Ein Musterbeispiel für den neuen Schwung in der Weinszene ist die DO Priorato. Spanien hat den Sprung von der Bedeutungslosigkeit zu einem Anbauland von Weltrang geschafft.

Dieses Buch bietet dem Leser eine Momentaufnahme der Kellerkunst in meinem Land. Seit vielen Jahren schon befasst sich John Radford eingehend mit spanischen Tropfen, wie seine vielen Artikel für Fachzeitschriften in Europa, aber auch seine Beträge für Fernsehen und Rundfunk beweisen. Nur ein veritabler Kenner und Liebhaber iberischer Kreszenzen wie er kann ein solch umfassendes, aktuelles und überaus kurzweiliges Werk über Spaniens Weine schreiben.

Einleitung

John Radford

Irgendwann Anfang der 70er Jahre heuerte ein unabhängiger Weinhändler in Nottingham einen neuen Verkäufer an. Der Mann hatte ihn in einem Vorstellungsgespräch von seinem önologischen Fachwissen überzeugt. Was der Arbeitgeber nicht wusste: Der Stellenanwärter hatte sich zuvor ein ganzes Wochenende lang intensiv mit Hugh Johnsons Buch Wein *befasst, der nach wie vor besten Einführung in das Thema.*

Nach rund einem Jahr hatte der Händler so viel Vertrauen in den neuen Mitarbeiter, dass er ihn mit einem Sortiment von Proben und einer bescheidenen Einkaufsliste zu Don Emilio Lustau nach Jerez schickte. Der junge Angestellte war sofort von Spanien hingerissen. Die Bougainvillea an den weiß gekalkten Wänden der Häuser in den Dörfern faszinierten ihn ebenso wie die schattigen andalusischen Höfe, in denen man nach langen Mahlzeiten mit endlos vielen tapas *und einigen Gläsern Brandy de Jerez* gran reserva *dem Plätschern der Springbrunnen lauschen konnte.*

Es gibt viele gute Bücher über spanische Weine, das vorliegende allerdings bietet in dreierlei Hinsicht etwas Neues. Erstens enthält es einen detaillierten Führer durch alle spanischen Anbaugebiete an der Schwelle zum 21. Jahrhundert. Zweitens habe ich versucht, Spanien in Regionen zu gliedern, die klimatisch, kulturell und natürlich gastronomisch eine gewisse Einheit bilden. Diese Einteilung soll das Verständnis für die iberischen Weine erleichtern. Sie hilft dem Leser zu verstehen, warum sie so sind, wie sie eben sind, und was er von ihnen zu erwarten hat. Und drittens gibt es in der Weinliteratur bis heute noch keine umfassende Liste der Bodegas in den Anbauzonen. Auch diese hier ist bei weitem nicht vollständig, ja, sie enthält nicht einmal alle besten Güter einer DO. Dennoch bietet sie einen Querschnitt mit Informationen über die wichtigsten Kellereien und ihre Weine.

Ich habe in den letzten drei Jahrzehnten eine Menge Freundschaften in der Weinhändlerszene und in Spanien geschlossen – es bräuchte ein weiteres Buch, um sie alle zu erwähnen. An dieser Stelle sei lediglich darauf hingewiesen, dass jeder *consejo regulador*, den ich um Unterstützung gebeten habe, mir mit Rat und Tat zur Seite gestanden hat, sei es in Form von festen Arbeitsprogrammen und Sprachführern oder mit Hotelbuchungen und Verkostungen. Natürlich hatten die größeren und reicheren DOs mehr zu bieten. Doch selbst die kleinsten und jüngsten trieben einen *bodeguero* oder *viñero* auf, der mir die Weine erklärte, sie mit einheimischen Spezialitäten kombinierte und ganz offen über die Ziele der Anbauzone sprach. Dennoch möchte ich einige Leute nennen, ohne die mein Projekt wohl nie verwirklicht worden wäre.

In Spanien waren das: José Madrazo, Iñigo Cañedo und Tom Perry in Rioja; Conchi Biurrun in Navarra; Miguel Torres und seine Mitarbeiter in Penedès; Javier Zaccagnini in Ribera del Duero; Bartolomé Vergara und Luis Bretón in Jerez; «Paco» Hurtado de Amezaga und sein Team in Rioja und Rueda; Alvaros Palacio und René Barbier in Priorato; Christopher Garrigós in Valencia oder wo immer er heute sein mag; Carlos Falcó, der Marqués de Griñón in Toledo; Lourdes Fernández López und Ruth Lozano auf Teneriffa sowie Ana Larrañaga von der Zeitschrift *Gastronomika* in Bilbao.

In Großbritannien half mir während der gesamten Entstehungszeit dieses Buchs das Team von Wines From Spain (ICEX-UK). Selbst wenn diese Leute etwas nicht wissen, treiben sie immer jemanden auf, der weiterhelfen kann. Wertvolle Berater waren zudem Juan Calabozo, Javier Burgos, Graham Hines, Brian Buckingham, David Balls, Charlotte Hey, Donald Mason, Daniel Brennan und Nicola Speakman.

Tatkräftige Unterstützung erhielt ich ferner vom spanisch-britischen Weinhandel. Zu nennen sind hier John Hawes von Laymont & Shaw, David Scatchard, John Comyn von Vinexcell, Manuel Moreno, Félix Benito von C&D Wines und Barry Ralph von The Upper Crust.

Ferner danke ich: Jeremy Watson, dem ehemaligen Direktor von Wines From Spain, der mittlerweile ein erfolgreiches Beratungsunternehmen in Spanien leitet und einer ganzen Generation von Weinautoren mit Besuchen, Rundreisen und Verkostungen die großartige spanische Weinpalette näher gebracht hat, sowie Philip Rowles von DWS-Freixenet, dem ich während jenes ersten Besuchs vor so vielen Jahren bei Lustau erstmals begegnet bin und der mit einem einzigen Telefonanruf fast die ganze Cava-Industrie mobilisiert und dazu bringt, anreisende Journalisten mit üppigen Mahlzeiten sowie Verkostungen zu verwöhnen. Und schließlich möchte ich Reg Haward erwähnen, jenen ehemaligen RAF-Offizier, der 1947 Vintage Wines Ltd. in Nottingham gründete. Er schickte mich damals auf meine erste Reise nach Spanien.

Spanischer Wein: ein historischer Abriss

Um 5000 v. Chr. pflanzte Noah laut Bibel auf dem Berge Ararat die ersten Reben. Mit einer bis in alttestamentarische Zeiten zurückreichenden Tradition kann Spanien nicht aufwarten – das Land entdeckte die Kunst des Weinbaus relativ spät.

Als die Phönizier um 1100 v. Chr. die Stadt Gadir, das heutige Cádiz, gründeten, beherrschten sie schon seit Jahrhunderten den Handel im Mittelmeerraum. Wein war damals neben Oliven und Weizen längst zur gängigen Handelsware geworden. In jenen Tagen transportierte man den begehrten Rebensaft in Amphoren. Diese tönernen Behältnisse waren schwer, undicht und zerbrechlich: Noch heute fischt man in der Bucht vor Sanlúcar de Barrameda jahrtausendealte Scherben aus dem Wasser. Irgendwann sind die Phönizier wohl auf die Idee gekommen, Wein vor Ort anzubauen und ihn von Gadir aus zu verschiffen, statt ihn den ganzen Weg von Vorderasien mühsam in die Stadt zu schaffen.

Landeinwärts hinter Gadir blies nicht jener kräftige Westwind wie an der Küste; das Land war flach und fruchtbar, das Klima heiß. Und siehe da, die Wuchsbedingungen eigneten sich ausgezeichnet für die festschaligen, süßen Traubensorten, mit deren Saft sich die phönizischen Weinhändler ihr Auskommen sicherten.

Für erste Fortschritte im Weinbau sorgten die Römer. Sie herrschten von etwa 100 v. Chr. bis zum Zusammenbruch ihres Reichs über nahezu die gesamte iberische Halbinsel. Wie in allen eroberten Gebieten pflanzten sie auch hier Rebstöcke und führten insbesondere neue Methoden der Wein-

Vor Jahrhunderten entwickelten iberische Winzer große Tongefäße, um die Oxidation ihrer Weine zu verhindern. Manche Verfahren kommen nie aus der Mode, wie die hier gezeigten Betontanks beweisen.

bereitung ein. Die ansässigen Stämme – im Westen die Kelten, in der Mitte und im Osten die Iberer – machten sich die römische Praxis bald zu Eigen: Sie ließen den Wein in Steintrögen gären und lagerten ihn in relativ kleinen Amphoren aus festerem und weniger durchlässigem Ton. Diese Art der Bereitung hat sich in Spanien bis auf den heutigen Tag erhalten; man kennt sie als *método rural*, ländliche Methode.

Der Einfall der Mauren

Nach dem Zusammenbruch des Römischen Reichs eroberten die Mauren im 8. Jahrhundert von Nordafrika aus fast die gesamte Halbinsel. Erst 1492 wurden die letzten arabischen Herrscher vertrieben. Die Mauren perfektionierten zwar das Destillationsverfahren, als muslimisches Volk aber verwendeten sie den Alkohol nur zur Herstellung von Duftwässern oder für medizinische Zwecke. Die Weinerzeugung blieb einheimischen Bauern vorbehalten. Fortschritte in der spanischen Weinkultur waren während der maurischen Herrschaft allerdings nicht zu verzeichnen. Erst nachdem man das Land unter christlicher Führung wieder vereint hatte, avancierte Wein zum gefragten Gut: Die Konquistadoren im neu entdeckten Amerika ließen ihn in riesigen Mengen über den großen Teich schiffen.

Spaniens erste Weine waren schwer und wuchtig – ein deutlicher Hinweis auf ihren Ursprung im östlichen Mittelmeerraum. Man trank sie entweder süß oder *rancio* (wörtlich: «ranzig», also vollständig oxidiert und reduziert), denn die Behältnisse waren damals alles andere als luftdicht und sauber.

So manches mit Wein gefüllte Holzfass gelangte im 15. Jahrhundert in die weite Welt und stillte nicht nur den Durst der Konquistadoren in exotischen Überseegefilden, sondern brachte auch die Engländer auf den Geschmack.

Im 16. und 17. Jahrhundert allerdings baute man auch im gesamten nördlichen und mittleren Teil der Halbinsel bereits Wein an; diese Roten und Weißen ähnelten schon weitaus mehr den heutigen Gewächsen.

Hauptproblem der Weinbauern war damals die Oxidation; mit allerlei Methoden versuchte man den Einfluss des Sauerstoffs unter Kontrolle zu bringen. Weil das aber meist misslang, fand man sich eben mit dem *rancio* ab. Auch wenn diese maderisierten Tropfen etwas gewöhnungsbedürftig sind, werden sie noch immer hergestellt und finden in einer kleinen Käufergruppe im Norden Spaniens dankbare Abnehmer.

Oxidation – was tun?

Wie vermeidet man den Kontakt des Weins mit Sauerstoff? Schon die alten Griechen hatten sich einiges einfallen lassen und ihre Amphoren beispielsweise mit Kiefernharz versiegelt – als Nebeneffekt entstand der Retsina. Auch die iberischen Winzer, die *viñeros*, suchten nach dem rechten Dreh: Sie ersannen große, nach oben konisch zulaufende Tongefäße. Diese *tinajas* wurden bis zum Rand gefüllt und mit einem schweren Deckel verschlossen, um so wenig Luft wie möglich in das Innere gelangen zu lassen. Selbst wenn sich eine Oxidation nicht ganz vermeiden ließ, so war sie doch wegen der kleinen Oberfläche der Flüssigkeit minimal. In Teilen Südspaniens findet man noch heute alte *tinajas*.

Für den Transport indes erwiesen sich diese Behältnisse als viel zu groß und klobig. Vor allem als Schiffsladung waren sie denkbar ungeeignet; doch gerade in den expandierenden Märkten der Kolonien herrschte rege Nachfrage nach spanischem Wein. So füllte man ihn in Lederbeutel, die besonders fest vernäht wurden, um eine Oxidation zu verhindern. Das Reinigen und Gerben der Tierhäute allerdings erfolgte damals nicht gerade unter hygienisch einwandfreien Bedingungen, was sich wohl auch auf die Qualität auswirkte.

Ende des 15. Jahrhunderts wurde mit der Einführung von Fässern einiges leichter. Schon lange hatte man runde Holzgefäße zum Transport von Nahrungsmitteln verwendet – nun begannen auch die Winzer dieses praktische Behältnis für ihre Erzeugnisse zu entdecken. Um das Jahr 1500 wurde gesetzlich vorgeschrieben, dass Weinfässer von allerhöchster Qualität sein mussten und nicht mit anderen Produkten in Berührung gekommen sein durften.

Anfangs verwendete man Fässer für den Gärprozess und die Lagerung; das Holz dehnte sich durch den Kontakt mit Flüssigkeit aus, sodass der Wein im Inneren geschützt reifen konnte. Zwar war der Inhalt nicht besser vor Oxidation gefeit als in Lederbeuteln, doch zumindest erwiesen sich die Fässer als robust genug, um die starken, gespriteten Tropfen aus Jerez im Zaum zu halten. Diese Entdeckung machte auch Sir Francis Drake, als er 1587 die spanische Flotte Philipps II. bei Cádiz angriff, um «dem spanischen König den Bart zu stutzen», und dabei 2900 Fässer des edlen Getränks erbeutete. Dieser Glücksgriff rief eine enorme Nachfrage nach dem Süßwein hervor, der im England des 16. Jahrhunderts unter der Bezeichnung «Sherris Sack» bekannt wurde.

Zum Durchbruch in der spanischen Weinbereitung kam es gegen Ende des 18. Jahrhunderts. In Bordeaux waren die großen *châteaux* entstanden, die Fässer von herausragender Qualität brauchten. So hatte sich die Fassmacherei dort zu einer regelrechten Kunst entwickelt. Die französischen Küfer hatten herausgefunden, wie sich ein Fass durch einen Spund am Bauch und einen am Boden luftdicht verschließen ließ.

Von den Fässern aus Bordeaux war ein *viñero* namens Manuel Quintano aus La Rioja derart beeindruckt, dass er einige mit auf sein Gut nahm. Dort füllte er sie mit Rioja-Wein und schickte sie nach Amerika. Zu seiner Freude kam sein Erzeugnis am Zielort nicht nur in ausgezeichnetem Zustand an, der Wein hatte auch ein angenehmes Eichenaroma angenommen. Seine Nachbarn indes waren weniger begeistert: Sie wollten nichts mehr mit ihm zu tun haben, solange er Fässer aus Bordeaux benutzte. Quintano gab schließlich nach und kehrte zu seinen undichten Bottichen zurück.

Riscal und die Wandlung des Rioja

Erst 50 Jahre später wurde mit der Zusammenarbeit zwischen Don Camilo Hurtado de Amezaga – dem späteren Marqués de Riscal – und einem französischen Winzer namens Jean Pineau der Grundstein für den modernen spanischen Wein gelegt. Don Camilo, ein Journalist, hatte wegen seiner politischen Artikel nach Frankreich ins Exil gehen müssen. Er verbrachte mehrere Jahre in Bordeaux und erfuhr dort einiges über die französischen Ausbaumethoden. Mit einer Reihe von Bordeaux-Fässern, französischem Know-how und dem festen Glauben, dass auf dem Land seiner Familie ebenso guter Wein wachsen könne wie in der Fremde, kehrte er schließlich in seine Heimat zurück.

Zur gleichen Zeit heuerten die Behörden in Rioja Jean Pineau an, damit dieser die Winzer der Gegend in die Geheimnisse der Bordelaiser Weinbereitung einweihte. Sie versprachen sich davon eine Aufwertung ihrer schlichten örtlichen Gewächse. Pineau wurde jedoch alles andere als freundlich empfangen: Die meisten einheimischen Erzeuger gerieten in rechten Harnisch, als ein Fremder sie über die Bereitung ihres Weins belehren wollte. Angesichts einer jahrtausendealten Tradition mussten ihnen Änderungsvorschläge, und waren sie auch noch so zurückhaltend, in der Tat radikal erscheinen – insbesondere aus dem Munde eines Franzosen.

Als Pineaus Vertrag auslief, engagierte ihn Don Camilo, damit er die Einrichtung seiner Bodega überwachte. So nahm denn die Geschichte ihren Lauf. Don Camilos Nachbarn sahen zunächst amüsiert zu, wie ihr Berufskollege Unsummen in sein neues Weingut steckte. Das Lächeln gefror ihnen jedoch alsbald auf den Lippen, als er Preise für seine Tropfen erzielte, von denen sie nicht einmal zu träumen wagten. Die neue Technologie hatte sich vollauf bezahlt gemacht und die meisten Produzenten der Region schwenkten flugs um.

Der Marqués de Riscal wird für gewöhnlich als Pionier der neuen Weinära im 19. Jahrhundert genannt. In Wirklichkeit war er nur einer von vielen Winzern, die im Norden der iberischen Halbinsel nach fortschrittlichen Bereitungsmethoden suchten. Wichtiger noch als ihre Verdienste um die Weinerzeugung indes waren ihre Gütekriterien. Sie gaben dem Käufer eine Qualitätsgarantie, auf die er sich verlassen konnte – und lockten ihn somit immer wieder zurück.

Bis zur nächsten Innovation in der spanischen Weinerzeugung vergingen weitere hundert Jahre. Treibende Kraft war diesmal Miguel Torres, der Vater des gleichnamigen Produzenten unserer Tage. In den 50er Jahren hatte Torres gesehen, dass in Frankreich und Australien Edelstahltanks verwendet wurden. Beeindruckt von der Präzision, mit der sich der Gärprozess darin steuern ließ, stellte er sie in den 60ern in seinem katalanischen Weingut auf. Er erzielte mit seiner Weinbereitung in Edelstahltanks so durchschlagende Erfolge, dass ein Großteil der spanischen Erzeuger seinem Beispiel folgte.

Spanischer Wein heute

Die Geschichte des spanischen Weins könnte damit zu Ende sein. Neue Ausbauverfahren haben sich neben traditionellen Methoden behauptet, einheimische und internationale Rebsorten gedeihen einträchtig nebeneinander. Für jeden Kundengeschmack findet sich etwas. Ist in Spanien eine Entwicklung aber erst einmal in Gang gekommen, lässt sie sich nicht so einfach aufhalten. Nach jahrhundertelanger Stagnation haben die *viñeros* Gefallen an Innovationen gefunden. Selbst in der rückständigsten Gegend experimentiert mindestens ein von Forscherdrang beseelter Weinbauer mit fortschrittlichen Gärmethoden, neuen Hefekulturen oder vergessenen Rebsorten. Oft ist dieser alchimistischen Suche kein Erfolg beschieden – hin und wieder aber entdeckt man pures Gold. Noch erstaunlicher aber ist die Aufgeschlossenheit der *consejos reguladores*, die heute neuen Ideen sehr offen gegenüberstehen. Noch vor 20 Jahren hätten sie darob missbilligend ihre genossenschaftlichen Häupter geschüttelt.

In diesem Klima der Öffnung entstand eine neue Weinkultur. Man könnte sie «postmodern» nennen, da sie meist mit einer Wiederentdeckung und Verfeinerung althergebrachter Methoden einhergeht. Die Fassgärung ist ein gutes Beispiel dafür. Einst konnten große Weine nur in jenen seltenen Jahren entstehen, wenn die Temperatur unmittelbar nach der Lese stark sank. In den modernen, klimatisierten Kellern lässt sich die Kühle nun künstlich erzeugen – was der Flüssigkeit im Fass überaus zuträglich ist.

Nach rund 3000 Jahren dürfen wir die besten spanischen Weine aller Zeiten genießen: nussige, trockene *olorosos* und leichte, frische, mit Füßen gestampfte *cosecheros*, Erzeugnisse aus den Kellern kleiner Produzenten; in Eiche gereifte *tintos*, die mit ihren Rosinentönen und eindringlichen Zimtnoten von der Wärme eines langen, goldenen Herbstes künden; spritzige, reintönige Weiße und reife, kräuterwürzige Rote, deren fruchtige Frische zum sofortigen Genuss einladen; und eine neue Generation von Schaumweinen, die natürlich nach dem *método tradicional* bereitet wurden.

Eine breit gefächerte Palette moderner Weine also. Grund genug, sich eingehend mit ihnen zu beschäftigen.

Vinifikation im 21. Jahrhundert. In Miguel Torres' ultramoderner Bodega in Katalonien entstehen einige der besten spanischen – und europäischen – Weine.

Das neue Spanien

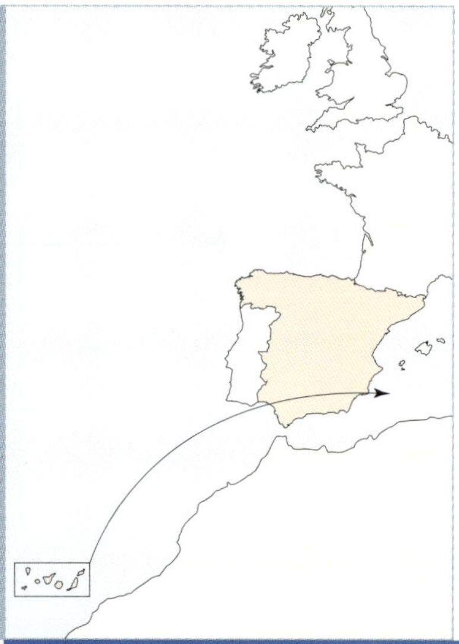

Das Verständnis der Weine eines Landes setzt zunächst einmal Grundkenntnisse der politischen Struktur und Geografie voraus. 1978 nahm die spanische Bevölkerung eine neue Verfassung an, die den ehemaligen Königreichen und Regionen in der Konstellation von 1492 ihre Identität zurückgab. Es entstand eine Art Staatenbund aus 17 *autonomías,* autonomen Regionen mit eigenem Parlament und teilweise auch eigener Nationalsprache. Zusätzlich gliedert sich das Land in 50 *provincias*, Provinzen mit Selbstverwaltungsrecht. Die Kanarischen Inseln, die Balearen und zwei Enklaven an der marokkanischen Küste zählen ebenfalls zum Königreich Spanien. Manche *autonomías* umfassen mehrere Provinzen, andere, wie La Rioja und Navarra, nur eine.

Von Menschen gezogene Grenzlinien prägen zwar in gewisser Weise das Wie und Warum der Weinerzeugung, eine weitaus größere Rolle allerdings spielen nicht kontrollierbare Einflüsse wie die natürlichen Bedingungen und die Mentalität der Bevölkerung.

Ganz links: Die Dächer des Cava-Hauses Raventós i Blanc. Investition und Innovation sind die Schlüssel zum Erfolg der neuen Generation spanischer Weinproduzenten.

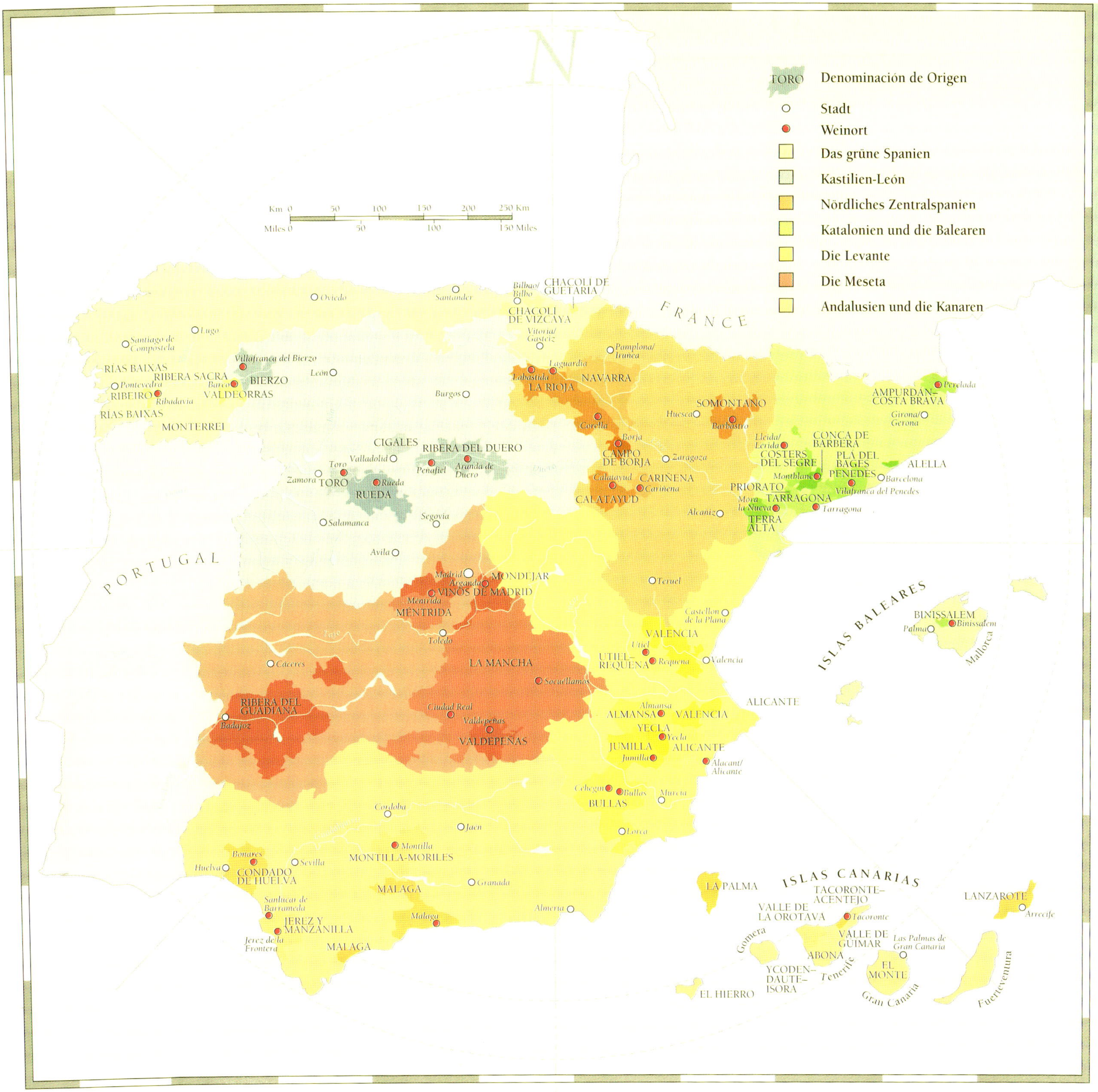

Rebsorten

Die Garnacha, ein wichtiger Bestandteil von Rioja-Weinen, ist vermutlich die am häufigsten angebaute Rotweintraube in ganz Spanien. Heute entstehen aus ihr ferner Sortenweine modernen Zuschnitts.

In vielen Gegenden Spaniens findet man Versuchspflanzungen von fast jeder bekannten Traube. Die sogenannten «internationalen» Rebsorten wie Cabernet Sauvignon, Merlot, Malbec, Pinot noir, Sauvignon blanc, Riesling oder Gewürztraminer wachsen in zahlreichen Weinbergen oder Testanlagen von Ampurdán bis Cádiz – manche bereits seit 300 Jahren und länger. Die folgende Liste enthält nur die wichtigsten Züchtungen spanischen Ursprungs. Mit einem dunklen Stern (★) markierte Traubensorten spielen eine vorrangige Rolle. Ein weißer Stern (☆) deutet auf ein viel versprechendes Potenzial hin. Ein (→) verweist auf eigene Einträge.

Rote Rebsorten

Alicante Anderer Name für die Garnacha tintorera (→).

Aragón In manchen Weinbaugebieten von Kastilien-León kennt man die Garnacha tinta (→) unter dieser Bezeichnung. Weiterer Name: Tinto aragonés.

Bobal Eine Traube mit guten Färbereigenschaften. Sie bringt angenehme, fleischige, *rosados* und warme Rote hervor. In der Levante entstehen aus ihr die *vinos de doble pasta,* Weine, bei denen der Traubenmost mit der doppelten Maischemenge vergoren wird. Endprodukt dieser Behandlung sind außerordentlich körperreiche Tropfen. Man verwendet sie vor allem für den Verschnitt von Exportweinen in Ländern, deren Rote eher leichtgewichtig daherkommen.

Cariñena Aus dieser Rebsorte werden robuste, ausgewogene Weine gewonnen. Hauptverbreitungsgebiet der Cariñena ist die DO Rioja, wo man sie unter der Bezeichnung Mazuelo kennt. Im Rioja-Verschnitt sorgt sie für Farbe und Körper, während sie in den traditionellsten Tropfen der Region ein Gegengewicht zur hellen Garnacha bildet. Seltsamerweise spielt sie in den DO-Weinen ihrer aragonischen Heimat Cariñena nur eine untergeordnete Rolle.

Cencibel ist der in Zentral- und Südspanien gebräuchliche Name für die Tempranillo (→). Obwohl es sich um dieselbe Traubensorte handelt, erinnern die beiden eher an Zwillinge, die man bei der Geburt getrennt hat: Weine aus der im Süden angebauten Cencibel geraten deutlich anders als Tempranillo-Tropfen, die im Norden herangereift sind. Einige Winzer lassen sich sogar Stöcke aus dem Norden und Süden kommen und pflanzen sie in getrennten Weinbergen – man könne den Unterschied schmecken, behaupten sie.

Garnacha tinta ★ Vermutlich Spaniens meist angebaute Rotweintraube; eignet sich hervorragend für Verschnitte. Die besten Garnacha-Erzeugnisse stammen aus Priorato. Dort gedeihen in fast 100prozentiger Monokultur die Garnacha-Stöcke des Gutes Clos l'Ermita. Aus deren Beeren werden die besten Gewächse der Region gekeltert, auch wenn man fünf bis zehn Prozent Cabernet Sauvignon beimengt, um ihnen eine stärkere Duftnote zu verleihen. In den Kellern des Erzeugers Scala Dei in Priorato reifen aus der Garnacha große, hoch konzentrierte Weine heran, die ungespritet über 15 Volumenprozent erreichen und sich in ihrer Klasse nicht nur mit Europas Besten messen können, sondern auch praktisch ewig halten. Garnacha ist mit bis zu 30 Prozent Anteil eine wichtige Komponente im traditionellen Rioja und mindestens ein Rioja-Haus – Martínez Bujanda – fertigt eine reinsortige Garnacha-Kreation. Popularität genießt die Rebe ferner in Navarra und den meisten Weinbauregionen des nördlichen Spanien. In Südfrankreich kennt man sie als Grenache.

Garnacha tintorera Auch Alicante genannt. Eine der wenigen Traubensorten mit dunklem Saft. Sie wird vor allem in Bierzo mit Mencía (→) kombiniert und verleiht den Verschnitten Farbe sowie Gewicht. In echten Qualitätsweinen wird man sie allerdings vergebens suchen.

Graciano Eine ertragsarme Rebe, die kurz vor dem Aussterben stand, bis man Rioja zur DOCa Zone kürte (siehe Seite 23). Die kleine, festschalige Sorte bereichert Verschnitte durch seltene Finesse und immenses Alterungspotenzial. Selbst bei geringem Anteil erteilt sie zuweilen einem *gran reserva* die Weihe zu einem wirklich großen Gewächs. Man hat dieser Rebsorte nur wenige Anbauflächen in Rioja – und noch weniger in Navarra – reserviert, in anderen Regionen findet man sie so gut wie nie.

Juan García ☆ Eine aus dem Anbaugebiet Fermoselle in der Provinz Zamora (Kastilien-León) stammende Varietät, die dort recht häufig zu finden ist. Professionell bereitet kann Juan García durchaus ein enormes Potenzial entfalten. Dennoch ist noch viel Arbeit nötig, bis spektakuläre Ergebnisse zu erwarten sind. Bei passabler Bereitung verleiht diese Rebe örtlichen Landweinen ein gehöriges Maß angenehmer, wohlschmeckender Frucht. Man sollte sie im Auge behalten.

Listán negro ☆ Auf den Kanarischen Inseln und insbesondere in der DO-Zone Tacoronte-Acentejo auf Teneriffa gehört sie zu den wichtigsten Rebsorten. Moderne Kellereien bereiten aus ihr gute, volle Rote, die nicht übermäßig viel Charakter aufweisen, aber angenehmen, überdurchschnittlichen Trinkgenuss garantieren. Sollte die derzeitige Weinindustrie auf der Insel einmal die «kritische Masse» erreichen, könnte Listán negro durchaus ein gewisses Potenzial für die Zukunft bieten.

Manto negro Die gebürtige Balearin behauptet ihr Terrain als führende Rebsorte der DO Binissalem. Aus ihr entstehen leichte, frische Weine mit guter Frucht, einer Andeutung von Eiche und bemerkenswerter Alterungsfähigkeit.

Mazuelo siehe **Cariñena**.

Mencía ☆ Neuesten Untersuchungen zufolge ähnelt sie sehr stark der Sorte Cabernet franc – im Stammbaum der beiden findet sich möglicherweise eine gemeinsame Ahnin. In der Hand eines guten Kellermeisters kann aus der Mencía ein Tropfen von hoher Qualität werden. Guter Mencía-Wein erfreut durch angenehme, frische, lebendige Frucht sowie elegantes Tannin und möchte jung getrunken werden. Im Zusammenspiel mit der Garnacha tintorera zeigt die Rebe ein gutes Alterungspotenzial, wie vor allem Gewächse aus Bierzo belegen. Dort und im benachbarten Valdeorras, wo Versuche zur Einführung eines *joven* größtenteils enttäuschend verliefen, ist sie auch überwiegend anzutreffen. Trotz nicht immer zufrieden stellender Ergebnisse sollte man die Sorte keinesfalls aus den Augen lassen.

Monastrell ☆ Eine ertragreiche, widerstandsfähige Sorte, aus der moderne Anlagen vor allem in Murcia einige exzellente Kreszenzen von hoher Qualität keltern. Nach jahrelanger Schattenexistenz konnte sich die Monastrell-Rebsorte rehabilitieren, was zum Großteil das Verdienst einiger Kellereien in Jumilla (der mittlerweile aufgelösten Bodega Vitivino und von Señorío del Condestable) und Yecla (Castaño) ist. Condestable gehört zur riesigen Gruppe Bodegas y Bebidas, die 1995 einen reinsortigen Monastrell auf den Markt brachte und die Vorbehalte vieler Weinfreunde gegen die Traube ausräumte. Monastrell-Weine verfügen über pulsierende Frucht, köstliche Reife und reichlich Säure. In Katalonien findet die Rebe bei der Herstellung von Rosé-Cava Verwendung.

Moristel Eine recht obskure Traube, die ausschließlich in der DO Somontano angebaut wird – was nicht unbedingt ein Nachteil sein muss. Sie steht für gute, fruchtige, frühreife *jóvenes* und eignet sich für den Verschnitt mit importierten Rebsorten, die in dem Bereich angebaut werden.

Negramoll Sie ist die Rebsorte der Kanarischen Inseln und insbesondere der DO Tacoronte-Acentejo schlechthin, wo sie am häufigsten kultiviert wird. Aus ihr fertigen die Kellereien leichte, weiche, früh reifende Weine, die meist mit Listán negro (→) verschnitten werden. Die Ergebnisse lassen hoffen, im Augenblick ist die Produktion jedoch noch zu gering für definitive Aussagen.

Tempranillo ★ Spaniens wohl wichtigste blaue Spitzenrebe. Der Katalane nennt sie Ull de Llebre, in Südspanien heißt sie Cencibel und in Kastilien-León baut man sie unter der Bezeichnung Tinto fino, Tinto del país und Tinta de Toro an. Jüngste Untersuchungsergebnisse lassen auf eine Verwandtschaft mit Pinot noir schließen. In reinsortiger Kelterung entstehen aus ihr herausragende *jóvenes* mit Erdbeer- und Himbeeraromen im Duft und einem köstlichen Einschlag von Fruchtpudding am Gaumen. Ihre größte Meisterleistung indes vollbringt sie in den großen Riojas, wo sie neben Garnacha, Graciano und Mazuelo mit 70 Prozent mehrheitlich am Verschnitt beteiligt ist. Die daraus entstehenden Gewächse entfalten in großen Jahren mit dem Alter eine Geschmackskomposition aus üppigen Plumpudding-, Rosinen- und Zimtnoten. In Ribera del Duero entstehen aus der Tempranillo angenehme, würzige *crianzas* sowie in guten Jahren gelegentlich eine *reserva*. Auch einige moderne Kellereien in Navarra, Toro und Katalonien erzielen mit dem Gespann Tempranillo und Cabernet Sauvignon zuweilen spektakuläre Ergebnisse. Die Rebe wird ferner in der portugiesischen Douro-Region kultiviert, wo man sie als Tinta roriz kennt.

Weiße Rebsorten

Airén Die meistangebaute Traube Spaniens und vermutlich auch der Welt. Sie übersteht die brennende Hitze der großen Hochebene von La Mancha und ergibt – sofern mit modernen Methoden vinifiziert – frische, säuerliche Weiße von heller Farbe. Airén hatte früher einen schlechten Ruf, bis fortschrittliche Kellertechniken ihre besseren Eigenschaften zum Vorschein brachten. Gleichwohl wird sie wohl niemals mehr als Alltagsweine liefern. Die meisten Airén-Anbauflächen findet man in Kastilien-La Mancha; daneben tritt die Sorte noch geringfügig in der Extremadura in Erscheinung.

Albariño ★ stammt aus Galicien. Miguel Torres jedoch ist überzeugt davon, dass es sich bei der Rebe um den deutschen Riesling handelt, den Mönche als Weihgeschenk über die berühmte, von Nordosteuropa bis hinunter nach Santiago de

Die Tempranillo, Spaniens Königin unter den roten Rebsorten, liefert leichte, fruchtige *jóvenes*, aber auch hehre Gewächse wie die klassischen, würzigen, in Eiche gereiften Rioja-Weine.

Aus der Albariño, der Protagonistin in vielen galicischen DO-Zonen, entstehen köstlich frische Tropfen mit reicher Pfirsichfrucht, was ihren enormen Popularitätszuwachs in den letzten Jahren erklärt.

Compostela verlaufende Pilgerstraße *Camino de Santiago* nach Spanien brachten. Der *consejo regulador* widerspricht Señor Torres, aber woher die Albariño nun auch letztendlich stammen mag, sie ist die wichtigste Sorte der DO Rías Baixas und anderer galicischer Anbaugebiete. In den letzten Jahren hat sie einen spektakulären Boom erlebt – und das mit gutem Grund. Die besten Albariño-Weine kehren am Gaumen eine vorzügliche Pfirsichfrucht hervor, die sich voll, aber keineswegs süß gibt. Die meisten Tropfen werden innerhalb von 18 Monaten nach der Lese konsumiert. Bei umfassender malolaktischer Gärung reifen aus der Albariño-Rebe körperreiche, stahlige, trockene Weine heran, die mit Würde altern.

Albillo Diese Traube hat möglicherweise im Land des Sherrys ihre Heimat. Heute allerdings pflanzt man sie vorwiegend in der DO Ribeiro. In der DO Vinos de Madrid ist sie sogar die wichtigste weiße Sorte. Einst fügte man sie in kleinen Mengen dem roten Vega Sicilia hinzu, mittlerweile aber scheint sie fast überall in Ungnade gefallen zu sein.

Alcañón Sie hat ihre Wurzeln in der Somontano-Region. Alcañón liefert leichte Weiße mit eigenem Aroma, macht sich jedoch auch gut in Verschnitten mit anderen Sorten wie etwa französischen Importen. Derzeit scheint ihr Chenin blanc den Rang abzulaufen.

Godello ☆ Eine aus Galicien stammende aromatische Rebsorte von hoher Qualität. In den letzten Jahren versuchte man vor allem in der DO Valdeorras die Winzer zur Neupflanzung von Godello-Stöcken zu bewegen. Die besten Godello-Weine zeigen eine reife, volle – nicht jedoch süße –, spritzige, fast pfirsichartige Frucht. Sie ähneln den Albariño-Weinen, doch hat ein Godello mehr Säure vorzuweisen. Die Rebe verspricht eine der besten weißen Traubensorten zu werden.

Listán siehe **Palomino**.

Loureira ☆ Diese galicische Rebsorte liefert hoch aromatische Weine. Man trifft sie oft in Verschnitten zusammen mit der weißen Treixadura und zuweilen auch der Albariño an – das Ergebnis ist stets eine spritzige, weiche, pfirsichartige Frucht. Würde sie häufiger kultiviert, könnte man auch besser beurteilen, wie sie sich als sortenreiner Wein macht.

Macabeo ★ Macabeo, auch Viura genannt, wird in ganz Nordspanien sowie in weiter südlich liegenden Regionen mit der Genehmigung zur Fertigung von Cava kultiviert. In Katalonien verschneidet man sie mit Xarel-lo und Parellada zu den besten iberischen Schaumweinen, außerhalb der Region gefertigte Cavas bestehen oft sogar zu 100 Prozent aus ihr. In Rioja und Navarra ist sie die wichtigste weiße Traube für Stillweine. Sie wird zwar zuweilen als etwas neutral kritisiert, kann sich jedoch mit Hilfe geschickter Kellermeister in Weine mit gutem Aroma und einer pflanzlichen, würzigen Nase verwandeln. Klassische, eichenholzgereifte weiße Riojas bestehen meist überwiegend aus Macabeo mit einem 5–10-prozentigen Anteil Malvasía riojana (→). In Frankreich nennt man die Traube Macabeu.

Merseguera Die Rebsorte ist in der Gegend um Valencia zu Hause und gilt als wichtigste Weißweintraube der Levante. Kritiker werfen ihr Ausdrucksschwäche und mangelnden Charakter vor, die besten Weine aber beweisen angenehme Frucht und sogar einen geringen pflanzlichen Einschlag im Duft. Nichtsdestotrotz dient sie vor allem zur Fertigung von Alltagsweißen für die europäischen Supermärkte.

Moscatel ★ In Frankreich kennt man die Traube als Muscat d'Alexandrie. Sie ergibt volle Weine, die als Grundlage für die Spitzenriege der Likörweine *vinos de licor* dienen; zudem werden aus ihr die süßeren Andalusier gekeltert. Ein guter Moscatel de Valencia zählt zu den besten europäischen Süßweinen.

Palomino ★ Palomino, auch Listán genannt, ist die unumstrittene Herrscherin über Jerez. Sie gedeiht auf den Kreideböden der Provinz Cádiz und liefert einen Rohstoff, auf dem sich eine *flor*-Decke bilden kann, bevor er im *solera*-System zum Sherry heranreifen darf (siehe Seite 192). Dieser Likörwein ist ein Paradebeispiel für den Einfluss, den beste Vinifikation und Qualitätskontrolle auf ein recht gewöhnliches Grundmaterial ausüben können. Denn wo auch immer die Palomino – meist wegen ihres Ertragsreichtums – angebaut wird, bringt sie überaus unspektakuläre Weine hervor.

Pansà blanca siehe **Xarel-lo**.

Parellada ★ Eine der wichtigsten Ingredienzen im Cava. Die Sorte wird in ganz Katalonien kultiviert und findet dort auch bei der Erzeugung von weißen Alltagsweinen Verwendung. Als Cava-Bestandteil sorgt Parellada in der Regel für die weiche, cremige Basis, während Macabeo für kernige Säure zuständig ist und Xarel-lo den beiden mit seiner

Die jahrhundertealten Oxidationsprobleme der Verdejo konnten erst mit Hilfe neuester Technologien beseitigt werden.

Kraft Halt gibt. Reinsortige Parellada-Weine präsentieren sich meistens als angenehme, leichte, gut trinkbare Produkte für den sofortigen Konsum.

Pedro Ximénez ★ Eine spanische Klassikerin, die der Überlieferung zufolge im 16. Jahrhundert von einem deutschen Soldaten namens Pieter Siemens – daher der Name – auf die iberische Halbinsel gebracht wurde und mit der Riesling identisch sein soll. Sie ist die wichtigste weiße Traube in Andalusien, wo aus ihrem vollen, süßen Saft fabelhafte Dessertweine entstehen. Die ältesten unter ihnen sind dick und schwarz wie Öl. Man genießt sie zumeist teelöffelweise aus einer Vertiefung in einer Portion frisch zubereitetem Vanilleeis.

Verdejo ★ Ruedas Hauptrebe wartete tausend Jahre lang auf ihre Chance, bis sich diese mit der modernen Technologie bot: Seit Oxidationsprobleme durch Kühlung und eine Schicht Inertgas gelöst werden können, ersteht aus ihr der vermutlich größte Weißwein Spaniens – der Rueda Superior. Er muss 85 Prozent Verdejo enthalten. Die überragendsten Produkte – man suche sie bei Riscal, Palacio de Bornos und Martinsancho – bestechen durch lebendige, köstliche Frucht, ein fulminantes Aromakonzert und ein knochentrockenes Finale. Rueda Superior darf sich zweifellos in die Riege der größten europäischen Gewächse einreihen.

Viura siehe **Macabeo**.

Xarel-lo ★ Die Traube, die in Cava-Kreisen für Verwirrung sorgte. In der DO Alella kennt man sie als Pansà blanca. Ohne die Xarel-lo ist der heutige Cava undenkbar. Sie verleiht ihm Basis, Gewicht, Kraft und Alkohol. Früher allerdings krankte sie an denselben Problemen wie die Verdejo in Rueda. Deshalb entstanden Cavas mit einem eigentümlichen erdigen Geschmack, den nordeuropäische Weinkritiker nur zu gern schmähten. Dieser Makel gehört nun der Vergangenheit an und eine der neuesten Entwicklungen in der Cava-Palette ist ein Verschnitt von Xarel-lo und Monastrell – von weiß und rot also – aus dem Hause Freixenet, der völlig neue Perspektiven in der katalanischen Schaumwein-Landschaft eröffnet.

Trauben stehen in einer Bodega in Valdepeñas zur Vinifikation bereit. Auch wenn im Keller Hightechausrüstung zum Einsatz kommt, so erfolgt die Lese in Spanien noch immer größtenteils mit der Hand.

Klima und Boden

Wichtigste Bodentypen

Kreide

Schiefer

Lehm

Für die besten Weinberge Spaniens sind vor allem drei Haupttypen charakteristisch: Kreide, Schiefer und Lehm. Während Kreide und Schiefer in der trockenen Jahreszeit ausgezeichnet Wasser speichern, ist Lehm ein guter Lieferant von Mineralien.

Unter Spanien stellt man sich gemeinhin ein südländisches, vom Meer umspültes Urlaubsparadies mit viel Sand und Sonne vor. All das trifft zu, vor allem für die Südostküste. Dennoch sollte man die iberische Halbinsel nicht auf dieses Klischee reduzieren. Auch die Schweiz hat weitaus mehr als nur Almen mit rustikalen Chalets und mächtigen Bergriesen im Hintergrund zu bieten. Aber wer hätte gedacht, dass Spanien hinter der Eidgenossenschaft und Albanien Platz drei in der Rangfolge der gebirgigsten Länder Europas belegt? Die durchschnittliche Höhe über dem Meeresspiegel wird sogar nur noch von der Schweiz übertroffen. Die Höhenlage vieler spanischer Weinberge erklärt auch, warum so weit südlich noch Wein solcher Qualität entstehen kann.

Topografie

Spaniens Mitte wird beherrscht von einem ausgedehnten Zentralplateau, der sogenannten *meseta*, wörtlich «Tafelland». Diese leicht nach Süden geneigte Hochebene endet im Norden bei Burgos mit 856 Meter Höhe und läuft im Süden in der Gegend um Jaén bei 574 Metern aus. In der Landesmitte liegt Madrid – mit 646 Metern über dem Meeresspiegel die höchst gelegene Hauptstadt Europas.

Mehrere Gebirge, deren Ausläufer sich zuweilen bis zur Küste erstrecken, säumen die Meseta – unter ihnen ragt die Sierra Nevada mit dem 3482 Meter hohen Mulhacén am höchsten auf. Im Norden wird das Plateau begrenzt von der Cordillera Cantábrica, dem Kantabrischen Gebirge, das die westliche Fortsetzung der Pyrenäen bildet und das grüne Spanien im Norden von der zentralen Hochebene trennt. Im Westen wird das Plateau von der Sierra de Gata, im Süden vom Becken des Guadalquivir und im Nordosten von der Sistema Ibérico, dem Iberischen Randgebirge, gesäumt. Mehrere Mittelgebirgsketten durchziehen das Tafelland und sorgen für vielfältige mikroklimatische Verhältnisse – nicht zuletzt deshalb unterscheiden sich die Weine aus verschiedenen Regionen voneinander. Im Südosten der Meseta liegt La Mancha; die große Ebene erstreckt sich von Madrid im Norden bis Valdepeñas im Süden.

Spanien wird von großen Flussadern durchzogen. Den Norden beherrschen Ebro und Duero, die beide in der Cordillera Cantábrica entspringen. Der Ebro bahnt sich seinen Weg nach Südosten und liefert das Wasser für die Weinberge in La Rioja, Navarra und Teilen Aragoniens sowie Kataloniens, wo er sich südlich von Tarragona ins Meer ergießt. Der Duero wendet sich nach Westen, durchquert Kastilien-León, streift die Rebhänge von Ribera del Duero, Rueda und Toro und strebt als «Douro» quer durch Portugal dem Atlantik zu, den er nach einer Reise durch die Heimat des Portweins bei Oporto erreicht. Der Westen Zentralspaniens ist das Terrain des Tajo (Tagus), der östlich von Madrid durch Toledo in Richtung Portugal fließt. Dort mündet er bei Lissabon als Tejo in den Atlantik. Sein Gefährte weiter im Süden heißt Guadiana; er verläuft in weiten Teilen der La Mancha unterirdisch und sorgt dort für die dringend notwendige Bewässerung der Weingärten in Ciudad Real. Auf den letzten 100 Kilometern bildet er eine natürliche Grenze zwischen Portugal und Spanien.

Im Osten Zentralspaniens regieren der Turia und der Júcar, die sich beide bei Valencia einträchtig ins Mittelmeer ergießen. Etwas weiter südlich fließt der Segura: Er durchquert Murcia, bevor er zwischen Alicante und Cartagena an der Costa Blanca endet. Nicht weit weg von ihm entspringt der Guadalquivir, der jedoch westwärts Richtung Córdoba und Sevilla strebt, um in Sanlúcar de Barrameda im Atlantischen Ozean aufzugehen.

Diese Flüsse sind die landwirtschaftlichen Lebensadern Spaniens. Sie tragen nicht nur zur Ausprägung des Mikroklimas bei, sondern liefern auch das kostbare Nass zur Bewässerung der höchst gelegenen und trockensten Gegenden.

Geologie

Die portugiesische und galicische Küste bilden die führende Kante der eurasischen Platte. Deshalb setzen sich das portugiesische Hochland und die westlichen Bergketten Spaniens zum Großteil aus metamorphem und kristallinem Gestein zusammen. Am häufigsten vertreten ist Schiefer, das Muttergestein der besten Weinberge in beiden Ländern. Es tritt vor allem an der katalanischen Küste bei Alella, im Hochland von Priorato, in La Rioja, entlang des Duero-Tals und im Anbaugebiet des Portweins am Douro zutage.

In diesen Regionen werden mit Ausnahme der katalanischen Küste die dem Weinbau förderlichen klimatischen Faktoren durch die Höhe begünstigt. In weiten Bereichen des spanischen Nordens und Ostens im Tiefland außerhalb des Gebirgsrings, der die Meseta säumt, besteht das Muttergestein aus Sedimenten. Den Rest bilden spätere Gesteine. Die Kanarischen Inseln hingegen sind überwiegend vulkanischen Ursprungs.

In den Küstenregionen herrschen leichte, zuweilen sandige, nicht besonders humusreiche Böden vor, die sich gut für den Weinbau eignen. Der Boden in den besten Lagen weist jedoch genau jene Ingredienzen auf, die den Untergrund in allen großen Weinbaugebieten auszeichnen: Kalciumkarbonat, ob in Form von Kreide, Kalk oder Mergel, und eine breite Palette von Mineralien. So finden sich in den höher gelege-

Der Boden in Ribera del Duero enthält bis zu 18 Prozent Kalk und ist damit der ideale Untergrund für Rebstöcke.

nen Regionen von Rioja entweder eisen- oder kreidehaltige Böden auf Lehmbasis, während die tieferen Gegenden um Alfaro weitaus sandiger sind. Der Lehmuntergrund in Ribera del Duero wiederum enthält neun bis 18 Prozent Kalk und einen hohen Gipsanteil.

In Jerez dagegen findet man meist den hellen *albariza*. Dieser Boden besteht bis zu 80 Prozent aus Kalk, weshalb manche Weinberge wie schneebedeckt aussehen.

Als Faustregel gilt also: Die besten spanischen Weine gedeihen auf Kreide- beziehungsweise Kalkböden mit Schwemmland von einem nahe gelegenen Fluss sowie Mineralien und schließlich Schiefer als Muttergestein.

Klima

Spanien lässt sich grob in drei Klimazonen unterteilen. Da ist zunächst das grüne Spanien, der Küstenstrich nördlich der Cordillera Cantábrica, zu dem Galicien, Asturien, Kantabrien und das nördliche Baskenland zählen. Hinzu kommen die nördlichen, in den Pyrenäen gelegenen Regionen von Navarra, Aragonien und Katalonien. Das grüne Spanien zeichnet sich durch eine hohe Niederschlagsmenge von bis zu 2000 Millimetern jährlich aus (zum Vergleich: norddeutsches Tiefland 500 bis 600 Millimeter, in den Alpen 1500 bis 2000 Millimeter). Die Sommer fallen mit einem Mittel von 24 Grad Celsius heiß, die Winter relativ kalt aus: Die Durchschnittstemperatur im Januar beträgt 8 Grad, wobei die Schwankungen je nach Höhe beträchtlich sein können.

Als zweite Zone ist die Meseta zu nennen, die ein extremes kontinentales Klima aufweist. Eisig kalte Winter wechseln sich hier mit mörderisch heißen Sommern ab, in denen das Quecksilber auf über 42 Grad klettert. Das Tagesmittel liegt bei etwa 30 Grad im Sommer und weit unter dem Gefrierpunkt im Winter, wie der durchschnittliche Jahreswert von 4 Grad zeigt. Die Niederschlagsmenge dagegen fällt mit kaum 500 Millimetern recht bescheiden aus.

Als dritte Klimazone lässt sich der Küstenstrich vom südlichen Katalonien bis hinüber zur portugiesischen Grenze am Golf von Cádiz ausmachen. Er liegt zwischen der See und den Bergketten eingezwängt, die die Meseta begrenzen. Frische Brisen vom Meer lindern die Hitze. Die Durchschnittstemperaturen liegen bei 25 Grad im Sommer. Da es jedoch sehr wenig regnet, trocknen die Flüsse während der heißen Jahreszeit regelmäßig aus.

Diese klimatische Rundreise durch Spanien muss zwangsläufig sehr schematisch bleiben. Denn die besten Lagen profitieren meist von mikroklimatischen Bedingungen, die nicht dem Durchschnitt entsprechen.

Klassifizierung: Weingesetze und Etiketten

DO

Vino de Mesa

Vino de Mesa de

Vino de la Tierra

Weingesetze sollen dem Verbraucher die Beurteilung eines Erzeugnisses in der Flasche so leicht wie möglich machen. Das erscheint nicht sonderlich schwierig, dennoch gibt es in den europäischen Weinländern die kompliziertesten, bürokratischsten und unverständlichsten Regelwerke. Spanien führte eine umfassende Klassifizierung seiner Weine später als die meisten Staaten ein – vielleicht ist das iberische System gerade deshalb etwas verständlicher.

Tafelweine

«Tafelwein» ist die europaweit einheitliche Bezeichnung für Erzeugnisse einer gewissen Grundgüte, die nicht zu den Qualitätsweinen zählen. In Spanien unterscheidet man vier Typen:

Vino de Mesa (**VdM**, wörtlich «Tafelwein») ist gewöhnlicher, anspruchsloser Wein. Er kommt im Allgemeinen als Verschnitt von Produkten aus unterschiedlichen Regionen in den Handel. Damit soll die fruchtig-frische Säure des Nordens mit der Wärme und Kraft des Südens verbunden werden.
Auf dem Etikett: «Vino de Mesa, Produce of Spain» und meist ein Markenname, aber ohne regionale Ursprungsbezeichnung und Jahrgang. Bekanntester Erzeuger: Don Darias.

Vino de Mesa de … (gefolgt von einer Region oder Provinz) beweist, dass man jedes System aus den Angeln heben kann, wenn man nur genügend Einfluss hat. Die Klassifizierung gilt für die Außenseiter unter den Weinbauern, die nicht zugelassene Rebsorten mit unorthodoxen Methoden in nicht klassifizierten Lagen kultivieren. Zu ihnen zählen der Marqués de Griñón in der Provinz Toledo, der Cabernet Sauvignon sowie Merlot anbaut und seine Weinberge bewässert, sowie die Yllera-Familie in Kastilien-León, die Roten in einer ausschließlichen Weißweinzone produziert.
Auf dem Etikett: Mit Bezeichnungen wie «Vino de Mesa de Toledo» oder «Vino de Mesa de Castilla-León» lässt sich das Verbot des Gesetzgebers umgehen, bei Tafelweinen die Herkunft anzugeben. Und wer den Ort nennt, darf auch den Jahrgang preisgeben – was bei noch schlichteren Erzeugnissen ebenfalls untersagt ist. Dabei versteht sich allerdings von selbst, dass die erwähnte Region nicht einmal annähernd so lauten darf wie eine Zone für echten Qualitätswein.

Vino Comarcal (**VC** oder **CV**, regionaler Wein) stammt aus einer typischen Gegend, *comarca* genannt. In ihr werden Weine erzeugt, die zwar von bescheidener Qualität sind, aber dennoch einen regionalen Charakter erkennen lassen. Die Klassifizierung kennt 21 Landstriche dieser Art, die sich mit den französischen Ursprungsbezeichnungen für *Vin de Pays de Région* und *Vin de Pays de Département* vergleichen lassen.
Auf dem Etikett: meist ein Markenname mit der Bezeichnung «Vino Comarcal» oder, um die Verwirrung komplett zu machen, «Vino de Mesa de» und dazu der Name der Gegend. Auf keinen Fall wird man auf einem Etikett die volle Klassifizierung finden: *Vino de Otras Comarcas con Derecho a la Utilización de Mención Geográfica en Vinos de Mesa,* zu deutsch «Wein anderer Gegenden mit dem Recht zur Verwendung einer geografischen Herkunftsbezeichnung für Tafelweine».

Vino de la Tierra (**VdlT**, Landwein) deutet darauf hin, dass die Region möglicherweise einmal den Status einer Zone für Qualitätsweine verliehen bekommt. Die Bezeichnung ist in etwa vergleichbar mit den französischen *Vins de Pays de Zone*. Das spanische Weingesetz kennt 25 VdlT-Zonen – oft handelt es sich dabei um kleinere Gegenden, aus denen Erzeugnisse mit ausgeprägtem Lokalkolorit auf den Markt kommen.
Auf dem Etikett: «Vino de la Tierra de» zusammen mit dem Namen der Region. Auch hier benützt keine Kellerei die vollständige Bezeichnung *Vinos de Mesa con Derecho al Uso de una Indicación Geográfica*. Es liegt auf der Hand, warum.

Qualitätsweine

Sie müssen den europaweiten Normen für Überwachung und Qualitätskontrolle entsprechen. Jedes Anbaugebiet hat seine Aufsichtsbehörde, den *consejo regulador*. In ihm sitzen Vertreter der Weinbauern, Erzeuger, Weinhändler und des Landwirtschaftsministeriums sowie Biochemiker. Der *consejo* entscheidet über Neupflanzungen, Unterlagen, Ausbaubestimmungen und vieles mehr. Wird eine Region zu einem Anbaugebiet von Qualitätsweinen gekürt, erlässt der *consejo* eine umfangreiche Vorschriftensammlung, den *reglamento*, sozusagen die Weinbibel der Region. Sie wird zunächst von der Regionalregierung, dann von der Subdirección-General de Vinos de Calidad in Madrid und schließlich von Brüssel verabschiedet. Erst dann darf sich eine Zone offiziell mit einer DO-Herkunftsbezeichnung schmücken.

Denominación de Origen (DO) ist der Eckpfeiler des spanischen Klassifizierungssystems. Derzeit existieren 54 DO-Zonen. In den Kriterien für Qualitätsweine sind alle Aspekte von der Pflanzung bis hin zum Ausbau geregelt. Der *consejo* wacht streng über ihre Einhaltung und kann auch die Verleihung des Rückenetiketts *contraetiquetas* verweigern.
Auf dem Etikett: Über der Qualitätsbezeichnung «Denominación de Origen» steht der Name der Zone, also Ribera del

Duero, La Mancha, Tarragona und so weiter. Sherry und Cava bilden die einzigen Ausnahmen: Die Bezeichnung «Sherry» beziehungsweise «Cava» reicht bei ihnen aus. Alle DO-Weine tragen auf der Rückseite der Flasche ein Etikett mit dem amtlichen Siegel des *consejo* und der Seriennummer.

Denominación de Origen Calificada (DOCa). Diese höhere Qualitätsstufe wurde 1988 eingeführt, jedoch erst am 19. April 1991 an Rioja verliehen. Nach wie vor redet man sich in Logroño, Madrid und Brüssel die Köpfe heiß, welche Bestimmungen denn nun für die neue Kategorie im Detail gelten sollen, und bislang hat noch keine weitere Zone Anspruch auf den Adelstitel erhoben. Fest steht, dass in einer DOCa niedrigere Erträge, eine rigorosere Auswahl von Trauben und striktere Ausbauvorschriften gelten; ferner müssen die Weine mehrere Jahre hintereinander gleichbleibend hohe Qualität unter Beweis stellen. Für die größten Rioja-Weine ist das kein Problem – ob man allerdings wahllos die gesamte Zone auszeichnen hätte sollen, ist eine andere Frage. Nachdem sich nun die erste Aufregung gelegt hat, werden Ribera del Duero, Penedès und Rías Baixas als Anwärter gehandelt.

Ausbau

Das spanische Weinrecht kennt noch ein weiteres Klassifizierungssystem: Neben den Informationen über Erzeuger, Markenname und DO-Zone werden oft auch Angaben über den Alterungsprozess gemacht. Schon seit dem 19. Jahrhundert setzen spanische Kellereien auf amerikanische Eiche. Ihr großporiges Holz und der hohe Vanillinanteil haben viel dazu beigetragen, mehreren Generationen spanischer Weine und insbesondere den Riojas ihr Profil zu verleihen. Seit dem Ende der 70er Jahre allerdings setzt sich immer mehr die Erkenntnis durch, dass auch die kleinporige französische Eiche einem Gewächs den richtigen Anstrich geben kann und dass der Alterungsprozess in der Flasche ebenso wichtig ist wie der Ausbau im Fass – vor allem bei den edelsten Kreszenzen. Fässer aus neuer Eiche üben auf den Inhalt einen beträchtlichen Einfluss aus, während er bei älterem Holz zusehends schwindet.

Joven – so nennt man einen jungen Wein, der im Jahr nach der Lese verkauft wird und kaum oder überhaupt nicht im Fass altert. Diese leichten, fruchtigen Tropfen sind für den sofortigen Konsum bestimmt. Ein Beispiel: Im Herbst des Jahres 2000 gelesene Trauben können sofort vinifiziert und abgefüllt werden; in der Regel steht das fertige Produkt im nächsten Frühjahr in den Regalen. Der Wein darf eventuell eine kurze Zeit im Fass verweilen – allerdings nicht länger als sechs Monate, denn dann zählt er bereits zur nächsten Kategorie.

Crianza (wörtlich «Ausbau») findet sich auf dem Etikett von Produkten, die mindestens sechs Monate im Fass zugebracht haben und zwei volle Kalenderjahre einer *crianza* unterzogen wurden. Kommt ein Wein zum Beispiel nach der Lese im Jahr 2000 im Frühjahr 2001 ins Fass, würde er im Herbst desselben Jahres – also sechs Monate später – in Flaschen abgefüllt oder ins Holz zurückkehren und nach zwei Jahren Reife ab 1. Januar 2003 feilgeboten. Manche *consejos*, insbesondere in Rioja und Ribera del Duero, bestehen gar auf einer Mindestverweildauer von 12 Monaten in Eiche. Viele Bodegas überschreiten das vorgegebene Minimum bei weitem. Weine ohne Ausbau in Eiche werden zuweilen *sin crianza* genannt, obwohl die *consejos* diese Bezeichnung nicht gerne sehen.

Reserva-Weine müssen wenigstens drei Kalenderjahre ausgebaut worden sein, davon mindestens eines in Eiche und ein weiteres in der Flasche. Unser 2000er Jahrgang hält sich also 2001 im Fass auf, kommt 2002 zurück in den Tank und 2003 in die Flasche, bevor er ab 1. Januar 2004 verkauft werden darf. Wie bei den *crianzas* bauen die meisten Spitzenkellereien ihre *reservas* viel länger aus als vorgeschrieben.

Gran Reserva – dieses Adelsprädikat erhalten nur die herausragendsten Jahrgänge oder die besten Trauben einer guten Saison (ihre Auswahl wird vom *consejo regulador* überwacht). Sie müssen mindestens fünf Jahre ausgebaut werden, wenigstens zwei davon im Fass und drei in der Flasche. Unser 2000er Jahrgang bleibt also 2002 und 2003 im Holz und von 2003 bis 2005 in der Flasche. Erwerben kann man ihn ab 1. Januar 2006. In der Praxis kommen *gran reservas* weitaus älter in den Handel.

Weiße und *rosados* (Rosés) müssen jeweils lediglich sechs Monate in Eiche reifen und können ein Jahr früher als ihre roten Pendants zum Verkauf freigegeben werden. Man findet sie jedoch nur selten als *reservas* oder *gran reservas*.

Andere Ausbaumethoden

Beim *solera*-System (siehe Seite 192) durchläuft ein Wein mehrere Fässer mit zunehmend älterem Inhalt. Die Methode ist in Andalusien und vor allem in Jerez weit verbreitet. *Rancio*-Weine sind in Katalonien und Aragonien sehr beliebt. Sie entstehen, indem man das Fass nur lose mit dem Spund verschließt, sodass Luft ins Innere gelangen kann und der Inhalt dadurch oxidiert. *Vinos de licor* sind süße, gespritete Weine. Als berühmtester gilt der Tarragona Clásico, der mindestens zwölf Jahre altern muss.

Joven

Crianza

Reserva

Gran Reserva

Das grüne Spanien

Der Norden der iberischen Halbinsel ist der am wenigsten «spanische» Teil des Landes. Die Galicier und Basken entwickelten eine ausgeprägt nichtkastilische Kultur, die sich mit keiner anderen auf der Welt vergleichen lässt. Das heißt natürlich keineswegs, dass die hier erzeugten Weine minderwertiger sind als ihre Pendants im Süden. Vielmehr wird jeder Weinfreund bei einer Entdeckungsreise durch das grüne Spanien bald den önologischen Schätzen der Region auf die Spur kommen.

Einige der besten Weißweine des Landes entstehen in den DOs Rías Baixas und Ribeiro – der Albariño gilt schon heute als moderner spanischer Klassiker. In der kleineren Region Ribeira Sacra reifen ebenfalls köstliche Weiße, aber auch einnehmende Rote heran. Viel versprechendes Potenzial zeigen ferner Valdeorras und Monterrei. Und die baskischen Tropfen – gekeltert aus Rebsorten, die man nirgendwo sonst findet – sind ebensolche Individualisten wie die Basken selbst.

In der Provinz Lugo vereint sich der Miño mit dem Sil. Beide Flüsse sind wichtige Wasserlieferanten für das grüne Spanien.

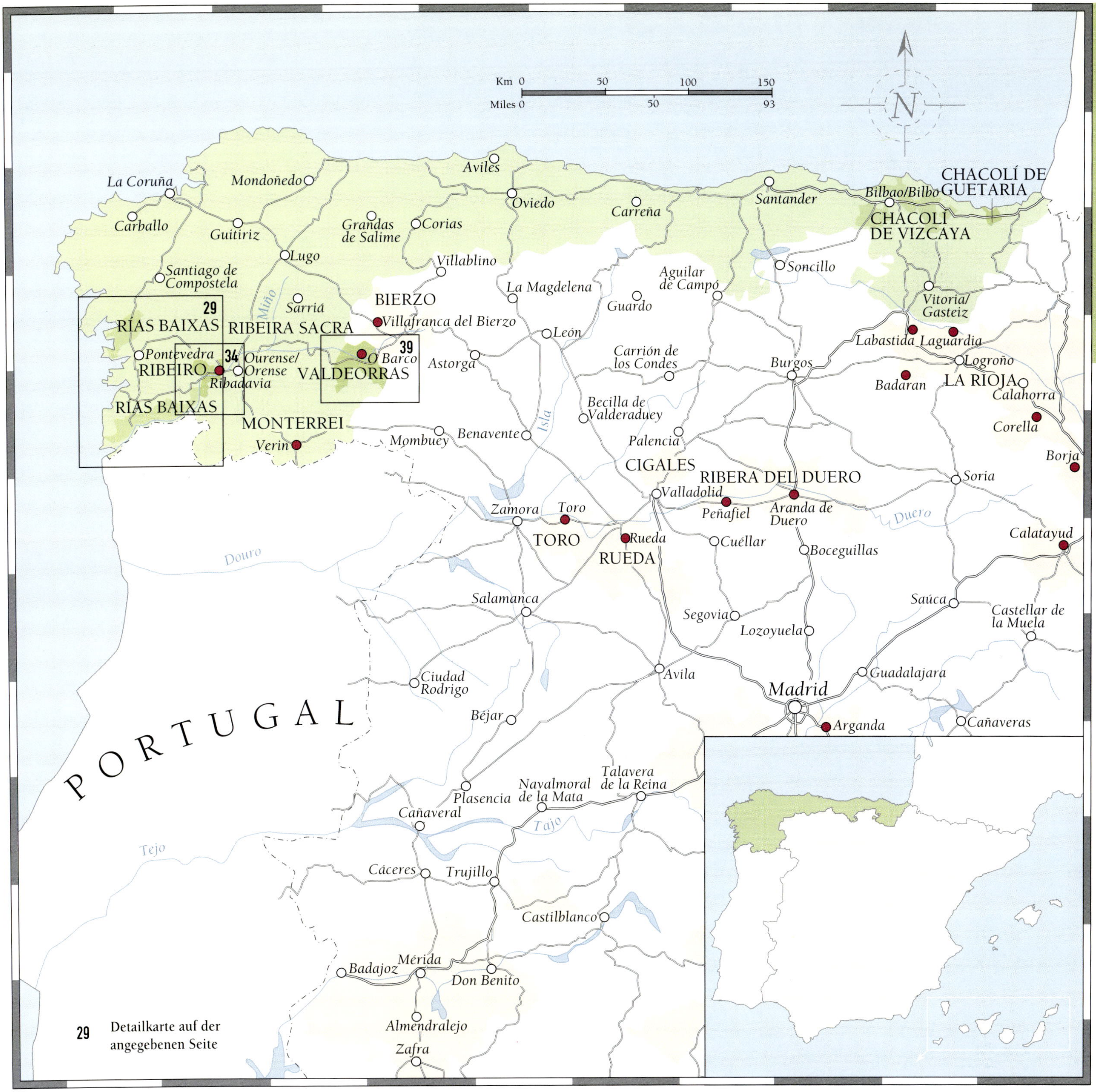

29 Detailkarte auf der angegebenen Seite

Galicien: mehr als nur keltisch

Ein Junge spielt auf dem galicischen Dudelsack *gaita*, einem Musikinstrument, das noch aus vorchristlicher keltischer Zeit stammt.

Ganz rechts: Die Kathedrale von Santiago de Compostela war jahrhundertelang das Mekka der europäischen Christenheit.

Drehorgeln und Dudelsäcke, die so genannten *gaitas*, sind in den Straßen der galicischen Hauptstadt Santiago de Compostela ein vertrauter Anblick. Immer wieder dringen ihre Klänge an das Ohr, während man an Souvenirläden vorbeischlendert, in denen Postkarten mit alten Frauen in Turmhüten und Spitzenschürzen, Tonwaren, *asubios* – fünftönige primitive Flöten –, Bildchen mit dem heiligen Jakobus, Muschelschalen, Kürbisse und Pilgerstöcke feilgeboten werden.

Neben der stark katholisch geprägten Tradition ist das vorchristliche Vermächtnis der Kelten in der Stadt noch allgegenwärtig – nicht zuletzt in Form der *hórreos*. Diese kammer- bis scheunengroßen Getreidespeicher stehen auf Stelzen mit pilzförmigen Steinen am oberen Ende, die Ratten fern halten sollen. Jedes Anwesen weit und breit, von der bescheidensten Hütte bis zum Herrenhaus, hat seinen eigenen *hórreo*, in dem man einst die Vorräte für den Winter lagerte. Als das Land im 8. Jahrhundert nach der Vertreibung der Mauren christianisiert wurde, blieben sie erhalten. Die heidnischen Phallussymbole, die ihre Giebelspitzen krönten, ersetzte man aber dezenterweise durch Kreuze.

All das zeigt, welch vielgestaltige Kultur das Land zu bieten hat. Archeologische Ausgrabungen brachten Artefakte aus dem 6. Jahrhundert v. Chr. zutage. Die Sprachverwandtschaft zwischen «Galicien» und «Gallien» ist noch erkennbar und in der Tat gehörten die ersten Siedler an der iberischen Nordküste jenem keltischen Volk an, das einen Großteil der prähistorischen Westküste Europas kolonialisierte. Seither allerdings haben viele Herren dem Land ihren Stempel aufgedrückt. Römer, Sweben, Westgoten und Mauren bemächtigten sich im Lauf der Jahrhunderte Galiciens, bis die Region im 9. Jahrhundert schließlich im Königreich Asturien aufging. Im 10. und 11. Jahrhundert erlangte sie internationalen Ruhm, als die Gläubigen auf der langen, gewundenen Pilgerstraße *Camino de Santiago* in Scharen nach Santiago strömten, um das Grab von Jakobus dem Älteren, Apostel und Patron von Spanien, zu besuchen, dessen Gebeine in der prachtvollen Kathedrale beigesetzt sein sollen.

1230 und danach

Als Teil von León fiel Galicien 1230 an Kastilien. Mit der Heirat der kastilischen Thronerbin Isabella II. und dem Aragonesen Ferdinand II. im Jahr 1469 wurden beide christlichen Königreiche faktisch vereinigt. Spanien erhielt damit annähernd sein heutiges Gesicht. Mitte des 18. Jahrhunderts bekam die Hafenstadt La Coruña – A Coruña auf galicisch – die Erlaubnis, mit den amerikanischen Kolonien Handel zu treiben, was Ruhm und Reichtum der Region enorm mehrte.

Galiciens Kultur wird zum einen geprägt von der Pilgerstraße mit ihren extravaganten barocken Kathedralen und den oft palastartigen *paradores* – staatlichen Luxusherbergen wie dem Fünfsternehotel Hostal de los Reyes Católicos in Santiago – und zum anderen von dem in Tracht, Musik und Tradition noch gegenwärtigen keltischen Erbe. In der Sprache indes sind alle keltischen Elemente verloren gegangen: Der moderne Galicier spricht einen mit dem Portugiesischen verwandten Dialekt namens Gallego.

Galiciens Gastronomie

Nahrungsquelle der Galicier ist das Meer. Die Spezialität percebes, *Entenmuscheln, schmeckt zwar vorzüglich, doch hat der Feinschmecker mit den Schalentieren kein leichtes Spiel. Wenn ihm nach einer halben Stunde Aufbruchsarbeit mit speziellen Zangen und einer Art überdimensionaler Haarnadel die Esslust immer noch nicht vergangen ist, warten weitere lokale Köstlichkeiten auf ihn: Aale, Neunaugen, weißer Fisch – insbesondere Steinbutt, Seebarsch, Seezunge und Kabeljau –,* langostinos *(Garnelen),* cigalas *(Bärenkrebse), Hummer, Miesmuscheln, Austern und alle möglichen anderen* mariscos *(Schalentiere) sowie etliche Meeresbewohner mit nicht ins Deutsche übersetzbaren Namen.*

Die örtliche Käselandschaft wird geprägt von harten bis halbfesten Kuhmilcherzeugnissen. Der bekannteste Käse heißt tetilla, *wörtlich «Brustwarze». Und so sieht er auch aus.*

Rías Baixas

Man unterscheidet an der spanischen Nordwestküste die *rías baixas,* wörtlich «untere Buchten», und die *rías altas,* die «oberen Buchten» – eine rein geografische Aufteilung zwischen Nord und Süd, denn alle *rías* sind gleichermaßen atemberaubend. Manche liegen klein und idyllisch wie eine Nordseebucht da, andere erinnern an einen gewaltigen norwegischen Fjord. Die DO Rías Baixas gehört zur Provinz Pontevedra, die die südwestliche Ecke des grünen Spaniens bildet und an Portugals Nordgrenze stößt. Hier reifen die besten galicischen Weine heran.

In dieser gemäßigt warmen, üppigen Landschaft mit ihren wasserreichen Flüssen und mächtigen Terrassen regiert die Albariño-Rebe. Möglicherweise handelt es sich bei ihr um den Riesling, den deutsche Mönche mitbrachten, als sie im Mittelalter Klöster am *Camino de Santiago* gründeten. Vielleicht stammt sie aber auch aus Galicien und dem nördlichen Portugal, wo man sie als Alvarinho kennt. Wie dem auch sei, aus ihr bereitet man Weine von beispielloser Frische, in denen sich pfirsichartige Frucht und spritzige Säure in vollendeter Harmonie begegnen. Eine wichtige Rolle spielen ferner die Trauben Treixadura und Loureira blanca; daneben findet man in der Region verstreut noch ein halbes Dutzend weiterer Rebsorten. Sogar einige leichte Rote entstehen in Rías Baixas; man keltert sie aus der Mencía-Traube. Doch eigentlich wurde dieser Teil der Welt für Weißweine geschaffen.

Der Oberboden in Rías Baixas setzt sich vorwiegend aus grauer Schwemmerde zusammen, den Mutterboden jedoch bildet ein leicht rosaroter Granit mit winzigen Quarzeinschlüssen. Wo er an die Oberfläche drängt, glitzert die Erde verführerisch. Traditionelle Weinbauern erziehen ihre Reben auf Pergolen, sodass die Trauben während der Sommermonate unter einem schützenden Blätterdach hängen. Auf modernen Gütern dagegen wachsen die Triebe an Drähten, was die Arbeit beim Besprühen und während der Lese erleichtert.

In den traditionellen Weinbergen von Rías Baixas erzieht man die Reben auf Pergolen. Bei großer Hitze werden die Trauben so von ihren eigenen Blättern vor der Sonne geschützt.

Klima und Ertrag

Die größte Herausforderung ist für die Weinbauern von Rías Baixas das Wetter. Im kühlen, feuchten Klima der Region entstand zwar eine sattgrüne Landschaft, die nasse Witterung begünstigt jedoch das Entstehen von Pilzkrankheiten und Unkräutern. Deshalb müssen die Weinberge intensiv bewirtschaftet und die Trauben regelmäßig auf Schimmel untersucht werden. Gleichzeitig sorgt die hohe Niederschlagsmenge aber auch für üppige Erträge. Winzer, die Albariño kultivieren, dürfen maximal 71,5 Hektoliter Wein pro Hektar erzeugen, bei anderen Sorten beträgt die Obergrenze 87,5 hl/ha. In der Praxis sind 50–60 hl/ha üblich. Verglichen mit Deutschland oder dem Elsass etwa, wo 80–100 hl/ha die Norm sind, erscheint das wenig, doch liegen die Erträge einer durchschnittlichen spanischen DO-Zone ungefähr halb so hoch.

Die DO Rías Baixas setzt sich aus drei Subzonen zusammen. Die größte ist Val do Salnés. Sie liegt nördlich von Pontevedra und wird vom Fluss Ulla in zwei Hälften geteilt. Ihre Weinberge erstrecken sich nördlich und südlich der Stadt Cambados, auf einem Großteil der bestockten Fläche wächst die Albariño. In Val do Salnés entstanden auch die ersten modernen Tropfen dieser Sorte und noch immer kommen die besten Albariño-Weine von hier. Reinsortige Erzeugnisse tragen den Namen der Traube; kommt ein Wein als Val do Salnés in den Handel, muss er zu mindestens 70 Prozent aus Albariño bestehen.

Die zweite *subzona* ist O Rosal im südwestlichen Zipfel der Region. Sie beginnt an der Küste und verläuft entlang dem Nordufer des Miño, der die natürliche Grenze zwischen Spanien und Portugal bildet. Hier herrscht ein wärmeres Klima als in Val do Salnés, denn der Einfluss des Atlantiks schwindet, je weiter man ins Landesinnere vordringt. Die Loureira-Traube rangiert gleichberechtigt neben der Albariño und ein als O Rosal gekennzeichnetes Produkt muss zu 70 Prozent aus einer der Rebsorten oder einem Verschnitt der beiden bestehen. Aufgrund des internationalen Renommees der Albariño allerdings kommen die meisten Exportweine reinsortig in den Handel.

Weiter flussaufwärts liegt zwischen der Grenzstadt Tui und dem benachbarten DO-Bereich Ribeiro die dritte Subzone Condado do Tea. Namengebend war der Fluss Tea, der bei Salvaterra do Miño in den Miño mündet. Das Klima ist wärmer als in O Rosal, fällt jedoch gemessen an der spanischen Norm

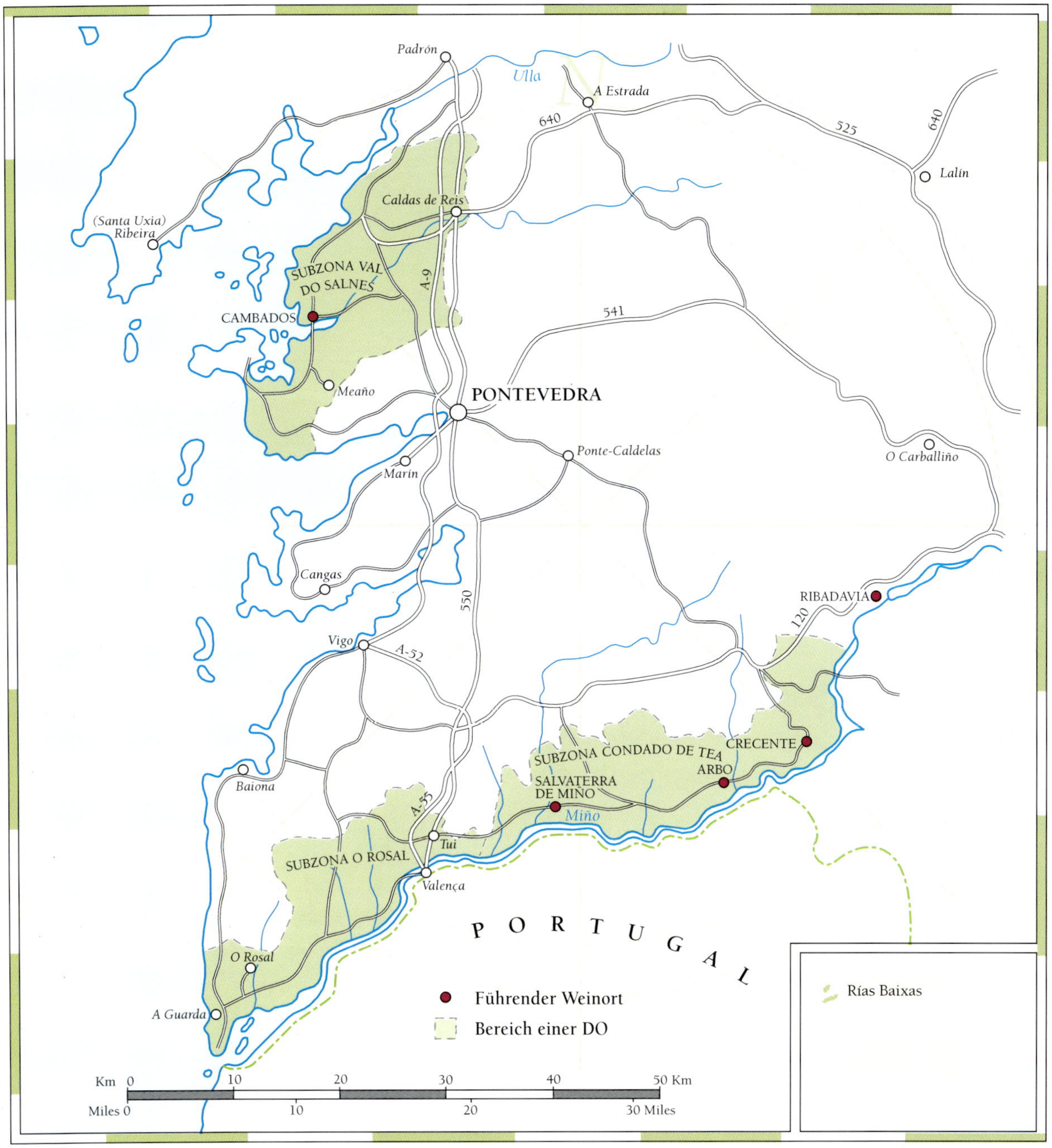

Albariño-Gewächse reifen in Val do Salnés heran. Die Winzer der Region waren wegweisend bei der Einführung eines neuen, modernen Stils für Weine dieser Rebsorte.

Ganz rechts: In den «unteren Buchten» von Rías Baixas findet man einige der schönsten Strände Galiciens, wie diesen idyllischen Abschnitt bei Pontevedra.

noch immer kühl und nass aus. Einträchtig teilen sich hier die Treixadura und Albariño die Regentschaft. Weine, die den Namen Condado do Tea tragen wollen, müssen zu 70 Prozent aus einer der beiden Trauben gekeltert worden sein. Wie in O Rosal hat man sich den Marktgesetzen gebeugt und bietet die Mehrzahl der besten Weißen als reinsortige Gewächse an.

Vinifikation und Weinstile

Die Weinbereitung in Rías Baixas ist denkbar einfach: Die Trauben werden in gekühlten pneumatischen Pressen mit nur 20 Gramm Druck gekeltert; anschließend gärt der Most bei sorgfältigster Temperaturregelung in ultramodernen Edelstahltanks. Manche Erzeuger experimentieren mit einem Ausbau im Fass, insbesondere in einheimischer galicischer Eiche.

Interessanterweise unterziehen nicht wenige Winzer ihre Produkte einer malolaktischen, also zweiten Gärung. Dabei wird die Apfelsäure in Milchsäure umgewandelt und Kohlensäure freigesetzt. Die meisten spanischen Weißweinerzeuger stoppen den Prozess nach der ersten, alkoholischen Gärung, um die Säure zu bewahren. Dadurch bleiben die Weine zwar frisch und lebendig, überschreiten jedoch auch schneller ihren Zenit. Denn nach einer malolaktischen Gärung altern sie mit Eleganz und nehmen mit den Jahren einen vollmundigen, kraftvollen, stahligen und trockenen Zug an.

Die überwältigende Mehrheit der Weißen aus Rías Baixas aber wird jung, frisch und gekühlt getrunken. Einen billigen Tropfen wird man in der Zone allerdings vergebens suchen. Mit kleinen Anbauflächen, einer arbeitsintensiven Lese in schwer zugänglichen Weinbergen und einer sorgfältigen Weinbereitung holt man zwar das Maximum an Qualität heraus, die damit verbundenen Kosten allerdings sind hoch.

In den letzten Jahren wurde viel darüber diskutiert, welchen Wein man denn nun als klassischen spanischen Weißen bezeichnen könne. Der Albariño aus Rías Baixas gehört mit Sicherheit zu den Favoriten. Er ist zwar teuer, zählt aber unbestritten zu den besten Weißweinen der Welt.

Wichtige Erzeuger

Adega ist das galicische Wort für *bodega*. VdS = Sal do Salnés; R = O Rosal; CdT = Condado do Tea.

Agro de Bazán, Vilanueva de Arosa (VdS). *Gegründet 1988.* Das Unternehmen hat seinen Sitz in einem großen alten Gebäude inmitten von Weinbergen. Es kauft Trauben zum hauseigenen Lesegut hinzu. Alle Erzeugnisse sind reinsortige Albariño-Weine. Ausgezeichnet der reguläre Granbazán *(verde)*. Der Granbazán Limousin *crianza* liegt sogar ein Jahr in Eiche. *Beste Weine:* der aus Vorlaufmost gewonnene Granbazán Ambar.

Bouza do Rei, Puxafeita-Ribadumia (VdS). Ein kleines Jointventure mit vier Anteilseignern. Insgesamt 30 ha ausschließlich mit Albariño bestockter Anbaufläche. Die Adega fertigt einen einzigen Wein, den Bouza do Rei. Exzellente Qualität.

Castro Martín, Puxafeita-Ribadumia (VdS). *Gegründet 1981.* Familienbetrieb mit 10 ha Fläche. Kauft Lesegut (100 % Albariño) zu. *Bester Wein:* Casal Caeiro.

Das Eiras, O Rosal (R). *Gegründet 1990.* Eine klug wirtschaftende, moderne Adega mit Albariño, Treixadura, Loureira und Caiño blanco auf 60 ha Rebfläche. Angeboten werden unter anderem der Abadia (100 % Albariño) und der Terras Gauda (70 % Albariño und die oben genannten Trauben), dazu ein im Fass vergorener und in amerikanischer Eiche ausgebauter Terras Gauda (3 Monate Gärung an der Hefe). Ausnahmslos vorbildliche Erzeugnisse.

Granxa Fillaboa, Fillaboa-Salvaterra do Miño (CdT). *Gegründet 1986.* Familienbetrieb mit 24 ha Rebfläche, auf der nur Albariño-Stöcke stehen. Die kleine, moderne Kellerei fertigt ausgezeichnete junge Weine; einige ältere Jahrgänge hält sie zurück, um sie zu vollendeten Kreszenzen heranreifen zu lassen.

Lagar de Fornelos, O Rosal (R). *Gegründet 1982.* Seit 1988 im Besitz der Familie, der auch die Bodegas La Rioja Alta in La Rioja gehören. Trotz des Sitzes in O Rosal kauft man 80 % der Trauben aus Val do Salnés zu; sie ergänzen das Lesegut von den 42 ha betriebseigener Fläche. Hergestellt wird nur ein einziger Wein: der Lagar de Cervera.

Marqués de Vizhoja, Arbo (CdT). *Gegründet 1980.* Die Adega erzeugt einen Folla Verde Condado do Tea (Albariño sowie andere Sorten) und einen sehr angenehmen Marqués de Vizhoja, der zwar keinen DO-Status hat, aber in fast jedem galicischen Speiselokal zum Hauswein avanciert zu sein scheint. *Bester Wein:* der Torre La Moreira (100 % Albariño).

Morgadío, Albeos-Creciente (CdT). *Gegründet 1988.* Eine moderne Adega, deren Herzstück eine Kellerei auf dem neuesten Stand der Technik ist. Als Flaggschiff gilt der Morgadío (100 % Albariño), der mit Sicherheit zu den Spitzengewächsen von Val do Salnés gehört. Der Torre Fornelos steht ihm nur wenig nach. Weiteres Erzeugnis: ein Wein namens Carballo do Rei aus Treixadura und Loureira.

Pablo Padín, Meaño (VdS). *Gegründet 1987.* Kleiner Familienbetrieb mit 14 ha Anbaufläche, der Lesegut zukauft. Padín erzeugt gut gemachte Albariño-Weine, darunter den Segrel Ámbar aus Vorlaufmost und den Segrel aus Pressmost.

Palacio de Fefiñanes, Cambados (VdS). *Gegründet 1904.* Die älteste Adega der Region und ein führender Albariño-Produzent. Sie verwendet eigene und zugekaufte Trauben zur Fertigung eines einzigen Weins – eines sortenreinen Albariño, in dem sich die verblassende Eleganz des *palacio* selbst widerspiegelt.

Pazo San Mauro, Salvaterra do Miño (CdT). *Gegründet 1990.* Die Kellerei, die schon seit mindestens 100 Jahren unter wechselnden Eigentümern Wein bereitet hat, wurde in einem 1582 gebauten *pazo*, Stammhaus, eingerichtet. Dem kleinen Familienbetrieb stehen 22 ha Rebfläche auf einem 30 ha großen Anwesen zur Verfügung. Dort reifen zwei Weine heran: der Pazo San Mauro, ein Albariño im frischen, lebendigen Val-do-Salnés-Stil, und der Pazo San Mauro Condado, der neben Albariño noch Treixadura, Torrontés und Loureira als Beigabe enthält.

Salnesur, Cambados (VdS). *Gegründet 1988.* Eine Genossenschaft, deren Mitglieder 137 ha ausschließlich mit Albariño bestockter Rebfläche bewirtschaften. Sie verwendet ausschließlich eigenes Lesegut. Unter dem Markennamen Condes de Labarei werden drei Weine vermarktet: der Clásico, ein klassischer, fruchtig-frischer Albariño, der durch *maceración carbónica* entstandene Enxebre und der im Fass fermentierte Carballo Gallego, der 3 Monate an der Hefe gärt.

Santiago Ruiz, O Rosal (R). *Gegründet 1892.* Winzige, schmucke Kellerei mit 2 ha Anbaufläche und 80 Vertragswinzern. Sie stellt nur einen einzigen Tropfen her: den Santiago Ruiz O Rosal aus 70 % Albariño, 20 % Treixadura und 10 % Loureira, der zu den Spitzengewächsen der Region zählt.

Valdamor, Meaño (VdS). Genossenschaft mit über 300 Weinbaubetrieben, die ihr Lesegut in einer hochmodernen Kellerei verarbeiten. *Bester Wein:* Valdamor, ein frischer Albariño mit Pfirsichnote.

Vilariño-Cambados, Cambados (VdS). Eine weitere Genossenschaft, die größte Adega in Rías Baixas. Sie hat durchweg erfolgreich mit dem Pressen ungemahlener, nicht entrappter Trauben, einer zweifachen Gärung (die alkoholische findet im Tank, die malolaktische im Fass statt), Ausbau im Holz und *semiseco*-Stilen experimentiert. *Bester Wein:* der ausgezeichnete Martín Códax Albariño, eines der Glanzlichter der Region.

Ribeira Sacra

Die vielleicht eindrucksvollste Landschaft aller galicischen DO-Zonen findet man in Ribeira Sacra, dem «heiligen Hügelland». Seit dem 16. Jahrhundert hat es immer wieder Mönchsorden in die Region gezogen. Ihr Vermächtnis ist allgegenwärtig. Ribera Sacra liegt in den Provinzen Lugo und Ourense und umfasst das Gebiet, in dem Sil, Miño und Cabe zusammenfließen. Weinmetropole der DO ist das hübsche, relativ ursprünglich gebliebene Monforte de Lemos, das schon während der Römerzeit gegründet wurde.

Doch mehr als die Geschichte der Region beeindruckt ihre Landschaft: An die terrassierten Hänge schmiegen sich Weinberge, die üppigen Wälder sind ein Tierparadies, in dem man Wildschweinen und sogar Steinadlern begegnet. Träge wälzen sich die grünen Fluten des breiten Sil durch beschauliche Täler, bevor sie sich nördlich der Stadt Ourense in den Miño ergießen. Vor allem aber legt sich im Spätsommer eine ganz eigene Ruhe über das Land, denn dann bleibt nichts mehr zu tun, als den Reben beim Heranreifen zuzusehen und dabei die Früchte der letztjährigen Lese zu genießen.

Rebsorten und Erträge

In der DO Ribeira Sacra baut man 16 Rebsorten an. Den Hauptpart spielen die blaue Mencía und die weißen Trauben Godello, Treixadura und Loureira. Man kultiviert sie im Schwemmland entlang der Flüsse an oft Schwindel erregend steilen Hängen. Das Muttergestein besteht aus Schiefer.

Ribeira Sacra hat ein wärmeres und trockeneres Klima als Rías Baixas, auch wenn sich das Wetter noch immer weit kühler und feuchter als in den meisten spanischen DOs gebärdet. Der erlaubte Höchstertrag liegt bei 62 Hektoliter pro Hektar für Albariño und Godello sowie bei 77 hl/ha für alle anderen Sorten. Da die Rebflächen aber sehr steil sind, was Anpflanzung und Lese zu einem überaus mühsamen Geschäft macht, beläuft sich das Jahresmittel auf etwa 20 hl/ha.

Die DO setzt sich aus sechs Subzonen zusammen. Von Westen nach Osten gesehen sind dies Chantada, Ribeiras do Miño, Sober, Ribeira do Sil-Ourense, Quiroga-Bibei und Amandi. Aus Letzterer stammt der berühmteste Wein der DO – der Legende nach soll er schon der Lieblingstropfen des römischen Kaisers Tiberius gewesen sein. Einige der Subzonen standen früher im Rang einer *Vino-de-la-Tierra*-Region. Im örtlichen Weinbau finden sich hochmoderne, mit Edelstahltechnologie auftrumpfende Kellereien ebenso wie traditionelle Erzeuger, die unverhohlen *artesanal,* also «handwerklich», wirtschaften – was meist nichts anderes heißt, als dass sie ein, zwei Tanks in einer umgebauten Scheune postiert haben. Die meisten Betriebe der DO sind klein, manche winzig.

Ihre Zukunft sehen die Winzer von Ribeira Sacra in reinsortigen Weinen. Bei den Weißen setzt man auf Godello oder Albariño. Die Godello-Traube erlangt allmählich einen Ruf als ausgezeichnete Lieferantin frischer trockener Erzeugnisse, die köstlich schmecken und nur noch von Albariño-Weinen übertroffen werden. Hoffnungsträger bei den Roten ist die Mencía, die – zumindest nach dem Willen des *consejo regulador* – ebenfalls sortenrein in den Handel gelangen soll. Gerät sie gut, hat man es mit einem Prachtexemplar zu tun. Leider zeigt die Diva ihr Talent aber eher sporadisch.

Andere Weine fertigt man als Verschnitt – für sie steht ein Dutzend weiterer Rebsorten zur Verfügung. Die besten fasst man unter der Bezeichnung *xenérico,* «allgemeine Sorten», zusammen, der Rest hat nur lokale Bedeutung.

Wichtige Erzeuger

A = Amandi; RdM = Ribeiras do Miño.

Moure, Escairón (RdM). *Gegründet 1982.* Der Familienbetrieb residiert hoch oben über einer Schleife des Miño. Von hier aus genießt man einen atemberaubenden Blick über das Tal. Für die Familie wie für Freunde des Hauses stehen ein Grillplatz und ein Swimmingpool zur Verfügung. Besitzer José Manuel Moure fertigt den vermutlich besten Albariño der Gegend und einen ausgezeichneten leichten, fruchtigen Mencía, der als Abadía da Cova in den Handel gelangt.

Priorato de Pantón, Santa Mariña de Eire (RdM). Ein gut gemachter, viel versprechender Priorato de Pantón aus 100 % Mencía verlässt dieses Haus. Weiter im Programm sind ein munterer roter *xenérico* (Alicante/Mencía) und ein gefälliger, wenn auch neutraler Weißer aus der Palomino-Traube. Beide laufen unter dem Markennamen Ribera de Pantón.

Rectoral Amandi, Amandi (A). *Gegründet 1889.* Das im geschichtsträchtigsten Weinwinkel der DO Ribeira Sacra eingerichtete Unternehmen kauft Trauben zu. Es fertigt ausschließlich reinsortige Mencía. *Bester Wein:* Der Rectoral de Amandi gehört zu den roten Renommiertropfen der Region, ist aber leider nur selten außerhalb von Galicien anzutreffen.

Virxe dos Remedios, Diomondi (RdM). Diese Adega setzt auf solides Kellereihandwerk. Der Mencía bleibt fünf Tage auf der Maische liegen, damit er möglichst viel Farbe annimmt. Erzeugt werden ferner rote und weiße *xenéricos* (Jerez/Godello) für den einheimischen Markt. Sie laufen unter der Bezeichnung Viñal de Diomondi. *Bester Wein:* der reinsortige Viña Vella aus der Mencía-Traube, möglicherweise der beste Rote der Region – ein großer, fleischiger Tropfen mit reichlich Frucht.

Weinberge im Siltal östlich von Ourense. 16 Rebsorten werden hier kultiviert.

Ribeiro

Wenn Rías Baixas die eindrucksvollste Küste und Ribeira Sacra die schönste Flusslandschaft zu bieten hat, dann darf Ribeiro – oder zumindest seine Metropole Ribadavia – die imposanteste Architektur für sich in Anspruch nehmen.

Die Altstadt von Ribadavia kauert an einem steilen Hügel. Um zu ihr zu gelangen, überquert man den Avia und hält sich flussaufwärts. Gebäude aus dem 18. Jahrhundert dominieren das Viertel, in dessen Herz eine alte *plaza mayor,* auf galicisch *praza major,* die Jahrhunderte überdauert hat.

Den Rang des ältesten Bauwerks hat das größtenteils verfallene *Castillo de los Condes de Ribadavia* inne, die Burg des Grafen von Ribadavia. Das Gotteshaus Santa María de Oliveira wurde im 13. Jahrhundert errichtet. In der Kirche San Juan finden sich Elemente aus dem 12. Jahrhundert, die unter anderem auf eine Verbindung zum Ritterorden St. Johannis vom Spital zu Jerusalem hindeuten. Das wohl spektakulärste Bauwerk aber ist die Kirche Santo Domingo, ein Meisterwerk der Gotik aus dem 14. und 15. Jahrhundert.

Ribeiros Weingeschichte

Ribeiro kann mit einer ruhmreichen Vergangenheit als Anbaugebiet aufwarten. Die Gegend um Ribadavia, wo die Flüsse Miño, Avia und Arnoia in der Provinz Ourense zusammenfließen, betrieb schon professionellen Weinexporthandel, als viele moderne und heute besser bekannte DO-Zonen noch ganz am Anfang standen. In den Annalen finden sich Aufzeichnungen über Ausfuhren in ferne Länder wie Italien und England im 17. Jahrhundert. Ribeiro-Weine schätzte man,

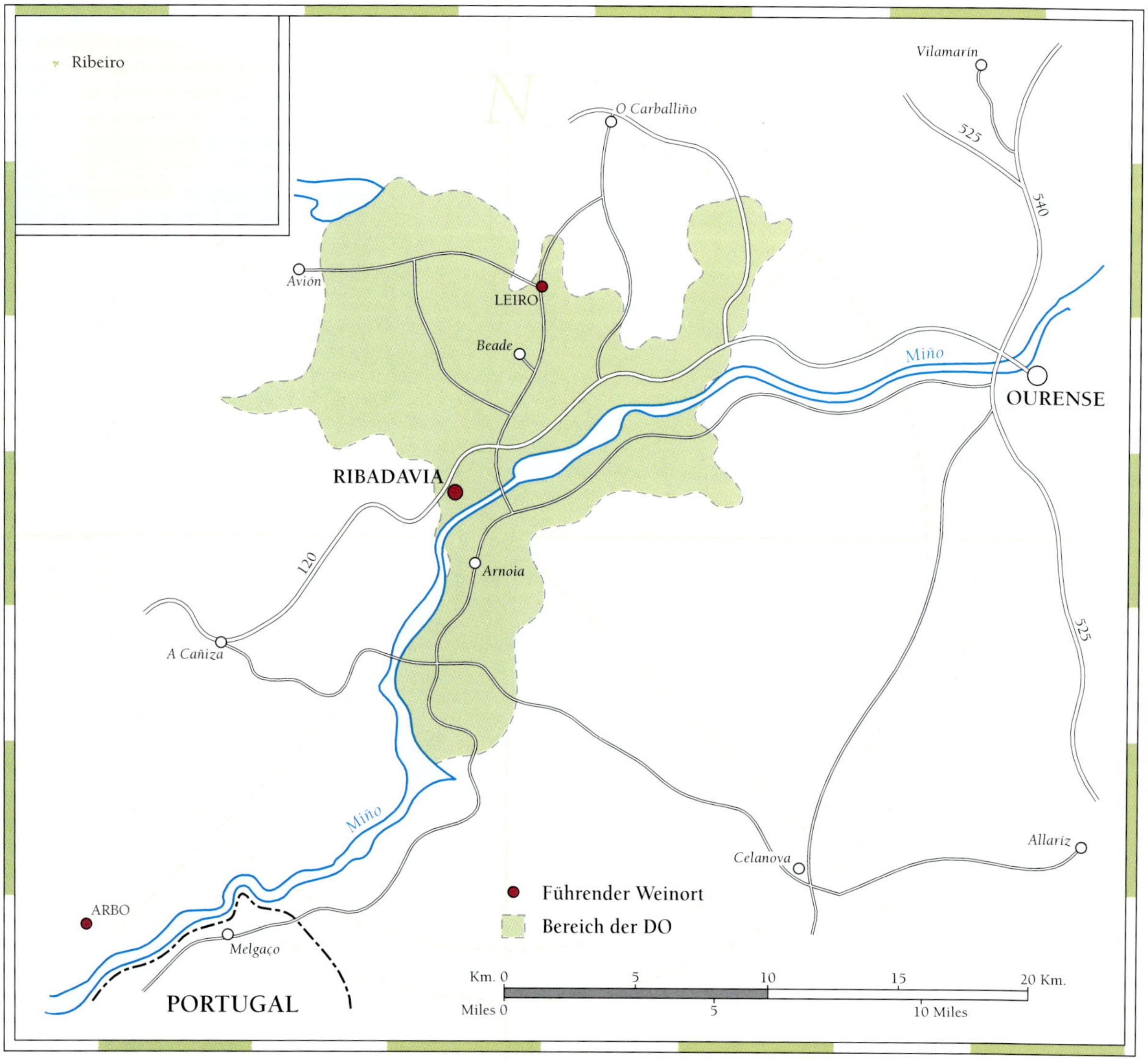

Sanin ist ein Dorf östlich von Ribadavia.
Von hier aus exportierte man bereits
Wein, als es noch kaum DO-Zonen gab.

Wenn sich Ribeiro auch erfolgreich als professionelle Weinregion etabliert hat, so sind manche Methoden doch noch sehr stark in der Vergangenheit verwurzelt.

so scheint es, wegen ihrer Kraft und Alterungsfähigkeit. Die Zone genießt seit 1957 DO-Status und nimmt in der Bekanntheitsskala hinter Rioja und Jerez Platz drei ein.

Der Fluch des Bewährten

Warum also sind Ribeiro-Weine außerhalb Spaniens nicht bekannter? Als das Geschäft florierte, sah die Region keinen Anlass, bewährte Pfade zu verlassen. Nachdem die Kundschaft allerdings auszubleiben begann, hatte man weder das nötige Rüstzeug noch den Ehrgeiz, sie zurückzugewinnen. Doch das ist Schnee von gestern. Denn in den letzten zehn bis 15 Jahren hat sich Ribeiro wieder erholt und als eine der erfolgreichsten DO-Zonen in Nordspanien etabliert.

Eines der Pioniergüter war die Cooperativa Vitivinicola del Ribeiro. In den meisten spanischen DOs gibt eine dominierende Genossenschaft die Marschroute vor. Nun werden Zusammenschlüsse dieser Art aber von einem Ausschuss beherrscht; das ewige Hin und Her in diesem Gremium kann die Entwicklung in einer Region auf Monate oder Jahre hinaus zum Stillstand bringen. In Ribeiro indes diente die Genossenschaft als leuchtendes Vorbild: Sie installierte Edelstahlausrüstung, brachte die Qualitätskontrollmethoden auf den neuesten Stand und zeigte sich modernen Ideen und Techniken gegenüber offen. Kleinere Erzeuger sprangen flugs auf diesen Zug auf und so entstehen in Ribeiro nun einige der besten galicischen Weine. Dabei liegen sie preislich fast ausnahmslos günstiger als Produkte aus benachbarten DO-Zonen.

Ein gutes Dutzend Rebsorten wird in Ribeiro kultiviert. Als wichtigste weiße Traube hat sich die Treixadura etabliert, unter den roten dominiert die Caiño. Auch die Palomino ist noch weit verbreitet, denn zum einen wurde sie nach der Invasion der Reblaus favorisiert, zum anderen ist sie ein Vermächtnis der Franco-Ära, als man für Weine feste Preise bekam, ganz gleich wie schlecht sie waren. Doch für Neupflanzungen wird sie nicht empfohlen und so schwindet ihr Anteil. Manche kleineren Bodegas – in Ribeiro steht dieser spanische Begriff höher im Kurs als das galicische «Adega» – haben sich auf Albariño, Godello, Tempranillo und Mencía sowie andere Rebsorten spezialisiert. Man experimentiert eben gern und das ist auch das Erfolgsrezept der DO.

Das Muttergestein in Ribeiro besteht aus Granit, die Deckschicht darüber aus Schwemmland. Die meisten Weinberge säumen die Ufer der Flüsse. Manche hat man terrassenförmig angelegt, andere ziehen sich in ausgedehnteren Flächen bis in eine Höhe von 300 Metern. Einst rankten sich die Reben an Pergolen galicischen Stils empor, neuerdings setzen sich jedoch Drahtgeflechte durch, an denen man die Triebe entlangleitet – sie erleichtern einfach Erziehung und Lese.

Der zulässige Höchstertrag liegt bei 91 Hektoliter pro Hektar, doch wie in anderen DOs der Region macht die ungünstige Lage mancher Weinberge dieses Maximum praktisch unerreichbar. Realistisch sind dank eines klimatisch günstigeren Terrains und eines spürbar kontinentalen Klimas mit heißen Sommern, kalten Wintern und nicht allzu viel Regen eher 50 hl/ha, auch wenn dies im Vergleich zu den meisten Zonen des restlichen Galicien noch immer hoch erscheint.

Vinifikation und Weinstile

Fast alle Bodegas in Ribeiro sind mittlerweile mit moderner Kellertechnik ausgestattet. Man trifft zwar noch immer relativ schwere, neutrale Weißweine aus der Palomino-Traube an und gelegentlich finden sich sogar *enverados,* jene früh gelesenen, alkoholschwachen Weißen mit einem Hauch Kohlensäure, nicht unähnlich einem portugiesischen *vinho verde*. Doch diese Stile werden allmählich verdrängt von lebendigen, aus Albariño, Treixadura und Torrontés gefertigten und gelegentlich mit ein bißchen Palomino angereicherten Weißen oder leichten Roten aus Caiño, Garnacha und anderen Sorten. Vor allem auf dem örtlichen Markt haben sich ferner schwerere halbsüße Weine *(semidulces)* beider Couleur breit gemacht. Die Weißen haben dabei meist die Nase vorn; je mehr Albariño, Treixadura oder Godello sie enthalten, desto besser. Als Faustregel für Ribeiro gilt: Die besten Weißweine bieten 80 Prozent der Qualität ihrer Pendants aus Rías Baixas zu 60 Prozent des Preises. Da überrascht es kaum, dass dieser Markt jenseits der DO-Grenzen immer mehr Anhänger findet.

Wichtige Erzeuger

Alanís, Barbantes-Estación. *Gegründet 1923.* Die Kellerei gehört seit einiger Zeit zum Giganten Bodegas y Bebidas und hat sich auf dem Exportmarkt mit Erfolg behauptet. Der Casal da Barca (Treixadura/Torrontés/Palomino, Albariño) präsentiert sich als vorzüglicher Alltagsweißer und der Gran Alanís (Treixadura/Torrontés/Palomino) zeigt, wie wichtig die Auswahl der Trauben ist. *Bester Wein:* Der San Trocado (Treixadura/Torrontés) zählt zu den besten Weißen der Region und ist auch der teuerste Tropfen der Bodega.

Alemparte, Leiro. *Gegründet 1979.* Der Familienbetrieb nennt 5 ha mit Treixadura, Albariño und Palomino bestockter Rebfläche sein Eigen und kauft auch Trauben zu. *Bester Wein:* der Airón (Treixadura/Godello/Torrontés).

Campante, Puga. *Gegründet 1988.* Campante kultiviert 6 ha, auf denen Treixadura, Torrontés und Godello gedeihen. Mit Hilfe zugekauften Leseguts bringt es die Kellerei auf einen Gesamtausstoß von 10 000 hl jährlich. *Bester Wein:* der Viña Reboreda.

Cooperativa Vitivinícola del Ribeiro, Ribadavia. *Gegründet 1967.* Diese große Genossenschaft gab die Initialzündung für die Modernisierung der DO. Sie produziert bei 800 Mitgliedern und 400 Vertragswinzern mit einer Gesamtanbaufläche von 670 ha zirka 60 000 hl Wein jährlich. Der Standard ist hoch, die Angebotspalette für eine Genossenschaft ungewöhnlich vielgestaltig. Beachtenswert der Viña Costeira, ein angenehmer Weißer (Torrontés/Palomino) für den Alltag, oder der Alén de Istoria, ein würziger, fruchtiger Roter (Mencía/Caiño/Ferrol), den man zum offiziellen Wein der seit 1868 veranstalteten Fiesta de Istoria erkoren hat. *Bester Wein:* der weiße Amadeus. Er wird zwar in seltsamen Flaschen verkauft, bekundet aber eine ausgezeichnete würzige, frische Frucht sowie beachtliche Komplexität (80 % Treixadura/20 % Torrontés).

Emilio Rojo, Ponte Arnoia. *Gegründet 1987.* Emilio arbeitete als Fernmeldetechniker, bis er auf Winzer umsattelte. Mit seiner Ende der 80er Jahre gegründeten Kellerei hat er die Lado-Traube, eine unbedeutende, nur in der Gegend um Arnoia beheimatete Sorte, nahezu im Alleingang rehabilitiert. Sein Wein, schlicht Emilio Rojo genannt, setzt sich aus 40 % Lado, 30 % Treixadura sowie 10 % Torrontés zusammen und heimst bei Verkostungen in Spanien regelmäßig Preise ein.

Lapatena, Santa Cruz de Arrabaldo. *Gegründet 1990.* Dieses gigantische, hypermoderne Weinpalais entstand 1989 nach dem neuesten Stand der Technik. Es betreibt sogar eine eigene Destille. In ihr ensteht der *orujo,* ein fester Bestandteil der galicischen Gastronomie und in etwa vergleichbar mit dem französischen *marc* oder der italienischen *grappa*. Die Kellerei kauft ihr gesamtes Lesegut von Vertragswinzern. Wichtigste Reben sind die Treixadura, Torrontés und natürlich die allgegenwärtige Palomino. Lapatena fertigt einen roten Rectoral de Amandi (vorwiegend aus Mencía) aus der DO Ribeira Sacra und einen Schaumwein nach dem *método tradicional,* der Flaschengärung, nach der auch Champagner entsteht. Unter anderem deshalb gehört die Bodega derzeit nicht dem *consejo regulador* an, sodass ihre Erzeugnisse auch nicht DO-Status genießen und außerhalb von Ribeiro als *Vino de Mesa* verkauft werden müssen. Es steht zu hoffen, dass diese diplomatischen Dissonanzen bald der Vergangenheit angehören. *Bester Wein:* der weiße Fin de Siglo.

Portela, Beade. *Gegründet 1987.* Ein kleiner Betrieb in einem Dorf bei Ribadavia. Die Bodega kultiviert 9 ha Weinberge, die 75 % ihres Bedarfs decken, der Rest wird zugekauft. Das Angebot umfasst einen überaus angenehmen, lebendigen, fruchtigen Beade Primacía aus 100 % Treixadura und einen sauberen, frischen Roten mit guter Frucht und einer überraschenden Ladung Tannin. Letzterer kommt als Señorío de Beade in den Handel und ist ein Mix aus Caiño, Sousón und Ferrol.

Vilerma, Gomariz Leiro. *Gegründet 1988.* Die Rebflächen von Vilerma wurden 1978 angelegt. Heute hat die Bodega Treixadura, Godello, Loureiro und Albariño im Programm, die zum preisgekrönten Vilerma Blanco verschnitten werden. Die Produktion ist auf 30 000 Flaschen beziehungsweise 22,5 hl pro Jahr beschränkt.

Viña Mein, San Claudio Leiro. 11 Besitzer teilen sich diese kleine Bodega am Ende der Welt. Sie befindet sich in einem prächtigen Bauernhaus aus dem 17. Jahrhundert und hat sogar einige Übernachtungszimmer für Einsamkeitssuchende. Viña Mein nennt 12 ha Rebfläche ihr Eigen; sie fertigt ausschließlich Weiße aus Treixadura, Torrontés, Loureira, Albillo sowie Albariño und gehört zu jenen entlegenen Betrieben, die Warnlampen installiert haben, um hungrige *jabalíes* abzuschrecken. *Bester Wein:* der Viña Mein, ein tadelloser, lebendiger, trockener Weißer mit der Pfirsichfrucht der Albariño und dem Gewicht der Torrontés – vermutlich eine der besten Kreszenzen in Ribeiro.

Wurzelstöcke im Miñotal. Hier werden mehr als zwölf Rebsorten kultiviert, allen voran Treixadura und Caiño.

Valdeorras

Valdeorras, das «goldene Tal», mag seinen Namen bekommen haben, weil die Gewinnung des kostbaren Edelmetalls im Altertum der wichtigste Industriezweig in der Gegend war. Vielleicht bezieht sich die klangvolle Bezeichnung aber auch auf die Hänge entlang des Sil, auf denen sich die Rebstöcke im Herbst kurz vor der Lese von ihrer schönsten, weil goldenen Seite zeigen. Wie dem auch sei, Valdeorras ist schon seit Menschengedenken ein prosperierender Landstrich, in dem man sich von jeher gerne niederließ. Bodenschätze bilden denn auch die wirtschaftliche Grundlage der östlich angrenzenden, zur *autonomía* Kastilien-León gehörenden Region.

In Valdeorras selbst allerdings spielt in der Exportindustrie der Wein heute die Hauptrolle. Wie andere galicische DO-Zonen auch hat sich die vom Städtetrio A Rúa, Vilamartín und O Barco dominierte Gegend auf ihre Wurzeln zurückbesonnen – vor allem in Form der Godello- und Mencía-Traube – und sich als ernsthafte Weinregion etabliert.

Valdeorras kann sich nicht mit der spektakulären Schönheit so mancher Nachbarregion brüsten. Doch die Zone hat den Sil, der durch die wichtigsten Städte fließt. Hier muss der Fluss als Ersatzstrand für all jene herhalten, denen 150 Kilometer zum Meer zu weit sind. An den Wochenenden strömen die Einheimischen herbei, um Grillfeste zu feiern, in der Sonne zu baden oder einfach nur am Ufer zusammenzusitzen. Mit einem Jetset-Paradies an der Südostküste lässt sich diese Gegend zwar nicht vergleichen, doch kann man hier das anheimelnde Kleinstadtflair des östlichen Galicien genießen.

Die Mencía gehört zu den beiden Rebsorten, auf die Erzeuger setzen, die Valdeorras einmal als ernsthafte DO-Zone etablieren wollen.

Während der Franco-Ära durchlief Valdeorras wie die meisten anderen spanischen Weinbaugebiete eine Zeit der Höchsterträge und Überproduktionen. Während aber Rías Baixas die Albariño und Ribeiro die Treixadura neu entdeckten, freundete sich Valdeorras wieder mit der Godello an. Diese einheimische Rebsorte verspricht weiße Weltklasseweine zu erbringen, wenn sie nur an den rechten Kellermeister gerät. Und auch die Mencía-Traube verheißt viel, lässt ihr ganzes Potenzial jedoch nur sehr selten durchschimmern. So präsentiert sich Valdeorras zumindest als viel versprechende Qualitätszone. Die Winzer sind auf dem richtigen Weg.

In den Weinbergen indes liegt nach wie vor eine Menge im Argen. Die minderwertigen, doch ertragreichen Rebsorten Garnacha tintorera und Palomino besetzen noch drei Viertel der gesamten DO-Anbaufläche. Es gibt viel zu tun.

Klima und Geografie

Valdeorras ist die am weitesten im Landesinneren gelegene DO Galiciens und muss deshalb auch mit dem kontinentalsten Klima – also einem heißeren Sommer, längeren Herbst und kälteren Winter – zurechtkommen. Die Rebstöcke wachsen oft auf Schwemmland, denn viele Weinberge liegen an den Hängen des Sil. Das Muttergestein besteht aus Schiefer mit Kalkausstrichen, die für gute Durchlässigkeit sorgen. Durch die Höhe von bis zu 320 Metern über dem Meeresspiegel und den Einfluss des Sil wird die schlimmste Sommerhitze etwas gelindert; besonders die Godello-Traube hat sich hier bewährt.

In niedriger gelegenen, flacheren Rebäckern werden die Stöcke zumeist an Drähten erzogen, an den Hängen wachsen sie oft *en vaso*, das heißt, zu Büschen geschnitten und ohne Stütze. Der zulässige Höchstertrag liegt bei 56 Hektoliter pro Hektar für Weinberge an Hängen und 70 hl/ha für ebene Rebflächen. Wie üblich aber erreicht die Produktion selten das Maximum, sondern bewegt sich bei etwa 25 bis 30 hl/ha.

Die Vorschriften für den Weinbau hat man in Valdeorras sehr großzügig gefasst. Zugelassen sind Rote, Weiße und *rosados*. Einzige Einschränkung: Sie müssen mindestens neun Volumenprozent Alkohol enthalten. Mit einer solchen Formel allerdings wird man den Ruf der DO kaum begründen. Bodegas, denen die Zukunft der Region als Weinbaugebiet am Herzen liegt, haben sich auf die beiden Rebsorten Godello und Mencía spezialisiert, während progressive *viñeros* mit ausgefalleneren Züchtungen wie Tempranillo, Cabernet Sauvignon und Merlot experimentieren. Moderne Winzer in Valdeorras wollen mehr hervorbringen als nur die Dutzendweine, für die die Region einst bekannt war. Und dafür sind sie auch bereit, Zeit und Geld zu investieren.

Vinifikation und Weinstile

Joven-Weine ohne Ausbau in Eiche (siehe Seite 23) haben hier Tradition und kaum eine Traube eignet sich besser für die Bereitung dieser frischen, fruchtigen Tropfen als die Godello. Man fördert ihre Neupflanzung auf Rebflächen, die vorher mit Palomino bestockt waren. Weiter findet man die Doña blanca, in der DO Monterrei auch «Dona branca» und in einigen anderen Zonen «Valenciana» genannt. In Verschnitten mit der Godello macht sie keine schlechte Figur. Es fehlt ihr zwar die Finesse und pralle Frucht der Godello, doch zeigt sie Ausgewogenheit wie Charme und darf oft das Aroma sowie den Angriff von Palomino-Weinen verbessern.

Mit *crianza*-Produkten wird kaum experimentiert, ein oder zwei Erzeuger jedoch konnten mit Fassgärung und anschließender drei- bis sechsmonatiger Gärung an der Hefe einen gewissen Erfolg verbuchen. Etwa ein halbes Dutzend Bodegas fertigt mittlerweile Godello-Weine von exemplarischer Exportqualität.

In der Rotweinlandschaft dominieren *jóvenes* aus der Mencía-Traube. Auch an *crianzas* hat man sich bereits versucht. Reinsortige Mencía-Erzeugnisse allerdings lassen die rechte Ausgewogenheit vermissen, weshalb manche Bodegas sie probeweise mit Garnacha tinta, Cabernet Sauvignon oder der lokalen Sorte María Ardoña verschneiden. Viele Kellereien erkennen in der Mencía durchaus ein eigenes Potenzial, das sie vor allem bei leichten, fruchtigen, früh trinkreifen Roten entwickelt, wie sie in diesem Teil Spaniens traditionell gefertigt werden.

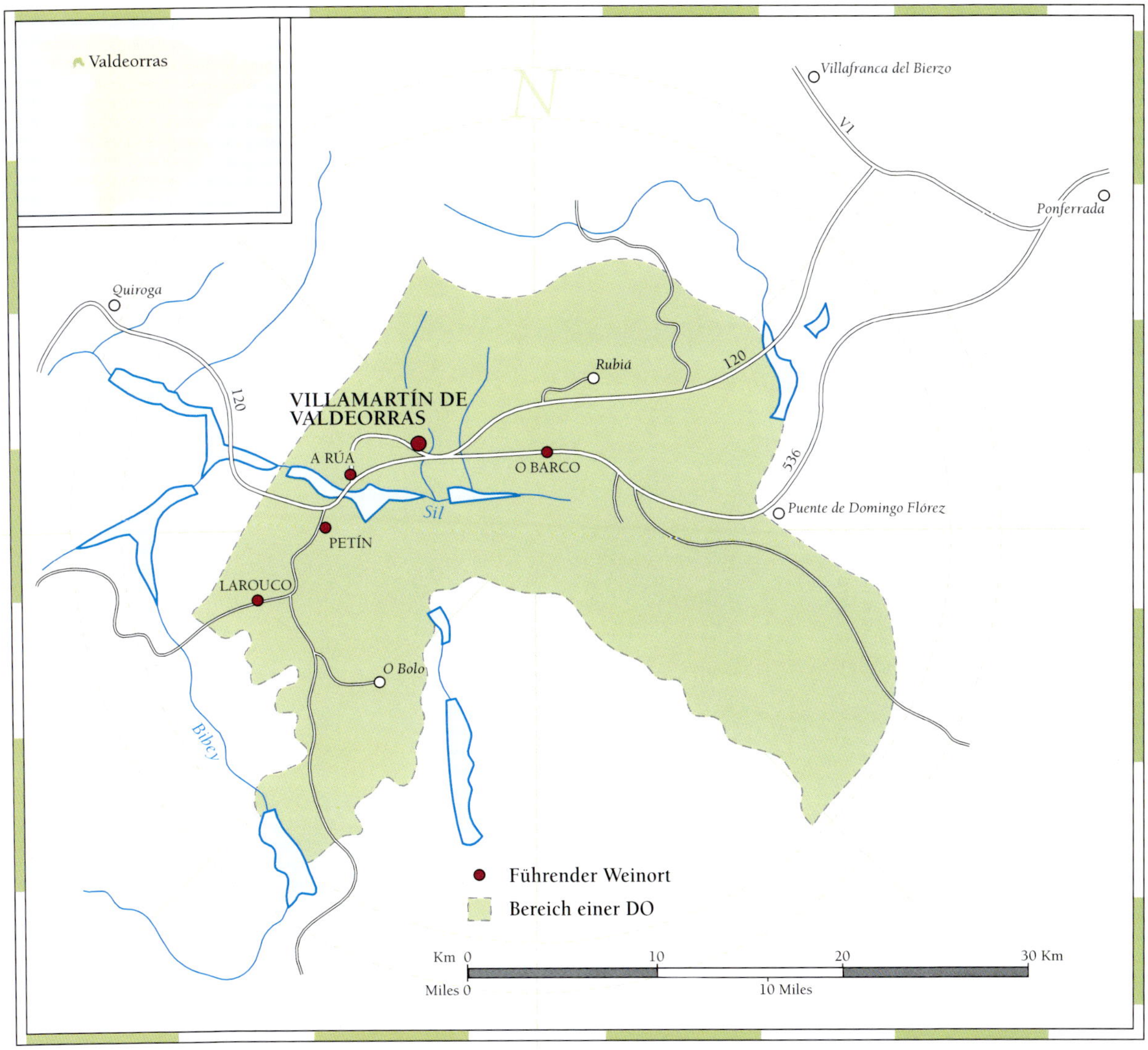

Die Anbauflächen in Monterrei werden meist mit weißen Rebsorten bepflanzt. Gängigste Traube ist die Doña blanca.

Wichtige Erzeuger

Cooperativa Jesús Nazareno, O Barco. *Gegründet 1963.* Eine Genossenschaft, deren 2000 Mitglieder insgesamt 2000 ha Rebfläche mit Palomino, Godello, Garnacha tintorera und Mencía bewirtschaften. Der Ausstoß liegt bei rund 50 000 hl. Nach und nach steigt die Bodega von epoxidverkleideten Betontanks auf Edelstahl um. Über 100 Eichen-*barricas* (Barriques) stehen bereit, um dem roten Flaggschiff Menciño (100 % Mencía) die nötige Reife zu verleihen. Trotzdem reicht dieses Erzeugnis nicht an den weißen Moza Fresca (Palomino/Godello/Doña blanca) heran. *Bester Wein:* der Viña Abad (100 % Godello).

Cooperativa Santa María dos Remedios, Larouco. *Gegründet 1962.* Die 317 Mitglieder der Genossenschaft kultivieren ganze 218 ha mit Garnacha tintorera, Palomino, Mencía und Godello. *Beste Weine:* der weiße Arume (100 % Godello) und der rote Medulio (100 % Mencía). Letzterer beweist, dass die Mencía zu reichlich Frucht, Balance, Komplexität und Länge fähig ist.

Cooperativa Virgen das Viñas, A Rúa. *Gegründet 1963.* Eine weitere große, 460 Mitglieder starke Genossenschaft; sie arbeitet mit Betontanks, die mit Epoxidharzen ausgekleidet sind – die Anschaffung von 200 *barricas* aus amerikanischer Eiche allerdings lässt ernsthaftes Qualitätsstreben erkennen. Der rote Pingadelo (85 % Mencía/15 % María Ardoña) signalisiert ein gutes Maß aromatischer Heidel- und Erdbeerfrucht.

Godeval, O Barco. *Gegründet 1986.* Die in dem tadellos restaurierten Kloster Xagoaza untergebrachte Bodega hat sich mit beträchtlichen Mitteln eine hochmoderne Kellereitechnik zugelegt, um aus dem Lesegut von den 16 ha hauseigener Rebfläche den besten Godello-Wein in Valdeorras zu erzeugen. Das Ergebnis: der Viña Godeval, der in der Tat eines der Glanzlichter der Region ist.

Joaquín Rebolledo, A Rúa. *Gegründet 1987.* Diese Bodega nennt rund 15 ha mit Godello und Mencía bestockter Rebfläche ihr Eigen, unterhält jedoch auch Versuchspflanzungen mit Cabernet Sauvignon, Merlot und anderen Trauben. Weitere Reben werden zugekauft. Das Gut bereitet einen Cabernet Sauvignon und einen Merlot – beides *reservas,* die keine schlechte Figur machen. *Bester Wein:* der Joaquín Rebolledo Tinto aus 100 % Mencía, der vorzüglichste Tropfen aus dieser Rebe in ganz Valdeorras. Er bekundet tiefe, dunkle Frucht und allgegenwärtiges Tannin. Auch der Joaquín Rebolledo Blanco (100 % Godello) kann sich mit den Besten der Region messen.

Majlu, Vilamartín. *Gegründet 1990.* Ein Familienunternehmen mit 8 ha Godello auf den *bancales* (terrassierten Hängen) unter der Finca del Pazo de los Caballeros, einem alten, stattlichen Herrenhaus, von dem aus man einen Blick auf die Hauptstraße durch Vilamartín hat. *Bester Wein:* der Ruchel, der warme, reife Frucht erkennen läßt und einen guten, langen Abgang bietet.

Medorras, Petin de Valdeorras. *Gegründet 1987.* Der ultramodernen Bodega gehören 12 ha Rebfläche mit Godello, Mencía und Cabernet Sauvignon. Der Rote aus 100 % Mencía heißt Viña Ladeira. *Beste Weine:* die Weißen Godellón Oro und Godellón Blanco, Ersterer eine Kreszenz aus Vorlaufmost.

Senen Guitian Velasco, Rubiá de Valdeorras. *Gegründet 1989.* Eine kleine Kellerei auf dem allerneuesten Stand der Technik mit strikter Qualitätskontrolle und dem Vorsatz, aus den 9 ha Weinbergen den besten Godello herauszuholen. Die Basislinie Viña Guitian bezeugt angenehme Frische, eine kräftige, fast würzige Note am Gaumen und ausgezeichnete Frucht. *Bester Wein:* der hervorragende fassgereifte Viña Guitian, der 6 Monate in amerikanischer Eiche an der Hefe vergärt wird.

Señorío, Vilamartín. *Gegründet 1990.* Señorío besitzt 27 ha Rebfläche und kauft rund 1000 t Trauben hinzu – vorwiegend Godello und Mencía, aber auch Palomino, Alicante (Garnacha tinta) und Garnacha tintorera. *Beste Weine:* der weiße Valdesil (100 % Godello) von alten Rebstöcken und der rote Valderroa (100 % Mencía) in einem bei den Einheimischen beliebten fruchtigen, leichtgewichtigen Stil.

Monterrei

Es gibt in der Tat einen Berg *(monte)* etwa sechs Kilometer westlich der Kleinstadt Verín in der Provinz Ourense und er gehörte einst auch wirklich dem König *(rei)*. Während des Krieges mit Portugal im 16. Jahrhundert war die Stadt, die der *Denominación de Origen* ihren Namen gab, ein wichtiges Glied im spanischen Verteidigungswall. Ihre eigentliche Geschichte indes beginnt sogar noch 300 Jahre früher.

Das mittelalterliche Monterrei war weit mehr als nur ein Bollwerk, es umfasste auch ein Städtchen mit Krankenhaus und Kloster. Vor allem Letzteres galt in jenen Tagen als Zentrum der Lehre und einer Universität im modernen Sinne als wenigstens ebenbürtig. Noch im vorigen Jahrhundert wurde es von Mönchen genutzt. Heute dient es lediglich noch als Touristenattraktion.

Der örtliche *parador,* ein zu einem Nobelhotel umfunktionierter Herrensitz, liegt auf einem benachbarten Hügel und gewährt einen wunderschönen Blick auf die zur Provinz Ourense gehörende Umgebung.

Ourense wurde oft als «Zunge» Galiciens beschrieben, die sich nach Süden und hinein in die Mitte Nordportugals streckt. In keinem anderen Landstrich Galiciens herrscht ein heißeres Klima, denn der Einfluss des Atlantiks ist hier gering. Die Provinz umfasst den Marktflecken Verín etwa 15 Kilometer von der portugiesischen Grenze entfernt. Nur der dichte Verkehr auf der Autobahn N-525 von Ourense nach Portugal und Kastilien beeinträchtigt die beschauliche Atmosphäre dieses altbackenen Ortes, den man vor allem wegen seiner Wasserquellen kennt; ein oder zwei Abfüller erlauben sogar Besichtigungen.

Vinifikation und Weinstile

In der gesamten DO Monterrei gibt es nur vier Bodegas. Die Weinproduktion ist also spärlich, ein Exportmarkt existiert praktisch nicht. Fast alle Rebflächen liegen im Tal des Támega, wo man vorwiegend Verdello, Dona branca (Doña blanca auf kastilisch) und Palomino sowie eine lokale Sorte namens Monstruosa anbaut.

Die beliebtesten Weißen fertigt man von der Dona branca, die besten hingegen entstehen aus den selteneren Trauben Godello und Treixadura: frische, wohlschmeckende Durstlöscher mit einem Hauch Kohlensäure.

Die Roten der DO geben sich leichtgewichtig. Man keltert sie aus der Mencía, daneben wird auch etwas Tinto fino – andernorts als Tempranillo bekannt – verarbeitet. *Crianza*-Weine sucht man bislang noch vergeblich, obwohl ein, zwei Bodegas allmählich mit dieser Machart zu experimentieren beginnen.

Wichtige Erzeuger

Ladairo, Rosal-Oimbra. *Gegründet 1984.* Eine kleine, aber gewiefte moderne Bodega mit kompletter Edelstahlausrüstung. Das derzeit genutzte Gebäude datiert von 1995. Die weißen Hauptweine sind der Ladairo Blanco, ein köstlicher, lebendiger, frischer Verschnitt aus gleichen Teilen Godello und Treixadura, und der in traditionell weichem, aromatischem Stil bereitete Viña Toutelo aus der Dona branca. Unter den Roten sei der Ladairo Tinto erwähnt, ein gefälliger, leichter Wein mit geringfügig marmeladigem Einschlag.

Ribeira del Támega, Albarellos de Monterrei. *Gegründet 1995.* Eine kleine, moderne Bodega, die fabrikähnlich arbeitet und gute Alltagsweine hervorbringt. Die wichtigsten Weißen heißen Ribera del Támega (Dona branca) und Baroncelli Branco, ein Verschnitt aus mehreren weißen Trauben. Ihre roten Brüder, darunter der Baroncelli Tinto, werden aus verschiedenen Rebsorten komponiert.

Asturien, Kantabrien und das Baskenland

Die Statue des Seefahrers Juan Sebastián Elcano in seiner Heimatstadt Guetaria legt Zeugnis ab vom Stolz des Baskenvolkes.

Ganz rechts: Fischerboote im Hafen von Castro Urdialis nahe der kantabrischen Hauptstadt Santander. An der Küste der Region findet man die saubersten Strände Europas.

Die Kelten waren sicher nicht das einzige Volk, das den äußersten Westen des prähistorischen Kontinentaleuropas besiedelte, wenn auch eines der bekannteren. Zwar gehörte Spanien zuerst zum römischen und später zum maurischen Reich, den Eroberern gelang es jedoch nie so richtig, die Einheimischen in der Gegend der heutigen *autonomías* Asturien, Kantabrien und Baskenland am nördlichen Rand Spaniens vollständig zu unterjochen. Das lag zum einen an der Sicherheit, die die Berge der Cordillera Cantábrica boten, und zum anderen an der Unbeugsamkeit der Menschen selbst, die mit ihrer Schläue und Wehrhaftigkeit selbst den gefürchteten römischen Legionen Widerstand boten.

Asturien

Immer wieder wird Asturien wegen seiner malerischen Küste und der zerklüfteten Gebirgslandschaft mit Wales verglichen. Und auch bei den Völkern beider Länder lassen sich Gemeinsamkeiten entdecken. Die ersten Siedler gehörten einem keltiberischen Stamm, den Asturen, an. Sie entwickelten sich zu einer robusten Rasse und spezialisierten sich wie ihre walisischen Pendants auf Bergbau.

König Fruela gründete im Jahr 722 das alte Königreich Asturien. Ab 768 hatten die Mauren hier das Sagen, doch Fruelas Sohn Alfons II. vertrieb sie schon 791 wieder und sorgte so dafür, dass Asturien während der arabischen Fremdherrschaft über das restliche Spanien eine Bastion des kastilischen Christentums blieb. 1037 weitete König García sein Reich auf León aus. Als sich die Mauren nach Granada zurückziehen mussten, wurde Asturien-León 1230 schließlich mit dem Königreich Kastilien vereint.

Seit 1388 gilt Asturien als *principado,* Prinzipat; entsprechend führt der spanische Thronfolger den Titel *Príncipe de Asturias,* Prinz von Asturien. Im 19. Jahrhundert erlebten Asturien und die benachbarten Regionen dank Steinkohleförderung, Schiffsbau und Schwerindustrie eine Epoche wirtschaftlicher Blüte. Ein Großteil dieser Wirtschaftszweige ist heute verschwunden, doch noch immer präsentiert sich der Landstrich als blühende Region mit der schönen alten Stadt Oviedo als pulsierendem Zentrum.

In der Gastronomie kennt man Asturien insbesondere wegen seiner Käsesorten – allen voran der Ziegenkäse *cabrales* – und Apfelplantagen. Letztere liefern die Grundlage für die gute spanische *sidra,* den Apfelmost, der alljährlich mit der *Fiesta de la Sidra* gefeiert wird. Die asturische *sidra* wird mit der theatralischen Pose eines Flamencotänzers eingeschenkt. Doch selbst in dieser Apfelregion bleibt der Rebensaft nicht völlig außen vor: Ein kleines Gebiet namens Cangas de Narcea erzeugt vorwiegend aus der Mencía leichte Rote. Doch kaum jemand glaubt, dass ihnen eine verheißungsvolle Karriere beschieden sein wird.

Kantabrien

Zu Reichtum gelangte Kantabrien durch die spanische Eroberung Amerikas. Viele Herrenhäuser in der Region wurden von Seefahrern gebaut, die mit Schätzen beladen aus der Neuen Welt zurückkamen. Man nannte die Heimkehrer *indianos,* denn der Kontinent im Westen galt noch eine geraume Weile nach seiner Entdeckung als die andere Seite des indischen Subkontinents.

Kantabriens Metropole ist Santander. Die Stadt liegt zwischen einem stimmungsvoll-romantischen Küstenstrich und den eindrucksvollen Gipfeln der Picos de Europa. Das Zentrum von Santander hat ein überwiegend modernes Gesicht, denn im Jahr 1941 legten ein Tornado und eine Feuersbrunst die Stadt in Schutt und Asche. Von der Altstadt blieb nicht mehr viel übrig, lediglich einige Teile historischer Gebäude überstanden die beiden Desaster, darunter auch die romanische Krypta der Kathedrale.

Man reist jedoch vorwiegend wegen der schönen Landschaft nach Kantabrien. Und das mit Recht: Die Region nimmt für sich in Anspruch, die saubersten Strände Europas zu haben. Die atemberaubende, wilde Natur steht vor allem bei betuchten Touristen hoch im Kurs. Sie kommen vorwiegend aus Spanien selbst, aber auch die Schweiz und Skandinavien stellen meist ein nennenswertes Besucherkontingent.

Kantabrien ist grün und fruchtbar, deshalb hat die Küche neben dem unvermeidlichen maritimen Einschlag eine reiche Obst- und Gemüsetradition vorzuweisen – erkennbar an Gerichten wie *cocido montañés,* einem Auflauf mit Bohnen, Kohl und Schweinefleisch), und *cocido lebaniago* (junge Erbsen und Kohl), das als Beilage zu Fisch oder Fleisch serviert wird und aus der Gegend um Liébana kommt. Von hier stammen übrigens auch die besten kantabrischen Käsesorten: *ahumado de aliva, pido, picón* und *quesuco.* Der einzige in der Region selbst erzeugte Wein ist ein nicht klassifizierter *Vino de Mesa,* der in der Qualitätsrangliste wohl kaum nach oben klettern wird.

País Vasco – das Baskenland

Euskadi, wörtlich «Sammlung von Basken», nennen die Bewohner der autonomen Region ihr Reich. Seine Ursprünge liegen weitgehend im Dunkeln. Vielleicht waren die Basken während der Steinzeit die Ersten, die diesen Teil Europas besiedelten. Die isolierte Lage in den Bergen schützte sie nicht nur vor der Willkür von Römern, Westgoten und Mauren. In der Abgeschiedenheit der beiden nördlichen Baskenprovinzen bewahrte sich auch ihr außergewöhnliches Idiom, das mit keinem anderen verwandt ist. Ähnlichkeiten finden sich lediglich in der Sprache der Berber, deren Wurzeln ebenfalls bis in graue Vorzeit zurückreichen. Seltsam erscheint ferner, dass die Basken vorwiegend die Blutgruppe A Rhesus negativ haben, während der Rest der Menschheit vorwiegend Rhesus positiv ist.

Das Baskenland ist reich an Bodenschätzen. Seine Bewohner hatten sich einst auf die Metallverarbeitung spezialisiert, weshalb sie die römischen Eroberer *Vascones* nannten, nach dem lateinischen Namen für den Kesselmacher, *vascularius*. Doch auch Seefahrer findet man unter ihnen. Es gibt Belege dafür, dass baskische Walfangschiffe bereits im 9. Jahrhundert vor Grönland den Meeresriesen nachstellten.

Früher einmal gehörte zum Baskenland neben dem spanischen País Vasco auch die Gascogne im heutigen Südwestfrankreich. Die Sprachen entwickelten sich jedoch zu beiden Seiten der Grenze in unterschiedliche Richtungen, sodass sich die französischen und spanischen Basken heute kaum noch unterhalten können.

Unabhängigkeit

Während des Bürgerkriegs regierte sich das Baskenland von Guernica – *Gernika* auf baskisch – aus selbst, bis Francos Truppen die Stadt mit Unterstützung von Hitlers Luftwaffe 1937 dem Erdboden gleichmachten. Heute wacht im Einklang mit der neuen spanischen Verfassung von 1978 eine frei gewählte Regierung mit Sitz in Bilbao über die Geschicke des Landes.

Geografisch gliedert sich die autonome Region in drei Provinzen, die zusammen die Form eines Dreiecks mit der Spitze nach unten ergeben. Guipúzcoa (auf baskisch Gipuzkoa) und Vizcaya (Bizkaia) liegen an der Küste, Alava (Araba) bildet die Südspitze des Trios, wo auch einige der besten Weine der DOCa Rioja entstehen (siehe Seite 74).

Einen legendären Ruf genießt die baskische Gastronomie. Die Fischrestaurants in Bilbao und San Sebastián offerieren die vermutlich beste Meeresküche Spaniens. Und in fast jeder Großstadt des Landes findet man mindestens ein Lokal mit baskischen Spezialitäten – oder wenigstens ein, zwei Küchenchefs aus der Region. Die Basken pflegen die Tradition der *chiquiteos,* das sind kleine Häppchen, die die Kastilier *tapas* nennen, und halten ihre Ess- und-Trink-Kultur mit den *chocos* hoch, kulinarischen Gesellschaften, die der Küche und den Weinen der Region huldigen.

Die beiden Chacolí-DOs

Wichtige Erzeuger

G = Guetaria; V = Viczaya.

Eizaguirre, Zarautz (G). *Gegründet 1930.* Der Bodega gehören nur 4 ha Anbaufläche. Sie kauft deshalb Lesegut zu, um auf einen Gesamtausstoß von zirka 750 hl zu kommen. Angeboten werden die drei Linien Elzaguirre, Hilbera und Kupela, die eine Palette von leicht, frisch und perlend bis hin zu einem getrageneren Stil abdecken.

Etxaniz, Guetaria (G). Einer der bekanntesten Produzenten in Guetaria. Seine Keller befinden sich auf einem malerischen Altstadtvorsprung, der in das Meer hineinreicht. Die 12 ha Anbaufläche liegen 50 m höher an steilen Hängen, die Reben werden an Pergolen erzogen. Der Wein (Txomin Etxaniz) zeigt sich als klassischer Chacolí: lebendig und frisch – ein köstlicher Trunk für einen heißen Sommertag.

Virgen de l'Orea, Zalla (V). *Gegründet 1994.* Ein Möbelmillionär richtete sich dieses Weingut als Hobby ein. Er restaurierte eine alte Bodega, bepflanzte die Rebflächen neu und wertete sie auf. Im Basiswein Aretxaga spiegelt sich das zusätzliche Quäntchen Wärme und Reife dieser Binnenzone wider. *Bester Wein:* der herausragende Señorío de Otxaran, der nur aus den reifsten Trauben gefertigt wird.

Das Baskische ist eine schrecklich komplizierte Sprache, die ausgiebigst vom Passiv Gebrauch macht. «Ich trinke Wein» wird auf Euskara zu «Von mir wird Wein getrunken». Die beiden baskischen DOs haben ihre eigenen Namen: *Getariako Txakolina* («von Getaria, die Txakolina») heißt auf kastilisch Chacolí de Guetaria und die DO Chacolí de Vizcaya nennt der Baske *Bizkaiko Txakolina.*

An der iberischen Nordküste herrscht im Vergleich zum restlichen Spanien eine recht raue und kühle Witterung. Die im Baskenland kultivierten Reben wachsen nur hier und nirgendwo sonst. Eine weiße Traube namens Ondarribi Zuri nimmt über 80 Prozent der gesamten Anbaufläche ein. Niemand weiß, woher sie stammt; man nimmt an, dass sie sich einfach vor Ort entwickelt hat. Ihr rotes Pendant heißt Ondarribi Beltza und ist möglicherweise mit der Cabernet franc verwandt. In Vizcaya wächst ferner die Folle blanche und in kleinen Versuchsanlagen experimentiert man mit Chardonnay, Pinot blanc, Sauvignon blanc und Riesling.

Der Untergrund der beiden Zonen in Höhen zwischen zehn und 150 Metern über dem Meeresspiegel setzt sich aus lockerem Schwemmland beziehungsweise Sand über Lehm, Mergel oder Kreide zusammen. Die Weinberge sind meist winzig und liegen weit verstreut. Die 70 Hektar Anbaufläche von Guetaria findet man in der Nähe der drei wichtigsten Städte Guetaria, Aia und Zarautz. In Vizcaya wiederum teilen sich die 60 bis 80 Hektar in zwei Hauptgruppen: einen Küstenbereich bei Bakio und einen Binnenbezirk um die Stadt Balmaseda.

Nach einer Bauernregel folgen hier auf «fünf Tage Sonne fünf Tage Regen». Mit anderen Worten: Der Niederschlag ist reichlich. Manche Anbauflächen an der Küste liegen an steilen Hängen, sodass das Wasser abfließen kann. Ihre Rebstöcke erziehen die Winzer an Pergolen, damit die Sonne nicht allzu sehr auf die Trauben brennt. Im Hinterland herrscht eine heißere, trockenere Witterung – deshalb dürfen die Triebe hier an Drähten entlangklettern. Der zulässige Höchstertrag liegt bei 63 bis 97 Hektoliter pro Hektar, wird aber nur selten erreicht. Realistisch sind 40 hl/ha.

Weine und Weinstile

Die besten Chacolí zeigen köstlich frische Säure und reichlich traubige Frucht – passend zum baskischen Klima. In Guetaria und dem Küstenbereich von Vizcaya bei Bakio entstehen lebendige, «grüne» Gewächse. Die Binnenzone um Balmaseda bringt alkoholstärkere Tropfen hervor, die Ähnlichkeit mit pfirsichfruchtigen Galiciern aufweisen. Die Paradepferde der Region können sich sehen lassen, sind jedoch schwer aufzutreiben – und wegen der verschwindend geringen Mengen auch teuer. Darüber hinaus findet man einen kleinen Posten *rosados* und roter Chacolí-Weine. Da in der DO aber die Meeresküche dominiert, gehört das Terrain den Weißen.

In den Weinbergen bei Guetaria wachsen Rebsorten, die man nirgendwo sonst auf der Welt findet.

Ganz rechts: Stechginster auf einem galicischen Feld. Die Region verfügt nicht nur über eine einzigartige Kultur, sie darf auch auf eine der schönsten Landschaften Spaniens stolz sein.

Landweine im grünen Spanien

Galicien

Die Provinzen sind in Klammern angegeben.

VC Betanzos (La Coruña). Um die Stadt Betanzos findet man rund 114 ha Rebflächen. Sie liegen vorwiegend an den Hängen des Mandeotals etwa 30 km südöstlich der Stadt La Coruña auf leichtem Boden über Schwemmlandlehm. Mehr als 40 kleine Bodegas und eine Genossenschaft erzeugen im Durchschnitt rund 2000 hl pro Jahr. Traditionell entstehen leichtgewichtige Rote aus der Alicante (Garnacha tintorera) und Mencía. In jüngster Zeit hat sich die Unternehmensgruppe Bodegas y Bebidas auf den internationalen Markt gewagt und bietet dort meist leichte Alltagsweiße an, die vorwiegend aus Palomino bestehen und mit genug Albariño angereichert sind, um etwas Aroma und Frucht erkennen zu lassen. Die Zone bemüht sich derzeit um den VdlT-Status, doch viele kleinere Bodegas wirtschaften noch *artesanal,* nach traditionellen Methoden, und haben ein nur geringes Investitionspotenzial, deshalb wird die Beförderung wohl noch etwas auf sich warten lassen.

VC Ribeiro do Ulla (La Coruña). Im Tal des Ulla etwa 15 km südöstlich von Santiago de Compostela sind rund 600 ha mit Rebstöcken bepflanzt. Als Zentrum der Weinproduktion hat sich Boqueixón etabliert, auf einem Großteil der Fläche wachsen jedoch Hybriden. Zudem wird die überwältigende Mehrheit der Weine für den Hausgebrauch gekeltert oder bestenfalls ab Hof verkauft und in Touristenzentren feilgeboten. Darüber hinaus kultiviert man lediglich eine geringe Menge Albarello für Weiße und Caíño für Rote, aber auch die allgegenwärtigen Sorten Alicante und Palomino fehlen nicht. Wenn die Region eine Zukunft hat, dann nur mit weißen Albarello-Weinen.

Folgende galicischen Landweine sind seit 1996 verschwunden:

VdlT Val do Minho (Ourense) gehört jetzt zur DO Ribeira Sacra.

VC O Bolo (Ourense) wurde der DO Valdeorras eingegliedert.

Asturien, Kantabrien und das Baskenland

In den ersten beiden Regionen werden Tafelweine erzeugt (siehe Einträge). VdlT- oder VC-Weine sind für keine der drei *autonomías* ausgewiesen.

Kastilien-León

Die vielen Burgen und Festungen von Kastilien-León entführen den Reisenden in das Zeitalter der Ritter und Helden – da verwundert es nicht, dass auch die einheimischen Weine eine gewisse Noblesse besitzen. Ribera del Duero ist die Heimat des wegweisenden Weinguts Vega Sicilia, dessen Erzeugnisse zu den besten in Spanien, wenn nicht gar auf der ganzen Welt gehören. Berühmt geworden sind die Roten der Bodega wie überhaupt der gesamten DO wegen ihrer Kraft und Finesse. Doch Kastilien hat noch mehr zu bieten: Nachdem in Rueda jahrhundertelang traditionelle, gespritete, sherryähnliche Weine entstanden, hat die Zone nun mit der Fertigung fruchtiger weißer Verdejo ihre eigentliche Bestimmung gefunden. Dank fortschrittlicher Technologien und verbesserter Vinifikationsmethoden sind ihre Weißen auf dem besten Weg, zu Klassikern zu werden. Unterdessen stellen auch die kleineren, vorwiegend auf Rote spezialisierten DOs Bierzo, Cigales und Toro mit einer erfolgreichen Mischung aus traditioneller und hightechgestützter Weinbereitung ein für alle Mal unter Beweis, dass Größe nicht alles ist.

Die zahlreichen Festungen in Altkastilien sind Zeugen einer turbulenten Vergangenheit. Dieser imposante Wall gehört zum Castillo de Peñafiel.

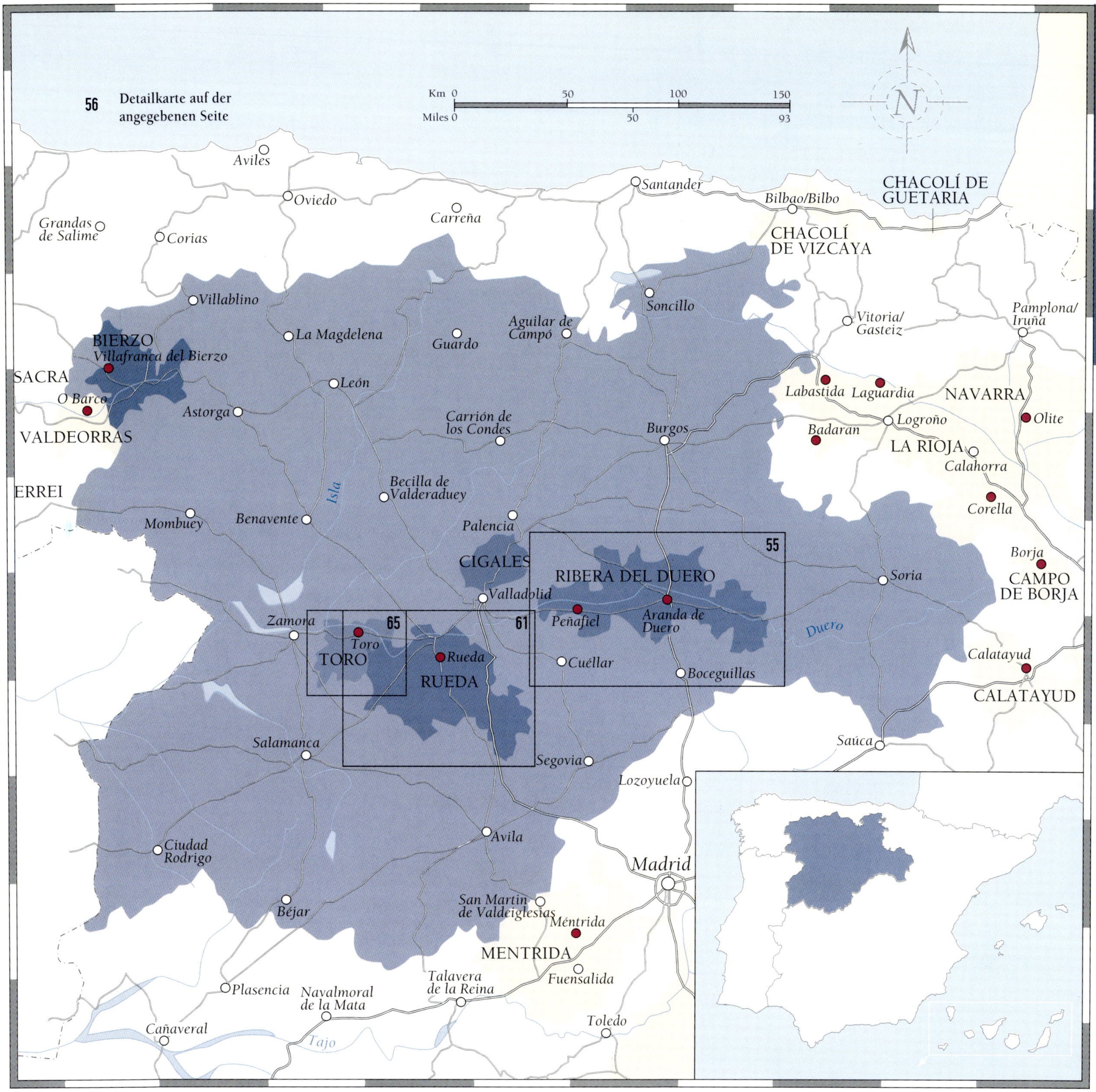

56 Detailkarte auf der angegebenen Seite
Km 0 50 100 150
Miles 0 50 93
N
Aviles
Oviedo
Santander
Bilbao/Bilbo
CHACOLÍ DE GUETARIA
Grandas de Salime
Corias
Carreña
CHACOLÍ DE VIZCAYA
Villablino
Soncillo
Vitoria/ Gasteiz
Pamplona/ Iruña
BIERZO
Villafranca del Bierzo
La Magdelena
Guardo
Aguilar de Campó
SACRA
O Barco
León
Labastida
Laguardia
NAVARRA
Astorga
Carrión de los Condes
Burgos
Logroño
Olite
VALDEORRAS
Badaran
LA RIOJA
Calahorra
Isla
Becilla de Valderaduey
ERREI
Corella
Mombuey
Benavente
Palencia
55
Borja
CIGALES
RIBERA DEL DUERO
Soria
CAMPO DE BORJA
Valladolid
Zamora
65
61
Peñafiel
Aranda de Duero
Duero
Toro
TORO
Rueda
Cuéllar
Boceguillas
Calatayud
RUEDA
CALATAYUD
Salamanca
Saúca
Segovia
Lozoyuela
Avila
Ciudad Rodrigo
Madrid
San Martin de Valdeiglesias
Béjar
Méntrida
MENTRIDA
Fuensalida
Plasencia
Navalmoral de la Mata
Talavera de la Reina
Toledo
Cañaveral
Tajo

Altkastilien: das Reich der Burgen

Nicht umsonst nennt man Altkastilien das «Land der Burgen». Die ehemalige Grenzregion zwischen der christlichen und maurischen Welt strotzte einst vor Befestigungsbauten und bildete den Rohling, aus dem 1492 ein geeintes Spanien geschmiedet wurde. Nördlich der Cordillera Cantábrica blieb man von den muslimischen Eroberern recht unbeeindruckt: Galicien, Asturien, Kantabrien sowie das Baskenland überstanden jenseits der Gebirgskette die Fremdherrschaft relativ unbeschadet. So kristallisierte sich das kleine Königreich Asturien als Hort spanischer Kultur heraus. Als die *moros*, die Mauren, allmählich nach Süden abgedrängt wurden, dehnte das heutige Prinzipat seinen Einflussbereich aus, indem es sich zunächst mit León und dann mit Kastilien vereinte.

Anfang des 15. Jahrhunderts war Kastilien eine pulsierende Region, die ganz unter dem Einfluss des *renacimiento*, der Renaissance, stand. Die Universität in Salamanca und der königliche Hof in Burgos sorgten dafür, dass Kunst und Handel florierten. Zu Reichtum gelangte der Landstrich, als christliche Heere die einst von den Mauren gehaltenen Städte im Süden plünderten. 1469 ehelichte Isabella, Erbin der kastilischen Krone, in Valladolid Ferdinand, den aragonesischen Prätendenten. 1474 proklamierte man sie in Segovia zur Königin von Kastilien, ihr Gatte Ferdinand bestieg 1479 den Thron Aragoniens. Damit wurden beide Reiche vereint.

Als die Mauren 1492 endgültig vertrieben waren, verlegte man die spanische Hauptstadt von Burgos nach Valladolid. Navarra oder zumindest der südlich der Pyrenäen gelegene Teil des Königreichs gesellte sich 1512 zum neu gegründeten Spanien. 1561 stand ein weiterer Umzug auf dem Programm: Auf Anweisung von König Philipp II. diente fortan Madrid in Neukastilien als Hauptstadt.

Florierender Weinhandel

Wie wirkte sich die politische Entwicklung zwischen dem 11. und 16. Jahrhundert auf Kultur und Wirtschaft aus? Altkastilien mauserte sich zu einer reichen, gebildeten, ekklesiastischen und eines Königssitzes würdigen Region. Und auch der Handel erlebte einen Aufschwung. Die Weinherstellung florierte, als reiche Kunden Spitzenpreise für die edelsten Kreszenzen zahlten. Im Wettlauf um immer bessere – und teurere – Erzeugnisse für die feinen Zungen der örtlichen Herzöge, Bischöfe, Professoren und Medikusse müssen sich die Winzer förmlich auf die Füße getreten sein.

Der klassische kastilische Weinstil unterscheidet sich heute von den Produkten aus Rioja, wo die Exportmärkte und der französische Geschmack großen Einfluss auf die Bereitung ausübten. Kastilische Tropfen hingegen werden noch immer für den spanischen Abnehmer bereitet: Sie sind kraftvoll, schwer, fruchtbeladen und lassen einen kaum merklichen Eichenton erkennen, statt sich wie ihre Pendants weiter östlich unverhohlen mit dieser Holznote zu brüsten. Angesichts der Geschichte von Kastilien-León verwundert es nicht, dass sich die Region zu einem überwiegend auf Rote spezialisierten Weinbaugebiet entwickelt hat.

Kastilische Gastronomie

Der Duero liefert die Grundlage für Fischgerichte. Daneben ist Kastilien-León aber auch ein Land der Jäger und Hirten – und die ideale Gegend für huertas, *Gemüsegärten. Eine typische kastilische Mahlzeit beginnt mit* tapas *(Häppchen) aus* chorizos *(Würstchen), Schafskäse und* jamón *(Schinken), zu denen stets* hogaza *serviert wird, ein zartes, in Radform gebackenes Weißbrot. Dann folgt die* sopa de ajo, *Knoblauchsuppe mit Brotkrumen und einem pochiertem Ei. Das Hauptgericht in einem wohlhabenden Haushalt könnte aus Rothuhn, Reh, Hirsch oder* jabalí, *Wildschwein, bestehen. Auf den Tisch des gewöhnlichen Volkes kommen* cordero asado *(Milchlamm) und* cochinillo *(Ferkel), die in einem Backofen gebraten werden, bis das Fleisch derart zart ist, dass es sich mit dem Rand eines Tellers schneiden lässt – manche Restaurants unterhalten so ihre Gäste. Als Beilage reicht man Gemüse der Region und natürlich die robusten, schweren, aromatischen Rotweine, für die Kastilien berühmt geworden ist.*

Die Kathedrale Santa María dominiert Burgos, die einstige Hauptstadt des ehemaligen Königreichs Kastilien.

Bierzo

Ganz rechts: An Bierzos hehre Vergangenheit erinnert das Castillo de los Templarios, die «Burg der Tempelritter» in Ponferrada.

Bierzo bietet neben Burgen und Wein noch weitere Vorzüge – allen voran die großartige Landschaft.

Bierzo fällt die Rolle des Außenseiters in der kastilischen Weinszene zu, denn die Zone liegt in der Provinz León weit nördlich des Duerotals mit seinen edlen Kreszenzen und grenzt im Südwesten an die galicische DO Valdeorras an. Daher haben auch die Weine einen gewissen Übergangscharakter: Sie sind zwischen dem leichten, fruchtigen Stil Galiciens und den ernsten Schwergewichten vom Duero anzusiedeln. Die Landschaft hat einiges zu bieten, angefangen von den Schluchten des Sil bis zu den weiter südlich gelegenen Bergen der Sierra de la Cabrera.

Drehkreuz der Weinzone ist das hübsche Marktstädtchen Cacabelos, in dem auch der *consejo regulador* residiert. Im Zentrum dieser einstigen Pilgerstation am Camino de Santiago steht eine den Lesearbeitern gewidmete Statue. Durch den Ort fließt der Cúa – wie in vielen Städten von Valdeorras mutiert sein Flussufer im Sommer zu einem hoffnungslos überfüllten Ersatzstrand. In Cacabelos hat auch eine der exzentrischeren Bodegas von Kastilien-León, Prada a Tope, ihren Sitz. Doch davon später mehr.

Der zweite wichtige Weinort der DO heißt Villafranca del Bierzo. Der Flecken ist zwar eher klein, beeindruckt aber mit einer monumentalen Architektur, darunter einer Burg, einem eindrucksvollen Jesuitenkolleg und einem alten Herzogspalast, der zur Bodega Palacio de Arganza umfunktioniert wurde (siehe Seite 51). Die einwohnerreichste Metropole in Bierzo ist Ponferrada. Schon zu römischen Zeit hatten der Bergbau und die Verhüttung hier einen höheren Stellenwert als die Weinproduktion.

Geografie und Klima

Das Gros der Reben in Bierzo wächst in einer Höhe zwischen 500 und 600 Metern an den Ufern des Sil und seiner Nebenflüsse, einschließlich des Cúa, Pradel, Valcarce und Burbia. Die Anbauflächen sind eine Mischung aus Hängen und Terrassen. Im Flusstal besteht der Boden aus Schwemmland mit Spuren von Eisen, in höheren Lagen dominiert Schiefer. Klimatisch liegt die Zone zwischen dem milden, gemäßigten Galicien und dem heißen, kontinentalen Hochland des Duero: Es regnet ausreichend und das Thermometer klettert im Sommer nur selten über 32 Grad Celsius.

Hier ist das angestammte Terrain der Mencía-Traube und in der Tat scheinen die Winzer hier mehr Wärme und Gewicht aus dieser Sorte herauszuholen als ihre Nachbarn in Galicien – sei es, weil das Klima geringfügig wärmer ausfällt oder weil die Weinbereitungsmethoden anders sind. Auf jeden Fall wächst die Mencía auf 62 Prozent der Rebflächen; der *consejo regulador* schlägt sie auch als einzige für den Anbau vor. Daneben ist aber auch noch die Garnacha tintorera zugelassen.

Für Weiße werden Godello und Doña blanca empfohlen, obwohl sie zusammen nur etwa 10 Prozent der gesamten Anbaufläche ausmachen – den Rest nimmt größtenteils die ertragreiche Palomino ein. Aufgeschlossene Weinbauern experimentieren darüber hinaus mit Cabernet Sauvignon, Chardonnay und selbst Gewürztraminer.

Alles in allem ist Bierzo aber eine Rotweingegend und die besten Weine entstehen in der Regel ausschließlich aus Mencía. Auf der nationalen Rangskala können sie *crianza*- oder sogar *reserva*-Niveau erreichen (siehe Seite 22 und 23). Vor allem in leichteren Jahren findet man überdies gelegentlich einen ausgezeichneten *rosado*.

Wichtige Erzeuger

Luna Beberide, Cacabelos. *Gegründet 1986.* Das Familienunternehmen besitzt und bewirtschaftet rund 50 ha Rebfläche, auf denen Gewürztraminer, Chardonnay, Cabernet Sauvignon und Mencía wachsen. Um auf die Gesamtproduktion von 250 000 hl zu kommen, werden Trauben zugekauft. Die Roten altern in französischer und amerikanischer Eiche und sind meist von herausragender Qualität; ihre Bandbreite reicht vom *joven* aus 100% Mencía bis hin zum reinsortigen Cabernet Sauvignon mit dem Markennamen Señorío del Sil. Nicht weniger spektakulär geben sich die *rosados* und Weißen. *Beste Weine:* der Señorío del Sil *rosado* und der Luna Beberide Gewürztraminer; für ihn zahlt man allerdings doppelt so viel wie für andere Erzeugnisse. Eine sehr innovative Bodega.

Palacio de Arganza, Villafranca del Bierzo. *Gegründet 1805.* Der Herzogspalast aus dem 15. Jahrhundert gehört seit 1963 der Familie Vuelta. Wegen der vor 1989 entstandenen, nicht nach den aktuellen DO-Richtlinien gefertigten Weine kam es zu Reibereien zwischen dem Eigentümer Daniel Vuelta und dem *consejo regulador*. Eine Zeit lang blieb der Palacio deshalb von der offiziellen Weinwirtschaft ausgeschlossen. Die Zwistigkeiten wurden Anfang der 90er zum Glück beigelegt und seit dem 92er Jahrgang tragen alle Palacio-Erzeugnisse das Siegel der DO Bierzo. Das Unternehmen fertigt weiterhin Weine bis *gran-reserva*-Niveau aus zugekauften Trauben. Es verfügt über ein hervorragendes Reservoir reifer alter Jahrgänge, die zum Teil in Kirsch- und Apfelholz, aber auch in amerikanischer Eiche ausgebaut werden. Die reifen Roten der Bodega zählen zweifellos zu Bierzos Spitzengewächsen. *Beste Weine:* ein Verschnitt aus 70% Mencía und 30% Garnacha tintorera. Die bis 25 Jahre alten Jahrgänge haben sich tadellos gehalten.

Pérez Caramés, Villafranca del Bierzo. *Gegründet 1967.* Die Bodega bewirtschaftet 30 ha Rebfläche, die mit Mencía, Tempranillo, Cabernet Sauvignon, Merlot, Pinot noir und Chardonnay bestockt sind. Sie altert ihre Weine in französischer Eiche und bringt sie als Cónsules de Roma und Casar de Santa Inés in den Handel. Zu der letztgenannten Linie gehört ein interessanter Verschnitt aus Chardonnay und Malvasía, daneben finden sich einige reinsortige Cabernet Sauvignon und Tempranillo im Angebot. *Beste Weine:* der rote Cónsules de Roma und ein Casar de Santa Inés *rosado*.

Prada a Tope, Cacabelos. *Gegründet 1984.* Die winzige Kellerei wird von ihrem Besitzer José-Luis Prada sehr pragmatisch geführt, die Weinbereitung darf man getrost als *artesanal* bezeichnen. Zur Bodega gehören eine Bar und Imbissstube. Daneben betreibt Prada ein kleines Geschäft, in dem er von seinen Weinen über Olivenöl und *jamón* (Schinken) bis hin zu T-Shirts mit Prada-a-Tope-Aufdruck so ziemlich alles feilbietet. Abends, wenn die Lkw und Tanklastzüge den Hof verlassen haben, werden Klapptische aufgestellt und der ganze Betrieb verwandelt sich in ein Freiluftrestaurant, in dem man ausgezeichnete, einfache Gerichte der Region zu zivilen Preisen serviert bekommt. Don José-Luis, ein Che-Guevara-Verschnitt, begrüßt die Gäste, nimmt die Bestellungen entgegen und lässt sich mit Besucherinnen fotografieren. Wer nach Cacabelos kommt, sollte unbedingt hier speisen. Nicht weniger exzellent als die Speisen fallen auch die ausnahmslos unter dem Namen Prada verkauften Weine aus: angenehme, frische, trinkbare Weiße (Godello/Doña blanca) und *rosados* sowie sehr gute Rote. *Beste Weine:* der *tinto crianza* und der *maceración carbónica,* beides reinsortige Mencía.

Vinos del Bierzo, Cacabelos. *Gegründet 1964.* Eine Genossenschaft mit 1800 Mitgliedern. Sie bewirtschaften insgesamt 100 ha Rebfläche, die zu 80% mit Mencía bestockt ist. Vinos del Bierzo hat die alten, mit Kunststoff ausgekleideten Betonbehälter durch Edelstahltanks ersetzt und investiert außerdem seit über fünf Jahren in *barricas* aus Eichenholz. Diese Bemühungen tragen allmählich Früchte. Man erzeugt einen guten Weißen, der unter der Bezeichnung Viña Oro (Doña blanca/Palomino) auf den Markt kommt. *Beste Weine:* zwei vorzügliche *rosados* namens Guerra *(crianza)* und Viña Oro *(joven)* sowie ein köstlicher roter Viña Oro *(joven),* alle drei reinsortige Mencía-Weine.

Cigales

Die Machtverhältnisse in der Region sind klar verteilt: Während in den benachbarten DOs Ribera del Duero und Toro große, fleischige Rote entstehen und aus Rueda einige der besten spanischen Weißen stammen, hat die DO Cigales ihren Ruf mit *rosados* begründet. Und die können sich sehen lassen, vor allem wenn sie aus der Tinto del país – andernorts auch Tinto fino, Ull de Llebre, Cencibel, Tinta de Toro oder Tempranillo genannt – gekeltert und kurz im Fass ausgebaut wurden.

Man muss wissen, dass Nordspanien und insbesondere Kastilien bis vor kurzem keine Weißweintradition kannten. Wer in einer Bar in Valladolid einen *vino blanco seco* orderte, bekam wahrscheinlich einen Fino Sherry. Nur auf Drängen konnte man den Wirt eventuell dazu bewegen, aus der hintersten Ecke der Küche eine verstaubte alte Flasche eines ausdruckslosen – und sicher nicht gekühlten – *vino de mesa* zutage zu fördern.

Rueda hat die nordspanische Weißweindiaspora zwar in letzter Zeit gründlich missioniert, doch noch immer bevorzugt die örtliche Gastronomie ihre fleischigen Roten und *rosados*. Das erklärt, warum Zonen wie Cigales, Navarra und die meisten nordkatalanischen DOs sich auf die Herstellung exzellenter *rosados* konzentriert haben, obwohl diese Spezies nördlich von Bordeaux als ausgesprochener Ladenhüter gilt. Und wenngleich in Cigales auch weiße Rebsorten kultiviert werden, findet man hier keine Weißen mit dem Cigales-Siegel – die Trauben werden schlicht und einfach für die berühmten Rosés gebraucht.

Die Stadt Cigales liegt zwischen Valladolid und Palencia in einer ruhigen ländlichen Gegend an der *autovía* N-620. Zur DO zählen neben Cigales elf weitere *municipios* (Gemeinden), die jedoch alle in der Provinz Valladolid liegen. Größte Wasserader der Zone ist der Pisuerga. Die Reben wachsen in 700 bis 800 Meter Höhe auf leichten Kalkböden, dem Muttergestein Südkastiliens. Wie in den meisten benachbarten *Denominaciones de Origen* hat man auch hier Tunnels, Durchbrüche, Vorratskeller und sogar Veranstaltungsräume in den Fels gehauen.

Um die Weinorte stößt man auf seltsam geformte Gebilde aus grob behauenen Steinen, die etwa zwei Meter aufragen und wie versteinerte Termitenhügel aussehen. Diese *luceras* dienen als Frischluftzufuhr und Lichtschacht für die Keller, die rund zehn Meter unter der Oberfläche liegen. In diesem unterirdischen Kammern herrschen das ganze Jahr über gleich bleibende Temperaturen.

Das Klima in Cigales ist stark kontinental geprägt, heiße Sommer wechseln sich mit kalten Wintern ab. Die beträchtlichen Temperaturunterschiede zwischen Tag und Nacht tun den Reben in diesen Höhen gut und versetzen sie nach Einbruch der Dunkelheit in einen zuträglichen «Kälteschlaf» (Näheres dazu auf Seite 54). Gleichzeitig aber drohen im Frühjahr Spätfröste, weshalb eine sorgfältige Bewirtschaftung der Weinberge unumgänglich ist.

Vinifikation und Weinstile

Die Palette der Weinbereitungsmethoden in Cigales reicht von traditionell bis hypermodern. Anfang der 90er Jahre stellte man die ersten Edelstahlbehälter auf, doch schon zuvor hatten vorausschauende Bodegas mit Glasfasertanks experimentiert und waren aus diesem Grund mit der kontrollierten Gärung bestens vertraut.

Heute entstehen in Cigales nicht nur vorzügliche *rosados* aus Tinto del país, Garnacha tinta und den weißen Sorten Verdejo, Viura, Palomino und Albillo, sondern auch köstliche Rote mit einem Mindestanteil von 85 Prozent Tinto del país und 15 Prozent Garnacha tinta oder versuchsweise sogar einmal Cabernet Sauvignon. Mindestens eine Bodega erzeugt reinsortige Cabernet Sauvignon, doch steht diese Traube noch nicht in der Gunst des *consejo*. Während die *rosados* in Nordspanien und auf der restlichen Halbinsel zweifellos immer Abnehmer finden werden, gehört der Exportmarkt den besseren Tempranillo-Rotweinen, die man zu *crianzas* und in außergewöhnlichen Jahren sogar zu *reservas* veredelt.

Ganz rechts: Am Markttag wird der Kirchplatz in der Kleinstadt Cigales zum Schauplatz geschäftigen Treibens – schon seit Jahrhunderten.

Erdkeller wie dieser in der Nähe von Cigales sind in der heißen, trockenen Landschaft von Kastilien-León ein vertrauter Anblick.

Wichtige Erzeuger

Félix Salas, Corcos de Valle. Der Familienbetrieb hat einen Ausstoß von rund 5000 hl, die aus eigenem und hinzugekauftem Lesegut gekeltert werden. Das Gut fertigt unter anderem einen roten Hijos de Félix Salas (90 % Tinto fino/10 % Cabernet Sauvignon) in *joven*- und *crianza*-Ausführung. *Bester Wein:* der *rosado* namens Viña Picota aus 70 % Tinto fino, 10 % Garnacha sowie anderen weißen Traubensorten.

Frutos Villar, Cigales. Das Familienunternehmen fertigt schon in dritter Generation Weine. Es betreibt noch Güter in Toro und Ribera del Duero, der Hauptsitz jedoch befindet sich in Cigales. Hier werden in einer umfassend modernisierten Kellerei 20 000 hl erzeugt. *Beste Weine:* Das Paradepferd unter den *rosados* ist der Viña Calderona aus 60 % Tinto del país, 30 % Garnacha und verschiedenen weißen Sorten. Auch ein ausgezeichneter Roter verlässt das Haus; er wird auf dem internationalen Markt unter dem Markennamen Conde de Ansurez verkauft.

González Lara, Mucientes. *Gegründet 1991.* Ein kleines Unternehmen mit 30 ha Rebfläche und einer Jahresproduktion von 6000 hl. *Bester Wein:* der *rosado* Fuente del Conde aus 70 % Tinto del país, 20 % Garnacha und verschiedenen weißen Trauben.

Rodríguez Sanz, Cigales. *Gegründet 1931.* Die kleine Kellerei in Familienbesitz bewirtschaftet rund 15 ha Weinberge und erzeugt 2000 hl jährlich. *Beste Weine:* der exzellente Rosan *joven* aus 60 % Tinto fino, 20 % Garnacha und einigen weißen Trauben sowie der 6 Monate in amerikanischer Eiche gereifte Rosan *crianza*, eine Melange aus 70 % Tinto fino und 30 % Garnacha.

Ribera del Duero

Auf Alejandro Fernández' Weingut entfernen Helfer die Wildtriebe von den Rebstöcken – eine von vielen Arbeiten, die in den Weinbergen während des Frühsommers anfallen.

Ribera del Duero besucht man am besten in der ersten Juniwoche. In dieser Zeit bedeckt ein Teppich aus Wildblumen in allen erdenklichen Farben die Auwiesen – *vegas* – und Feldränder, stehen die Rebstöcke in voller Blüte und reift der Wein des letzten Jahres im Fass heran. Die Menschen geben sich entspannt, wohl wissend, dass vor der nächsten Lese der Urlaub auf sie wartet.

Charakteristisch für die Region ist im Juni aber auch das kühle Klima. Vor allem die Nächte fallen recht kalt aus. In diesen Höhen müssen selbst erfahrenste *viñeros* ihr ganzes Können aufbieten, um die Reben zur vollen Reife zu bringen. An lediglich 125 Tagen im Jahr können sie sicher sein, dass nicht Fröste die Grundlage ihrer Existenz zunichte machen, denn vor Minusgraden sind die Trauben in der Regel nur von der ersten Juniwoche bis Ende September gefeit. Deshalb müssen die Stöcke robust und wuchskräftig sein, die Anbauflächen stets tadellos unkraut- und krankheitsfrei bleiben und die Trauben völlig gesund, trocken und ausgereift gelesen werden – idealerweise kurz vor dem ersten Herbstfrost.

Natürlich ist das leichter gesagt als getan. Mit viel Sorgfalt, besten Anbaukenntnissen im Weinberg und der Gunst eines wohlgesinnten Wettergottes aber kann der durchschnittliche Winzer Trauben lesen, die in Spanien ihresgleichen suchen.

Das Werden von Vega Sicilia

Als erster Weinbauer entdeckte Don Eloy Lecanda Chaves die Vorzüge der sanften Hänge am Ufer des Duero. Bei seiner Rückkehr aus Bordeaux im Jahr 1864 hatte er Eichenfässer und französische Rebsorten im Gepäck. Mit dieser Ausstattung und Bordelaiser Know-how machte er sich auf Pago de la Vega Santa Cecilia y Carrascal in der Nähe von Valbuena an das Anlegen eines Weinbergs im Stil des Médoc.

Zu jener Zeit wurden die Weine in diesem Abschnitt des Duerotals sehr traditionell und meist nur für den Hausgebrauch gekeltert. Don Eloy gelang jedoch weit mehr als nur das Plagiat eines französischen Tropfens. Er entdeckte, dass die unter der etwas abwertenden Bezeichnung *Tinto del país,* «blaue Landrebe», bekannte indigene Traube ähnlich herausragende Weine erbrachte wie die importierten Reben Cabernet Sauvignon und Merlot – man musste das einheimische Gewächs nur mit der gleichen Sorgfalt und Pflege kultivieren. In trockenen Jahren war die Tinto del país den Fremdlingen sogar voraus. Heute kennt die Welt Don Eloys Weingut unter dem Namen Vega Sicilia und die Tinto del país als Tempranillo oder auch Tinto fino. Eloys Erfolg lockte weitere Weinbauer und Erzeuger in die Gegend. Sie fanden einen für Reben wie geschaffenen Boden vor: Das Muttergestein besteht aus derselben Schieferschicht, die auch in den Weinbergen von Priorato im Osten und den Portweinzonen von Douro im Westen zutage tritt. Die darüber liegende Erde enthält viel Gips und Mineralien, wichtigster Bestandteil allerdings ist Kalk. In der Gegend von Pesquera beispielsweise hat der Boden so viel davon, dass gepflügte Felder von weitem wie beschneit aussehen.

Zentrum der DO ist heute Aranda de Duero in Burgos. Im Osten reicht die Zone in die Provinz Soria und im Westen nach Valladolid hinein. Ferner gehören einige Weinberge im Norden von Segovia zu Ribera del Duero, allerdings sind hier keine Bodegas angesiedelt.

Geografie und Klima

Neben dem Boden ist die Höhe für die Qualität des Leseguts in Ribera del Duero entscheidend. Rebflächen findet man bis 850 Meter über dem Meeresspiegel, die meisten liegen jedoch zwischen 750 und 800 Metern zu beiden Seiten des Duero. Im Hochsommer erreichen die Tagestemperaturen 39 bis 40 Grad Celsius, doch nachts sinkt das Thermometer bis auf 15 oder 20 Grad. Zu Beginn und Ende der Saison müssen die Winzer mit Frösten rechnen.

Seltsamerweise aber tun die Schwankungen den Reben gut. Wegen der Kälte treten die Stöcke nachts in eine Art Ruhephase – sie «schlafen». In wärmeren Gegenden entziehen sie dem Boden rund um die Uhr Nährstoffe für das Pflanzenwachstum. In Ribera del Duero hingegen kühlen die Reben in der Dunkelheit buchstäblich aus. Nach Sonnenaufgang befinden sich die Mineralien deshalb noch im Boden und gelangen direkt dorthin, wo sie am dringendsten gebraucht werden: in die Trauben.

Es überrascht angesichts dieser natürlichen Vorzüge und Don Eloys harter Vorarbeit, dass Vega-Sicilia-Erzeugnisse 118 Jahre lang nur als Tafelweine eingestuft waren, obwohl sie in Spanien für Höchstpreise den Besitzer wechselten. Nur durch den hartnäckigen Einsatz weiterer Bodegas in Ribera del Duero erlangte die Region 1982 endlich DO-Status.

Langsame Fortschritte

Trotzdem blieb der neuen DO in den ersten Jahren die erwartete Anerkennung versagt. Erstens eigneten sich die traditionellen Vinifikationstechniken und der lange Ausbau im Holz – altbewährte Methoden für Vega Sicilia – einfach nicht für jüngere Reben auf leichten Böden. Zweitens scheiterten Möchtegernexporteure mit dem zweifelhaften Prädikat «aus derselben Region wie Vega Sicilia» kläglich, denn die meisten ausländischen Abnehmer hatten keinen Schimmer, wo das Gut

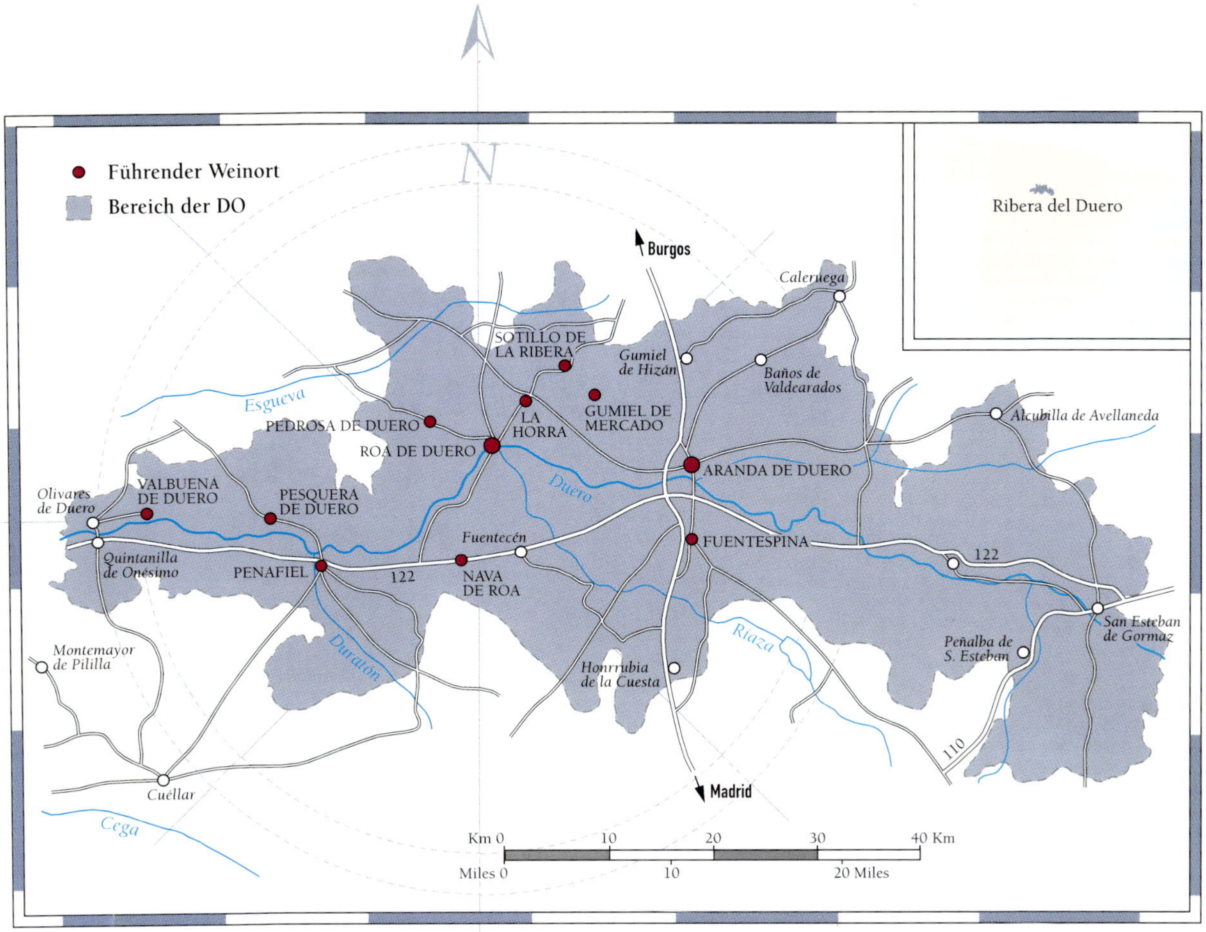

überhaupt lag. Und drittens konnten die Weine und die DO der Dominanz von Rioja auf den internationalen Märkten nichts entgegensetzen. Was war denn so besonders an den Erzeugnissen aus Ribera del Duero? Und warum sollte man überhaupt Produkte aus einer relativ unbekannten Gegend kaufen, wenn man für denselben Preis Rioja-Weine bekam, deren Qualität noch dazu durch ein 150-jähriges Kontrollsystem garantiert wurde?

Verständlicherweise begannen die Winzer allmählich zu verzweifeln. Durch Verwendung billigerer Trauben versuchten sie kurzfristig die Kosten zu drücken. Damit entwickelte sich der Markt aber erst recht nicht wie erhofft. Manche Produzenten warfen die Flinte ins Korn, rodeten ihre Anbauflächen und bepflanzten sie mit einträglicheren Feldfrüchten. Schließlich ist dieser Teil Kastiliens als Garten Spaniens bekannt; Gemüse und Obst gedeihen hier prächtig und verkaufen sich problemlos.

Erste Erfolge

Zumindest ein Winzer in Pesquera aber blieb seinem Metier treu: Alejandro Fernández. 1972 richtete er sich eine nagelneue Bodega ein. Der Durchbruch gelang ihm mit seinem 1986er Jahrgang – und schon erwachte das Interesse an der Region neu. Fernández zeigte, dass nicht nur ein Vega Sicilia auf dem internationalen Markt bestehen kann und Weine auch nicht zehn Jahre lang in Eiche reifen müssen, um Weltformat zu erlangen. Als sei das allein nicht genug, bewies er gleich noch, dass man mit einer über Generationen hinweg perfektionierten Vinifikationskunst nicht unbedingt besser fährt als mit einem hochrenommierten Önologen – in diesem Fall Teófilo Reyes.

Noch interessanter wird das Ganze durch Fernández' Lebenslauf. Der ausgebildete Landmaschinentechniker machte ein Vermögen mit der Erfindung von Erntemaschinen für Zuckerrüben, die zu den wichtigsten Feldfrüchten der Gegend zählen. Als er sich eine eigene Bodega einrichtete, nutzte er seine Kenntnisse und schuf einen so kosteneffizient wie möglich arbeitenden Betrieb, indem er Geräte für die Reinigung und den Transport von Fässern ersann und bestehende technische Einrichtungen verbesserte. 1972 begann Alejandro Fernández mit der Weinerzeugung, ohne von Familientraditionen oder überkommenen Bereitungsmethoden beeinflusst zu sein. Er wollte einfach nur guten Wein bereiten – was ihm denn auch mit Bravour gelang.

Seltsame Schächte wachsen in Ribera del Duero vielerorts aus der Erde. Sie versorgen die Keller mit Luft und Licht.

Fernández als Vorreiter

Das weltweite Interesse an Fernández' Weinen ließ viele Winzer der Region umdenken. Wenn er es schaffte, warum sollte es ihnen nicht auch gelingen? Ende der 80er Jahre bestockte eine ganze Reihe von Winzern in Ribera del Duero ihre Rebflächen neu oder investierte in eine zeitgemäßere Ausrüstung. Mitte der 90er lief die Modernisierung auf Hochtouren, und mit ausländischer Hilfe auf den neuesten Stand der Technik gebrachte Bodegas rückten die Region in den Mittelpunkt des Interesses.

Die Rechnung ging auf. Weine aus Ribera del Duero genießen heute weltweite Anerkennung und zählen zu den besten spanischen Kreszenzen. Man misst sie nicht mehr an einem Vega Sicilia oder Rioja, denn sie haben sich auf dem freien Markt erfolgreich gegen die Konkurrenz behauptet.

Weine aus Ribera del Duero sind allerdings nicht billig und werden es auch nie sein. In diesem Gebirgsklima erfordert ein erfolgreicher Weinbau absolute Sauberkeit, unkrautfreie Rebflächen und trockenes, gesundes, vollreifes Lesegut. Fernández bereitet seine Kreszenzen so schonend wie möglich, das heißt, er verzichtet auf ein Pressen der Trauben, verwendet nur den reifsten Vorlaufmost und greift kaum in den Gärprozess ein.

Ribera del Duero ist die Heimat ausdrucksstarker, kraftvoller Weine. In guten Jahren kommen die besten als *jóvenes* mit reichlich Frucht und erfrischender Lebendigkeit auf den Markt. In sehr guten Jahren sorgt ein *crianza*-Ausbau in einer Mischung aus amerikanischer und französischer Eiche für einen köstlichen Vanille- und Gewürzton. Und in hervorragenden Jahren qualifizieren sich die Gewächse möglicherweise sogar für den *reserva*-Status mit einer mächtigen Ladung Frucht sowie bestechender Fülle, Länge und Reife. *Gran reservas* sind selten und nicht weniger außergewöhnlich.

Natürlich schlägt sich das alles im Preis nieder. In Ribera del Duero aber weiß man seit Anfang der 80er Jahre: Qualität verkauft sich, selbst wenn man dafür eine Menge Geduld braucht. Die meisten Erzeugnisse kommen als Rote auf den Markt, man findet allerdings auch einige *rosados*. Weißweine sind nicht zugelassen.

Alejandro Fernández, «Weinmacher» und Leitfigur für Ribera del Dueros Winzer, inmitten seiner Tempranillo-Reben.

Wichtige Erzeuger

Hinweis: Tempranillo, Tinto del país und Tinto fino bezeichnen dieselbe Rebsorte, es wird jedoch jeweils der in der Region übliche Name verwendet.

Alejandro Fernández, Pesquera. *Gegründet 1972.* Fernández beweist jedes Jahr aufs Neue, dass Weltklasseweine in Ribera del Duero nicht unbedingt von Vega Sicilia stammen müssen. Seine reinsortigen Tinto fino *crianza* und *reserva* kommen unter dem Namen Pesquera auf den Markt. *Bester Wein:* In außergewöhnlichen Jahren gerät der Pesquera Janus *gran reserva* – auch er ein reinsortiger Tinto fino – großartig.

Alión, Peñafiel. Die vor kurzem von Vega Sicilia aufgekaufte und modernisierte Kellerei teilt sich 100 ha Rebfläche mit dem Stammhaus. 1991 kam der Einstandsjahrgang heraus. Die Bodega hat sich die Erzeugung reinsortiger Spitzen-*reservas* aus 100 % Tinto fino zum Ziel gemacht. Die bisher verkauften Tropfen sind von hervorragender Qualität.

Antonio Barceló, Quintanilla de Onésimo. *Gegründet 1876.* Ein altes Unternehmen mit einer brandneuen Bodega neben der N-122 an der Westgrenze der DO-Zone. Es bewirtschaftet 9 ha Rebfläche, weitere Weinberge werden gerade angelegt. Darüber hinaus wird Lesegut zugekauft. Die Jahresproduktion beträgt rund 7500 hl. *Beste Weine:* die Viña-Mayor-Linie mit *joven, crianza* und *reserva* aus 100 % Tinto del país.

Balbás, La Horra. Der traditionsreiche Betrieb wurde 1987 neu strukturiert und mit moderner Ausrüstung ausgestattet. Die alten Keller funktionierte man zu Gewölben um, in denen nun *crianzas* heranreifen. Die Trauben von den 30 ha hauseigenen Anbauflächen werden zusammen mit zugekauftem Lesegut zu rund 1500 hl jährlich verarbeitet. *Bester Wein:* der Balbás *crianza,* ein reinsortiger Tempranillo.

La Cepa Alta, Olivares. *Gegründet 1988.* La Cepa Alta gehörte zu jenen Weingütern, die gerodet und mit Feldfrüchten bepflanzt wurden – bis man merkte, dass ihr Boden für erstklassige Weine wie geschaffen war. 1988 wurden etwa 42 ha neu bestockt. Der erste Jahrgang 1991 zeigte viel versprechendes Potenzial. *Beste Weine:* der Laveguilla aus 100 % Tinto del país hat sich kontinuierlich gesteigert und ist nun als ein 6 Monate in Eiche ausgebauter *joven,* als *crianza* und in weiteren im Fass vergorenen Tropfen erhältlich.

Cooperativa Virgen de la Asunción, La Horra. *Gegründet 1955.* Die 260 Mitglieder dieser Genossenschaft erzeugen über 10 000 hl jährlich. In ihren Weinbergen wachsen Tinto del país und Cabernet Sauvignon, die fast ausschließlich zu *rosados* verarbeitet werden. *Bester Wein:* der rote Viña Valeria *joven* und *crianza,* beides reinsortige Tinto del país.

Cooperativa Virgen de Fátima, Pedrosa. *Gegründet 1957.* Der Betrieb verarbeitet 1000 t Lesegut von 200 ha Anbaufläche und erzeugt trotzdem Weine von guter bis ausgezeichneter Qualität. Sie kommen unter dem Namen Viña Vilano als *joven* und *crianza* auf den Markt. *Bester Wein:* die *crianza.*

Cooperativa Virgen del Rosario, Quintanamanvirgo. Insgesamt 184 ha Rebfläche bewirtschaften die Mitglieder dieser Genossenschaft, die unter der Marke Torremorón gute Weine erzeugt. Ausgezeichnet gerät der *rosado,* ein Verschnitt aus 80 % Tinto fino und 20 % Albillo. Die Roten sind reinsortige Tinto fino. *Bester Wein:* die rote *crianza* in einem als *muy bueno* oder noch besser eingestuften Jahr.

Cooperativa Virgen de la Vega, Roa. *Gegründet 1956.* Ein Zusammenschluss von 275 Winzern mit insgesamt 345 ha, der *rosados* und Rote unter der Bezeichnung Roa und Rauda herausbringt. Die Palette der Roten – reinsortige Tinto del país – reicht bis *crianza*-Niveau. *Bester Wein:* der rote Roa *joven*.

Dehesa de los Canónigos, Pesquera. *Gegründet 1988.* Die Kellerei befindet sich in einem von 60 ha Rebfläche umgebenen malerischen Gebäude im *ranchero*-Stil. Sie erzeugt Spitzen-*crianzas* und *-reservas* mit der altbewährten Formel 85 % Tempranillo, 12 % Cabernet Sauvignon und 3 % Albillo. Die Weine ruhen für gewöhnlich länger als vorgeschrieben in der *barrica*. In einer guten Saison geraten sie ausgezeichnet, in großen Jahrgängen herausragend.

Famoro, Pesquera. *Gegründet 1989.* Der winzige Familienbetrieb liegt in unmittelbarer Nachbarschaft von Alejandro Fernández und baut auf 20 ha die Tinto-fino-Rebe an. Je nach Jahrgang entstehen Weine zwischen *joven-* und *reserva*-Qualität. Trotz seiner geringen Größe besteht Famaro auf Qualität und Feinarbeit; die Erzeugnisse der Kellerei können sich sehen lassen. *Beste Weine:* die Emilio-Moro-Linie. Oftmals gerät die *crianza* am besten.

Federico Fernández Pérez, Pesquera. *Gegründet 1986.* Ein weiteres kleines Familienunternehmen. Federico ist der Bruder von Alejandro Fernández. Die ausschließlich mit Tinto fino bestockten 17 ha des Gutes decken 70 % des Bedarfs. Die Weine kommen unter der Bezeichnung Federico in den Handel; der *joven* liegt 8 Monate, die *crianza* bis zu 18 Monate in der *barrica*. Letztere gerät in guten Jahren ausgezeichnet.

Félix Callejo, Sotillo de la Ribera. *Gegründet 1990.* Inmitten von 30 ha Rebhängen regiert Félix Callejo einen brandneuen Hightechpalast. Die Erzeugnisse des Familienunternehmens – ausschließlich Rote – gehören zu den meistexportierten Weinen der Region. Sie entstehen aus 90 % Tinto del país und 10 % Cabernet Sauvignon. Angeboten werden *jóvenes* (4 Monate in Eiche), *crianzas* und *reservas* (bis zu 18 Monate im Fass). *Bester Wein:* der Callejo Cosecha Especial, der in vorzüglichen Jahren aus dem besten Lesegut entsteht.

Fuentespina, Fuentespina. Die Bodega erzeugt aus Tinto fino und Cabernet Sauvignon einen Fuentespina sowie einen Vega de Castilla, dessen *crianza*-Fassung aus 100 % Tinto fino eine überzeugende Vorstellung gibt. *Beste Weine:* der Fuentespina *reserva,* der aus 90 % Tinto fino und 10 % Cabernet Sauvignon gekeltert wird und 24 Monate in Eiche ruht, sowie der Fuentespina *crianza* mit einer ähnlichen Traubenmixtur und der vorgeschriebenen Mindestlagerzeit von 12 Monaten in Eiche.

Grandes Bodegas, Roa. *Gegründet 1985.* Die Bodega kaufte zunächst vorgefertigte Weine zu. Später kelterte sie zwar auch selbst, holte sich aber noch das Lesegut von fremden Weinbauern. Mittlerweile decken die 50 ha Anbaufläche den gesamten Bedarf an Trauben. Die Weine des Hauses überzeugen vollauf; die besten werden aus 100 % Tinto fino gefertigt. In der Angebotspalette finden sich ferner ein sehr guter *rosado* sowie ein ausgezeichneter Roter in *joven-* und *crianza*-Machart. Sie erscheinen alle unter dem Markennamen Marqués de Velilla.

Das Castillo de Peñafiel. Wegen der Kammlage musste man die Burg lang und schmal anlegen – sie ist nur 24 Meter breit.

Hacienda Monasterio, Pesquera. *Gegründet 1991.* Auch die erstklassige Anbaufläche dieses Gutes hatte man während der «Weinflaute» zweckentfremdet. Das Land ist nun mit neuen Reben bestockt. Inmitten der Weinberge liegt auf einem Hügel die eigentümliche, an eine rosarote Untertasse erinnernde Bodega. Der junge Kellermeister Peter Sisseck besteht beim Ausbau auf einjährigen Bordeauxfässern und erzeugt damit Tropfen von allererster Güte. Ferner verarbeitet er Trauben aus einer Versuchsanlage namens Dominio de Pingus, um «alles aus der Tinto fino herauszuholen». Die ersten Ergebnisse fielen erstaunlich aus – allerdings auch die Preise, zu denen die Kreszenzen an den Mann gebracht wurden. Es entstehen ausschließlich *crianzas* und *reservas,* die als Hacienda Monasterio auf den Markt kommen und 80 % Tinto del país, 10 % Cabernet Sauvignon und 10 % Merlot enthalten. Sie gehören zu den Topgewächsen der Region.

Ismael Arroyo, Sotillo de la Ribera. Das alteingesessene Familienunternehmen zog 1979 eine neue Kellerei mit Edelstahltanks auf. Sie bewirtschaftet etwa 7 ha mit Tinto-del-país-Reben und kauft nach Bedarf Trauben zu. Nur in wirklich guten Jahren jedoch übertreffen die *reservas* und *gran reservas* – sie werden als Valsotillo verkauft – ihre jüngeren Pendants. *Beste Weine:* Der Mesoneros de Castilla *rosado* aus 80 % Tinto del país und 20 % Albillo gehört in der Region zu den Besten seines Schlages. Die roten *jóvenes* und *crianzas* derselben Linie machen sich ebenfalls hervorragend.

Montevannos, Baños de Valdearados. Das teilweise modernisierte Gut war einst eine Genossenschaft, die wie so viele Weingüter in den 80ern in finanzielle Schwierigkeiten geriet. Heute befindet sich die Kellerei in schwedischer Hand. Sie bewirtschaftet 50 ha Tinto fino und kauft Trauben zu, um ihr Jahressoll zu erreichen. Obwohl die Kapazität wie bei der einstigen Genossenschaft noch immer unglaubliche 26 000 hl beträgt, liegt der tatsächliche Ausstoß derzeit weit darunter. Im Angebot finden sich ein Weißer namens Opinius ohne DO-Status sowie einige *rosados* und Rote – alles reinsortige Tinto fino, die unter dem Markennamen Montevannos als *joven, crianza* und *reserva* laufen. *Bester Wein:* der *crianza*.

Pago de Carraovejas, Peñafiel. *Gegründet 1991.* Das winzige Gut liegt zwischen seinen Weinbergen in Sichtweite des berühmten Schlosses von Peñafiel. Es gehört drei Eigentümern: einem Restaurator, einem Geschäftsmann und einem der führenden Kellermeister der Region, der sich in seiner Freizeit um die hochmodernen Tanks mit Schwerkraftzuführung kümmert. Der Wein ist ein Verschnitt aus 70–85 % Tinto del país sowie einem geringen Anteil Cabernet Sauvignon und reift stets eine gewisse Zeit im Holz, allerdings nicht lange genug, um als *crianza* zu gelten. Der *joven* bleibt 3–4 Monate im Fass. Das verleiht ihm zusätzlich zur köstlich lebhaften Frucht, die den Basiswein charakterisiert, eine leichte Gewürznote. In besseren Jahren – und vor allem mit steigendem Alter der Rebstöcke – erzeugt die Bodega darüber hinaus *crianzas* und *reservas*. Auch Pago de Carraovejas gehört zur neuen Winzergeneration in der Region, die herausragende Weine bereitet.

Pascual, Fuentelcespied. *Gegründet 1986.* Pascual erzeugt etwa 4000 hl Rote und *rosados* aus Tinto fino, Garnacha und Albillo, die von 15 ha Anbaufläche stammen. Versorgungslücken werden mit zugekauftem Lesegut aus der Gegend aufgefüllt. Wichtigster Wein ist der rote Heredad de Peñalosa, den man als *joven* (90 % Tinto fino, 10 % Cabernet Sauvignon) oder *crianza* (100 % Tinto fino) erstehen kann. In besonders guten Jahren wird ferner ein Peñalosa *reserva* angeboten.

Peñalba-López, Aranda. *Gegründet 1903.* Pablo Peñalba-López und seine Frau Pilár zählen zur örtlichen Geschäfts- und Grundbesitzerprominenz. Sie hatten großen Anteil daran, dass Ribera del Duero den DO-Status verliehen bekam. Ihre alte, etablierte Bodega im *castillo*-Stil trägt den wohlklingenden Namen Finca Torremilanos und liegt inmitten von 170 ha Weinbergen vor der Stadt. Die Weinbereitung geht hypermodern vor sich, insgesamt können 20 000 hl jährlich verarbeitet werden. Zur Palette der durchweg exzellenten Erzeugnisse zählen der weiße Peñalba-López ohne DO-Status, ein sehr guter Monte Castrillo *rosado* aus 70 % Tinto del país, 20 % Garnacha und 10 % Albillo sowie die beiden grandiosen Roten Torremilanos und Torre Albéniz. Letztere enthalten in der Regel mindestens 85 % Tinto fino, wobei dem Torre Albéniz oft noch ein Anteil Cabernet Sauvignon hinzugefügt wird. Peñalba-López gehört zu den wenigen Bodegas, die in den besten Jahren vorzügliche *reservas* und *gran reservas* fertigen können, und ist eines der wenigen Weingüter außerhalb von Katalonien, die Cava-Schaumweine erzeugen dürfen.

Pérez Pascuas, Pedrosa. *Gegründet 1980.* Ein Familienunternehmen mit 60 ha Anbaufläche, die um Pedrosa herum verstreut liegen. Die Bodega gehört zwar nicht zu den größten Kellereien, setzt jedoch sehr stark auf Qualität. Als eine Modernisierung unumgänglich wurde, renovierten die Eigentümer nicht etwa das alte Gebäude, das nun als Lager dient, sondern entschieden sich gleich für die Errichtung einer völlig neuen Anlage etwa 15 Autominuten näher an den Weinbergen. Gerade diese Viertelstunde kann zur Lesezeit, wenn die Sonne heiß herunterbrennt, entscheidend sein. Die Weine laufen unter der Bezeichnung Viña Pedrosa und werden zu 90–100 % aus Tinto fino gefertigt, bei nicht ganz reinsortigen Tropfen macht meist Cabernet Sauvignon den restlichen Anteil aus. *Beste Weine:* üblicherweise die *crianzas* und in guten Jahren die *reservas,* die dann aber auch zu den Spitzengewächsen von ganz Ribera del Duero zählen.

Protos, Peñafiel. *Gegründet 1927.* Eine malerische alte Genossenschaftskellerei etwa 1 km von Tunnels entfernt gelegen, die unter dem Schloss von Peñafiel in den Kalkfelsen gehauen wurden. Einige verlaufen durch die einstigen Kerker des Schlosses, deshalb erzählt man sich grausige Geschichten von Skeletten in Ketten und sogar Geistern, die zwischen den Fässern wandeln sollen. Dem Wein scheint das nicht zu schaden, er genießt einen guten Ruf. Die 230 Mitglieder der Genossenschaft bewirtschaften 100 ha Tinto fino; aus dem Lesegut entstehen ausnahmslos gute *crianzas, reservas* und *gran reservas*. *Bester Wein:* Beständigste Qualität zeigt die *crianza*.

Riberalta, Gumiel de Izán. *Gegründet 1988.* Die neu gebaute, mit Edelstahltanks ausgestattete Bodega liegt rechter Hand der *autovía* N-1 von Madrid nach Burgos etwa 12 km nördlich von Aranda. Sie unterhält 12 ha Fläche, kauft aber auch Trauben hinzu – meist Tinto del país und etwas Garnacha. Das Gut erzeugt Rote und *rosados,* die unter dem Namen Vega Izán verkauft werden. Der Rote kommt als *joven* und *crianza* auf den Markt und fällt im Allgemeinen in allen Versionen sehr gut aus.

Rodero, Pedrosa. *Gegründet 1991.* Die Bodega ist ein klassisches Beispiel für Güter der neuen Generation. Carmelo Rodero und seine Frau María Oña übernahmen von ihren jeweiligen Familien 37 ha überwiegend mit Tinto del país und etwas Cabernet Sauvignon bestockter Anbaufläche. Das Lesegut war zuvor an die bekanntesten Kellereien in Ribera del Duero verkauft worden, allen voran Vega Sicilia. Eines Tages meinten die beiden, dass sie aus ihren offensichtlich so guten Trauben ja auch selbst Wein keltern könnten. Doch woher das Geld nehmen? Die Roderos belasteten so ziemlich ihren ganzen Besitz mit Hypotheken und richteten sich mit dem Geld eine bescheidene Kellerei inmitten ihrer Rebflächen ein. Sie teilten sich die Aufgaben in Weinberg, Keller, Büro sowie Haushalt und lebten mehr oder weniger von Brot und Wasser, bis sie zum ersten Mal eigene Trauben verarbeiten konnten. Nun hätten sie sich mit der Produktion von Massenweinen zu Durchschnittspreisen an die Rückzahlung der Kredite machen können. Die Aussicht

Sonnenblumen neben Weinbergen: Wie die Reben profitieren sie von der Sonne, die hier im Übermaß scheint.

auf weitere kärgliche Jahre muss ihnen jedoch nicht sehr verlockend erschienen sein, denn sie beschlossen, aus niedrigsten Erträgen teure Spitzenweine zu fertigen. Schon ihr zweiter Jahrgang wurde mit einem Preis ausgezeichnet und heute zählt Rodero in der DO zu den besten Weingütern moderner Ausrichtung. Ihr Ribeño wird aus 90 % bis 100 % Tinto del país sowie einem geringen Anteil Cabernet Sauvignon gemacht und ist in den Varianten *joven* bis *crianza* zu haben. Sämtliche Erzeugnisse geraten hervorragend.

Señorío de Nava, Nava de Roa.
Gegründet 1986. Die einst kümmernde Genossenschaft wurde von privaten Investoren übernommen und macht heute mit einer Front im Château-Stil auf sich aufmerksam. Auf 140 ha Anbaufläche wächst vorwiegend Tinto fino. Die Erzeugnisse, Don Alvaro, Vega Cubillas und Señorío de Nava genannt, werden ausnahmslos aus eigenen Trauben gekeltert. *Beste Weine:* Als gelungenster *rosado* präsentiert sich der Don Alvaro aus 80 % Tinto fino, 15 % Albillo und 5 % Garnacha. Das Renommierstück unter den Roten ist die Señorío-de-Nava-Linie, die in all ihren Ausführungen von *joven* bis *reserva* aus 100 % Tinto fino besteht. Die *crianza* gerät stets hervorragend und wird nur in sehr guten Jahren vom *reserva* übertroffen.

Valbuena de Duero, Valbuena.
Gegründet 1988. Eine moderne Bodega, die 21 ha Tinto fino bewirtschaftet und einen einzigen Wein erzeugt: den fassgereiften *joven* namens Matarromera. Über die Dauer des Ausbaus entscheidet der Kellermeister je nach Jahrgangsqualität, in der Regel bleibt der Wein 3–4 Monate im Holz. In guten Jahren gerät er grandios.

Valduero, Gumiel del Mercado.
Gegründet 1983. Wieder einmal wurde hier eine Bodega in einem früheren Genossenschaftsgebäude eingerichtet. Heute wirkt in den schönen alten kastilischen Kellern eine der bekanntesten Kellermeisterinnen der Region, Yolanda García. Die Trauben stammen von 72 ha Anbaufläche, gegebenenfalls wird Lesegut zugekauft. Der Weißwein, ein reinsortiger Albillo ohne DO-Status, heißt Viadero und genießt einen ausgezeichneten Ruf. *Bester Wein:* Meisterstück der Bodega ist der Valduero *crianza*.

Vega Sicilia, Valbuena.
Gegründet 1864. Mit dieser Kellerei begann der Aufstieg von Ribera del Duero – 118 Jahre vor Vergabe des DO-Status. Heute präsentieren sich die Bodega und der berühmte Familiensitz makellos renoviert inmitten von sorgsam gepflegten Gärten. Die Gebäude einschließlich der Kapelle Santa Cecilia wurden restauriert und erstrahlen in altem Glanz. Im Hang gegenüber der Hauptanlage hat man vor kurzem neue, von außen kaum sichtbare Lagerräume angelegt. Die 250 ha Anbaufläche sind mit Tinto fino, Cabernet Sauvignon, Merlot, Malbec und Albillo bestockt. Noch immer besitzt die Kellerei als einzige der DO eine eigene Küferei. Vega Sicilia gehört seit 1982 der Familie Alvárez Díaz, die die Tradition des Gründers fortführt, aber auch Zugeständnisse an den modernen Geschmack macht. Der Unica Vega Sicilia reifte ursprünglich mindestens 10 Jahre in Eiche, bevor er abgefüllt wurde. Die 3- und 5-jährigen Valbuena kamen auf den Markt, wenn man ihre Zeit für gekommen hielt. Heute hat man keine 3-jährigen mehr im Programm, Kellermeister Mariano García baut die Unica-Weine nur noch 5–6 Jahre lang aus; anschließend füllt er sie entweder ab oder schickt sie ins Fass zurück. In trockenen Jahren bestehen seine Kreationen größtenteils aus Tinto fino. Nach einer regenreichen Saison wiederum fällt der Anteil an Cabernet Sauvignon höher aus. Auf jeden Fall aber kann man sicher sein, dass in den Kellern der Bodega Gewächse entstehen, die zu den besten der Welt zählen. Die «trinkbaren» Weine für 1999 sind der 1990 gelesene Valbuena und der 70er Unica. Echte *aficionados* aber schwören auf den undatierten Reserva Especial. Nur Mariano García weiß, wie alt er ist – aber er schweigt eisern.

Rueda

Verdejo – eine Erfolgsstory

Die moderne Technik kommt kaum einer Traube mehr zugute als der Verdejo. Spitzenweine entstehen in Rueda heute schon während der Ernte. Noch vor Sonnenaufgang arbeiten sich die Leser mit Grubenlampen auf dem Kopf durch die Stockreihen und werfen die Trauben auf kunststoffverkleidete Lkw-Ladeflächen oder in Plastikbehälter. Dort wird Inertgas über die Beeren geblasen, das schwerer als Luft ist und das Lesegut vor dem Kontakt mit Sauerstoff bewahrt. Anschließend gelangt die wertvolle Fracht auf dem kürzesten Weg in die Kellerei, wo man die Trauben in einem luftdicht verschlossenen Tank sanft auf eine Gärtemperatur von 15–18 °C herunterkühlt. Nun wird erneut Inertgas – meist Stickstoff – in den Behälter gepumpt. Von jetzt an müssen Lesegut, Traubensaft und gärender Most bis zur Abfüllung stets mit einer Gasschicht bedeckt bleiben. Nur so lässt sich die zarte, lebendige Stachelbeerfrucht der Verdejo erhalten. Nach 1000-jährigem Schattendasein ist eine Traube ins Rampenlicht getreten.

In der Küche von Kastilien-León regieren Fleischgerichte. Um so mehr verwundert es, dass sich gerade hier eine der besten Weißweinzonen in ganz Spanien befinden soll. Um das Warum herauszufinden, muss man einen Blick in die ältere wie neuere Geschichte werfen und den Aufstieg des Verdejo von einem oxidationsanfälligen Wein zu einem der klassischen spanischen Weißen nachvollziehen.

Zunächst zum Historischen. Als die Mauren im 10. Jahrhundert vertrieben wurden, zogen sie sich plündernd und brandschatzend nach Süden zurück. Mit dieser Strategie der verbrannten Erde verwandelten sie die Region südlich des Duero und südöstlich von Valladolid in Ödland. Wer überlebte, zog fort. Und so blieb die Gegend um das heutige Rueda fast ein Jahrhundert lang nahezu menschenleer.

Dem Boden tat die Brache gut; er konnte sich erholen und wieder fruchtbar werden. Neue Tier- und Pflanzenarten siedelten sich an. Zu den «Eroberern» zählte auch eine unbekannte wilde Rebe namens *Verdejo,* was übersetzt so viel wie «grünlich» heißt und möglicherweise von *verdugo,* «grüner Trieb», abgeleitet ist.

Mitte des 11. Jahrhunderts wurde Kastilien-León von König Alfonso VI. regiert. Er verwaltete sein Reich von Burgos aus. Mit einem Edikt, wonach jeder, der in der Gegend des heutigen Rueda Landbau betrieb, den Grund unter bestimmten Voraussetzungen zugesprochen bekam, versuchte er die Wiederbesiedelung voranzutreiben. Sein Plan ging auf: Alsbald strömten Mönche und Bauern in die Region. Viele von ihnen verlegten sich auf die Rebenzucht, denn der Weindurst am Königshof sowie in den vielen geistigen und religiösen Zentren Kastiliens war unstillbar – und außerdem wuchs hier eine Traube, die nur darauf wartete, gekeltert zu werden.

Der Sherry galt damals als einer der besten Weine der Welt. Doch Jerez lag noch im Maurenreich und so wurde die neue Region Rueda ausersehen, Weißweine dieses Stils zu erzeugen. Der Markt verlangte eben nach maderisierten Getränken im Oloroso-Stil, die im *solera*-System herangereift waren (siehe Seite 192). Und siehe da, Verdejo oxidierte ohne großes Zutun. Die Traube schien wie geschaffen für ihre neue Rolle.

Die Region erlebte nun einen ungeahnten Aufschwung. Im 17. Jahrhundert genossen Rueda-Weine einen so hervorragenden Ruf, dass sich der mittlerweile nach Madrid umgezogene Hof die Hälfte der Erzeugnisse reservieren ließ. Zentrum der Produktion war Medina del Campo. Unterdessen drängte auch Jerez wieder auf den Markt. Doch Rueda blieb davon unbeeinträchtigt. Der Sherry stand am Beginn eines Höhenflugs, der mit Unterbrechung des Zweiten Weltkriegs bis 1979 anhalten sollte.

Ende des 19. Jahrhunderts allerdings brach mit der Reblaus das Unglück über Rueda herein. Man rodete die Anbauflächen, bepflanzte sie mit resistenten Unterlagen und wartete, bis die neuen Stöcke herangereift waren. Währenddessen aber eroberte der Sherry Madrid im Sturm – und schon fand Rueda keinen Absatzmarkt mehr. Der Spanische Bürgerkrieg und Francos Politik der Absatzgarantie zu Festpreisen ungeachtet der Weinqualität veranlassten die Winzer zur Neubepflanzung ihrer Flächen mit der Palomino-Rebe. So kümmerte die Region bis in die 70er Jahre dahin. Dabei entstanden in Rueda leichte, trockene *pálidos* und ältere, vollere *dorados,* leicht gespritete Tropfen, die auf ihre Art nicht schlecht waren. Doch der europäische Exportmarkt entdeckte gerade den Wein neu und für Rueda interessierte man sich nun wirklich nicht. Wer *solera*-Weine wollte, erwarb Sherrys. Sie waren dank Betriebsvergrößerungen und -modernisierungen günstig zu haben – zu billig, als dass es ihrer Qualität gut getan hätte, wie sich Jahre später herausstellte. Doch die meisten hatten ohnehin kein Interesse an gespriteten Tropfen à la Sherry. Gefragt waren vielmehr leichte, frische, fruchtige Erzeugnisse, wie sie in Deutschland und später auch in der Neuen Welt entstanden. Auf diesem Terrain hatte Rueda nichts zu suchen.

Marqués de Riscal

Dann kam Francisco Hurtado de Amézaga y Dolagaray – «Paco» für seine Freunde – ins Spiel. Der Leiter der Bodega Marqués de Riscal in Rioja und Spross des eigentlichen Gutsgründers, des Marqués Don Camilo Hurtado, hatte noch nie zuvor Weißwein erzeugt – der traditionelle eichendominierte Stil der weißen Rioja und der neutrale Charakter der Viura-Traube waren ihm zuwider gewesen.

Gleichzeitig aber hatte Paco als einer der führenden Exporteure in Rioja ein untrügliches Gespür für den Markt. Und so suchte er einen Wein, der viel Frucht und Frische sowie lebendige Säure unter Beweis stellte, aber auch ausreichend Kraft und Stabilität in die Waagschale werfen konnte. Paco hatte unter Professor Emile Peynaud an der Universität von Bordeaux studiert und lud seinen alten Lehrvater ein, gemeinsam mit ihm auf die Suche zu gehen. Die beiden sahen sich in Penedès und dem späteren Rías Baixas um, erkundeten aber auch Gegenden südlich von Madrid, bis sie sich schließlich für Rueda entschieden.

Einer der Hauptgründe dafür war die Verdejo. Peynaud wusste, dass man die Traube mit Edelstahltanks, kühler Gärtechnik und dem Bedecken von Lesegut, Saft sowie gärendem Most mit Inertgas (siehe Kasten auf dieser Seite links) vor Oxidation bewahren und damit genau die lebendigen, frischen, fruchtigen Tropfen erzeugen konnte, die Paco suchte. Nach einigen Experimenten im Jahr 1971 baute die Kellerei Marqués de Riscal 1972 eine neue Bodega und begann zu demonstrieren, was in der Verdejo steckte.

Der Siegeszug der Sauvignon blanc

Das Gut Marqués de Riscal zeichnete aber auch noch für eine weitere Innovation verantwortlich: Es gab den Anstoß für die Anerkennung der Sauvignon blanc als Rebsorte in Rueda. Das Klima in der DO präsentiert sich kontinental, mit heißen Sommern und kalten Wintern. Die Böden wiederum bestehen im Norden aus Schwemmland über Kalk und im Süden aus sandigem Lehm auf Sandstein. Witterung und Untergrund könnten also nicht besser sein. Sauvignon blanc verkauft sich rund um den Globus. In Rueda gerät dieser Wein besonders gut, sodass ihn viele Bodegas einer Fassgärung unterziehen oder mit Erfolg zur *crianza* ausbauen.

Rueda ist eine reine Weißweinzone. Um DO-Status zu erlangen, muss ein Wein mindestens 25 Prozent Verdejo enthalten; ein Rueda Superior besteht sogar zu wenigstens 85 Prozent aus dieser Rebe. Einzige Ausnahme ist der Rueda Sauvignon. 1992 führte man eine neue Klassifizierung namens Rueda Espumosa ein. Dieser Schaumwein muss nach dem *método tradicional* gefertigt werden, wenigstens 85 Prozent Verdejo enthalten und vor dem Degorgieren neun Monate an der Hefe gelegen haben. Die alten *solera*-Stile *pálido* und *dorado* werden noch immer für einen kleinen Liebhaberkreis gefertigt.

Die Konkurrenten um den Titel für den klassischen spanischen Weißwein stammen aus Rueda, Penedès (meist in Form des Chardonnay) und Rías Baixas (Albariño). Bis vor kurzem war strittig, wer denn nun legitimer Anwärter auf die Krone sei. Angesichts der jüngsten Entwicklungen in den Weinbergen und Kellereien allerdings dürfte wohl der elegant-lebendige, köstlich frische und herrlich fruchtige Verdejo aus Rueda als aussichtsreichster Kandidat ins Rennen gehen.

Trotz der vom Riscal-Gut ins Rollen gebrachten Innovationswelle bereiten viele Winzer in Rueda ihren Wein noch immer auf traditionelle Art.

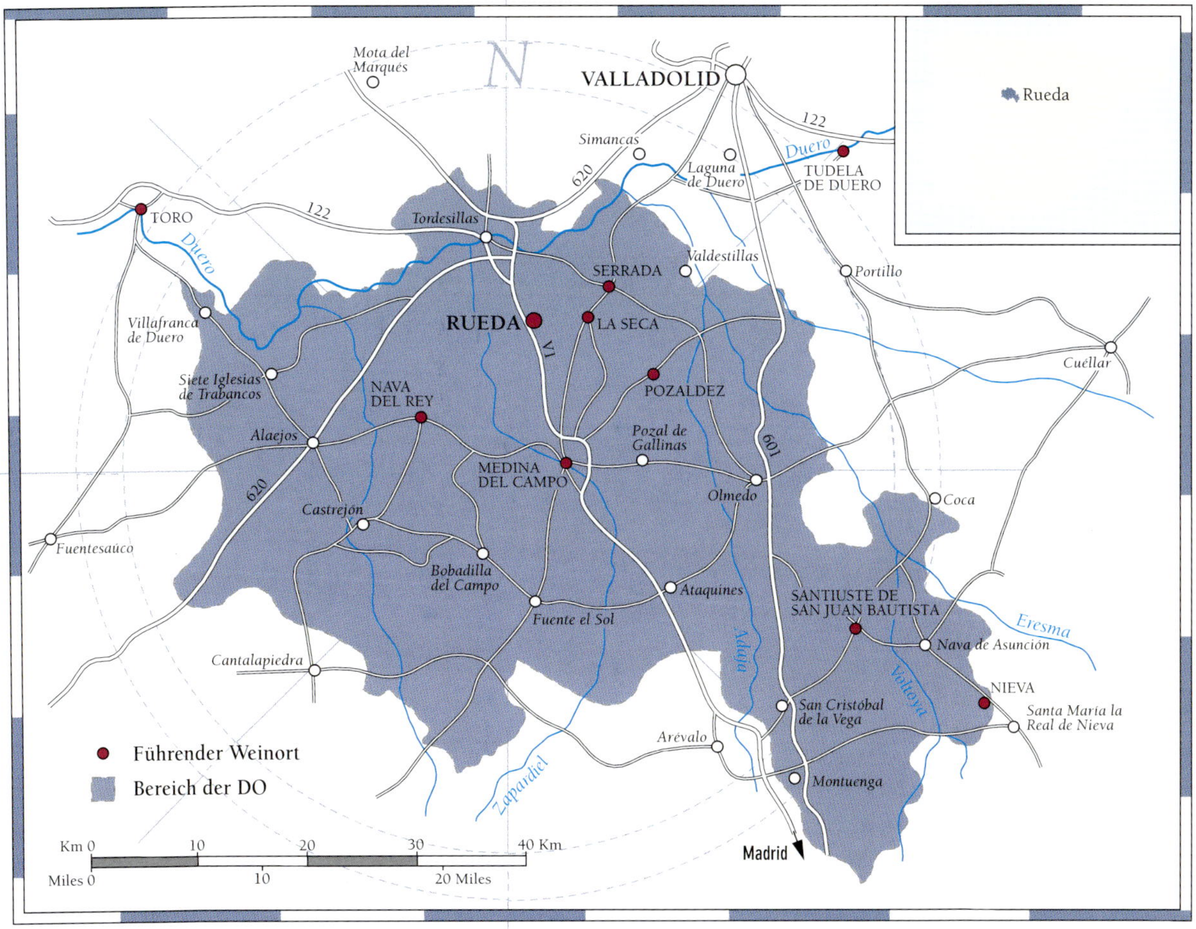

Wichtige Erzeuger

Alberto Gutiérrez, Serrada. *Gegründet 1949.* Das Familienunternehmen war Vorreiter des *dorado*-Stils in der traditionellen Weinlandschaft von Rueda. Es macht im Allgemeinen wenig Zugeständnisse an Modeströmungen, sondern setzt auf umsichtige, beständige Weinbereitung. Viele seiner besten Weine haben keinen DO-Status, darunter die über das zulässige Maß hinaus gespriteten *generosos* und natürlich die Roten sowie die *rosados*. *Beste Weine:* Der vorzüglichste DO-Wein ist der im Fass vergorene Viña Cascarela aus 100 % Verdejo. Bei Anhängern des *solera*-Stils dürften der San Martín Vino Generoso und der San Martín Dry Gold – beide ohne DO-Prädikat – ganz oben auf der Rangliste stehen. Unter den nicht zugelassenen Roten und *rosados* sticht ferner der ausgezeichnete Viña Valdemoya heraus, der je zur Hälfte aus Tempranillo- und Tinto-de-Toro-Klonen gekeltert wird.

Alvárez y Díaz, Nava del Rey. Der einst größte und beste Produzent von *solera*-Weinen verfügt über 75 ha Fläche. 1993 schwenkte die Bodega auf frische, lebendige, moderne Weiße um, ohne die ökologische Wirtschaftsweise aufzugeben. Die Weine werden so natürlich wie möglich erzeugt, der Einsatz von Pestiziden, Fungiziden und Herbiziden bleibt auf ein Minimum beschränkt. Die Gebrüder Lurton starteten die neue Linie mit Weinen unter der Bezeichnung Hermanos Lurton. Dazu zählt ein herausragender Rueda aus 50 % Verdejo und 50 % Viura sowie ein Sauvignon blanc. Der reinsortige Verdejo der Bodega, Mantel Nuevo, präsentiert sich als exzellenter, vollfruchtiger Tropfen. *Bester Wein:* der 6 Monate im Fass gereifte Mantel Blanco *crianza* aus 100 % Verdejo.

Antaño, Rueda. *Gegründet 1988.* Antaño gehört einem Madrider Restaurator. Dieser richtete seine Bodega in renovierten Kellern aus dem 15. Jahrhundert ein. Sein Hauptaugenmerk liegt auf den Roten ohne DO-Status und den Weißen. Als bester Rotwein hat sich der Viña Cobranza aus 60 % Tempranillo und 40 % Cabernet Sauvignon erwiesen, der 9 Monate in amerikanischer Eiche liegt. *Beste Weine:* die weißen Viña Mocen (60 % Viura/40 % Verdejo) und Viña Mocen Rueda Superior (85 % Verdejo/15 % Sauvignon blanc).

Angel Lorenzo Cachazo, Polzáldez. Das Familienunternehmen hat *rosados* und Rote, aber auch Weiße im Programm. *Beste Weißweine:* Lorenzo Cachazo Rueda (50 % Verdejo/40 % Viura/10 % Palomino) und Martivilli Rueda Superior (100 % Verdejo). Bester Rotwein: ein *joven* mit Namen Carmín aus gleichen Anteilen Tinto de Toro und Juan García.

Angel Rodríguez Vidal, La Seca. *Gegründet 1780.* Ein Stück Geschichte. Angel Rodríguez, ein Herr in reiferen Jahren, fertigt seine Weine ausschließlich per Hand im *artesanal*-Stil, dessen Geheimnisse innerhalb der Familie von Generation zu Generation weitergereicht werden. Er bewirtschaftet 70 ha Anbaufläche und erledigt außer der Lese alle Arbeiten alleine. In den alten Kellern stehen einige Glasfasertanks, aber auch riesige Eichenfässer, die Angel alle 5 Jahre zerlegt, reinigt und wieder zusammenbaut. Er vermeidet Oxidation, indem er seine Fässer mindestens alle 2 Wochen auffüllt; die Spundlöcher stopft er mit frisch geschnittenen Gänsefedern zu. Auch ohne moderne Ausrüstung brillieren seine Martinsancho mit überbordender Frucht und Frische, Anklängen an Haselnuss im Duft – und einem ewigen Leben. Der 81er Jahrgang trank sich erstaunlich gut, bekundete noch immer lebendige Säure, eine Eichenkomponente, üppige, goldene, reife Frucht und eine beachtliche Länge ohne die Spur einer Oxidation – und das mit 13 Lenzen. Der Martinsancho ist vermutlich das Glanzlicht der ganzen DO Rueda. Doch leider gehört Don Angel zu einer aussterbenden Spezies von Winzern, die stets eins mit ihrem Land und seinen Reben waren und von modernen Technologien fast unberührt wirtschafteten. Wie kann dieser Mann Weine von solcher Qualität fertigen, wo seine Arbeitsweise doch jeder wissenschaftlichen Erkenntnis trotzt? Das Geheimnis, so Don Angel, liege in der «heiligen Dreieinigkeit» der Weinbereitung: alte Rebstöcke, niedrige Erträge und langsame, mit viel Geduld gesteuerte Gärung. Er meint allerdings auch, dass seine Arbeit eine brotlose Kunst sei und dass er etwas anderes machen würde, wenn er noch einmal die Wahl hätte.

Castilla la Vieja, Rueda. *Gegründet 1973.* Eine der Bodegas der Familie Sanz. Hier wirken Ricardo und sein Bruder. Die Sanz' haben enorm viel für den Ruf der Rueda-Weine getan. Sie führten als Erste die nächtliche Lese und eine Reihe weiterer Verbesserungen im Weinberg ein, unter anderem eine geniale Methode zur umweltfreundlichen Bekämpfung der Gelben Spinnmilbe, eines berüchtigten Rebschädlings. Handelsübliche Spritzmittel vernichten jedes Insekt, selbst wenn es sich um Parasiten vertilgende Nützlinge handelt. Die Sanz-Familie entwickelte eine Art Staubsauger, der die Erde um den Rebstock aufsaugt, pulverisiert und wieder zurückbläst. Wurzeln, Blätter und Trauben werden dadurch nicht beeinträchtigt, die Insekten allerdings machen sich schnellstens davon. Auch die Spinnmilbe versucht sich in Sicherheit zu bringen, an ihrem borstigen Rücken haftet allerdings so viel Erdpulver, dass sie sich nur mühsam vorwärts arbeiten kann und schließlich überhaupt nicht mehr weiterkommt. Nun wird knapp über dem Boden ein Milbenbekämpfungsmittel in minimaler Dosierung gesprüht, das sich sofort verflüchtigt, dem Schädling aber im Handumdrehen den Garaus macht. So kommen die Reben mit dem Pestizid erst gar nicht in Berührung und nach einer Weile stellen sich auch die Nützlinge allesamt wieder ein.

Der Klassiker aus dem Haus Castilla la Vieja ist der Palacio de Bornos. Er kommt in drei Ausführungen auf den Markt. Da ist zunächst der Rueda Superior aus 90 % Verdejo und 10 % Viura, der mit fabelhafter, erfrischender Säure und reicher, reifer Frucht prahlt. Einer der besten *jóvenes* in der DO Rueda! Eine fassgereifte, 6 Monate an der Hefe gelegene Version aus 100 % Verdejo schlägt am Gaumen köstliche, warme Eichentöne an und klingt mit einem würzigen Finale aus. Und die nach den offiziellen 92er Vorgaben für Rueda *espumoso* gefertigte Schaumweinvariante verwöhnt mit einer ausgezeichneten Kekskomponente im Geschmack sowie angenehmer Frucht und Frische. Auch der Bornos Sauvignon Blanc gerät hervorragend, obgleich er nicht den Reiz des Verdejo besitzt. Unter den Weinen ohne DO-Prädikat sind erwähnenswert der reife, buttrige Chardonnay, der im Fass gärt und 6 Monate in amerikanischer Eiche an der Hefe liegt, ein Huerta del Rey *rosado* aus 100 % Garnacha und ein tadelloser Roter namens Almirantazgo de Castilla aus 100 % Tinto del país. Ferner erzeugt die Bodega einen traditionellen *dorado* unter der schlichten Bezeichnung «62». *Beste Weine:* Alle Tropfen der Bodega können sich sehen lassen. Und ob nun der Palacio de Bornos Superior, sein im Fass vergorenes Pendant oder der Bornos Sauvignon den meisten Anklang findet, ist ausschließlich eine Frage des persönlichen Geschmacks.

Cerrosol, Santiuste de San Juan Bautista. Die Bodega mittlerer Größe kommt im Jahr auf einen Ausstoß von 5000 hl. Ihre wichtigsten Weine sind der Cerrosol (50 % Verdejo/50 % Viura) und Doña Beatriz Rueda Superior (100 % Verdejo). In der Angebotspalette findet sich auch ein Doña Beatriz Sauvignon Blanc. Alle Erzeugnisse zeigen Klasse.

Con Class, La Seca. *Gegründet 1988.* Marco Antonio, ein weiteres Mitglied der Sanz-Familie (siehe auch Castilla la Vieja und Sanz), führt diese Bodega, die man in Kellern aus dem 17. Jahrhundert eingerichtet hat. Sie bereitet Verdejo, Sauvignon blanc und Chardonnay ohne DO-Status, die in Tanks oder Fässern vergoren werden und als Con Class auf den Markt kommen. *Bester Wein:* der reinsortige Sauvignon blanc.

Cooperativa Agrícola Castellana, La Seca. *Gegründet 1935.* Eine Genossenschaft mit 350 Mitgliedern und einer Jahresproduktion von 30 000 hl – was nichts über die Qualität der Weine aussagt. Vielmehr entsteht hier sogar der Rueda des Marqués de Griñón (siehe Viñedos y Bodegas de Malpica, S. 63). Doch auch die eigenen Weine der Genossenschaft können sich sehen lassen, etwa der ausgezeichnete Rueda namens Veliterra (50 % Verdejo/50 % Viura) und ein Rueda Superior (85 % Verdejo/15 % Sauvignon blanc), der unter der Bezeichnung Azumbre angeboten wird. *Bester Wein:* der reinsortige Verdejo Cuatro Rayas, der es mit jedem Tropfen in der Region aufnehmen kann.

Cooperativa Viñedos de Nieva, Nieva. *Gegründet 1989.* Die kleine Genossenschaft mit 50 ha Anbaufläche bringt vorzügliche Gewächse heraus, darunter den Blanco Nieva – ein reinsortiger Verdejo – und einen *rosado* namens Viña Pontel (100 % Tinto fino) ohne DO-Prädikat.

Los Curros SAT, Rueda. *Gegründet 1972.* Nicht zu verwechseln mit Los Curros SA, einem weiteren Unternehmen der

Familie Yllera in Fuente del Sol. In Rueda nennt man die Mitglieder des Yllera-Clans *Los Curros,* «stramme Burschen», denn sie können anpacken. Die moderne Bodega zieht ihre Trauben auf 15 ha Fläche selbst heran und fertigt den beachtlichen Cantosan (100% Verdejo) sowie eine Schaumweinversion mit einem Anteil von 10% Viura, die 5 Jahre an der Hefe bleibt. Im Angebot findet sich ferner ein Yllera *reserva,* der 12–14 Monate in amerikanischer Eiche ausgebaut wird. *Bester Wein:* der rote Yllera ohne DO-Status aus 100% Tempranillo.

Félix Lorenzo Cachazo, Pozáldez. *Gegründet 1945.* Ein Familienunternehmen mit einer speziell gebauten modernen Bodega vor der Stadt. Der Basis-Rueda heißt Larrua (50% Palomino/50% Viura) und trinkt sich angenehm. Daneben produziert man einen roten Carriles ohne DO-Prädikat; er altert in Eiche, obwohl die Ausbauklassifizierungen *crianza* usw. für Tafelweine nicht zugelassen sind, und setzt sich aus Tinto fino sowie Tinto de Toro zusammen. *Bester Wein:* der Carrasviñas aus 100% Verdejo.

Garciarévalo, Matapozuelos. Gegründet 1991. Das Gut holt aus 17 ha Fläche rund 1500 hl Wein heraus. Die Basislinie aus Verdejo und Viura wird Casamaro genannt. *Bester Wein:* der Viña Adaja (100% Verdejo).

Garcigrande, Rueda. *Gegründet 1989.* Die Bodega bewirtschaftet 50 ha Rebhänge, kauft aber auch Trauben, Most und Wein von anderen Betrieben zu. Die Erzeugnisse kommen alle als Señorío de Garcigrande auf den Markt. Auch ein Roter ohne DO-Status ist im Programm; er besteht aus 75–100% Tinto fino und etwas Cabernet Sauvignon. *Bester Wein:* der Rueda Superior aus 85% Verdejo und 15% Viura.

Grandes Vinos. Diese Bodega in Ribera del Duero verkauft einen grandiosen Rueda Superior namens Mirador, den sie sich von Bodegas Sanz keltern lässt.

Marqués de Irún, La Seca. *Gegründet 1990.* Das 24 ha große Gut erzeugt den hervorragenden Marqués de Irún Rueda Superior aus 85% Verdejo, 10% Viura und 5% Sauvignon blanc.

Sanz, Rueda. *Gegründet 1870.* Das Stammhaus der berühmten Sanz-Familie. Es wird derzeit von Juan Carlos Ayala Sanz geführt, dessen Verwandte die Bodegas Castilla la Vieja und Con Class betreiben. Das Gut bewirtschaftet 100 ha Anbaufläche in unmittelbarer Nachbarschaft von Castilla la Vieja in Rueda. Sanz las als einer der ersten seine Trauben in kleinen Plastikkästen, um Beschädigungen beim Transport zu vermeiden. Man kauft ferner Trauben von Vertragszulieferern und zahlt Prämien, um auch wirklich beste Ware zu bekommen. Nur Wein aus der ersten Pressung kommt als Sanz in die Flasche – sie sind echte Spitzengewächse. Der Rueda aus 50% Verdejo und 50% Viura gehört zu den gelungensten Vertretern seiner Art, während der Sanz Rueda Superior (90–100% Verdejo, der Rest Viura) schlichtweg herausragend ist: Er zeigt massive Frucht und Reife sowie einen sauberen, lebendigen Abgang. Der reinsortige Sanz Sauvignon blanc wiederum gehört zu den Besten der Region; 1994 räumte der 1993er Jahrgang sämtliche Weißweinauszeichnungen in Spanien ab. Darüber hinaus fertigt Sanz einen Campo Sanz ohne DO-Status in den Ausführungen *rosado* (100% Tempranillo) und Rot (100% Tempranillo, 8 Monate in Eiche).

Vega de la Reina, Rueda. *Gegründet 1961.* Die Bodega mit einer Fläche von 30 ha erzeugt zwei sehr gute Weiße und einen Roten ohne DO-Status. Standardwein ist der Valle de la Reina (53% Verdejo/47% Viura), der aber fast an den aufwendiger gefertigten Superior Vega de la Reina (100% Verdejo) heranreicht. Der Rote, der in der Regel aus 80% Tinto fino und 20% Cabernet Sauvignon besteht, liegt bis zu 42 Monate in Eiche.

Viñedos y Bodegas de Malpica. Die Bodega gehört dem Marqués de Griñón, dessen Hauptgut in der Provinz Toledo liegt (siehe S. 180). Er lässt seinen Rueda von einem eigenen Kellermeister auf dem Gelände der Cooperativa Agrícola Castellana fertigen. Dieser im Fass vergorene Verschnitt aus Verdejo und Viura trägt den Namen Roda. Ferner entsteht in der Cooperativa noch der Durius ohne DO-Status. Auch er wird aus Verdejo und Viura gekeltert, das Lesegut stammt jedoch aus Rueda und Ribera del Duero, weshalb der Wein unter keiner der DO-Bezeichnungen auf den Markt kommen darf. Die Qualität ist so wie die aller Produkte, die unter dem Namen des Marqués de Griñón angeboten werden: überragend.

Wassergekühlte Edelstahltanks stehen heute in vielen Kellereien Ruedas neben traditioneller Ausrüstung.

Vinos Blancos de Castilla, Rueda. *Gegründet 1974.* Mit dieser Bodega leistete Marqués de Riscal (siehe S. 60) Pionierarbeit in Rueda. Seit man die Trauben nachts liest und ihre Frische in einem 1994 angeschafften Traubenkühler bewahrt, hat sich die Qualität der Weine noch einmal gesteigert. Die Bodega bewirtschaftet 80 ha Verdejo, 70 ha Sauvignon blanc und ein Versuchsfeld mit Riesling, Gewürztraminer, Chardonnay, Albariño und Treixadura. Paco, der Besitzer, ist aber recht zufrieden damit, dass Verdejo «das Geschäft macht», während Sauvignon blanc die Tür zu Märkten öffnet, die reinsortigen Gewächsen den Vorzug geben. Das Lesegut wird gekühlt und liegt anschließend 6 Stunden lang auf der Maische. Dann gärt der Most 50 lange Tage bei sehr niedrigen 15 °C an Champagnerhefe. *Beste Weine:* Der Riscal Rueda Superior aus 85% Verdejo und 15% Viura gehört zu den Spitzentropfen der Region. Je nach Qualität der Jahrgänge liegt der Reserva Limousin, ein reinsortiger Verdejo, etwa 17 Monate in Limousin-Eiche. Und wie alle Weine von Riscal ist auch der Sauvignon blanc beispielhaft.

Toro

Hoch über dem Duero und der römischen Brücke liegt auf einer felsigen Anhöhe die alte Stadt Toro.

Wie verbringt man einen gelungenen Sommerabend vor der Lese in Toro? Man springt nach der Siesta in den winzigen Pool des Hotels Juan II. und macht es sich anschließend in Erwartung eines schmackhaften Essens – das Restaurant ist sehr gut – auf der Terrasse bequem. Gewiss, mehr als drei Sterne hat das Haus nicht zu bieten, doch es ist das Beste, was man in dem Provinzstädtchen mit 10 000 Einwohnern findet. Noch angenehmer macht den Aufenthalt zudem die Aussicht.

Toro liegt auf einer felsigen Anhöhe. Von der Hotelterrasse direkt am Abhang hat man einen großartigen Rundblick nach Süden über das Überschwemmungsgebiet von Duero und Guareña und versteht, warum man das Land auch Tierra del Pan, «Brotland», nennt. Im Sommer erstrecken sich die wogenden Weizenfelder fast bis zum Horizont. Flussaufwärts liegt zur Linken Rueda und dahinter Ribera del Duero. Wer am nördlichen Flussufer Richtung Westen fährt, kommt durch die Stadt Zamora und steht nach etwa 40 Kilometern an der Grenze zu Portugal.

Von portugiesischem Einfluss indes spürt man in Toro anders als beispielsweise in Galicien nichts. Die Region ist durch und durch kastilisch. In den Weinen zeigt sich noch immer die Vorliebe für Stärke, Körper und Frucht, die die mittelalterlichen Landesherren Kastiliens einst so sehr schätzten.

Die *Denominación de Origen* Toro grenzt im Westen direkt an Rueda an. Die Stadt Toro, ein angenehmes, erfrischend anheimelndes Plätzchen mit bescheidenem Wohlstand, liegt nördlich von Medina an der Straße von Zamora nach Valla-

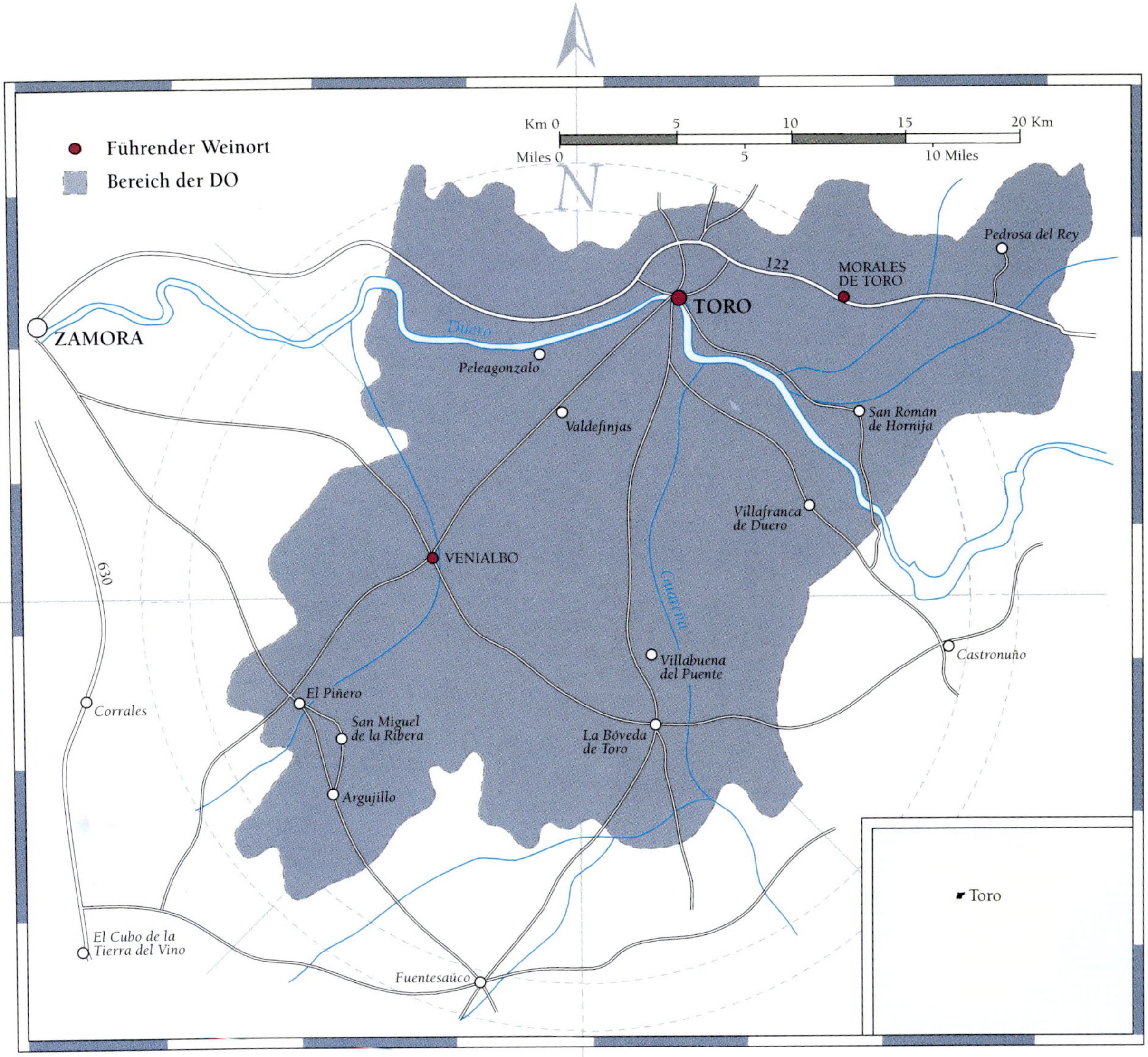

dolid. Man könnte die Gegend durchaus den «Brotkorb» Kastiliens nennen: Nördlich des Duero erstrecken sich endlose Weizenfelder über die Tierra del Pan (siehe oben) und südlich des Flusses liegen die Rebflächen der Tierra del Vino, des «Weinlands». Sie gehören größtenteils zur DO Toro, einige Flecken allerdings zählt man auch zum Vino de la Tierra de la Tierra del Vino de Zamora (siehe Seite 68). Alles klar?

Ein geschichtlicher Exkurs

In Altkastilien tummelten sich während des Mittelalters vor allem Höflinge, Könige, Prinzen und der Klerus. Sie schätzten guten Wein und – wichtiger noch – hatten das Geld, ihn zu kaufen. Um 1200 gründete Alfons VIII. in Palencia Spaniens erste Universität, die 1215 nach Salamanca verlagert wurde, wo sie bis zum heutigen Tag ihren Sitz hat. Mit diesem Zentrum der Lehre ganz in der Nähe erschloss sich für Toro ein neuer Weinmarkt. Einst war die Stadt Residenz der Könige von León. Von der früheren Bedeutung zeugen noch viele Baudenkmäler, darunter auch die schöne romanische Stiftskirche Colegiata de Santa María la Mayor. An ihrer Westseite kann man den Pórtico de la Gloria besichtigen, eines der bedeutendsten Beispiele spanischer Bauplastik.

Die Kirchenfürsten und Höflinge Kastiliens waren ideale Kunden, doch auch die Professoren und Studenten an der Universität schätzten den Rebensaft aus Toros Weinbergen sehr. Wer weiß, welche skurrilen, umstürzlerischen Schriften zwischen der Vertreibung der Mauren und der Ankunft der Inquisitoren unter dem Einfluss der schweren Gewächse aus der Gegend verfasst wurden. Der hohe Alkoholgehalt der Weine und ihre charaktervolle Frucht machen sie zu den authentischsten Vertretern altkastilischer Gewächse, die heute noch gefertigt werden.

Storchennester auf dem Turm der wunderschönen romanischen Kirche Colegiata de Santa María la Mayor, der Stiftskirche von Toros.

Ganz rechts: Die Rebflächen in Toro werden strikt unkrautfrei gehalten. Man setzt die Stöcke sehr weit auseinander, damit jeder einzelne ausreichend Wasser zur Verfügung hat.

Rebsorten

In der der DO-Zone Toro ist die Tinto de Toro, wie die Tempranillo hier genannt wird, die häufigste Rebsorte. Man pflanzte sie nach dem Abzug der Mauren. Während der folgenden Jahrhunderte entwickelte sich in Toro aufgrund einer etwas anderen Züchtungs- und Vermehrungspraxis eine Variante, die zwei Wochen früher reift als ihre nahe Verwandte in Rioja. Diese Eigenheit, gepaart mit der Höhenlage der Rebflächen zwischen 600 und 750 Metern, lässt dickschalige Beeren heranwachsen, die extraktreiche Weine mit viel Aroma, Farbe und Kraft erbringen.

Auch Garnacha und Cabernet Sauvignon baut man in der Zone an, obwohl Letztere für keinen Wein der DO zugelassen ist. Der geringe Anteil Weißer wird vor allem aus Malvasía und Verdejo gekeltert. Im Großen und Ganzen ist Toro allerdings eine Rotweinregion. Der *consejo regulador* empfiehlt bei Neupflanzungen die Tinto de Toro.

Der nordöstliche Bereich der DO Toro gehört zur Provinz Valladolid und ist unter dem Namen Morales bekannt; die übrige Rebfläche liegt in der Provinz Zamora. Da die Weinberge in der Regel im Tal des Flusses Guareña liegen, der in den Duero mündet, besteht der Untergrund meist aus Schwemmland. In der Subzone Morales enthalten die Böden gelegentlich Kalk, doch oft wachsen die Stöcke auf Lehmerde, die für die Wurzeln selbst in der heißesten Jahreszeit noch genügend Wasser bereithält.

Aufgrund der Höhenlage bekommen die Trauben tagsüber reichlich Sonnenschein, während die Nächte kühler ausfallen. In der Dunkelheit werden die Mineralien also nicht von den Stöcken aufgebraucht, sondern bleiben im Boden. Der vorgeschriebene Höchstertrag liegt bei 42 Hektoliter pro Hektar, obwohl die tatsächliche Produktion wie im restlichen Spanien kaum die Hälfte des zulässigen Limits erreicht.

Vinifikation und Weinstile

Rote Toro-Weine werden im Allgemeinen aus 100 Prozent Tinto de Toro gekeltert, das Minimum liegt bei 75 Prozent. Sie können durch natürliche Gärung bis zu 15 Prozent Alkohol erreichen und müssen wenigstens 12,5 Prozent aufweisen – eine in Spanien einmalige Untergrenze. Dieser hohe Alkoholgehalt und die damit verbundene Stärke und Geschmacksintensität haben die Weine in den vergangenen Jahrhunderten so berühmt gemacht. Sie ließen sich problemlos auch über weite Strecken transportieren, behielten ihr Aroma und oxidierten nur langsam. Für einen solch wertvollen Nektar zahlte man in den Tagen der Maultierspediteure und ledernen Weinbeutel durchaus hohe Summen.

Auch der moderne Toro lässt seine Muskeln noch reichlich spielen, obwohl sein Alkoholgehalt heutzutage in der Regel bei 13,5 bis 14 Prozent liegt. Mit seiner überbordenden, starken Tempranillo-Frucht ist er bereits im Jahr nach der Lese gut trinkbar, reift aber auch mit Würde zu einem beachtlichen *reserva* oder sogar *gran reserva* mit erstaunlich viel Kraft, Frucht und Länge heran.

In Toro entstehen außerdem einige Cabernet Sauvignon und Tinto de Toro ohne DO-Status, die die typische Frucht und Alkoholstärke beider Trauben gut zutage bringen. Ein oder zwei Bodegas erzeugen ferner einen köstlich reifen, reinsortigen Garnacha – ein Beweis dafür, wozu diese Rebe bei 13 bis 14 Prozent Alkohol imstande ist. Diese großen, kompromisslosen, superben Weine wagnerischen Formats sind womöglich nichts für zarte Gemüter, doch gehören sie mit ihrer Kraft, Fülle und Komplexität zu den charaktervollsten Kreszenzen Spaniens.

Wichtige Erzeuger

Fariña, Toro. *Gegründet 1940.* Das Gut wurde von Salvador Fariña aufgebaut. Sein Sohn Manuel, der den Betrieb derzeit führt, hat den Namen Toro in aller Welt berühmt gemacht. Er war zudem der erste Präsident des *consejo regulador*. Die alte Kellerei des Gutes, Bodegas del Porto, befindet sich noch immer in Casaseca in der Tierra del Vino. Hier fertigt das Unternehmen weiterhin *vinos de la tierra,* in denen die besten Charakterzüge spanischer Landweine zum Tragen kommen (siehe Seite 22). Außerdem hat Fariña 1990 in Toro gleich neben der Vino de Toro Cooperativa (siehe weiter unten) eine moderne Kellerei mit Edelstahlausrüstung eingerichtet. Seine Weine sind tadellos bereitet, bekunden reichlich Frucht und gehören wahrscheinlich zum Besten, was Toro zu bieten hat. Sie kommen als Colegiata *(joven)* sowie Gran Colegiata *(crianza* und *reserva)* auf den Markt und sind allesamt reinsortige Tinto de Toro. Die *reserva* ruht 14 Monate in Eiche. Zusätzlich aber erzeugt Fariña auch noch Toros vermutlich beste Weiße: den Colegiata Blanca (100 % Malvasía) und den ungewöhnlichen Fariña *semidulce* (halbsüß), einen Tropfen aus 50 % Moscatel und 50 % Albillo ohne DO-Status. *Beste Weine:* Der nicht als DO-Erzeugnis zugelassene rote Fariña (50 % Tinto de Toro/50 % Cabernet Sauvignon) gerät vorbildlich, in einem guten Jahr allerdings ist der Gran Colegiata fast nicht zu schlagen.

Frutos Villar, Toro. Ein Ableger der gleichnamigen Bodega in Cigales (siehe S. 53), die ausgezeichnete Rote fertigt: den Muruve *(joven, crianza)* und Gran Muruve *(reserva)* aus jeweils 100 % Tinto de Toro.

Nuestra Señora de las Viñas, Morales. *Gegründet 1964.* Eine traditionelle Genossenschaft, die unter Beweis stellt, dass man auch auf alte Tage noch Neues lernen kann. Ihre 128 Mitglieder bewirtschaften 800 ha Anbaufläche. Die *cooperativa* lässt ihre Weine noch in Kunststoff- und Betontanks gären, bringt aber trotzdem Vorzügliches zustande. *Beste Weine:* ein reinsortiger Tinto de Toro, der meist als *joven,* in guten Jahren auch als *ciranza* herausgebracht wird, und ein weiterer *joven* aus 100 % Garnacha. Diese beachtlichen Tropfen sind überaus günstig zu haben. Auf den Exportmärkten laufen sie unter dem Namen Moralinos, zu Hause sind sie als Viña Bajoz etikettiert.

Vega Saúco, Morales. *Gegründet 1991.* Die moderne Bodega erzeugt Rote aus 100 % Tinto de Toro. Die *jóvenes* stehen als Saúco in den Regalen, während man die *crianzas* und *reservas* unter der Bezeichnung Vega Saúco verkauft. Die *reservas* liegen bis zu 18 Monate in Eiche. *Beste Weine:* In guten Jahren können die älteren Gewächse geradezu spektakulär geraten.

Vino de Toro, Toro. *Gegründet 1974.* Eine weitere Genossenschaft mit rund 250 Mitgliedern und etwa 1000 ha Fläche. Noch 1989 produzierte sie unspektakuläre Alltagsweine. Beflügelt durch den Erfolg der Toro-Weine auf den ausländischen Märkten begann sie jedoch zu experimentieren. Heute verdient der Spitzenwein des Hauses, Cermeño, das Prädikat «hervorragend». Der Rote entsteht als reinsortiger Tinto de Toro, sein rosafarbenes Pendant hingegen ist eine Mixtur aus 75 % Tinto de Toro, 15 % Garnacha und 10 % Malvasía. Die Qualität dieses *rosado* wird in der DO nur noch vom Colegiata übertroffen.

Landweine in Kastilien-León

VdlT Cebreros (Avila)
Cebreros liegt etwa 70 km westlich von Madrid und 40 km südlich von Avila. Die Weinregion, die den Namen der Stadt trägt, bildet die westliche Verlängerung der DO Vinos de Madrid. Im Unterschied zu dieser Zone allerdings dominiert in Cebreros nicht die Tempranillo, sondern die Garnacha. Man bekommt die angenehmen, anspruchslosen Alltagsweine vor allem in den Bars und Cafés von Avila. Oft serviert man sie in Flaschen mit Schraubverschluss.

Cebreros wurde im Januar 1986 bis auf weiteres zur *Denominación Específica* (DE) erklärt. Mit diesem «halben» DO-Status versuchte man früher Landweingebieten einen Ansporn für bessere Qualität zu geben. Bei Cebreros scheint das allerdings wenig gefruchtet zu haben. Da der lokale Verkauf wie eh und je floriert, sehen die Bodegas bislang keine Veranlassung, die zur Erschließung neuer Märkte notwendigen Investitionen zu tätigen.

Das ist schade, denn die Weine, insbesondere die roten Garnacha, zeigen gute Basisqualität und könnten noch besser werden, wenn man den hohen Alkoholgehalt von derzeit bis zu 15 % etwas senken und dafür mehr Säure bewahren würde. Doch erst müssen sich die *bodegueros* der Region dazu aufraffen. Bis dahin bleibt Cebreros wohl weiterhin ein viel versprechendes Gebiet – aber auch nicht mehr.

Auf etwa 9000 ha Anbaufläche wachsen Garnacha, Albillo und Viura. Die beiden weißen Trauben braucht man für *rosados*. Weißweine sind zwar gemäß den *Vino-de-la-Tierra*-Vorschriften nicht erlaubt, sie kommen aber als *vinos de mesa* in den Handel.

Es herrscht ein heißes, kontinentales Klima, obwohl es relativ viel für diese Breiten regnet. Deshalb ist der Boden fruchtbar und ergiebig. Das erklärt wohl auch, warum man so wenig Anstalten macht, die Qualität der Weine zu verbessern. Rote müssen mindestens 13 % Alkohol aufweisen, da sie aber altmodischen Gärtechniken unterzogen werden, erreichen die meisten die 15 %-Marke. Ausgewogenheit oder Komplexität lässt sich bei so viel Schwere natürlich nicht mehr erzielen.

Und dennoch tut sich etwas: Zu den erwähnenswerten Bodegas gehört Benito Blazquez, ein großer, 1939 gegründeter Familienbetrieb mit einer Jahresproduktion von 25 000 hl. Er erzeugt *rosados* als offene Ware, in Tetrapaks und Flaschen, rote *jóvenes, crianzas* und einen ungewöhnlichen *dulce* aus der Moscatel-Traube. Sie kommen als Don Claudio und Perla de Or in den Handel.

Außerdem gibt es in der VdlT Cebreros eine 1956 gegründete Genossenschaft mit 820 Mitgliedern und einer riesigen Anbaufläche von 8000 ha. 80 % der Produktion werden offen verkauft, der Rest steht unter dem Markennamen El Galayo und Monteperlado in den Regalen.

VdlT Fermoselle-Arribes del Duero (Salamanca/Zamora)
Dieser Bereich hat bereits Anspruch auf eine Beförderung erhoben. Er umfasst derzeit 5000 ha Anbaufläche um Fermoselle an der Grenze zwischen den Provinzen Salamanca und Zamora in etwa 60 km Entfernung von den beiden Hauptstädten östlich des Duero-Abschnitts, der die Grenze zwischen Spanien und Portugal bildet.

Der Jahresausstoß liegt mit 80 000 hl relativ hoch. Man setzt die Hoffnungen hier auf die Juan García, die unter günstigen Bedingungen gute Weine erbringt und mit entsprechenden Investitionen Format entwickeln könnte. Daneben wird noch eine Reihe weiterer Rebsorten angebaut, unter anderem Garnacha und Tinto de Toro. Es bleibt jedoch noch viel zu tun, bis man in der VdlT ernsthaft mit einer Erhebung in den DO-Adelsstand rechnen kann. Der einzige große Erzeuger ist die Genossenschaft Virgen de la Banda. Ihre besten Weine sind der rote Viña Borbón und der Viña Caracosta, beides reinsortige Juan García.

VdlT de la Tierra del Vino de Zamora (Zamora)
Die Tierra del Vino ist ein altes Weinland. Einer der führenden Winzer, Manuel Fariña, hat seine Familienbodega in Caseca behalten, weil die Gegend seiner Meinung mehr verdient als nur VdlT-Status. Er setzt alles daran, Zamora zu einer bedeutenden Weinregion zu machen. Die vorherrschende Traube ist Tinto del país alias Tinto de Toro. 1500 ha Rebfläche zwischen den Städten Toro und Zamora ergeben jährlich 20 000 hl Wein, überwiegend Rote und *rosados*. Angebaut werden ferner Garnacha und Cabernet Sauvignon sowie die weißen Sorten Malvasía, Moscatel und Palomino. Aus der Moscatel entstehen einige wenige Weiße und sogar der eine oder andere Dessertwein.

Die einzige nennenswerte Bodega ist die von Manuel Fariña. Sein roter Landwein verkauft sich im Ausland sehr gut und bietet ein ausgezeichnetes Preis-Leistungs-Verhältnis.

VdlT Valdevimbre-Los Oteros (León/Valladolid)
Ein weiteres viel versprechendes Gebiet im Süden der Provinz León, das bereits über eine leistungsfähige, moderne Industrie verfügt und seine Weiterentwicklung ambitioniert vorantreibt.

Es gibt in der Region mehrere nicht klassifizierte Weinbereiche plus die VC Benavente (siehe weiter unten), die sinnvollerweise zusammengefasst und einmal zu einer potenziellen DO-Zone umfunktioniert werden könnten. Man hat bereits verschiedene Namen vorgeschlagen, als Favorit gilt Vinos del Páramo de León, bislang allerdings gab es noch keine offizielle Neuklassifizierung.

Zur Zone gehören derzeit rund 3900 ha Weinberge, die vorwiegend mit der autochthonen Rebe Prieto picudo bestockt und entlang des Flusses Esla etwa 25 km südlich der Stadt León angelegt sind. Angebaut werden überdies Garnacha, Tinto del país und Mencía für Rote sowie Malvasía, Viura und Palomino für Weißweine.

Traditionell entstehen hier aus Prieto picudo die so genannten *agujas*, leicht kohlensäurehaltige, dem portugiesischen *vinho verde* ähnliche Weine. Das Gros der Erzeugnisse ist rot. Das wichtigste private Gut, Bodegas de León-Vile, bringt einen beachtlichen Don Suero aus 80 % Prieto picudo und 20 % Tinto del país heraus, der 15 Monate in Eiche liegt. Unter der Bezeichnung Palacio de los Guzmanes verkauft der Betrieb gute Rote aus 100 % Garnacha sowie einen reinsortigen weißen Viura passabler Machart. Ferner erscheinen unter dem Markennamen Catedral de León und Palacio de León überaus angenehme Alltagsweine. Außer dieser Kellerei gibt es noch eine Genossenschaft, die überwiegend Weine im *artesanal*-Stil erzeugt.

VC Benavente (Zamora)
Das Gebiet grenzt an Valdevimbre-Los Oteros (weiter oben) an. Sollte es zu einer Neuklassifizierung kommen, werden vermutlich Teile der jetzigen VC zur neuen DO-Zone gehören. Benavente umfasst rund 5000 ha Anbaufläche, die jedoch meist in sehr kleinen Parzellen über 63 Gemeinden verstreut sind; außerdem wachsen die Reben oft mit anderen Feldfrüchten in Mischkultur. Eine Änderung des Status quo ist kaum in Aussicht.

Wie üblich aber gibt es auch hier ein oder zwei Bodegas, die um Qualität bemüht sind. Die Zone baut dieselben Rebsorten an wie Valdevimbre (siehe oben), darüber hinaus aber befasst man sich auch intensiv mit der Tempranillo, die hier als Cencibel oder Tinto fino bekannt ist. Sofern sich genug Produzenten zu Modernisierungsmaßnahmen überreden lassen, haben wir es vielleicht demnächst mit einer VdlT-Zone zu tun, die nach höheren Weihen strebt.

Die einzige Kellerei von Format heißt Bodegas Otero und erzeugt angenehme Rote, Weiße und *rosados* unter den Markennamen Viña Alegre und El Cubeto. Letzterer ist ein Verschnitt aus Prieto picudo, Mencía sowie Tinto fino und liegt einige Zeit in Eiche. Vielleicht macht er eines Tages noch von sich reden.

VC Ribera del Arlanza (Burgos)
Die Zone liegt etwa 40 km südlich von Burgos im Arlanzatal. Zwischen der Stadt Lerma und der Grenze zu Palencia werden in 22 Dörfern insgesamt 1500 ha Weinberge bewirtschaftet; wie so oft verteilt sich die Anbaufläche auf viele kleine Parzellen. Einst wuchsen hier auf 10 000 ha Reben, die den Basiswein für Rioja und Ribera del Duero lieferten. Natürlich ist das mittlerweile nicht mehr erlaubt. Immerhin erhebt die VC Ansprüche auf den VdlT-Status und da der Großteil der Fläche mit Tinto del país bestockt ist, sind Verbesserungen nicht auszuschließen.

VC Sierra de Salamanca (Salamanca)
Diese über 800 Meter über dem Meeresspiegel gelegene Hochlandregion findet man auf halbem Weg zwischen Avila und der portugiesischen Grenze in den Bergen der Sierra de Peña de Francia. Auf 13 Dörfer verteilen sich zirka

2000 ha Rebfläche. Die meisten liegen an terrassierten Hängen, was die Lese nicht gerade vereinfacht. Das Muttergestein aus Granit und das kühle Klima scheinen zwar alle Voraussetzungen für gute Weine zu bieten, doch von der einheimischen Traube namens Rufete ist nicht viel zu erwarten. Sie wächst auf drei Vierteln der Weinberge. Die Traube oxidiert allerdings schnell, wenn man ihr nicht wie der Verdejo in Rueda mit cleveren Bereitungsmethoden zu Leibe rückt. Angebaut werden ferner Garnacha, Macabeo (Viura) und Tempranillo. Da sich Höhe und Bodenqualität für guten Weinbau eignen, lässt die VC vielleicht noch von sich hören.

VC Valtiendas (Segovia)

Die VC im Norden der Provinz Segovia ist fast so etwas wie die südliche Verlängerung der Anbauflächen von Ribera del Duero. Im Gegensatz zu dieser berühmten DO-Zone allerdings kultiviert man in Valtiendas statt Tinto del país bevorzugt Garnacha tintorera – was nicht gerade erfreuliche Rückschlüsse auf die Qualität der Weine zulässt.

22 Dörfer dürfen das VC-Prädikat benutzen, darunter Cuéllar und Valtiendas. Hergestellt werden größtenteils Rote und *rosados*.

Bodegas findet man in allen Formen und Größen. Dieser Winzer in León setzt beim Transport des Leseguts noch Ochsenwagen ein.

Nördliches Zentralspanien

Mit der Cordillera Cantábrica und den Pyrenäen umschließen zwei Bergketten die Weinregionen im nördlichen Zentralspanien – die Bedingungen für Rotweinreben sind also denkbar günstig. Die bekannteste DO-Zone des Landstrichs ist zweifellos Rioja: Ihre Rebflächen liegen im südlichen Baskenland, in La Rioja selbst und im südwestlichen Navarra, einem aufstrebenden Anbaugebiet, dessen Ruhm sich in den letzten Jahren stetig gemehrt hat. Die besten Trauben reifen in den Bereichen Rioja Alta und Rioja Alavesa sowie Estella im Hochland von Navarra heran.

In südöstlicher Richtung entlang des Ebro liegt die autonome Region Aragonien. Ihre südwestliche Hälfte wird aus den DOs Campo de Borja, Calatayud und Cariñena gebildet. Im Gegensatz zu diesen relativ heißen, trockenen Zonen herrscht in der DO Somontano etwa 130 Kilometer weiter nordöstlich ein feuchtkühles Klima. Die landschaftlich reizvolle Gegend ist in den letzten zehn Jahren zu einem der interessantesten und innovativsten Weinbaugebiete Spaniens aufgestiegen.

Anbauflächen in der Region Rioja Alavesa. Hier wachsen die Reben auf alkalischen Böden und erbringen fruchtige Tropfen, die jung getrunken werden wollen.

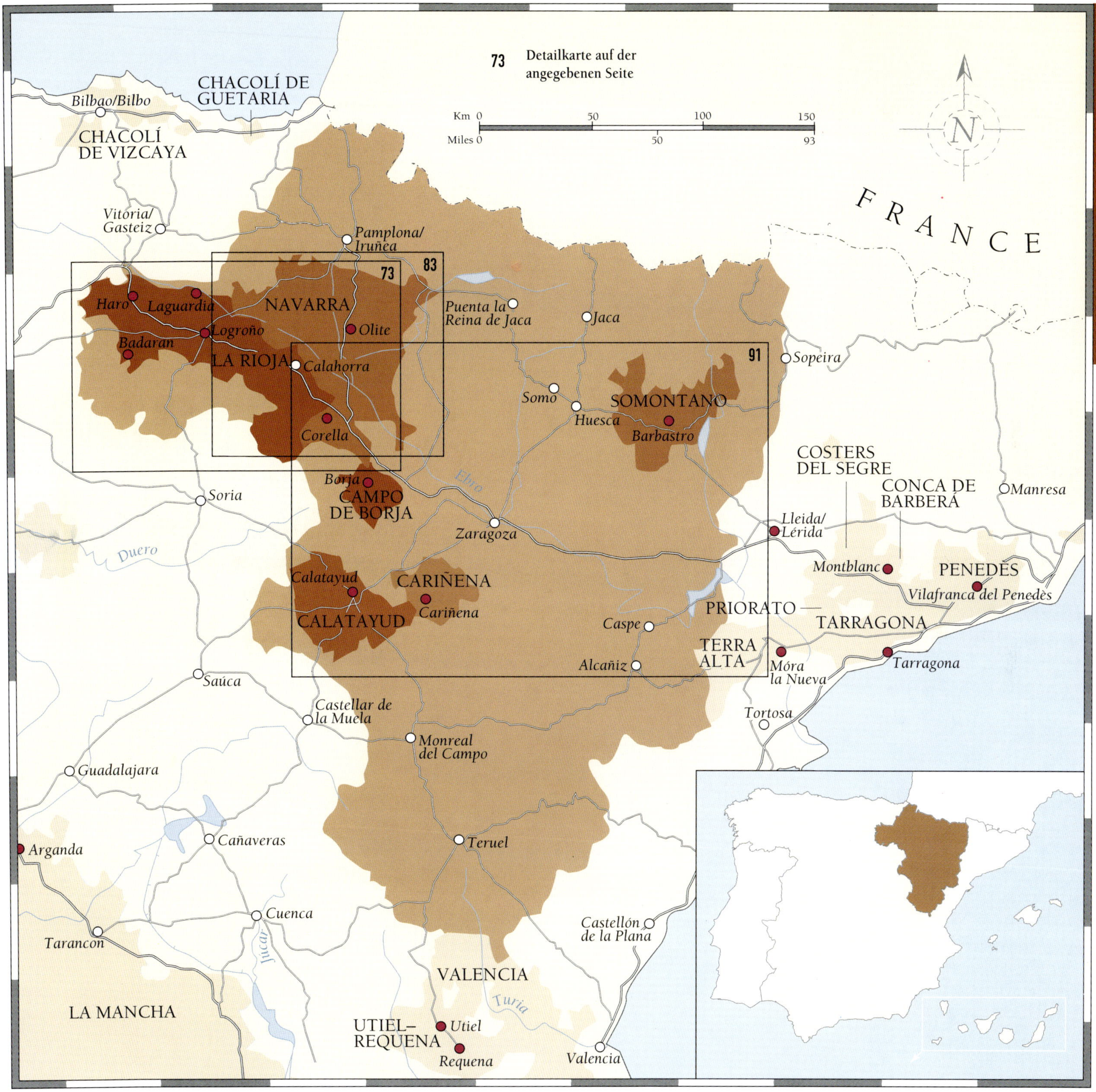

73 Detailkarte auf der angegebenen Seite
Km 0 50 100 150
Miles 0 50 93
N
FRANCE
CHACOLÍ DE GUETARIA
Bilbao/Bilbo
CHACOLÍ DE VIZCAYA
Vitoria/ Gasteiz
Pamplona/ Iruñea
73
83
Haro
Laguardia
NAVARRA
Logroño
Olite
Badaran
LA RIOJA
Calahorra
Corella
Puente la Reina de Jaca
Jaca
91
Sopeira
Somo
Huesca
SOMONTANO
Barbastro
COSTERS DEL SEGRE
CONCA DE BARBERÁ
Manresa
Borja
CAMPO DE BORJA
Ebro
Soria
Zaragoza
Lleida/ Lérida
Duero
Montblanc
PENEDÈS
Vilafranca del Penedès
Calatayud
CARIÑENA
Cariñena
CALATAYUD
PRIORATO
TARRAGONA
Caspe
TERRA ALTA
Alcañiz
Móra la Nueva
Tarragona
Saúca
Castellar de la Muela
Tortosa
Monreal del Campo
Guadalajara
Cañaveras
Arganda
Teruel
Cuenca
Tarancon
Castellón de la Plana
Jucar
VALENCIA
Turia
LA MANCHA
UTIEL–REQUENA
Utiel
Requena
Valencia

La Rioja: ein altes Weinland

Los Reyes Católicos

Die Querelen mit England vermochten Ferdinand von Aragonien und Isabella von Kastilien zwar nicht beizulegen, dennoch hat das Herrschergespann die spanische Geschichte geprägt. Als Reyes Católicos, katholische Könige, regierten sie während eines goldenen Zeitalters, in das die Entdeckung Amerikas und die Vertreibung der Mauren fielen. Sie führten nach dem Abzug der muslimischen Eroberer den katholischen Glauben wieder ein, setzten das Kastilische als spanische Landessprache durch und trieben die Kolonialisierung der Neuen Welt voran. Aus den neuen Überseegebieten strömte ein immenser Reichtum ins Land. Mehr Menschen als je zuvor konnten sich einen guten Wein leisten. Als unbestritten bester Tropfen Spaniens durfte der Rioja weder bei Festlichkeiten in den Palästen des Adels noch bei Feiern in den Hütten der Landbevölkerung fehlen. Und schließlich avancierte er sogar zum Hauptexportartikel für die Neue Welt.

Spaniens berühmteste Weine sind natürlich nach ihrer Herkunftsregion benannt worden. Der Name setzt sich vermutlich aus *río*, Fluss, und *oja* zusammen. Der Oja entspringt als Gebirgsbach in der Sierra de la Demanda und fließt nach Norden durch Santo Domingo de la Calzada, bevor er sich mit dem Tirón vereint, der sich wenig später nordöstlich von Haro in den Ebro ergießt.

Selbst kurz vor seiner Mündung ist der Oja kaum mehr als ein Bach. Da erscheint es schon seltsam, dass gerade diese unbedeutende Wasserader einer ganzen Landschaft ihren Namen gab. Schließlich sind da noch der Tirón und sogar der mächtige Ebro, der das Mikroklima entlang seines ganzen Laufes bis zum Mittelmeer prägt. Aber man nannte das Land nun einmal *La Tierra del Río Oja*. Und würde der Wein etwa besser schmecken, wenn er *Tironia* oder *Ebralta* hieße?

Eine uralte Tradition

Bleiben wir bei der linguistischen Spurensuche: Die ersten Worte in spanischer Sprache schrieb ein Mönch namens Gonzalo de Berceo im 13. Jahrhundert nieder. Er war der festen Überzeugung, dass seine geistlichen Brüder mehr Volksnähe bekunden müssten, und verfasste deshalb ein kurzes Gedicht im Idiom des Volkes statt im damals üblichen Latein. Diese Zeilen enthielten bereits einen Hinweis auf die Vorzüge des heimischen Weins.

Eine solche Huldigung überrascht kaum, schließlich gab es Rioja-Wein schon seit tausend Jahren. Als die Römer im 1. Jahrhundert ins Land drangen, fanden sie ein Volk vor, das sie *Celtiberi*, iberische Kelten, nannten. Es zertrat Trauben in Steintrögen und ließ den gärenden Saft in Zisternen und Amphoren laufen. Da Rom die Besatzungstruppen mit Wein versorgen musste, hatte es durchaus Interesse an der Förderung des Weinbaus entlang seines zunehmenden Straßennetzes. Die Legionen zeigten der Bevölkerung, wie man mehr aus den Trauben machen und bessere Weine erzeugen konnte. Auch Italien, Frankreich und Deutschland verdanken ihre frühen Weinbereitungsmethoden den Römern.

Bei der Ankunft der Mauren war der Weinbau in Rioja ein wichtiger Wirtschaftszweig. Selbst das strikte Nein der Araber zum Alkohol brachte die Bereitung der berauschenden Tropfen nicht völlig zum Erliegen. Als die christlichen Kräfte von Asturien aus das Land wieder in Besitz nahmen, ging das Geschäft in den Weinbergen am oberen Ebro praktisch ohne Unterbrechung weiter.

Schließlich lag die Gegend als Weinregion nicht ungünstig: Westlich hatte sich das neu vereinigte Königreich von Asturien und León eingerichtet, während im Osten die Herrscher von Navarra, Aragonien und Katalonien regierten. Zwar waren sich die Regenten nicht immer grün, doch nach der Bildung von Kastilien traten sie den Mauren mit vereinten Kräften entgegen und trieben sie schließlich gemeinsam aus dem Land.

Wein als Wirtschaftsfaktor

Rioja gehörte also nun zu Kastilien. Damit zählten nicht nur die eigenen Grafen zu Abnehmern von Wein, sondern auch die Könige von Navarra, Katalonien, Aragonien und León mit ihrem Hofstaat sowie jede Menge Geistlicher, Gelehrter und Offiziere, kurz: ein Heer von Reichen und Mächtigen, die sich beste Kreszenzen leisten konnten.

Das trieb natürlich die Produktion von guter Tropfen voran und brachte Rioja im 16. Jahrhundert außerdem ins Exportgeschäft. Man versandte die Erzeugnisse nach Frankreich, Italien und sogar Flandern, während England einen unstillbaren Durst auf «Sherris Sack» bekundete. Spanischer Wein avancierte zum Verkaufsschlager und Rioja gehörte zu den Vorreitern dieser Entwicklung.

Überraschenderweise allerdings hatten sich die Weinbereitungsmethoden seit den Zeiten der Römer kaum geändert. Die Trauben wurden immer noch in Steintrögen zertreten und den Wein transportierte man größtenteils in Lederbeuteln. Erst im 19. Jahrhundert kam es in Rioja zu einem neuen Innovationsschub. Selbst heute noch erzeugen die *cosecheros*, Kleinwinzer, ihre Weine nicht viel anders als ihre Vorväter und bringen sie ohne Etikett und Kapsel vor Ort an den Mann.

Über den Marqués de Riscal wurde bereits berichtet (siehe Seite 60). Nicht nur die Winzer in Rioja folgten seinem Beispiel und modernisierten ihre Vinifikationstechniken, alle spanischen Bodegas orientierten sich an ihm. Verwendung von Fässern hoher Qualität, Fassgärung, Ausbau in Eiche – all das hatte man aus den frühen Experimenten gelernt. Riscal war nicht der Einzige, der sich die Weinproduktion in Bordeaux zum Vorbild nahm. Noch heute kultiviert man auf dem Gut Vega Sicilia in Ribera del Duero, aber auch in Norditalien und Osteuropa einige Rebflächen mit Cabernet Sauvignon und anderen Rebsorten, die aus alten Zeiten stammen. Junge Winzer, die auf Wanderschaft gingen, kamen oft mit dem Kopf voller Ideen zurück und gründeten eigene Kellereien. Nicht alle überlebten, aber wer es schaffte, blieb nicht ohne Erfolg.

Die Revolution in der spanischen Weinbereitung kam im Jahr 1858 in Gang, als Don Camilo Hurtado de Amézaga in Elciego seine ersten Rebstöcke pflanzte. Von nun an sollte spanischer Wein im Allgemeinen – und Rioja im Besonderen – nie mehr so sein wie früher.

Der Ebro markiert die Grenze zwischen Rioja Alta im Süden, Rioja Alavesa im Norden und Navarra im Nordosten.

Rioja

Auf die Erfolgsstory des Rioja-Weins Ende des 19. Jahrhunderts folgten nach 1900 so mancherlei Rückschläge. Die Reblaus suchte die Region um die Jahrhundertwende heim. Während man noch mit der Wiederbestockung der befallenen Anbauflächen beschäftigt war und darauf wartete, dass die Reben Erträge brachten, hatte sich Frankreich von den Verwüstungen bereits erholt. Rioja büßte einen Teil seines Exportmarkts ein.

Gerade als Spaniens Weinindustrie wieder in Fahrt kam, brachte der Weltkrieg den internationalen Handel zum Erliegen. Erst in den 20er Jahren kehrte man zur Normalität zurück. Rioja erlebte einen enormen Aufschwung, richtete 1926 den ersten *consejo regulador* ein und erlangte als erste spanische Weinregion den Status einer *Denominación de Origen*.

Weinberge nahe des Dorfes Navaridas in Rioja Alavesa. Die Böden dieser Gegend enthalten Kreide und Eisen und sind damit ideal für den Rebbau.

Dabei hatte es schon lange zuvor Weinbauvorschriften in Rioja gegeben: Bereits 1560 mussten die Winzer Vorgaben für die Behandlung von Trauben, Mosten und Weinen beachten. 1635 verbot der Bürgermeister von Logroño sogar den Verkehr in Straßen, die an Bodegas vorbeiführten, um Vibrationen zu vermeiden, die die Weinqualität hätten beeinträchtigen können. 1787 schlossen sich die führenden Winzer zu einer Gilde zusammen, der *Real Sociedad Económica de Cosecheros de la Rioja Castellana*. Und 1902 trat ein Gesetz in Kraft, das den Namen Rioja schützte und die Etikettierung regelte.

Trotz der jahrhundertealten Bemühungen um eine Reglementierung der Produktion allerdings war der *consejo regulador* etwas völlig Neues. Er diente nicht nur als reine Interessengemeinschaft, sondern traf verbindliche Entscheidungen über die Auswahl von Rebflächen und die Vergabe des Markennamens «Rioja». Auch heute noch erfüllen die *consejos reguladores* im Wesentlichen diese Funktion. Rioja legte also den Grundstein für das gesamte spanische Klassifizierungssystem.

Wein und Krieg

Nach der Einrichtung des *consejo* ging es mit Rioja rasch aufwärts. In dieser Zeit entstanden die besten Weine, die die Region je hervorgebracht hatte. Man knüpfte erfolgreich Kontakte im Ausland und eroberte den europäischen wie amerikanischen Markt, obwohl man daheim und in Lateinamerika noch immer am meisten reüssierte.

1936 allerdings bereitete der Spanische Bürgerkrieg der Expansion ein Ende. Wieder einmal geriet die gesamte Weinindustrie in eine Flaute. Noch schlimmer kam es, als 1939 der Zweite Weltkrieg ausbrach. Zwar war Spanien nicht direkt daran beteiligt, doch der soeben erst überstandene Konflikt im eigenen Land hatte das Volk in die Armut getrieben und demoralisiert. Die Kellereien, die den Willen, das Geld und das Know-how hatten, ihre Produkte im Ausland zu vermarkten, mussten zusehen, wie der Rest der Menschheit damit beschäftigt war, sich abzuschlachten. Als das Inferno vorüber war, hatte der Wiederaufbau Europas bis in die 50er Jahre hinein Priorität.

In Rioja blieb man zwischen 1945 und 1950 indes nicht untätig. 1945 wurde ein Gesetz erlassen, das den wenigen existierenden *consejos reguladores* uneingeschränkten Rechtsstatus einräumte. Am 28. April 1947 bestätigte man den DO-Status von Rioja. Damit hatte die Zone volle Entscheidungsbefugnis über Anpflanzung, Veredelung, Schnitt und Vinifikation. Sie stellte Geld für die Förderung im Ausland zur Verfügung und überwachte die Kellereien.

Der Erfolg ließ jedoch noch auf sich warten. In den Fünfzigern galt Wein außerhalb Europas noch immer als Domäne der oberen zehntausend. Und selbst der europäische Markt war nur schwer zugänglich. Hoch im Kurs standen lediglich roter Bordeaux, Burgunder, Rhein- und Moselwein, Port und Sherry. Nach Experimenten war kaum jemandem zumute.

Mit Anbruch der 60er Jahre aber entdeckte plötzlich eine neue Generation den Rebensaft. Der iberische Massenmarkt warf Unmengen von Wein mit irreführenden Bezeichnungen wie «spanischer Burgunder» und «spanischer Chablis» auf den Markt. Damit allerdings machte man nicht gerade Werbung für spanische Namen wie Rioja. Für viele Winzer in Rioja muss die Versuchung groß gewesen sein, ihre Weine in «spanischen Bordeaux» umzubenennen – zum Glück aber blieben die meisten standhaft.

Ihre Unnachgiebigkeit zahlte sich aus. Ende der Sechziger war mit einem Mal ein unbekannter Wein im Gespräch. Gastronomen schätzten ihn als ausgezeichneten Hauswein: Er präsentierte sich kräftig, überaus fruchtig, süffig und vor allem trinkreif. Mit der EG-Erweiterung in den 70er Jahren ächtete man Bezeichnungen wie «spanischer Burgunder». Damit avancierte Rioja zum bekanntesten Wein der iberischen Halbinsel.

Und es sollte weiter aufwärts gehen. War der Marqués de Riscal der wichtigste Erneuerer des 19. Jahrhunderts gewesen, so hieß sein würdiger Nachfolger im 20. Jahrhundert Enrique Forner. Wie sein Pendant hundert Jahre früher experimentierte auch Forner mit modernen Technologien, weil er sie für die Weinbereitung in Rioja von Nutzen hielt. Als Neuerungen schwebten ihm Edelstahltanks, temperaturgeregelte Gärung und eine Reduzierung des Ausbaus in Eiche vor.

Edelstahl kam in der Weinindustrie erstmals in den 50er Jahren auf. Vor allem Australien und Südfrankreich erwiesen sich als Pioniere der neuen Kellertechnik. In Spanien führte sie die Familie Torres in den Sechzigern auf ihrem Gut in der DO Penedès ein. Enrique Forner wollte in Edelstahl Rioja-Weine für den gerade auflebenden Exportmarkt erzeugen, denn im Ausland bevorzugte man leichtere, frischere Tropfen mit mehr Frucht und weniger Eiche. Er holte sich Professor Emile Peynaud von der Universität in Bordeaux und richtete 1970 in dem Städtchen Cenicero eine nagelneue Bodega namens Union Vitivinícola ein.

Forners Ziel waren frische Weiße ohne Eichenton und Rote mit dem gesetzlich vorgeschriebenen Mindestausbau im Fass und der maximalen Reifezeit in der Flasche, um Frucht

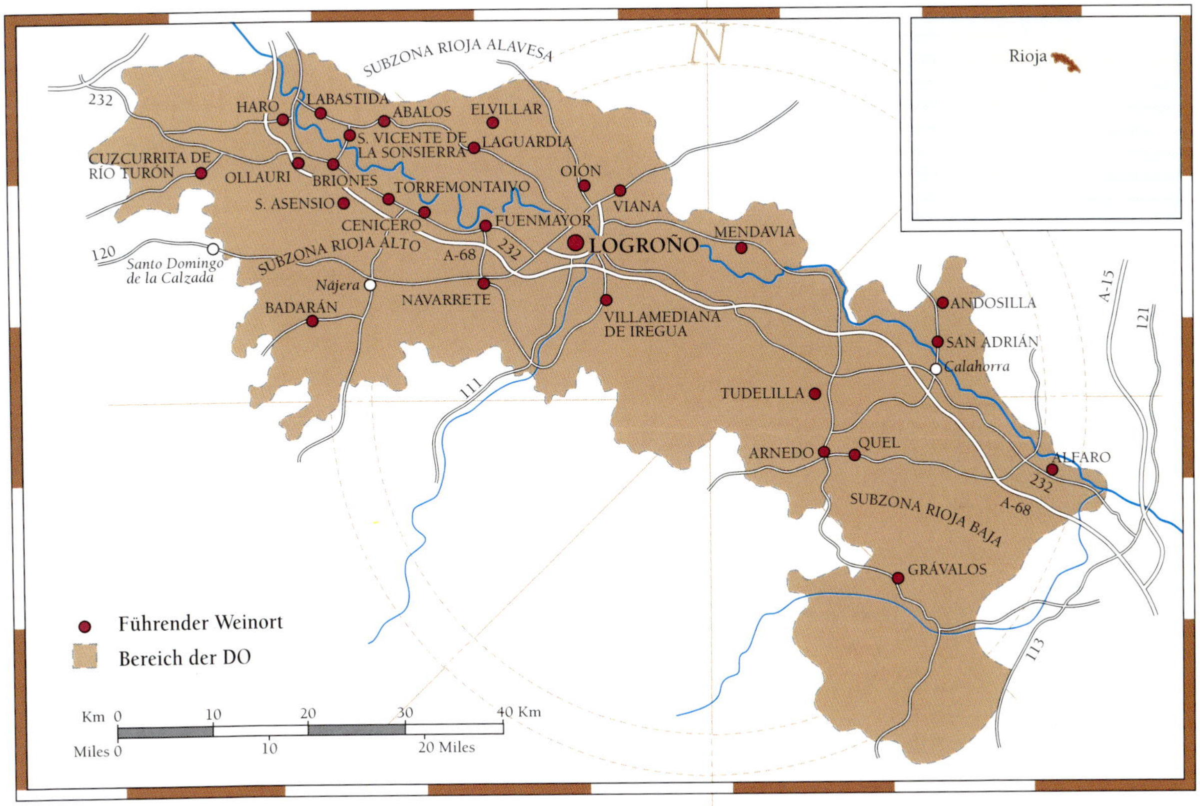

Der französische Einfluss

Rioja-Weine haben ihren Erfolg nicht zuletzt dem französischen Exportmarkt zu verdanken. Eine Mehltauepidemie und später die Reblaus vernichteten in der zweiten Hälfte des 19. Jahrhunderts praktisch den gesamten Rebenbestand in Frankreich. Als die französischen Winzer die Anbauflächen neu bepflanzten, pfropften sie Reiser auf amerikanische Unterlagen. Während sie darauf warteten, dass ihre Stöcke wieder Erträge brachten, stieg die Nachfrage nach Wein von der iberischen Halbinsel stark an. Zufälligerweise hatte einige Jahre davor eine Handvoll in der Bordelaiser Bereitungstechnik geschulter Pioniere die Weinerzeugung in Rioja auf Vordermann gebracht. Deshalb produzierte die Region nun Weine, die den französischen Tropfen stark ähnelten – und noch dazu sehr preiswert waren. Weil die Franzosen außerdem auf einem ganz bestimmten Weinstil bestanden, kristallisierte sich die klassische Eichennote heraus, die man von jedem alten Rioja erwartet. Und so gerät ein betagter Südfranzose, der noch weiß, wie ein Clairet schmeckte, bevor ihn die Önologen in die Fänge bekamen, bei einem reifen Rioja unweigerlich ins Schwärmen. Der Export florierte bis zur Jahrhundertwende, als die französischen Winzer ihre eigene Produktion wieder aufnahmen. Mittlerweile allerdings war Rioja auch in anderen Ländern in aller Munde. Der internationale Erfolg beflügelte Nachbarregionen wie Navarra und Aragonien, die seither zu zwei der innovativsten und faszinierendsten Weinbaugebiete Europas avanciert sind.

Das Dorf Samaniego in Rioja Alavesa. Hier wie auch in der Subzone Rioja Alta ist Tempranillo die wichtigste Rebsorte.

und Frische der Tempranillo zu betonen. Sein Marqués de Cáceres, benannt nach einem Freund der Familie, gehört mittlerweile nicht nur in Rioja, sondern in ganz Spanien zu den bekanntesten Weinen.

In den 90er Jahren hat sich die DO weiter gesteigert. Traditionelle Bodegas lassen ihre Produkte noch immer in Eichenfässern gären, bauen sie jahrelang in *barricas* aus, füllen sie per Hand ab, schönen sie mit Eiweiß und bringen sie voll ausgereift in den Handel. Moderne Kellereien dagegen erzeugen lebendige, frische Weiße und leichte, fruchtige rote *jóvenes* für sofortigen, ungetrübten Trinkgenuss. Und dann gibt es seit einiger Zeit noch die so genannten «postmodernen» Rioja-Weine, die mit traditionellen Bereitungsmethoden wie Fassgärung, einem Hauch Eiche für rote *jóvenes* sowie einem längeren Ausbau in der Flasche für ältere Tropfen entstehen und eine neue Generation von Weinliebhabern ansprechen.

Die DOCa

Italien führte einst die *Denominazione de Origene Controllata e Garantita* (DOCG) ein. Diese höhere Klassifizierung vergab man an Weine, die aus noch besserem Lesegut entstanden, eine beständig herausragende Qualität zeigten und einer strengeren Gütekontrolle unterworfen waren als DOC-Erzeugnisse. Als nun auch Spanien eine neue, höhere Rangstufe festlegen durfte, entschied man sich für die *Denominación de Origen Calificada* oder DOCa.

Die spanische Regierung erkannte die neue Kategorie 1988 an, doch erst am 9. April 1991 wurde sie an die Weine aus Rioja vergeben. Vorgeschrieben sind striktere Qualitäts- und Laboruntersuchungen, das Aussortieren eines größeren Traubenanteils vor dem Pressen, der Einkauf von Lesegut zu höheren Preisen und die Erzeugerabfüllung.

Es wird noch immer viel darüber diskutiert, was nun eigentlich die DOCa ausmacht. Die zuständigen Stellen suchen weiterhin nach einem würdigen zweiten Kandidaten, der der Kategorie klarere Konturen verleiht. Seit Erlangung des DOCa-Titels hat es in Rioja fraglos einen Qualitätsschub gegeben. Schlechte Weine mit dem Namen Rioja auf dem Etikett sind rar geworden, während die besten noch nie so gut waren – vor allem seit den herausragenden Jahrgängen 1994 und 1995.

Rioja-Weine entstehen nicht nur in der *autonomía* La Rioja, sondern auch nördlich des Ebro. Im Nordwesten reicht die DO in die baskische Provinz Alava (Araba) und im Osten nach Navarra hinein. Ein Gut in Rioja kann seine Trauben aus der gesamten Zone beziehen, das heißt, ein Gewächs aus Rioja Alta muss nicht unbedingt aus heimischem Lesegut gemacht sein. Ferner können auch nicht in der DO ansässige Erzeuger Rioja-Weine im Sortiment haben, wenn diese in einer Rioja-Bodega bereitet werden.

Rioja besteht aus drei Subzonen: Rioja Alavesa nördlich des Ebro in der Provinz Alava, Rioja Alta südlich des Ebro und westlich von Logroño sowie Rioja Baja östlich von Logroño. Jeder dieser Unterbereiche pflegt einen eigenen Weinstil. In Alava reift die Tempranillo mit einer dünneren Schale heran und ergibt früh trinkbare Tropfen mit herrlicher Frucht. Reine Tempranillo-Weine allerdings sind nicht besonders langlebig, deshalb brauchen sie um so mehr Ausbau, je weiter südlich man kommt.

In Rioja Alta herrscht ein etwas wärmeres Klima, weshalb Tempranillo, aber auch Mazuelo und Graciano dickere Schalen entwickeln. Die beiden letztgenannten Trauben werden in geringfügigen Anteilen für Verschnitte verwendet. Seit der Vergabe des DOCa-Status hat die Graciano ein kleines Comeback erlebt. Sie sorgt für Frische und Aroma, altert mit Würde und macht sich besonders in Kreszenzen nützlich, die zu *reservas* oder *gran reservas* ausgebaut werden sollen. Die Mazuelo stammt aus Aragonien, wo sie als Cariñena bekannt ist; sie verbessert Tanningehalt und Farbe eines Weins.

In Rioja Baja schließlich konzentriert man sich auf die Garnacha. Diese Rebsorte gedeiht in Zentral- und Ostspanien und zeigt sich besonders nach langen, heißen Reifeperioden von ihrer besten Seite. Trauben von jungen Stöcken ergeben fruchtige, aromatische, früh reife Tropfen, während die Weine aus Beeren älterer Pflanzen hervorragend altern.

Insbesondere im Baskenland fertigen einige Bodegas reinsortige Tempranillo-Weine, bauen sie kaum oder überhaupt nicht in Eiche aus und verkaufen sie bald nach der Lese. Die großen Güter zu beiden Seiten des Ebro fahren oft zweigleisig und offerieren leichte, frische, fruchtige, überwiegend aus Tempranillo gekelterte *jóvenes* und wohl überlegt zusammengestellte Verschnitte aus reiferen Trauben für längeren Ausbau. Ein typischer Mix für *crianzas* setzt sich je nach Jahrgangsqualität aus 70 Prozent Tempranillo, 20 Prozent Garnacha und jeweils fünf Prozent Graciano und Mazuelo zusammen. Zuweilen kommt außerdem die als «Versuchsrebe» eingestufte Cabernet Sauvignon zum Einsatz.

Die wichtigsten Reben für weißen Rioja sind Viura, Malvasía riojana und Garnacha blanca. Am häufigsten findet Viura Verwendung. Bei Einsatz der richtigen Hefe lassen sich mit ihr spektakuläre Erfolge erzielen. Wegen ihrer guten Säure und den kräuterwürzigen, fruchtigen Noten eignet sie sich vor allem für die Fassgärung. Langlebige Weine wie *crianzas* sowie die immer selteneren *reservas* und *gran reservas* enthalten oft fünf bis zehn Prozent der Rebsorte Malvasía, was ihnen

Fülle und Aroma verleiht. Garnacha blanca macht sich in Jahren nützlich, in denen der Säuregehalt hoch ist. Und Viura wird den Weinen in nicht ganz ausgereiftem Zustand hinzugefügt; sie sorgt mit ihrem weicheren, säurearmen Saft für die nötige Ausgewogenheit. Früher verschnitt man Rote mit einem geringen Anteil weißer Trauben, um ihnen Feuer und Brillanz zu verleihen; davon ist man heute weit gehend abgekommen.

Die Böden im Norden der DO sind lehmhaltig und bestehen oft auch aus Schwemmland, obwohl sich in Rioja Alta und Rioja Alavesa immer wieder Inseln mit eisen- und kalkhaltigem Untergrund finden. Auf den kalkigen Lehmböden reift das beste Lesegut heran, doch der eisenhaltige Lehm lässt Trauben mit metallischen Anklängen wachsen, die den Unterschied zwischen einem guten und einem großen Wein ausmachen. Ein Verschnitt der drei Rebsorten aus beiden Subzonen mit einem Schuss Garnacha von den heißen, sandigen Rebhängen in Rioja Baja kennzeichnet den «Hausstil» der Bodegas.

Bereitungsmethoden

Die Stöcke werden auf zwei Arten erzogen. Traditionell arbeitende Güter schneiden ihre Reben *en vaso,* im Gobeletsystem also, bei dem die Pflanze buschartig und ohne Stütze wächst. Im modernen Weinbau hat sich die Erziehung an Spanndrähten durchgesetzt. Sie ist auch die Voraussetzung für eine maschinelle Lese. Der eigentliche Vorteil einer Erziehung an Drähten jedoch liegt in der geringeren Anfälligkeit der Reben für Krankheiten.

Die Weinbereitung schwankt zwischen altüberliefert und ultramodern. Auf dem Land fertigen die *cosecheros* ihre Weine weiterhin im *artesanal*-Stil in alten Steinbottichen. Traditionelle Bodegas verwenden oft noch riesige Holztröge, die nach fester Überzeugung der *viñeros* eine Gärung in natürlichem Ambiente ermöglichen. Die meisten Güter allerdings sind mittlerweile umgestiegen auf wassergekühlte Glasfasertanks oder kunststoffbeschichtete Behälter mit *placas* – Rohrschlangen, die ähnlich wie ein Kühlschrank arbeiten und in die Tanks getaucht werden.

Moderne Kellereien setzen von Edelstahltanks mit eingebauten Kühlschlangen in den Wänden bis hin zur neuesten «Abtropf»-Technologie alles ein. Bei der letztgenannten Methode verteilt man die Rotweintrauben auf kleine, untertassenförmige Tanks, die *autoevacuaciones* genannt werden und am oberen und unteren Ende mit je einer Öffnung versehen sind. Dabei läuft der Saft ohne Pressen ab. Dann hievt man die «Untertasse» mit einem Kran nach oben und leert die Maische in die Presse. Auf diese Weise wird der Vorlaufmost nie gepumpt oder grob behandelt.

Der Eingang zum Remelluri-Gut in Rioja Alta. In guten Jahren gehören die hier gekelterten Kreszenzen zu den besten Weinen der gesamten Subzone.

Die Palette der Rioja-Weine reicht von modernen, im Fass vergorenen Weißen mit Gewürz- und Eichenanklängen bis hin zu ehrwürdigen roten *gran reservas* mit dunkler, rosinenartiger Frucht, Tiefe und erstaunlicher Komplexität. Im Allgemeinen geben die Basken (Rioja Alavesa) leichten, fruchtigen und vorwiegend aus Tempranillo gefertigten Roten den Vorzug, während die *Riojanos* eine Vorliebe für die feste Reife traditioneller Verschnitte haben und die *Navarros* warme, reife, volle Garnacha-Weine mögen. Alle aber haben eines gemeinsam: Sie sind klassische Riojas.

Das Rathaus von Pamplona in der *autonomía* Navarra. Die im Süden der Region erzeugten Weine tragen die Herkunftsbezeichnung DOCa Rioja.

Ganz rechts: Vor dem Gut López de Heredia wurden Lesekörbe zum Trocknen aufgestellt. Hier schreibt man Tradition noch groß. Die Weine der Bodega sind nichts für zarte Gemüter.

Wichtige Erzeuger

In Rioja gibt es 250 Bodegas. Die Weine der unten aufgelisteten Güter sind von besserer Qualität als der ohnehin gute Standard, den jede Kellerei der Region anstrebt. Alt = Rioja Alta; Alv = Rioja Alavesa; BjR = Rioja Baja (La Rioja); BjN = Rioja Baja (Navarra); Log = Logroño (La Rioja); Ver = Vertragswinzer.

AGE, Fuenmayor (Alt). *Gegründet 1967.* Ein Zusammenschluss aus drei Firmen. AGE erzeugt 15 000 hl Wein aus eigenem und zugekauftem Lesegut. Berühmtester Wein der Bodega ist der Siglo Saco *(crianza/gran reserva),* der in einer ungewöhnlichen Jutesackverpackung auf den Markt kommt. *Bester Wein:* der vortreffliche Marqués de Romeral *gran reserva.*

Alavesas, Laguardia (Alv). *Gegründet 1972.* Alavesas fertigt einen sehr guten, typischen Baskentrunk unter dem Markennamen Solar de Samaniego. *Beste Weine:* die jüngeren Erzeugnisse.

Alejos, Agoncillo (Alt). *Gegründet 1988.* Die Bodega keltert aus Trauben von den 20 ha eigener Anbaufläche und aus zugekauftem Lesegut insgesamt 10 000 hl Wein unter dem Namen Alabanza. *Bester Wein:* die *crianza*.

Almenar, Madrid (Ver). Teil der gigantischen Gruppe Bodegas y Bebidas (siehe auch Campo Viejo, Marqués del Puerto u. a.). Das Gut erzeugt *jóvenes* und *crianzas*; Letztere geraten etwas besser.

Amézola de la Mora, Torremontalvo (Alt). *Gegründet 1986.* Eine erstklassige kleine Bodega mit 100 ha Rebfläche und 2000 hl Jahresproduktion. Unter den Markennamen Viña Amézola *(crianza)* und Señorío Amézola *(reserva)* entstehen hier ausschließlich herausragende Rote.

Araco, Laguardia (Alv). *Gegründet 1986.* 200 ha Anbaufläche. Araco produziert gute Tropfen in allen drei Farben. Sie kommen vorwiegend als *jóvenes* unter der Bezeichnung Señorío de Araco auf den Markt.

Barón de Ley, Mendavia (BjN). Das Gut gehört zu der Handvoll Bodegas in Rioja, die nur Trauben aus eigenen Weinbergen – 90 ha mit Tempranillo und etwas Cabernet Sauvignon – verwenden. Barón de Ley gilt als führende Kellerei in Rioja Baja. Nach mehreren durchwachsenen Jahrgängen Mitte der 80er feierte sie 1989 ein Comeback. Die meisten Weine sind reinsortige Tempranillo.

Berberana, Cenicero (Alt). *Gegründet 1877.* 130 ha Anbaufläche. Kaum eine andere Bodega in Rioja Alta hält so konstant ihre Qualität. Berberana gehört zu dem Konsortium, das auch Rioja-Weine für den Marqués de Griñón erzeugt. Die Angebotspalette umfasst Weiße, Rote bis *gran-reserva*-Niveau und *rosados*. *Beste Weine:* die *crianzas* und *reservas*.

Berceo, Haro (Alt). *Gegründet 1872.* Berceo hat ein Förderband für den Transport von Presskörben installiert. Unter den ausgezeichneten, traditionell erzeugten Weinen findet sich ein Gonzalo de Berceo *gran reserva*.

Beronia, Ollauri (Alt). *Gegründet 1973.* Die moderne Bodega mit traditioneller Ausrichtung gehört zu González Byass. Sie keltert gute rote *crianzas* und *reservas* sowie einen tadellosen weißen *joven*.

Bilbainas, Haro (Alt). *Gegründet 1901.* Ausgezeichnete traditionelle Rote in allen Macharten bis *gran reserva* und die selteneren Süßweine Viña Pacete und Brillante *dulce* verlassen diese Bodega. Ebenfalls im Angebot: Rioja-Brandy und Cava. *Beste Weine:* die klassischen Viña Pomal und Viña Zaco *gran reserva*.

Bretón, Logroño (Log). Eine große, qualitätsorientierte Bodega mit über 100 ha Rebfläche, darunter die Einzellagen Loriñón (40 ha) und Dominio de Conte (22 ha). *Beste Weine:* der Loriñón *crianza* und im Fass vergorene Weiße (alle reinsortige Viura). Die Roten geraten ausgezeichnet bis außergewöhnlich.

Campillo, Laguardia (Alv). *Gegründet 1990.* Campillo bewirtschaftet 35 ha ausschließlich mit Tempranillo bestockter Anbaufläche. Die Kellerei kauft aber auch Trauben wie Cabernet Sauvignon zu. *Beste Weine:* Alle Erzeugnisse können sich sehen lassen, vor allem die roten *crianzas* und *reservas,* die meist aus 100% Tempranillo gekeltert werden. Sehr gut auch die im Fass vergorenen Weißen (100% Viura) sowie eine herausragende *reserva especial* aus 60% Tempranillo und 40% Cabernet Sauvignon.

Campo Burgo, Alfaro (BjR). *Gegründet 1898.* Das Gut erzeugt 4000 hl jährlich und nennt 35 ha Weinberge sein Eigen, zusätzlich werden Trauben hinzugekauft. *Beste Weine:* die gute rote *crianza* und ein Garnacha *rosado*.

Campo Viejo, Logroño (Log). *Gegründet 1963.* Das Rioja-Flaggschiff des Imperiums Bodegas y Bebidas. Die Kellerei bewirtschaftet über 500 ha Anbaufläche. Ihre Angebotspalette umfasst Weine der Marke Albor (weiße und rote *jóvenes*), Campo Viejo (weiße *jóvenes* und Rote in allen Ausführungen bis *gran reserva*) sowie die Selección José Bezares. *Beste Weine:* die vorzügliche Linie Viña Alcorta mit einem im Fass vergorenen Weißen und einer roten *crianza* aus 100% Tempranillo sowie der Marqués de Villamagna *gran reserva*.

Carlos Serres, Haro (Alt). *Gegründet 1896.* Diese Bodega fertigt eine ansehnliche Palette von Weinen in traditioneller Manier. Ältere Erzeugnisse wie die *gran reserva* sind im Allgemeinen vorzuziehen. *Bester Wein:* der Onomástica *reserva*.

Casado Morales, Labarca (Alv). *Gegründet 1983.* Ein kleines Gut mit 25 ha Fläche, das sich an die traditionelle Verschnittformel hält und gute Rote sowie *rosados* erzeugt.

Contino, Laguardia (Alv). *Gegründet 1974.* Die Kellerei befindet sich in einem Herrenhaus aus dem 17. Jahrhundert. Sie verarbeitet ausschließlich eigenes Lesegut von 45 ha Anbaufläche. José Madrazo führt den Betrieb, Miteigentümer ist CVNE (siehe S. 79). Erzeugt werden 2000 hl *reserva* jährlich – tadellose Kreszenzen, die üblicherweise zu 85% aus Tempranillo bestehen.

Corral, Navarrete (Alt). *Gegründet 1898.* Ein Familienunternehmen mit 40 ha Fläche, das Trauben zukauft und auf einen Jahresausstoß von 7000 hl kommt. Unter dem Markennamen Don Jacobo bringt es gute, klassische Rioja heraus: einen frischen weißen *joven* (100% Viura) sowie sehr gute *crianzas* und *reservas* aus 80–85 % Tempranillo.

Cosecheros Alaveses, Laguardia (Alv). *Gegründet 1985.* Die Genossenschaft wurde 1992 in ein privates Unternehmen umgewandelt. Ihre Produktion beläuft sich auf rund 4000 hl. Hauptmarke ist der Viña Artadi: Die weiße Ausführung (100 % Viura) gerät sehr gut, wird aber vom *rosado* (100 % Garnacha) und den roten *jóvenes* (85 % Tempranillo) noch übertroffen. Auch die *crianzas* und *reservas* – sie kommen unter der Bezeichnung Artadi-Pagos Viejos und Viñas de Gain auf den Markt – machen sich tadellos. *Bester Wein:* der rote *joven*.

El Coto, Oyon (Alv). *Gegründet 1970.* In der modernen Bodega werden vorwiegend Tempranillo-Weine produziert. Etwa die Hälfte des Leseguts stammt von den 150 ha firmeneigener Fläche. Die Basisweine werden unter dem Markennamen El Coto verkauft und sind ordentlich gemacht. *Reservas* und ältere Weine kommen als Coto de Imaz in Umlauf.

CVNE, Haro (Alt). *Gegründet 1879.* Abkürzung für *Compañía Vinícola del Norte de España*. Die CVNE – ausgesprochen wie «Cune» – ist zu 100 % im Besitz der Gründerfamilie Real de Asúa und gehört zu den Spitzengütern im modernen Rioja. 1989 wurde viel Geld in eine neue Kellerei investiert. So installierte man ein Karussell mit *autoevacuaciones*. Angeboten werden unter anderem zwei Linien: Viña Real und Imperial. CVNE erzeugt Riojas aller Ausführungen im Alavesa- und Alta-Stil. Sie gehören zu den besten Gewächsen Spaniens.

David Moreno, Badaran (Alt). *Gegründet 1981.* Eine moderne Bodega, die zirka 7000 hl aus gekauften Trauben keltert. Man bekommt von ihr gute, preiswerte *jóvenes* in Weiß, Rosé und Rot sowie rote *crianzas,* aus denen gelegentlich ein spektakulärer Jahrgang herausragt.

Domecq, Villamediana (Alt). *Gegründet 1973.* Die Bodega bewirtschaftet 350 ha Rebfläche und erzeugt 50 000 hl. *Bester Wein:* der formidable Marqués de Arienzo aus 95–100 % Tempranillo und einem kleinen Anteil Graciano und Mazuelo, der in verschiedenen Ausführungen von *crianza* bis *gran reserva* angeboten wird.

Escudero, Gravalos (BjR). *Gegründet 1852.* Erzeugt gute bis sehr gute Rote wie den Becquer Primicia (100 % Garnacha) oder den Solar de Becquer *crianza* aus Tempranillo, Garnacha und Mazuelo.

Estraunza, Labarca (Alv). *Gegründet 1988.* Kauft vorgefertigte Weine ein und baut sie aus. *Beste Weine:* der respektable Solar de Estranza *crianza* und *reserva*.

Faustino Martínez, Oyon (Alv). *Gegründet 1860.* Erzeuger der berühmten Faustino-Weine, die in Mattglasflaschen und mit kunstvollem Etikett auf den Markt kommen. Hauptlinie ist der Faustino V mit sehr guten Weißen und *rosados* beziehungsweise eine brillante rote *reserva* aus 85 % Tempranillo sowie etwas Graciano und Mazuelo. Nicht minder vorzüglich: der Faustino Martínez *blanco crianza,* der aus 100 % Viura gefertigt wird und 6 Monate in Eiche ruht. *Bester Wein:* der Faustino I *gran reserva*.

Federico Paternina, Haro (Alt). *Gegründet 1898.* Eine der größten Bodegas in Rioja mit einer Jahresproduktion von 75 000 hl. Ihr Erfolg gründet sich auf eine strikte Qualitätskontrolle bei den Basislinien Banda Dorada, Banda Azul und Banda Oro (Weiße, *rosados* sowie rote *jóvenes* bzw. *crianzas*), aber auch den länger ausgebauten Viña Vial *reserva* sowie Federico Paternina *reserva* und *gran reserva*. *Bester Wein:* der rote Conde de los Andes *gran reserva* (95–100 % Tempranillo und gegebenenfalls etwas Mazuelo).

Florentino de Lecanda, Haro (Alt). *Gegründet 1965.* Bekannt für feine *reservas* aus 90–100 % Tempranillo.

Franco-Españolas, Logroño (Log). *Gegründet 1890.* Franco-Españolas bewirtschaftet 100 ha Rebhänge und kauft Trauben ein, um auf einen Ausstoß von rund 30 000 hl zu kommen. Zu den guten Weißen zählen der Viña Soledad *joven* und *crianza* (100 % Viura) sowie ein ausschließlich in besseren Jahren erscheinender Viña Soledad Tête de Cuvée *gran reserva* (60 % Viura/30 % Malvasía, 10 % Garnacha). Wichtigste Rote: Rioja Bordón *crianza* und *gran reserva*. *Beste Weine:* der Excelsio, der nur in außergewöhnlichen Jahrgängen erscheint.

Grandes Vinos, Madrid (Con). Das Unternehmen lässt in der DO Rueda einen Weißen für sich fertigen. Der Meridiano ist ein superber reinsortiger Tempranillo *crianza*.

Granja Nuestra Señora de Remelluri, Labastida (Alv). *Gegründet 1967.* Die Bodega kauert am Fuß der Felsenhänge in der Sierra de Toloño. Sie setzt riesige Eichenbottiche ebenso ein wie moderne Edelstahlausrüstung. Die Jahresproduktion liegt bei etwa 2500 hl *reservas,* die in der Regel zwei Jahre in Eiche liegen und als Remelluri verkauft werden. Schon in normalen Jahren geraten die Weine grandios – in guten gehören sie zu den besten Kreszenzen von Rioja Alavesa.

Herencia Lasanta, Laguardia (Alv). *Gegründet 1935.* Hier entstehen nach der üblichen Verschnittformel sehr gute Rote in den Ausführungen *joven* bis *reserva*.

Jesús y Félix Puelles, Abalos (BjR). Ein kleines Familiengut mit 100 hl Ausstoß und 20 ha vorwiegend mit Tempranillo bestockter Fläche. Der Markenname ist Torrescudo. *Beste Weine:* die *crianzas* und *reservas*.

Lagunilla, Fuenmayor (Alt). *Gegründet 1885.* Im Besitz des Sherry-Unternehmens Croft, das unter dem Lagunilla-Etikett gute *crianzas* und *gran reservas* – vorwiegend aus Tempranillo – sowie einen Viña Herminia *reserva* auf den Markt bringt.

LAN, Fuenmayor (Alt). *Gegründet 1973.* Die Abkürzung setzt sich aus den drei Rioja-Provinzen zusammen: Logroño/La Rioja, Alava und Navarra. LAN keltert 15 000 hl Rote und Weiße. *Beste Weine:* die roten *crianzas* und *reservas*.

López de Heredia, Haro (Alt). *Gegründet 1877.* Die Auslese der Trauben und die Weinbereitung erfolgen hier noch per Hand. Die Weißen, *rosados* und Roten bleiben weit länger im Holz als heute üblich und bieten angeblich über ein halbes Jahrhundert lang überragenden Trinkgenuss. Viele halten den *rosado crianza* von López de Heredia für den klassischen Rioja-Rosé. Der weiße Viña Gravonia gibt sich frisch und gleichzeitig

köstlich reif. *Beste Weine:* Vorzeigetropfen des Gutes sind die Roten. Der Viña Bosconia ist ein klassischer Rioja *(crianza/gran reserva),* während der Viña Cubillo leichter daherkommt. Keiner hat mehr Alterungspotenzial als der Viña Tondonia: Große *gran reservas* aus den 60ern zeigen noch keine Spur von Schwäche.

Luís Angel Casado Manzanos, Labarca (Alv). *Gegründet 1990.* Ein 15 ha großer Familienbetrieb, der 500 hl Weiße, *rosados* und Rote erzeugt; die Roten reichen bis *reserva*-Niveau. Die Weine tragen den Namen Jilaba. *Beste Weine:* die jüngeren Roten.

Luís Cañas, Villabuena (Alt). *Gegründet 1928.* Ein Gut mit 24 ha Rebfläche, das erst 1970 in einen Vollerwerbsbetrieb umgewandelt wurde. Unter dem Namen des Hauses kommen gute Weiße und *rosados* sowie Rote auf den Markt. *Beste Weine:* die jüngeren Roten.

Luís Casado Fuertes, Labarca (Alv). *Gegründet 1969.* Der Ausstoß liegt bei 3000 hl, die Weine stehen unter dem Markennamen Jaún de Alzate in den Regalen. Grundstoffe guter Qualität werden zu *crianzas, reservas* und *gran reservas* ausgebaut. *Beste Weine:* die am längsten gereiften Exemplare großer Jahrgänge.

Luís Gurpegui Muga, San Adrián (BjN). *Gegründet 1872.* Unter der Marke Viñadrián werden hier gute Riojas in den

Das Neueste vom Neuen: Bei CVNE werden hypermoderne *autoevacuaciones* in Förderanlagen eingesetzt.

Farben Weiß, Rosa und Rot gekeltert. *Beste Weine:* der reinsortige weiße Viura. Beachtlich auch der *rosado* (60 % Garnacha) und ein Roter (60 % Tempranillo/40 % Garnacha), beide in *joven*-Ausführung.

Marqués de Cáceres, Cenicero (Alt). *Gegründet 1970.* Diese Bodega prägte als Unión Vitivinícola das Gesicht der heutigen Weinlandschaft Rioja. Aus traditionellen Verschnitten entstehen lebendige, frische, fruchtige und minimal in Eiche ausgebaute Weiße, *rosados* und Rote. In den letzten Jahren schwenkte das Unternehmen auf «postmoderne» Erzeugnisse wie den köstlichen weißen Antea *crianza* aus 90 % Viura und 10 % Malvasía sowie eine vortreffliche *gran reserva* um.

Marqués de Griñón, Ollauri (Alt). Carlos Falcó, der Marqués de Griñón, arbeitet nach einem einfachen Prinzip: Wenn der Familienname auf der Flasche steht, muss der Inhalt dieses Titels auch würdig sein. In einem Jointventure mit Lagunilla und Berberana werden die besten Tempranillo-Trauben heute separat unter dem Markennamen Griñón vinifiziert. Man beschränkt sich auf moderne, vollfruchtige Rote von *joven* bis *reserva especial*. Sie sind beispielgebend.

Marqués de Murrieta, Logroño (Alt). *Gegründet 1872.* Das zweitälteste Gut der modernen Rioja-Ära nach der Bodega von Riscal und wie sie ein Pionierbetrieb, der den Bordeaux-Stil in der Region populär machte. Es wird seit 1983 von der Familie Cebrian, den Condes de Creixell, geführt, die die Rebfläche erweiterte, um das Gut zum Selbstversorger zu machen. Heute steht der Kellerei von alten Eichenbottichen bis hin zu Edelstahl jede Weinbereitungsausrüstung zur Verfügung. Ihre Erzeugnisse gehören zu den traditionellsten in ganz Rioja. Der weiße Dorado de Murrieta *reserva* (91 % Viura/6 % Malvasía/3 % Garnacha blanca) reift 40 Monate in Eiche, die rote *reserva* (75 % Tempranillo) bleibt unter Umständen noch länger im Fass. *Beste Weine:* der Castillo de Ygay in roter und weißer Ausfertigung.

Marqués del Puerto, Fuenmayor (Alt). *Gegründet 1988.* Die hochmoderne Bodega erzeugt sehr gute im Fass vergorene Weiße (100 % Viura) und Rote aller Ausbaustufen bis *gran reserva* (85 % Tempranillo).

Marqués de Riscal, Elciego (Alv). *Gegründet 1860.* Ein Pionier des modernen Rioja. Als neueste Ausrüstung hat sich das Haus eine Sortieranlage angeschafft, in der die Trauben auf einem Förderband einzeln von Hand geprüft werden. Ansonsten präsentiert sich die Weinbereitung erfrischend altmodisch. Die traditionellen Roten bestehen zu mindestens 90 % aus Tempranillo, obwohl man in feuchteren Jahren die Erträge von Cabernet-Sauvignon-Rebflächen nutzt, um die *reservas* und *gran reservas* aufzupolieren. *Bester Wein:* der grandiose Barón de Chirel (35 % Graciano/25 % Tempranillo/40 % «andere Rebsorten»), der 28 Monate in Eiche ausgebaut wird.

Martínez Bujanda, Oyon (Alv). *Gegründet 1889.* Die zwischen 1988 und 1996 auf den neuesten Stand der Technik gebrachte Bodega mit 300 ha Anbaufläche gehört zu den erfolgreichsten Gütern in Rioja Alavesa. Die Hauptmarke Conde de Valdemar umfasst einen hervorragenden im Fass vergorenen, 7 Monate an der Hefe liegenden Weißen (100 % Viura) und Rote jeder Ausbaustufe. Die traditionellsten Erzeugnisse sind der kaum auftreibende Conde de Valdemar Centenario und der Martínez Bujanda Vendimia Especial. *Beste Weine:* die *crianzas* und der reinsortige Garnacha *reserva*.

Martínez Lacuesta, Haro (Alt). *Gegründet 1895.* Dieses Familienunternehmen bereitet 8000 hl Weiße, *rosados* und Rote. Die Hauptmarke ist Campeador. *Beste Weine:* der Martínez Lacuesta (*crianza* bis *gran reserva*).

Montecillo, Fuenmayor (Alt). *Gegründet 1988.* Das Unternehmen stößt jährlich 20 000 hl Rote, Weiße und *rosados* aus. Sie kommen als Montecillo, Viña Monty und Viña Cumbrero auf den Markt. Alle Produkte sind gut bis ausgezeichnet. *Beste Weine:* Viña Monty und Viña Cumbrero *(crianza* bis *gran reserva)*.

Muerza, San Adrián (BjN). *Gegründet 1882.* Besitzer dieses Gutes ist Príncipe de Viana in der DO Navarra. *Beste Weine:* der jüngere rote Rioja Vega (85 % Tempranillo).

Muga, Haro (Alt). *Gegründet 1932.* Eine gesetzte Bodega, die sich auf ihre alten Tage mit dem atemberaubenden weißen Verschnitt aus 90 % Viura und 10 % Malvasía zu neuen Höhen aufgeschwungen hat. Erzeugt werden etwa 4000 hl jährlich. Trotz der Weißen aber kennt man sie vor allem wegen ihrer in Eiche ausgebauten *crianzas* und *gran reservas,* die vorwiegend Tempranillo enthalten. *Bester Wein:* der Prado Enea.

Olarra, Logroño (Log). *Gegründet 1973.* 50 000 hl in den drei Farben Weiß, Rot und Rosé fließen aus dieser Bodega alljährlich auf den Markt. Wichtigste Marken: Añares (Weiße, *rosados* und Rote bis zur *reserva*-Stufe). *Beste Weine:* die roten Cerro Añón *reserva* und *gran reserva*.

Palacio, Laguardia (Alv). *Gegründet 1894.* Cosme Palacio, ehemals Kellermeister bei Vega Sicilia (siehe Seite 54), gründete einst diese Bodega. Sie bewirtschaftet nur eine kleine Anbaufläche und kauft das Gros der Trauben zu. Am besten geraten heutzutage die Roten und Weißen, die je nach Jahrgang zu *crianzas* ausgebaut werden. *Beste Weine:* der Gloriosa *reserva* und *gran reserva,* der meist zu 100 % aus Tempranillo entsteht; im Übrigen sind alle Weine hervorragend.

La Plana, Andosilla (BjN). *Gegründet 1980.* Das Gut besitzt 70 ha Anbaufläche und kauft Trauben aus Rioja Alta zu. *Beste Weine:* in der Regel die unter dem Namen Dominio de la Plana erscheinenden Roten ab *crianza*-Niveau.

Primicia, Laguardia (Alv). *Gegründet 1985.* Eine kleine Bodega mit 25 ha Rebfläche, die vor allem für ihre tadellosen Roten (90–100 % Tempranillo) bekannt ist. *Bester Wein:* der Viña Diezmo *reserva*.

Ramón Bilbao, Haro (Alt). *Gegründet 1924.* Das Familienunternehmen bringt gute rote *crianzas* und *reservas* aus mindestens 85 % Tempranillo heraus. *Bester Wein:* der ausgezeichnete reinsortige Tempranillo namens Viña Turzaballa *gran reserva*.

Real Divisa, Abalos (Alt). *Gegründet 1969.* Eine kleine Bodega mit 40 ha Rebfläche und einer Jahresproduktion von 1800 hl, die konstant gute Weine keltert. Markenname: Marqués de Legarda *crianza* bis *gran reserva*.

La Rioja Alta, Haro (Alt). *Gegründet 1890.* Ein Betrieb in Familienbesitz, der 300 ha Rebfläche bewirtschaftet. Das Gut hält die alte riojanische Weinmachertradition hoch und geht gleichzeitig technisch mit der Zeit. Ihre besten Weine werden noch immer von Hand abgefüllt und mit Eiweiß geschönt. Sie erzielen allerhöchste Preise. Als jüngste *crianza* kommt der Viña Alberdi in den Handel, ein guter bis sehr guter Roter aus 75 % Tempranillo. Der Viña Arana ist eine *reserva* mit ausgezeichneter Frucht und Lagerfähigkeit. Er stammt aus einem anderen Weinberg als die *reserva* Viña Ardanza mit ihrer würzigen, samtigen Fülle, die ebenfalls Jahre altern kann. *Beste Weine:* der Reserva 890 und der Reserva 904.

Riojanas, Cenicero (Alt). *Gegründet 1890.* Dieses Gut gehört noch immer den Gründerfamilien und vergärt einen Teil der Trauben weiterhin in alten Eichenbottichen. Etwa die Hälfte des jährlichen Ausstoßes von 18 000 hl stammt aus den 200 ha hauseigener Weinberge. Im Sortiment finden sich sehr gute bis ausgezeichnete Weine, allen voran der Monte Real *gran reserva*.

San Roque Cooperativa, Alcanadre (BjR). *Gegründet 1957.* Die beste Genossenschaft in Rioja. Ihre Mitglieder bewirtschaften 600 ha Rebfläche, die Jahresproduktion liegt bei 20 000 hl. Das Unternehmen bringt seine Weine unter dem Namen Aradón auf den Markt. Die weißen und roten *jóvenes* geraten durchweg gut – gelegentlich sogar großartig.

Sierra Cantabria, San Vicente de la Sonsierra (Alt). *Gegründet 1957.* Die Bodega füllt jährlich 7500 hl Wein ab; das Gros kommt als Sierra Cantabria in den Handel. Der weiße *joven* (90 % Viura/10 % Malvasía) und der *rosado* (80 % Tempranillo/20 % Viura) sind gut gemachte, moderne Rioja. Die Roten baut man bis zur *gran-reserva*-Stufe aus. *Beste Weine:* der Sierra Cantabria *crianza* und der Murmurón *joven,* beides Rote.

SMS, Villanueva (Alv). *Gegründet 1880.* SMS vergärt die Weine noch immer teilweise in Eichenbottichen. Die Trauben stammen aus den hauseigenen 60 ha Weinbergen sowie von örtlichen Winzern – ingesamt kommt man pro Saison auf 2000 hl. Die Erzeugnisse erscheinen unter der Bezeichnung Valserrano. *Beste Weine:* der weiße *joven* (Viura) und die rote *gran reserva* (überwiegend Tempranillo).

Torre de Oña, Laguardia (Alv). *Gegründet 1988.* Eine kleine Bodega, die 1500 hl eines einzigen Weins herstellt – des ausgezeichneten roten Barón de Oña *reserva* aus 90 % Tempranillo und 10 % Mazuelo.

Torres Librada, Alfaro (BjR). *Gegründet 1987.* Ein Familienbetrieb mit 20 ha Anbaufläche. Man erzeugt hier ausschließlich Rote, die zum Großteil aus Tempranillo gekeltert werden. Markenname der Weine: Torrescudo. Die Tropfen gelangen vorwiegend als *crianzas* und *reservas* in den Handel und geraten gut bis ausgezeichnet.

Ugarte, Páganos-Laguardia (Alv). Eine moderne, 100 ha große Bodega in Familienbesitz, die unter den Markennamen Dominio de Ugarte *(crianza* bis *reserva)* und Cédula Real *(gran reserva)* gute bis vorzügliche Weine verkauft.

Viña Ijalba, Logroño (Log). *Gegründet 1975.* Die Bodega mit 100 ha Anbaufläche verkauft ihre Weine in auffallenden Flaschen mit ungewöhnlichem Etikett. Der feine weiße Genolí und ein sehr guter *rosado* namens Aloque zählen unter den Rioja-Weinen der neuen Generation zur Spitzengruppe. *Beste Weine:* die unter dem Namen des Hauses erscheinenden Roten, insbesondere die *reserva,* ein reinsortiger Graciano.

Viña Salceda, Elciego (Alv). *Gegründet 1973.* Ein reiner Rotweinproduzent, dessen Palette von *crianza* bis *gran reserva* reicht. Alle Erzeugnisse sind 95%ige Tempranillo. Die guten bis ausgezeichneten *crianzas* und *reservas* tragen den Namen des Hauses. *Bester Wein:* Conde de Salceda *gran reserva*.

Viña Valoria, Logroño (Log). *Gegründet 1989.* Bringt rund 3000 hl sehr guter weißer *crianzas* (100 % Viura) heraus. Die in allen Ausführungen gefertigten Roten bestehen meist zu 70 % aus Tempranillo sowie einem Quäntchen Mazuelo und Graciano.

Viña Villabuena, Villabuena (Alv). *Gegründet 1987.* Die Bodega keltert einen exzellenten roten Viña Izadi aus mindestens 90 % Tempranillo. Ihre Jahresproduktion beläuft sich auf rund 6000 hl. *Beste Weine:* die *crianzas* und *reservas*.

Viñedos Solabal, Abalos (Alt). *Gegründet 1989.* 75 ha Anbaufläche. Unter den Markennamen Solabal und Muñarrate werden 3500 hl Wein veräußert. Die größtenteils aus Tempranillo bestehenden Tropfen sind von guter, solider Machart.

Das Gut López de Heredia in Haro, Mekka aller Anhänger kompromisslos traditioneller Rioja-Weine.

Navarra: per Freibrief spanisch

In der spanischen Verfassung nimmt Navarra eine Sonderstellung als *comunidad foral*, «Gemeinde mit Freibrief», ein. Die entsprechende Charta, *fuero* genannt, wurde bereits 1512 von König Ferdinand unterzeichnet. In ihr garantierte der Regent dem Volk von Navarra gewisse Rechte und Freiheiten als Gegenleistung für seine Treue.

Schon 905 wurde Navarra Königtum. Sancho der Ältere (1005–1035) fügte die Region mit Kastilien zu einem Reich zusammen, das sich von León im Westen bis Barcelona im Osten erstreckte. Trotzdem schlug dieser frühe Versuch, ein vereintes Spanien zu errichten, fehl: Als Sancho starb, entbrannte unter seinen Erben ein erbitterter Machtkampf. Sowohl Aragonien als auch Kastilien erhoben Anspruch auf Navarra, bis 1234 Thibaut I., der Graf von Champagne, die Region beerbte. Danach wurde das Gebiet von mehreren französischen Herrscherlinien mit höchst unterschiedlichem Erfolg verwaltet.

Ein geteiltes Reich

Als letzte französische Dynastie regierte ab 1484 das Haus Albret in Pamplona, bis der Großherzog von Alba den südlichen Teil Navarras für König Ferdinand II. von Aragonien in Besitz nahm. Der Landstrich nördlich der Pyrenäen wurde als Basse-Navarre mit der Hauptstadt St-Jean-Pied-de-Port Frankreich angegliedert. Entsprechend betitelten sich die französischen Könige *Roi de France et Navarre*, «König von Frankreich und Navarra». Erst Ludwig XVI. verzichtete 1791 auf den Titel und nannte sich *Roi des Français*. Als Teil des verein-

Das malerische Gut Señorio de Sarria in Puenta la Reina. Etwa 120 der insgesamt 1500 Hektar Gutsbesitz sind mit Rebstöcken bepflanzt.

ten Spaniens durchlebte der südliche Teil unterdessen eine weniger turbulente Phase.

Die ersten Bewohner Navarras waren die Basken, deren Einflüsse in der Region noch heute deutlich zu spüren sind. Navarra gibt sich zwar in vielerlei Hinsicht fast noch kastilischer als Kastilien selbst, doch hat sich der Unabhängigkeitswille des eigensinnigen Pyrenäenvolks erhalten: Baskische Ortsnamen gelten hier gleichberechtigt neben ihren kastilischen Pendants und auch in der Küche sind die Ursprünge unverkennbar.

Heute präsentiert sich Navarra als florierende, landschaftlich reizvolle Region voller Leben. Sie ist vor allem wegen des berühmten Stierkampffestivals San Fermín bekannt, das alljährlich vom 6. bis 14. Juli stattfindet – Ernest Hemingway setzte ihm in einem seiner Romane ein Denkmal. Jeden Morgen werden Bullen durch die Gassen von Pamplona zur Arena getrieben. Vor ihnen laufen zahlreiche Möchtegern-toreros her, die ihren Mut und ihre Wendigkeit beweisen, vor allem aber ihre Freundinnen beeindrucken wollen. Auch andere Städte der Region kennen ähnliche Feste.

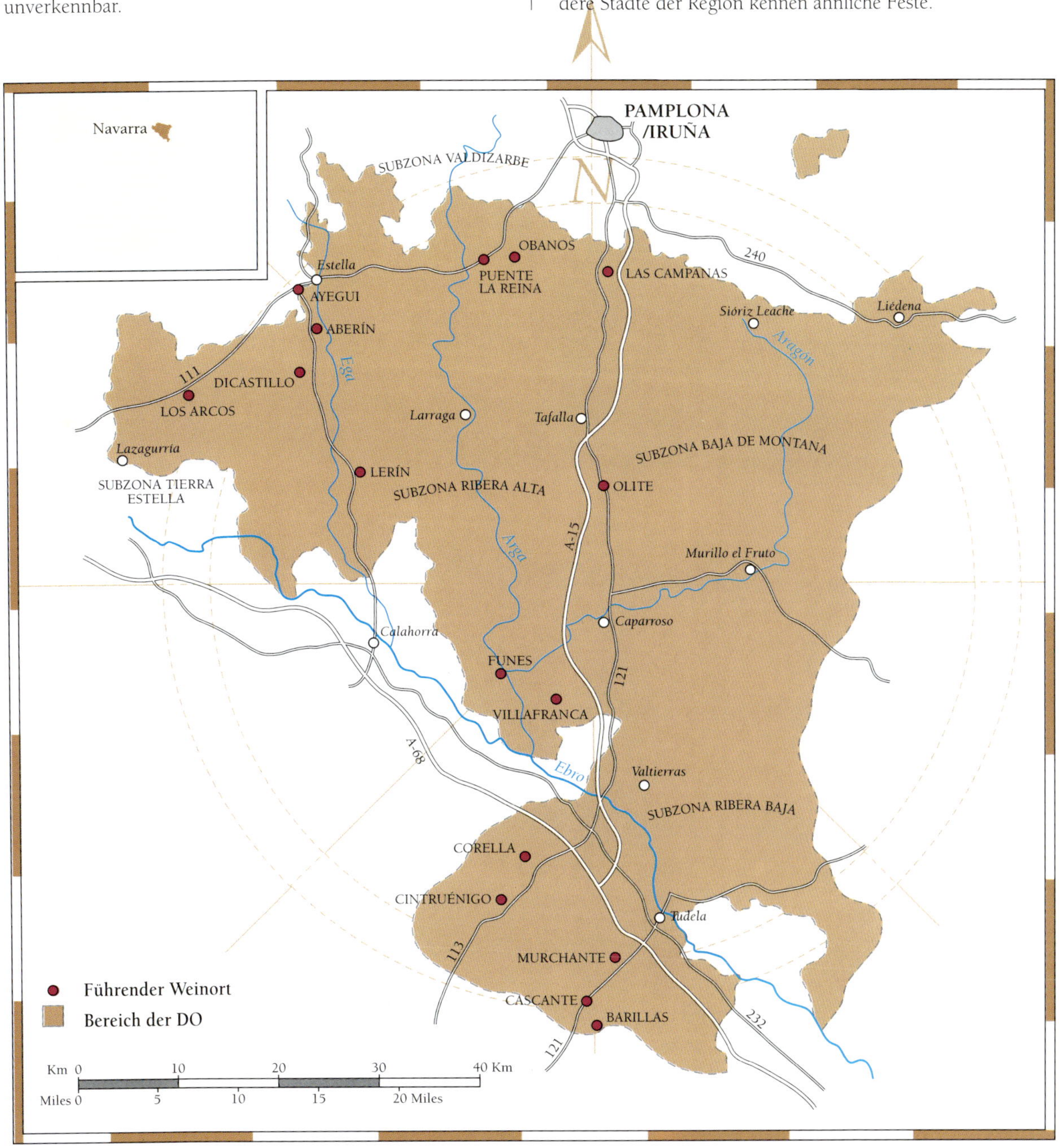

Regionale Köstlichkeiten

Navarra und Pamplona geben sich so weltoffen wie das übrige Nordspanien. Um die Küche der Region zu verstehen, muss man sich auf dem Lande umsehen. Das Klima hier eignet sich vor allem für Gemüse, auf den Hochlandwiesen weiden aber auch Lämmer. Der baskische Einfluss zeigt sich unter anderem in der örtlichen Spezialität bacalao, *getrocknetem Kabeljau. Neben Lamm kennt die Küche Navarras noch Gerichte aus Bohnen und Spargel, die Schafskäsesorten* Idiazabal *und* Roncal, *die Paprikawurst* chorizo, *Artischocken sowie* borraja, *ein Gemüse, das man nirgendwo sonst findet. Eine der beliebtesten Speisen ist* cordero al chilindrón: *Lammkoteletts in Tomatensauce mit viel Pfeffer. Man nimmt sie üblicherweise mit einem der köstlichen* rosados *zu sich, für die die Region zu Recht Berühmtheit erlangt hat. Die Weinlandschaft des modernen Navarra allerdings hat weit mehr zu bieten als nur Rosés aus Pamplona.*

Navarra

Das moderne EVENA-Labor in Olite. Für die Entwicklung der DO Navarra war die önologische Forschungsstation von entscheidender Bedeutung.

Navarras Weinhistorie reicht mindestens so weit zurück wie die anderer spanischer Regionen. Die modernen Tropfen dieser DO gehören jedoch zu den aufregendsten und innovativsten Erzeugnissen in der spanischen Weinlandschaft. Das ist größtenteils der Verdienst der Estación de Viticultura y Enología de Navarra, kurz EVENA genannt. Dieses Forschungsinstitut für Weinbau und Önologie hat ihr Domizil in einer alten Destille im Norden von Olite aufgeschlagen.

Die wissenschaftliche Arbeit von EVENA konzentriert sich auf alle Aspekte der Weinerzeugung, von der Beschaffenheit des Muttergesteins und der Bodenart bis hin zur Abfüllung und Qualitätskontrolle. Zwar nennt jede spanische DO ein Forschungsinstitut ihr Eigen, das die Winzer über die beste Vorgehensweise in Weinberg und Kellerei berät. Doch keines hat einen solch umfassenden Aufgabenbereich.

So betreibt EVENA Versuchsanlagen mit allen wichtigen in Navarra angebauten Reben. Sie sind auf die gängigsten Wurzelstöcke aufgepropft und wachsen in verschiedenen Bodenarten. Jahr für Jahr verarbeitet man das Lesegut von diesen Feldern zu Wein und analysiert das Ergebnis mithilfe neuester Technologien. Die daraus gewonnenen Erkenntnisse werden an die Winzer der Region weitergegeben. So entstehen in Navarra noch immer die großartigen *gran reservas* mit viel Tempranillo und die köstlich fruchtigen *rosados,* für die die Region berühmt geworden ist – aber auch elegante, moderne Chardonnay, im Fass vergorene Viura und klassische Cabernet Sauvignon mit Anklängen an Schwarze Johannisbeere.

Mit EVENA wurde ein neues Kapitel in der langen Weinbaugeschichte von Navarra, ja, von ganz Spanien, aufgeschlagen. Die älteste erhaltene, für kommerzielle Zwecke verwendete Weinbereitungsausrüstung des Landes ist eine römische Weinzisterne aus dem 2. Jahrhundert. Sie befindet sich in der Kleinstadt Funes einige Kilometer östlich von San Adrián. Der Speicher erinnert auffallend an die steinernen *lagares,* die in manchen ländlichen Gegenden Spaniens noch immer in Gebrauch sind. Allem Anschein nach war die wasserreiche, fruchtbare Region während der Römerzeit ein wichtiges Weinbauzentrum und verlor auch unter den nachfolgenden Besatzern – den Sweben, Westgoten, Vandalen und Mauren – seine herausragende Bedeutung nicht.

Tourismus im Mittelalter

Im 11. Jahrhundert verlief die Pilgerstraße Camino de Santiago durch Roncesvalles und Pamplona. Auf dieser Route wanderten Mönche und andere Geistliche, aber auch Laienpilger. Sie alle brauchten neben einem Nachtlager Speis und Trank. Den wohlschmeckendsten Rebensaft entlang der Pilgerstraße offerierten wohl Rioja und Navarra. So entwickelte sich im 12. Jahrhundert ein florierender «Tourismushandel». Im 15. Jahrhundert hatten die spanischen Winzer den französischen Exportmarkt bis hinauf in die Normandie erschlossen. Wie aus den wenigen schriftlichen Zeugnissen hervorgeht, war Navarra für ausgezeichnete *rosados* bekannt.

Nach der Entdeckung Amerikas erlebte der Weinhandel einen weiteren Boom. Alle spanischen Regionen mit Exporterfahrung wurden aufgerufen, die Kolonisten in der Neuen Welt zu beliefern. Mit Wein und Lebensmitteln beladen gingen die Schiffe auf große Fahrt, mit Gold, Silber, Tabak und weiteren exotischen Waren kehrten sie zurück. Außerdem lagen bis 1561, als der Königshof nach Madrid verlegt wurde, die königlichen Residenzen, Kathedralen und höheren Lehranstalten vorwiegend auf der Achse Kastilien-Navarra-Aragonien-Katalonien – hier standen gute Weine immer hoch im Kurs.

Als im Frankreich des 19. Jahrhunderts eine Mehltauepidemie ausbrach und die Reblaus wütete, war Navarra dank seiner jahrhundertealten Geschäftsverbindungen in Frankreich bestens bekannt und konnte die Weine dort problemlos absetzen. Zusammen mit Rioja und Aragonien versorgte man die durstigen Kehlen im Nachbarland so lange mit Kellereiprodukten, bis die Weinberge jenseits der Pyrenäen wieder genug Trauben lieferten. Rioja hatte schon von jeher einen Ruf für herausragende Rote gehabt und vielleicht war es gerade deshalb von Vorteil für Navarra, mit seinen *rosados* etwas anderes bieten zu können.

Das Vermächtnis der Reblaus

Natürlich suchte die Reblaus Navarra schließlich ebenso heim wie fast jede andere Weinregion. Zwischen 1891 und 1896 schrumpfte die Anbaufläche von 49 000 auf etwas mehr als 700 Hektar – ein Rückgang um fast 99 Prozent. Man machte sich zwar eilends an die Wiederbepflanzung, den Spitzenwert von früher allerdings erreichte man nie wieder. Selbst heute noch hat die Region nur etwa 30 000 Hektar Weinberge und davon werden lediglich 15 000 Hektar intensiv bewirtschaftet.

Geografisch lässt sich Navarra in fünf Teilbereiche untergliedern. Im Norden liegen Tierra Estella und Valdizarbe auf einer Höhe von 550 Metern. Die Mitte nehmen Baja Montaña und Ribera Alta nördlich des Ebro ein. Und der südliche Teil wird von Ribera Baja gebildet, das rund 250 Meter über dem Meeresspiegel liegt. Die Böden allerdings sind in ganz Navarra erstaunlich ähnlich beschaffen: Der Untergrund aus Lehm über Kies mit Kalk beziehungsweise Kreide als Muttergestein eignet sich hervorragend für den Anbau von Reben. In Ribera Alta findet man etwas mehr Schwemmland, während Ribera Baja leichtere, sandigere Böden hat.

Nach Süden hin wird es zusehends trockener. Das Mikroklima in Teilen des Hochlands von Valdizarbe und Tierra Estella wird geprägt von der kühleren, feuchteren Witterung nördlich der Berge. Wie in Rioja allerdings sammeln die großen Kellereien ihr Lesegut aus der ganzen Region zusammen und verarbeiten es dann zu Weinen im eigenen «Hausstil». Diese Erzeugnisse können also Tempranillo aus den kühleren Gegenden von Valdizarbe, Mazuelo aus der heißeren, zentralen Zone und einen geringen Anteil reichhaltiger, reifer Garnacha aus Ribera Baja enthalten.

Die Garnacha ist, wie in einer auf ihre *rosados* stolzen Region nicht anders zu erwarten, mit einem Anteil von 54 Prozent an der Gesamtanbaufläche die häufigste Traube in Navarra. 23 Prozent sind mit Tempranillo bestockt, Tendenz steigend. Wo alte Rebhänge gerodet und neu bepflanzt werden, animiert man die Winzer mit sanftem Druck dazu, sich für diese Rebe zu entscheiden, denn immerhin kommen rund 60 Prozent der Weine in Navarra als Rote auf den Markt. Ferner legt man den Weinbauern die roten Rebsorten Graciano, Mazuelo, Merlot und Cabernet Sauvignon nahe. Wichtigste weiße Traube ist die Viura mit einem Flächenanteil von 88 Prozent; empfohlen werden zudem Garnacha blanca, Malvasía, Moscatel de Gran Menudo und Chardonnay.

Obwohl man heute in Navarra vorwiegend Rotweine erzeugt, sind die klassischen *rosados* nach wie vor stark vertreten: Sie machen ein Drittel der Produktion aus und gehören in der Gegend selbst, aber auch in Spanien und Frankreich weiterhin zu Bestsellern. Gleichzeitig allerdings behauptet sich die Anbauzone auf dem Weltmarkt immer erfolgreicher mit modernen Weinen.

So kann Navarra eine ganze Reihe von Spitzenweinen präsentieren – darunter Chardonnay, Cabernet, Verschnitte aus Tempranillo und Cabernet, die feinen süßen Moscatel und die köstlich fruchtigen *rosados* klassischer Prägung. Und irgendwie schafft es die DO, sogar am unteren Ende der Skala beispielhafte Weine anzubieten: Das Preis-Leistungs-Verhältnis der geradlinigen, bei niedrigen Temperaturen vergorenen Weißen aus Viura sowie der Roten aus Garnacha und etwas Tempranillo kann sich sehen lassen.

Wie gelingt es den Bodegas nur, sowohl im oberen als auch im unteren Segment beste Qualität zu liefern? Vermutlich ist es die einzigartige Kombination aus Spitzenweinbergen im Norden und ertragreichen Rebflächen im Süden.

Die Kirche von Santa María de Eunate bei Puenta la Reina: Einst diente sie den Pilgern auf ihrem Weg nach Santiago als Zwischenstation.

Wichtige Erzeuger

Für ihre Verschnitte müssen die Bodegas nicht ausschließlich vor Ort kultivierte Trauben verarbeiten, sondern können Lesegut aus jedem der Unterbereiche in Navarra zukaufen. Deshalb sind in der relativ bescheidenen Subzone Ribera Baja auch so viele ausgezeichnete Erzeuger ansässig. Vald = Valdizarbe; TEst = Tierra Estella; BMon = Baja Montaña; RibA = Ribera Alta; RibB = Ribera Baja.

Beamonte, Cascante (RibB). *Gegründet 1938.* Das 1986 umfassend modernisierte Gut gehört mittlerweile zu den Bodegas Julián Chivite und setzt wie das Stammhaus auf Qualität. Im Sortiment: ein sehr guter Garnacha *rosado* und Rote in den Ausführungen *joven* bis *reserva*. Sie erscheinen unter dem Namen des Hauses.

Camilo Castilla, Corella (RibB). *Gegründet 1856.* Erzeugt gute Rote und *rosados jóvenes,* die als Montecristo und Conde de Castilla auf den Markt kommen. Die Jahresproduktion liegt bei 8000 hl. *Beste Weine:* Das Gut ist vor allem wegen seiner ungewöhnlichen süßen Weißen ohne DO-Status bekannt, die aus Moscatel de Gran Menudo gekeltert werden.

Castillo de Monjardín, Villamayor de Monjardín (TEst). *Gegründet 1993.* Ein Familienunternehmen mit hochmoderner Bodega. Mit dem Ertrag von 120 ha Rebfläche kommt man auf rund 4000 hl jährlich. Die Weine geraten durchweg sehr gut – und oft sogar ausgezeichnet. Die Palette der Roten umfasst eine *crianza* aus den Trauben Cabernet Sauvignon, Tempranillo und Merlot sowie einen *joven* aus Pinot noir und Tempranillo. *Bester Wein:* der Chardonnay, der als *crianza* und im Fass vergorene Version in den Regalen steht.

Fernández de Arcaya, Los Arcos (TEst). *Gegründet 1990.* Die kleine Familienbodega mit 1000 hl Jahresproduktion und 36 ha Rebfläche keltert nur Rote und *rosados*. Die Erzeugnisse sind im Allgemeinen von guter Qualität. *Beste Weine:* die roten *reservas* Fernández de Arcaya und Viña Perguita (65 % Tempranillo, 35 % Cabernet Sauvignon).

Guelbenzu, Cascante (RibB). *Gegründet 1851.* Obwohl die in einem malerischen alten Haus gegenüber der Stierkampfarena eingerichtete 36-ha-Bodega schon lange existiert, begann ihr eigentlicher Aufstieg Anfang der 80er, als die acht Kinder der Familie – Ärzte, Anwälte, ein Archäologe und ein Künstler – die Weinberge neu mit Cabernet Sauvignon, Tempranillo und Merlot bestockten. 10 Jahre lang wurden die Trauben an die örtliche Genossenschaft verkauft, während die Rebstöcke heranwuchsen. 1989 schließlich stellte Kellermeisterin Joseba Altuna den ersten hauseigenen Jahrgang vor. Die Weine sind vorbildlich gekeltert und beweisen eindrucksvoll, was man mit entsprechendem Kapital selbst aus einem winzigen Gut machen kann. Die derzeitige Produktion liegt bei 1600 hl Rotwein, der unter zwei Namen erscheint: Guelbenzu heißen die *crianzas,* Guelbenzu Evo die *reservas* und *gran reservas*. Die *crianza* besteht in der Regel aus 70 % Tempranillo, 15 % Cabernet Sauvignon und 15 % Merlot, die *reserva* aus 70 % Cabernet Sauvignon, 15 % Tempranillo und 15 % Merlot und die *gran reserva* aus 50 % Cabernet Sauvignon, 40 % Tempranillo und 10 % Merlot.

Inversiones Arnótegui, Dicastillo (TEst). *Gegründet 1991.* Ein moderner Betrieb mit 300 ha Fläche und einer Vorliebe für französische Trauben. Die erzeugte Menge liegt bei 16 000 hl, die unter dem Markennamen Palacio de la Vega erscheinen. Die Weine fallen durchweg ausgezeichnet aus. Bestandteil der Produktpalette ist ein weißer *joven* (100 % Chardonnay), ein *rosado joven* (50 % Cabernet Sauvignon/50 % Garnacha), zwei rote *crianzas* aus 70 % Cabernet Sauvignon und 30 % Tempranillo bzw. 100 % Merlot sowie zwei reinsortige *reservas,* die eine aus Tempranillo, die andere aus Cabernet Sauvignon. Die in Eiche ausgebauten Weine altern mindestens ein Jahr im Fass, mit Ausnahme des sortenreinen Cabernet Sauvignon, der zirka 14 Monate im Holz liegt.

Irache, Ayegui (TEst). *Gegründet 1891.* Eine traditionelle Bodega mit eigenem Museum und einem Weinbrunnen für die auf dem Camino de Santiago dahinziehenden Wallfahrer. Die Pilgerstraße läuft als Fußweg an der Kellerei vorbei. 1990 ließ der joviale Direktor, Jesús Santésteban, ein eisernes Schild mit zwei Zapfhähnen an der Mauer befestigen. Die Pilger können hier wahlweise mit Wein oder Wasser gratis ihren Durst löschen. Gegen ein geringes Entgelt kann man sogar seine Trinkflaschen auffüllen. Irache wurde 1991 umfassend erweitert und modernisiert und bewirtschaftet nun 50 ha Rebfläche, kauft aber auch Trauben und vorgefertigte Weine von benachbarten Produzenten zu. Die Erzeugnisse sind meist von traditioneller Machart, obwohl jüngere Stile mittlerweile einen höheren Stellenwert einnehmen. Durch die neue Ausrüstung haben die Weine einen geringfügig moderneren Anstrich bekommen. Irache fertigt sehr gute *rosados* (90 % Garnacha/ 10 % Tempranillo) unter dem Namen Castillo Irache. *Beste Weine:* der Gran Irache *crianza* (70 % Tempranillo/30 % Garnacha) und der ausgezeichnete Real Irache *gran reserva* (70 % Tempranillo und jeweils 10 % Garnacha, Graciano und Mazuelo), beides Rote. Die *reservas* und *gran reservas* halten sich sehr lange und altern mit Würde.

Julián Chivite, Cintruénigo (RibB). *Gegründet 1647.* Das Unternehmen in seiner heutigen Form wurde 1860 gegründet und 1990 komplett renoviert. 1996 starb Don Julián sen., der für Chivite einen großen Auslandsmarkt erschlossen hatte und mit seinen Weinen internationale Erfolge feiern konnte. Anfang der 80er stammten 70 % aller aus Navarra exportierten Weine aus dem Hause Chivite. Heute führen vier von Juliáns Kindern das Unternehmen: die Söhne Julián, Carlos und Fernando sowie Tochter Mercedes. Ihre Erzeugnisse gehören zum Besten, was Navarra zu bieten hat. Zum Gut zählen 250 ha Rebfläche einschließlich der Einzellage Señorío de Arinzano in Aberín. Die Basislinie wird Gran Feudo genannt. Sie besteht aus Weißen, *rosados jóvenes* – vor allem der Garnacha *rosado* zeigt Klasse – und roten *crianzas* (70 % Tempranillo/30 % Garnacha). 1985 feierte die Bodega ihr 125-jähriges Bestehen und brachte einen Tempranillo *gran reserva* namens «125 Aniversario» heraus. Diesen Stil führte man fort; er bildet nun eine eigene Linie, zu der ein weißer, im Fass vergorener Chivite Colección 125 Aniversario aus Chardonnay und die Chivite 125 Aniversario *gran reservas* aus Tempranillo zählen. Ferner bringt die Bodega einen Chivite *reserva* (85 % Tempranillo/ 15 % Garnacha) und einen Viña Marcos (60 % Tempranillo/40 % Garnacha) von der Einzellage Arinzano heraus. Normalerweise werden die Weine hier nur bis zum rechtlich vorgeschriebenen Minimum in Eiche ausgebaut und lagern anschließend in der Flasche – das Ergebnis dieser Behandlung sind Kreszenzen von überragender Eleganz. Chivite gilt neben Ochoa als führendes Weingut in Navarra.

Luís Gurpegui Muga, Villafranca (BMon). *Gegründet 1921.* Ein Familienbetrieb, zu dem auch die Bodegas Berceo in Rioja sowie ein Rioja-Gut namens Gurpegui in San Adrián – also im Rioja-Teil von Navarra bzw. im Navarra-Teil von Rioja – gehören. In ihrem Stammhaus bewirtschaftet die Familie 25 ha Rebfläche und kauft außerdem in großen Mengen Lesegut zu, um auf ein Jahresquantum von 30 000 hl zu kommen. Die wichtigste Marke heißt Monte Ory. *Beste Weine:* die roten *crianzas* und *reservas,* die in der Regel aus mindestens 70 % Tempranillo und einem Restanteil Garnacha oder zuweilen auch 10–15 % Cabernet Sauvignon verschnitten werden.

Magaña, Barillas (RibB). *Gegründet 1968.* Die Bodega der neuen Generation pflanzte als eines der ersten Güter in Navarra französische Rebsorten an. Ihre Anbaufläche beträgt heute 110 ha, die vorwiegend mit Cabernet Sauvignon und Merlot sowie etwas Tempranillo, Malbec, Mazuelo, Cabernet franc und Syrah bestockt sind. Die Weine gehören zu den besten ihrer Art und sind in den Ausführungen *crianza* bis *gran reserva* zu haben. *Beste Weine:* Eventum *crianza* (Merlot/ Tempranillo/Cabernet Sauvignon/Syrah/ Malbec/Mazuelo), Viña Magaña *reserva* (Cabernet Sauvignon/Merlot), Viña Magaña Merlot *reserva* und Viña Magaña *gran reserva* (Cabernet Sauvignon und Merlot) – alles ausgezeichnete Erzeugnisse. Die Bodega ist neben Guelbenzu die erfolgreichste moderne Kellerei in Navarra.

Marco Real, Olite (RibA). *Gegründet 1989.* Hauptanteilseigner von Marco Real ist eine Hotelkette. Ein einziger Wein der Bodega hat Berühmtheit erlangt: der Homenaje in den Ausführungen Weiß, *rosado* und Rot bis *reserva*-Niveau. Der *rosado* (Garnacha) kann sich zwar durchaus sehen lassen, als Spitzengewächse der Bodega aber haben sich eher die Roten und insbesondere die in Eiche ausgebauten Versionen etabliert. Sie werden überwiegend aus Tempranillo gekeltert, können jedoch auch geringe Anteile Cabernet Sauvignon enthalten. Die *reserva* setzt sich üblicherweise aus Tempranillo, Garnacha und Graciano zusammen.

Nuestra Señora del Romero Cooperativa, Cascante (RibB). *Gegründet 1951.* Eine weitere geschickt agierende Genossenschaft, die tadellos gefertigte Weine und gelegentlich sogar einen Spitzentropfen hervorbringt. Sie wurde Mitte

Ob Wasser oder Wein, am Brunnen der Bodega Irache bekommen Pilger auf ihrem Weg nach Santiago de Compostella beides gratis.

Ganz links: die Lumbier-Schlucht bei Liédena. Navarras Landschaft ist oft so eindrucksvoll wie die Weine der Region.

Mitten in Villamayor de Monjardín liegt das Weingut Castillo de Monjardín, in dessen Kellern moderne Navarra-Weine reifen.

der 70er radikal modernisiert. Ihre Mitglieder kultivieren 1600 ha Rebfläche, der Ausstoß liegt bei 60 000 hl Wein jährlich. Er gelangt unter den Markennamen Señor de Cascante, Plandenas, Torrecilla, Señorío de Yániz und Malón de Echaide in Umlauf. *Beste Weine:* der weiße Malón de Echaide aus Viura, der rote Torrecilla *crianza* (60 % Tempranillo/40 % Garnacha) und der Señor de Cascante *gran reserva* (80 % Tempranillo/20 % Garnacha).

Ochoa, Olite (RibA). *Gegründet 1845.* Javier Ochoa, das derzeitige Familienoberhaupt, ist in Navarra wegen seines Bekenntnisses zur Qualität sowie seines Engagements für EVENA und den *consejo regulador* bekannt. Das Unternehmen nennt 20 ha Rebhänge sein Eigen und kauft Lesegut zu, um auf eine Jahresproduktion von rund 6000 hl zu kommen. Es fertigt moderne Navarra-Weine und bleibt dabei den klassischen Rebsorten der Region treu, experimentiert aber auch bereitwillig mit französischen Trauben. Ochoa steht wie Chivite im Ruf, eine beispielhafte Qualitätskontrolle durchzuführen. Sämtliche Weine sind exzellent und gelegentlich sogar herausragend, allen voran der preisgekrönte Vino Dulce de Moscatel, der in einer Halbliterflasche angeboten wird. Das Basissortiment setzt sich aus sehr guten Weißen (Viura), *rosados* (Garnacha) und roten *jóvenes* (50 % Tempranillo/50 % Garnacha) zusammen. Eine Rangstufe höher liegen die reinsortigen *crianzas* Cabernet Sauvignon, Merlot und Tempranillo, die 12 Monate in Eiche reifen. Die Spitzengruppe bilden die Klassiker: rote *crianzas, reservas* und *gran reservas,* die sich im Allgemeinen aus 75 % Tempranillo und 25 % Cabernet Sauvignon zusammensetzen. Sie sind alle sehr schön gemacht und in den besten Jahren von makelloser Qualität.

Orvalaiz, Obanos (Vald). *Gegründet 1993.* Der hochmoderne Betrieb mit 250 ha Anbaufläche und 15 000 hl Jahresproduktion setzt sehr stark auf französische Rebsorten sowie Tempranillo. Unter dem Namen des Hauses erscheinen drei *jóvenes*: ein *rosado* (Cabernet Sauvignon) sowie zwei Rote, ein Cabernet Sauvignon und ein reinsortiger Tempranillo – sie lassen das Herz eines jeden Weinliebhabers höher schlagen. Obwohl die Roten als *jóvenes* laufen, bleiben sie etwa 3 Monate in Eiche. Die etwas traditioneller ausgerichtete Linie Viña Orvalaiz umfasst drei weitere *jóvenes*: einen weißen (75 % Viura/25 % Malvasía), einen *rosado* (50 % Tempranillo/40 % Garnacha/10 % Viura) und einen roten (75 % Tempranillo/25 % Cabernet Sauvignon). *Bester Wein:* der Orvalaiz Cabernet Sauvignon.

Piedemonte Cooperativa, Olite (RibA). *Gegründet 1992.* Dieser Bodega stehen nicht nur 400 ha Anbaufläche zur Verfügung, sondern auch die neueste Kellertechnik. Man verarbeitet gute einheimische und französische Rebsorten zu 21 000 hl *joven,* die zur Verwirrung der Kunden in vier Linien auf den Markt kommen – fast alle aber bekunden herausragende Qualität. Die Basisausführung nennt sich Agnes de Cleves; sie umfasst einen reinsortigen weißen Viura und einen *rosado* aus Garnacha sowie Cabernet Sauvignon. Dann gibt es noch den Viña Egozque mit einem *rosado* (Garnacha) und einem Roten (Tempranillo/Garnacha). Drei weitere *jóvenes* kommen unter dem Markennamen Bodegas Piedemonte auf den Markt: ein Weißer (Viura), ein *rosado* (Garnacha) und ein Roter (Tempranillo). *Beste Weine:* die Olígitum-Linie – benannt nach dem römischen Namen für Olite – mit einem etwa 3 Monate in Eiche ausgebauten Verschnitt aus 50 % Cabernet Sauvignon und 50 % Tempranillo sowie einem reinsortigen Cabernet Sauvignon.

Príncipe de Viana, Murchante (RibB). *Gegründet 1983.* Dieser moderne Großbetrieb, der sich früher Bodegas Cenalsa nannte, verfügt über 700 ha Rebfläche und erzeugt jährlich 40 000 hl Wein. Trotz der Menge aber achtet man auf strikte Qualitätskontrolle. Mit welcher Sorgfalt man die Weine bereitet, zeigt schon allein der große Exportmarkt, den sich das Unternehmen erschlossen hat. Die Basislinie heißt Agramont und umfasst *jóvenes* in Rot (Tempranillo), Rosé (Garnacha) und Weiß (Viura) – lauter sehr gute Tropfen. Am oberen Ende der Qualitätsskala rangieren die Príncipe de Viana: ein weißer, im Fass vergorener *joven,* ein *rosado joven* (Cabernet Sauvignon) und eine rote *crianza* (Cabernet Sauvignon), alles exzellente Erzeugnisse.

Señorío de Sarría, Puente la Reina, (Vald). *Gegründet 1952.* Navarras schönste Bodega. Die Kellerei ist in einem *señorío,* Herrensitz, eingerichtet, zu dem 1500 ha Land in malerischer Umgebung mit schön restaurierten Gebäuden gehören. 120 ha der Gesamtfläche sind für Reben reserviert, die jährlich produzierte Weinmenge liegt bei 4900 hl. 1952 erwarb Félix Huarte, ein Bauunternehmer, das Gut und renovierte es mit den Einnahmen aus der Weinproduktion. 1981 veräußerte er es an die Sparkasse von Navarra, die die Kellerei weiter aufwertete und den Bestand an neuen Eichenfässern vergrößerte – er liegt mittlerweile bei 8000 Stück. Alle Erzeugnisse werden unter dem Namen des Hauses verkauft. Das Sortiment umfasst einen weißen *joven* (Viura), einen *rosado joven* (Garnacha), eine klassische rote *crianza* (60 % Tempranillo/15 % Garnacha/15 % Mazuelo/10 % Graciano), einen sortenreinen Cabernet Sauvignon *crianza,* die rote *reserva* aus 70 % Tempranillo und jeweils 10 % Mazuelo, Garnacha sowie Graciano und die *gran reserva* (80 % Tempranillo/7 % Mazuelo/7 % Graciano/6 % Garnacha). Alle Weine überzeugen, die meisten Lorbeeren indes ernten die *gran reservas* und der reinsortige Cabernet Sauvignon. Im Angebot findet sich ferner ein weißer *semidulce* und ein *rosado* namens Vendimia Seleccionada, beides *jóvenes*.

Vinícola Navarra, Campanas (Vald). *Gegründet 1864.* Die einstige Genossenschaft gehört mittlerweile zum Bodegas-y-

Bebidas-Imperium. Nur ein Bruchteil der Jahresproduktion von 56 000 hl wird durch den Eigenanbau auf 12 ha Rebfläche gedeckt. Trotz der Größe des Betriebs aber kann sich die Qualität der sieben Weinmarken im Allgemeinen sehen lassen, zuweilen ragen sogar einige außergewöhnliche Tropfen aus dem Sortiment heraus. Der Castillo de Javier, ein Garnacha *rosado joven,* gilt gemeinhin als einer der besten Rosés der Region. Die Basislinien Bandeo, Viña del Recuerdo und Viña Alaiz decken die Bandbreite der *jóvenes* von Hell bis Dunkel ab; aus Viura keltert man den Weißen, die beiden anderen sind reinsortige Garnacha. Als Paradepferd gilt die Marke Las Campanas mit einem weißen *joven* (50 % Viura/50 % Chardonnay), einem *rosado joven* (Garnacha), einer roten *crianza* (70 % Tempranillo/20 % Cabernet Sauvignon/10 % Garnacha), einem reinsortigen roten Cabernet Sauvignon *crianza* und einer «klassischen» roten *reserva* (70 % Tempranillo/20 % Garnacha/10 % Mazuelo). In derselben traditionellen Zusammensetzung wie Letzterer erscheint außerdem eine ältere rote *reserva* als Castillo de Tiebas. *Beste Weine:* die Las Campanas, insbesondere der reinsortige Cabernet Sauvignon.

Virgen Blanca Cooperativa, Lerín (RibA). *Gegründet 1956.* Virgen Blanca kultiviert derzeit 415 ha Rebfläche in Ribera Alta und Tierra Estella. Rund 300 Mitglieder gehören der Genossenschaft an, die 12 000 hl jährlich keltert. Man findet in Navarra schwerlich eine bessere *cooperativa* alten Stils. Das Haus erzeugt gute bis sehr gute Weine, etwa den weißen Viña Ezkibel (Viura), die *rosados* Campo Lagaza und Viña Sardasol (beides Garnacha) sowie die rote *reserva* Viña Sardasol (80 % Tempranillo).

Das Gut Señorío de Sarría mit seinen Ländereien steht im Ruf, die schönste Bodega in ganz Navarra zu sein.

Aragonien: Spanien en miniature

Aragoniens Werdegang spiegelt Spaniens Geschichte im Kleinen wieder. Als im 9. Jahrhundert die Mauren nach Süden abgedrangt wurden, entstand im Gebiet zwischen Navarra und Katalonien unter Ludwig dem Frommen die Grafschaft Aragonien als unabhängiges Land. 1035 erhob Ramiro I. Sánchez Aragonien zum Königreich und erklärte Jaca in der heutigen Provinz Huesca zur Hauptstadt.

Nach der Heirat der *Infanta* Petronilla mit dem Grafen von Barcelona, Ramón Berenguer IV., im Jahr 1137 weitete sich der Einflussbereich von Aragonien beständig aus. Der eigentliche Wendepunkt in der spanischen Geschichte kam 1469, als Ferdinand II., Prinz von Aragonien, die junge kastilische Königin Isabella ehelichte. 1479 bestieg Ferdinand den Thron von Aragonien. Damit hatte man Kastilien, Aragonien und Katalonien unter einem Herrscherhaus vereint – und den Weg zu einem Großreich Spanien geebnet.

1492 läuteten zwei Ereignisse das goldene Zeitalter der jungen Nation ein: Die letzten Mauren wurden von der iberischen Halbinsel vertrieben und Kolumbus entdeckte die Neue Welt für das Reich.

1501 boten Ferdinand und Isabella dem Prinzen von Wales die Hand ihrer Tochter Katharina an. Dieser starb jedoch noch vor der Krönung, woraufhin Katharina seinen jüngeren Bruder heiratete, der schließlich als Heinrich VIII. den Thron bestieg.

Was das alles mit Wein zu tun hat? Sehr viel. In den Anfangsjahren der *reconquista* konzentrierte sich das politische, religiöse und geistliche Leben in Nordspanien. Damit wiederum tat sich ein Markt für guten Wein auf. Durch die Beziehungen Aragoniens zu Frankreich konnte die Region außerdem in den Export gehen, als Rioja und Navarra noch ausschließlich einheimische Kunden belieferten.

Langfristig allerdings hielt man dadurch in Aragonien nur an einer recht altmodischen Bereitungstechnik fest. Als die Nachbarregionen im ausgehenden 19. Jahrhundert schon auf die französische Nachfrage nach Weinen à la Bordeaux reagierten, blieben die Winzer vor Ort weiterhin einem überkommenen Stil verhaftet und produzierten ihre *rancios, generosos* und *dulces*. Schließlich hatten sie ihnen über viele Generationen hinweg gute Dienste geleistet. Auf dem Exportmarkt jedoch waren sie Auslaufmodelle.

Heute präsentiert sich Aragonien schon weitaus dynamischer. Die Region bietet mit ihren vielen unterschiedlichen Rebflächen eine breite Palette von Weinen an – und sucht doch noch immer Anschluss an eine Entwicklung, die sie vor hundert Jahren verpasst hat.

Hoch ragen die Felswände der Pyrenäen über dem Dorf Riglos bei Huesca auf. Inmitten der spektakulären Gebirgslandschaft liegt die DO Somontano.

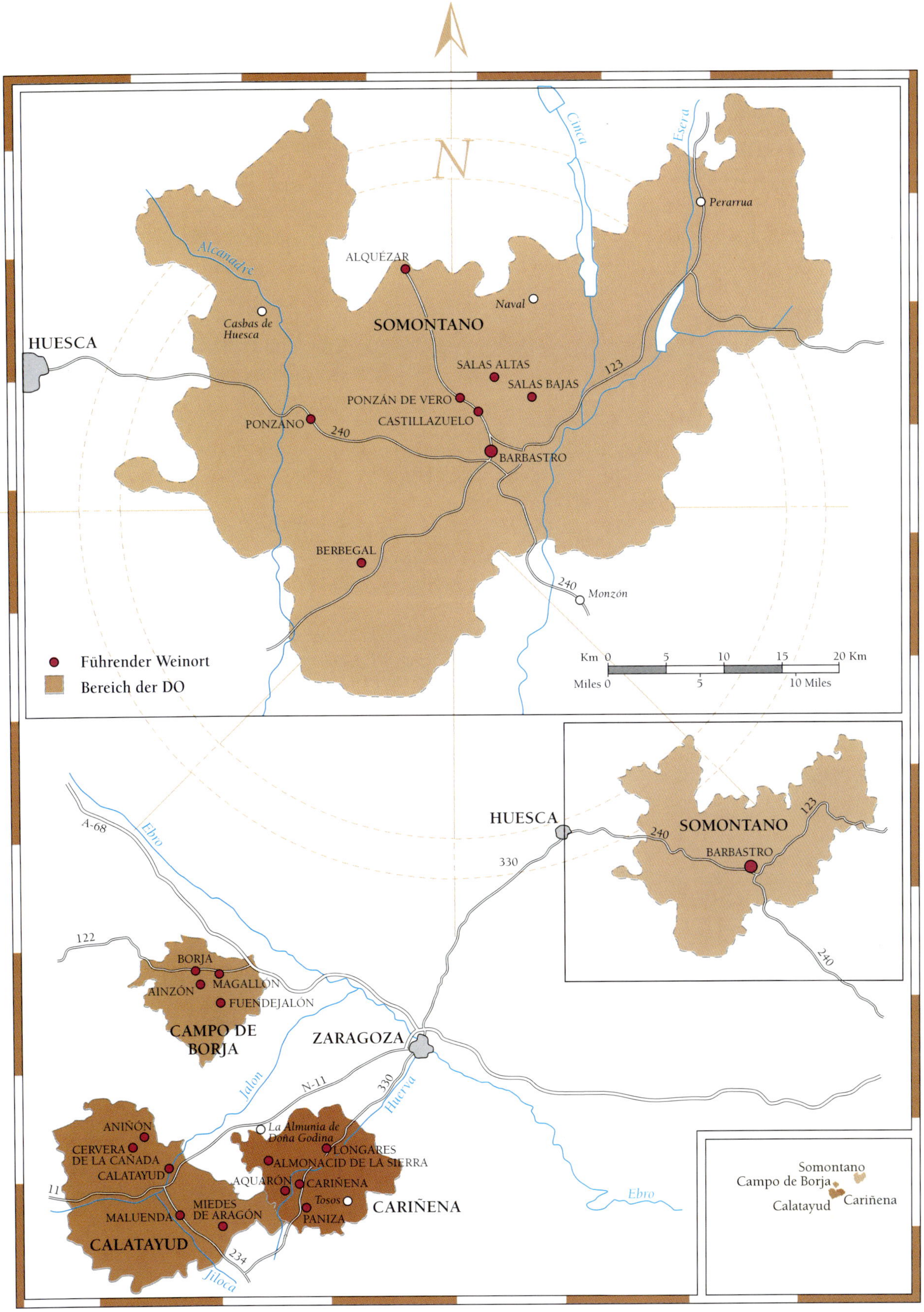

Aragoniens Weinlandschaft

Die autonomía Aragonien setzt sich aus den drei Provinzen Huesca, Zaragoza und Teruel zusammen. Ihre wichtigen Weinbaugebiete liegen in Zaragoza mit den DOs Calatayud, Campo de Borja und Cariñena sowie in Huesca mit der DO Somontano. Weiter gehören sieben Landweinzonen zur Region; man findet sie vorwiegend im Süden von Zaragoza und im Osten von Teruel. Aragonien muss sich heute gegen seine bekannteren Nachbarn Katalonien, das Baskenland, La Rioja und Navarra behaupten und hat nicht immer einen leichten Stand. Dabei braucht sich die Region nicht zu verstecken: Mit ihren üppig grünen Flusstälern, malerischen Bergpanoramen und Halbwüsten hat sie eine Landschaft von beispielloser Vielfalt vorzuweisen, die in Spanien ihresgleichen sucht. Darüber hinaus aber kann sie auch auf eine ruhmreiche Vergangenheit zurückblicken und hoffnungsvoll in die Zukunft sehen.

Calatayud

Der recht ungewöhnliche Name der DO Calatayud geht auf einen maurischen Statthalter namens Ayub zurück, der sich am Zusammenfluss von Jalón und Jiloca eine Burg *(qalat)* baute. Aber schon zur Römerzeit herrschte hier reges Treiben. Die alte Stadt Bilbilis – ihre Reste wurden vor einiger Zeit ausgegraben – diente einst den römischen Truppen auf ihrem Weg nach Gallien im Norden als Zwischenstation. Und natürlich lebten hier nicht nur Legionäre, sondern auch andere Bürger Roms: Der Dichter Martial kam um das Jahr 40 in Bilbilis zur Welt und kehrte 67 Jahre später in seinen Heimatort zurück, um hier sein Leben zu beschließen. Doch auch andere Künstler scheinen sich in der Region heimisch gefühlt zu haben. Für den Weinbau und den damit verbundenen wirtschaftlichen Aufschwung dürfte diese gebildete Oberschicht eine nicht unwichtige Rolle gespielt haben, denn Militärs wie Zivilisten ließen sich nur selten an Orten nieder, an denen nicht zumindest in der Nähe eine ergiebige Weinquelle sprudelte.

Noch heute ist Calatayud als Aragoniens größte DO ein Zentrum der Kellereiwirtschaft. Zusammen mit der benachbarten Zone Cariñena liegt der Bereich südwestlich von Zaragoza und bildet die südlichste Weinregion der *autonomía*. Doch trotz seiner langen Weinbaugeschichte ist er noch weit davon entfernt, sich einen Exportmarkt in großem Maßstab zu erschließen.

Der Jalón fließt nach Norden durch die Stadt Calatayud, um bei Alagón in den Ebro zu münden. Selbst diese große Wasserader aber reicht nicht aus, um die Gegend ausreichend zu bewässern: Calatayud ist die heißeste und trockenste Region im oberen Ebrotal. Die Anbauflächen liegen auf 500 bis 900 Meter Höhe und sind daher vor der größten Hitze etwas geschützt. Zudem enthält der Boden reichlich Kalk, Mergel und Schiefer – auf solchem Untergrund können beständig gute Weine entstehen. Das Klima ist kontinental und hat mancherorts sogar einen semiariden Einschlag. In den regenreichsten Gebieten fallen durchschnittlich 550 Millimeter Niederschlag jährlich, die trockensten Bereiche müssen sogar mit nur 300 Millimetern auskommen.

Rebsorten

Die Garnacha-Rebe dominiert erwartungsgemäß die Weinberge von Calatayud – rund 65 Prozent der Fläche sind mit ihr bestockt. Dahinter liegt Tempranillo weit abgeschlagen mit lediglich zehn Prozent, sie holt jedoch auf, da sie der *consejo regulador* bei Neupflanzungen empfiehlt. Ferner findet man die Sorten Monastrell und Mazuelo. Wichtigste weiße Traube ist die Malvasia. Einen unbedeutenden Anteil hält die Garnacha blanca, und auf etwa zwei Prozent der Rebhänge wächst die Moscatel romano.

Vinifikation und Weinstile

Das Gros der Weine wird in Calatayud von den wichtigen Genossenschaften erzeugt. Sie sind naturgemäß träge und stellen sich nur langsam auf neue Methoden und neue Stile um. Zum Glück bilden wie in den meisten spanischen Weinregionen die unvermeidlichen Eigenbrötler ein Gegengewicht dazu: Irgendjemand experimentiert immer mit moderneren Methoden und ein oder zwei Winzer kultivieren bereits Cabernet Sauvignon.

Die Mehrzahl der Erzeugnisse kommt als *joven* in den Handel. Großer Beliebtheit erfreut sich der *rosado*. Er macht 50 Prozent der Produktion in der DO aus und wird wegen seiner Kombination aus Frucht, Frische, Gewicht und Stärke gern getrunken.

Calatayud hat durchaus das Potenzial für die Bereitung guter Rotweine und außer einer gewissen Marktträgheit spricht nichts dagegen, sie nicht bald einmal bis auf *gran-reserva*-Niveau auszubauen.

Wichtige Erzeuger

Langa, Calatayud. *Gegründet 1982.* Die moderne Kellerei mit 21 ha Fläche wird von einem Geschwistergespann geführt. Die Hauptmarke aus weißen, roséfarbenen und roten *jóvenes* heißt Portalet. Gefertigt wird ferner eine rote *reserva*.

Niño Jesús Cooperativa, Aniñón. *Gegründet 1978.* Über 300 Mitglieder gehören dieser Genossenschaft an, die ihre Produkte als Estecillo etikettiert. Dabei handelt es sich um weiße (Viura) sowie rosa und rote *jóvenes* (beide 90 % Garnacha). Die Weine lassen sich als robust und rustikal einstufen.

San Alejándro Cooperativa, Miedes. *Gegründet 1962.* Eine Genossenschaft mit 700 Mitgliedern, die etwa 1500 ha Rebfläche bewirtschaften. Das *joven*-Standardsortiment umfasst Weiße (Viura), *rosados* (Garnacha) und Rote (vorwiegend Garnacha).

San Gregorio Cooperativa, Cervera de la Cañada. *Gegründet 1965.* Die fast 500 Mitglieder kommen zusammen auf über 100 ha Rebfläche und erzeugen rund 14 000 hl. Ihre Weine gelangen unter dem Markennamen Monte Armantes in Umlauf. Die drei Standard-*jóvenes* in Weiß, Rosé und Rot werden aus Viura und Garnacha gekeltert. *Bester Wein:* der köstliche, fruchtige, seit 1996 erzeugte Newcomer Viña Armantes Tempranillo *joven* mit 14,5 % Alkohol.

San Isidro Cooperativa, Maluenda. *Gegründet 1945.* Die beste Genossenschaft in Calatayud. Sie exportiert ihre Weine Marqués de Aragón und Don Aragón in den Ausführungen Weiß, *rosado* und Rot. Der rote Marqués de Aragón ist eine volle *crianza* (70 % Tempranillo/ 30 % Garnacha) mit klassischer Toastnote. In Spanien verkauft man die Weine unter der Bezeichnung Viña Alarba *(jóvenes)* und Castillo de Maluenda (weiße und rote *jóvenes* sowie rote *crianzas*).

Das Dorf Belmonte de Gracian. Wie in so mancher DO reicht die Geschichte der Weinbereitung auch in Calatayud bis in die Römerzeit zurück.

Campo de Borja

Die Borja von Aragonien stammen aus derselben Familie wie die Borgia in Italien. Man passte die Schreibweise an das Italienische an, als Alfonso de Borja, der einstige Berater des aragonesischen Königs Alfonso V., zum Papst gewählt wurde, sich Calixtus III. nannte und 1455 in den Vatikan umzog. In ihrer neuen Heimat gelangten die Borgia zu zweifelhaftem Ruhm, die alten Borja-Güter in Spanien indes führten ihr stetes Dasein fort, was sich bis heute bemerkbar macht.

Den größten Einfluss auf die Entwicklung von Campo de Borja scheint das Kloster in Veruela gehabt zu haben. Wie die meisten Ordensgemeinschaften bauten die Mönche hier Reben an, um sie zu Messwein zu verarbeiten oder an die Bevölkerung zu verkaufen. Veruela liegt heute außerhalb der DO. In den alten Gemäuern finden Ausstellungen statt, die das Land, seine Menschen und ihre Produkte würdigen.

Geografisch bildet Campo de Borja die südliche Verlängerung von Navarra. Die DO liegt zwischen dem Ebro und der Sierra del Moncayo, an deren Hänge sich die Weinberge in Höhen zwischen 350 und 700 Metern schmiegen. Ihre Böden setzen sich aus leichtem Lehm auf Kalk und in steileren Lagen eisenhaltigem Ton zusammen und sind extrem wasserdurchlässig. Der Niederschlag liegt bei 350 bis 450 Millimetern im Jahr. Höhe, Klima und Bodenbeschaffenheit bieten alle Voraussetzungen für die Erzeugung von Weinen ausgezeichneter Qualität. Jetzt muss nur noch investiert werden.

In Campo de Borja ist Garnacha die Herrscherin. Sie hat 75 Prozent der Rebflächen erobert. Tempranillo und Macabeo kommen auf jeweils 12 Prozent Anteil, während Mazuelo, Cabernet Sauvignon und Moscatel bei weniger als einem Prozent dahinkümmern. Man keltert vorwiegend *rosados* und Rote; Weiße machen nur acht Prozent aus. Auch *rancios* und *vinos de licor* mit und ohne DO-Status entstehen hier.

Die Weißen und *rosados* kommen im Allgemeinen als *jóvenes* aus Macabeo beziehungsweise Garnacha auf den Markt: Man kennt sie als leichte, frische, für den sofortigen Genuss bestimmte Tropfen ohne größere Ambitionen. Die roten *jóvenes* bestehen meist aus Garnacha; hin und wieder fügt man ihnen etwas Tempranillo oder Cabernet Sauvignon bei, um Duft und Charakter zu verbessern. Die für längeren Ausbau bis zum Rang einer *crianza* oder *gran reserva* gedachten Produkte werden vorwiegend aus Tempranillo, Cabernet Sauvignon oder einem Verschnitt beider Trauben erzeugt.

Anbauflächen bei Fuendejalón. Die Garnacha ist mit einem Anteil von 75 Prozent die verbreitetste Rebe in der DO Campo de Borja.

Wichtige Erzeuger

Aragonesas, Fuendejalón. *Gegründet 1984*. Das Unternehmen füllt die Erzeugnisse der beiden Genossenschaften San Juan Bautista in Fuendejalón und Santo Cristo de Magallón ab und vermarktet sie. Man führt vier Linien: den Don Ramón mit *jóvenes* in Weiß, Rosé und Rot; den Viña Tito als roten *joven,* Weißen und *rosado aguja,* also leicht perlenden Rosé; den sehr guten roten Mosen Cleto *crianza* und eine relativ neue Marke namens Coto de Hayas, unter der traditionelle, wenngleich kühl fermentierte *jóvenes* jeder Couleur, im Fass vergorene Weiße und Rote sowie eine rote *crianza* erscheinen. *Bester Wein:* der Duque de Sevilla *reserva*.

Borsao, Borja. *Gegründet 1958*. Eine Genossenschaft, deren 800 Mitglieder 1000 ha Rebfläche bewirtschaften. Das Unternehmen verfügt über eine moderne Ausrüstung und setzt hohe Qualitätsstandards an. Die Ergebnisse können sich in den meisten Jahren sehen lassen. Die Grundausführung, ein *joven,* trägt den Namen der Genossenschaft und kommt als guter Weißer (Viura), *rosado* (Garnacha) und ausgezeichneter Roter (Garnacha/Tempranillo/Cabernet Sauvignon) in den Handel. *Beste Weine:* der Gran Campellas *crianza* und der Señor Atares *reserva* – beide ein Verschnitt aus Garnacha und Tempranillo.

Santo Cristo Cooperativa, Ainzón. *Gegründet 1955*. Neben Borsao in Borja die führende Bodega der Region. Die Basispalette wird Viña Collado genannt und umfasst *jóvenes* in Weiß, Rosé und Rot. *Beste Weine:* Die *crianzas* und *reservas,* meist eine Mixtur aus 80 % Tempranillo und 20 % Garnacha. Sie laufen unter dem Markennamen Viña Ainzón und geraten sehr gut bis ausgezeichnet.

Cariñena

Cariñena genießt von allen DOs in Aragonien den besten Ruf – vermutlich weil es sich um das älteste der Weinbaugebiete handelt. Die Zone wurde bereits 1932 ausgewiesen und bekam das offizielle Prädikat *Denominación de Origen* 1960 zuerkannt. Die Region hatte also mehr Zeit als die meisten Bereiche, an sich zu arbeiten. Warum aber ist sie dann nicht noch besser?

Vielleicht ist man in Cariñena einfach nicht geschäftstüchtig genug. Schließlich entstand hier eine der bedeutendsten Rebsorten Nordspaniens: die Cariñena, in Rioja und Navarra auch als Mazuelo bekannt. Sie hält in ihrer Heimat einen Anteil von weniger als zehn Prozent an der gesamten Anbaufläche. Was wäre wohl passiert, hätten die guten Bürger des Dorfs Chardonnay ihre Traube ebenso stiefmütterlich behandelt?

Ganz rechts: Die Berge der Sierra de Algairen bilden die Kulisse dieses Weinbergs neben dem Dorf Aguaron.

Im Norden Spaniens ist die Cariñena von größter Bedeutung – in ihrer Heimat wird sie jedoch kaum kultiviert.

Auch wenn man die Cariñena nicht besser vermarktet hat, entsteht hier doch sehr guter Wein. Die Römer haben den Weinbau wie überall in diesem Teil Spaniens als Erste auf eine wirtschaftlich tragfähige Grundlage gestellt. Doch Cariñena tat auch aus eigener Kraft etwas für die Verbesserung der Erzeugnisse: Schon 1696 erließ die Region Vorschriften für Winzer und war, wie bereits erwähnt, eine der ersten Weinregionen Spaniens mit einer klar definierten Zone.

Geografie und Klima

Die Rebflächen ziehen sich wie in der benachbarten DO Calatayud vom Überschwemmungsbereich im Ebrotal in die Berge des Sistema Ibérico hinauf. Sie liegen zwischen 400 und 800 Metern über dem Meeresspiegel. Die Böden eignen sich gut für den Weinbau: Sie enthalten Kalk und etwas Kreide mit Schiefer und in den unteren Regionen Schwemmland. Es herrscht ein eindeutig kontinentales Klima mit ausgedehnten heißen Sommern und noch längeren Herbsten. Der Niederschlag fällt mit 300 bis 350 Millimetern relativ niedrig aus, weshalb auch keine hohen Erträge zu erwarten sind.

Die wichtigste Traube ist die Garnacha – mehr als die Hälfte der Weinberge ist mit ihr bestockt. Die nächsten Ränge belegen die Tempranillo mit 15 und die Cariñena mit sechs Prozent. Ein winziger Anteil entfällt ferner auf Cabernet Sauvignon, Juan-Ibañéz und Monastrell. Unter den weißen Sorten dominiert Macabeo, die auf 20 Prozent der Anbauflächen steht, hinzu kommen geringe Mengen Garnacha blanca, Parellada und Moscatel.

Die meisten Weine in Cariñena werden als *jóvenes* in Weiß, Rosa und Rot abgefüllt. Einige wenige Bodegas allerdings bieten ausgezeichnete *crianzas* aus Tempranillo oder Garnacha und zuweilen einem Schuss Cabernet Sauvignon an. Dieser Verschnittformel scheint die Zukunft zu gehören. Gelegentlich findet man noch einige altbackene *rancios*.

Cariñena-Weine gehören zu den bekanntesten Tropfen in Aragonien und sind daher die erste Wahl vieler Restaurants in der Region. Man serviert sie zusammen mit *migas*, einer Speise aus gebratenen Brotstückchen und Schinken- oder Käseresten, aber auch Fisch, Gemüse und sogar Süßigkeiten. Beliebt sind ferner Lammbraten, Zicklein und Spanferkel – alles Standardgerichte in Nordspanien. Rind wird oft roh mit heißem Salzstein serviert, damit die Gäste das Fleisch nach ihrem Gusto braten können.

Wichtige Erzeuger

Covinca Cooperativa, Longares. *Gegründet 1988.* Die Mitglieder dieser Genossenschaft bewirtschaften 3000 ha Rebfläche und erzeugen Schwindel erregende 100 000 hl Wein. Trotz dieser enormen Produktionsmenge allerdings hält man einen hohen Standard bei beständig guter Qualitätskontrolle. Wichtigster Wein ist der Torrelongares. Unter dieser Marke erscheinen *jóvenes,* Weiße (Macabeo), *rosados,* Rote (beides Garnacha) – und sogar ein *vino de licor,* der sehr gut ausfallen kann. Ihre rote *crianza* nennt die Genossenschaft Marqués de Ballomar; er überzeugt allerdings noch nicht. *Bester Wein:* der weiße *joven.*

San José Cooperativa, Aguarón. *Gegründet 1955.* Eine Genossenschaft mit 500 Mitgliedern und einer Jahresproduktion von 45 000 hl. Auch sie bereitet dank einer kürzlich angeschafften Edelstahlausrüstung sehr gute Gewächse. Man bietet zwei Marken zum Verkauf: Unter dem Namen Monasterio de las Viñas werden Weiße (Macabeo), *rosados jóvenes* (Garnacha), Rote in allen Ausführungen von *joven* bis *gran reserva* (in der Regel aus Garnacha, Tempranillo und Cariñena) sowie ein reinsortiger Tempranillo *joven* und ein Cabernet Sauvignon *crianza* angeboten. Die beiden letztgenannten Erzeugnisse können sehr gut ausfallen. Die zweite Linie nennt man Valdemadera. Sie umfasst einen *rosado joven* (Garnacha) sowie eine vorzügliche rote *crianza* aus Garnacha, Cariñena und Tempranillo. *Bester Wein:* der ausgezeichnete weiße Valdemadera *joven* (Macabeo).

San Valero Cooperativa, Cariñena. *Gegründet 1945.* San Valero erschloss für Cariñena den Ausfuhrmarkt: Etwa die Hälfte der DO-Exporte stammt aus dieser Genossenschaft. 1000 Mitglieder bauen auf insgesamt 5500 ha Reben an. Die *cooperativa* führt eigene Versuche durch und legt Wert auf strengste Qualitätskontrollen. Die Bodega experimentierte als einer der ersten Erzeuger mit Cabernet Sauvignon und animierte ihre Mitglieder zu Neupflanzungen mit Tempranillo. Der berühmteste Wein des Hauses heißt Don Mendo – er wurde einst ohne Etikett und in Pergament eingewickelt verkauft. *Beste Weine:* der Marqués de Tosos *reserva* und der Monte Ducay, der als weißer *joven* (Macabeo/Moscatel), *rosado joven* (Garnacha/Cabernet Sauvignon) und Roter in den Macharten *joven* bis *reserva* (meist Garnacha/Tempranillo/Cabernet Sauvignon) in den Handel gelangt. Diese Tropfen geraten in guten Jahren exzellent.

Somontano

Rebstöcke unterhalb des Monasterio del Pueyo bei Barbastro. Klöster wie dieses brachten im Mittelalter die Ausfuhr von Somontano-Weinen in Gang.

Somontano, die jüngste DO Aragoniens, hat hinsichtlich der Weinstile, Klimabedingungen und Marketingstrategien wenig mit den anderen Zonen der *autonomía* gemein. Das Weinbaugebiet um die Stadt Barbastro in der Provinz Huesca wartet mit einer üppiggrünen Landschaft, alten Dörfern, prähistorischen Höhlen, Schluchten, rotbraunen Böden, weiß blühenden Mandelbäumen und Reben auf.

Der Landstrich gefiel schon in der Antike: Als das römische Reich Ende des 5. Jahrhunderts zerfiel und die Legionen nach Hause zurückkehren konnten, ließen sich nicht wenige Soldaten für immer hier nieder. Für viele war ihr Heimatland eh nur noch eine verblassende Erinnerung. Andere hatten Rom ohnehin nie gesehen, da ihre Eltern schon vor ihrer Geburt nach *Hispania* gekommen waren. Die Angehörigen der ehemaligen Besatzungsmacht hatten das technische Know-how für gewerblichen Weinbau – und dieses Wissen teilten sie gern mit ihren neuen Landsleuten.

Im Mittelalter avancierte Somontano zu einem florierenden geistlichen Zentrum. Viele Klöster erweiterten ihre Weinberge und knüpften intensive Handelsbeziehungen zu Frankreich. Diese Verbindungen gereichten den Winzern der Gegend noch in den 60er Jahren des 19. Jahrhunderts zum Vorteil, als die Reblaus die französischen Anbauflächen verwüstete: Sie konnten das Exportgeschäft ausweiten und die Weinberge vergrößern.

Da Somontano relativ klein ist und nahe der französischen Grenze liegt, brach der Handel mit dem Nachbarn nie ab, sodass ein nicht unbeträchtlicher Teil der Produktion weiterhin ins Ausland verkauft wurde. 1974 jedoch hielten die örtlichen Winzer ihre Zeit für gekommen und bewarben sich um den DO-Status. Es dauerte zwar noch elf Jahre, bis sie ihn tatsächlich bekamen, dafür aber machte man gleich nach der Verleihung in kürzester Zeit große Fortschritte.

Geografie und Klima

Die Landschaft präsentiert sich in Somontano mit ihren Flusstälern, terrassierten Berghängen und den sanft geschwungenen Ausläufern der Pyrenäen sehr vielgestaltig. Die Bodenbeschaffenheit bietet günstige Wuchsbedingungen: Der fruchtbare Sandstein mit Ton und etwas Kreide ist zum Glück sehr durchlässig, denn der Niederschlag liegt mit 550 Millimetern höher als in anderen Teilen Aragoniens. Die Weinberge befinden sich auf 350 bis 650 Meter Höhe. Aufgrund des ausgezeichneten Mikroklimas sind die Reben tagsüber der Sonne ausgesetzt, während sie in den kühlen Nächten in eine Wachstumsruhe treten. Die Voraussetzungen für die Erzeugung von Spitzengewächsen sind also seit je ideal.

Allerdings dominierte eine Handvoll verschlafener alter Genossenschaften die Szene. Zum Glück nicht lange: Nachdem Untersuchungen ergaben, dass das Land hervorragend für den Weinbau geeignet war, zeigte sich der *consejo regulador* gegenüber investitionswilligen Unternehmen mehr als aufgeschlossen. Die Aufbruchsstimmung erfasste sogar die Genossenschaften.

Unter den ersten Betrieben, die sich nach der Vergabe des DO-Status in Somontano ansiedelten, war die Compañía Vitivinícola Aragonesa (CoViSa) in Salas Bajas. Sie gehört zu einer Organisation namens Desarollo Agrícola y Social de Aragón (DAYSA). Dieses «Unternehmen zur landwirtschaftlichen und sozialen Erschließung Aragoniens» ist ein Gemeinschaftsprojekt von Banken und anderen Betrieben vor Ort, die sich die Förderung, Entwicklung und Ausweitung der heimischen Wirtschaft im landwirtschaftlichen Sektor unter Berücksichtigung sozialer Aspekte zum Ziel gesetzt haben.

Die CoViSa richtete zunächst eine Versuchsanlage in Salas Bajas ein und testete verschiedene Böden, Wurzelstöcke, Rebsorten und Bereitungsmethoden. Als man die ideale Kombination aller Variablen gefunden hatte, stellte man eine brandneue, hochmoderne Kellerei auf die grüne Wiese und begann mit Neupflanzungen. Heute gehört die CoViSa zu den besten Produzenten der DO. Die meisten anderen Erzeuger der Zone nahmen sich die Vorgehensweise der Firma zum Vorbild.

Rebsorten und Weinstile

Einst beschränkte man sich in Somontano auf Garnacha tinta, Garnacha blanca, Macabeo, die unbekannten einheimischen Varietäten Moristel und Parraleta – beides Rotweintrauben – sowie eine weiße Sorte namens Alcañón. Sie alle haben noch heute einen hohen Stellenwert, allerdings sind einige Newcomer dazugestoßen: Tempranillo, Cabernet Sauvignon, Merlot und Pinot noir ergänzen die rote Bruderschaft, während sich bei den Weißen Chardonnay, Chenin blanc und Gewürztraminer eingefunden haben.

Die Weine Somontanos lassen sich in zwei Kategorien einteilen. Da sind zum einen die roten, rosafarbenen und weißen *jóvenes* aus Macabeo, Garnacha und Moristel – Erzeugnisse alten Stils, deren Stern im Sinken begriffen ist. Die andere, weitaus erfolgreichere Gruppe wird von Verschnitten aus traditionellen und französischen Trauben gebildet, bei denen man an die Grenzen des önologisch Machbaren geht. Mit diesem neuen Ansatz hat man einen verschlafenen Weinbaubereich innerhalb zweier Jahrzehnte wieder zum Leben erweckt. Zu verdanken ist der Aufschwung einigen *bodegueros*, die hart gearbeitet haben, um ihre Weine ins Rampenlicht zu rücken.

Das Dorf Alquézar in Somontano gehört mit seiner Burg zu den malerischsten Flecken in ganz Aragonien.

Wichtige Erzeuger

Alto Aragón, Salas Bajas. *Gegründet 1991*. Diese Bodega produziert unter dem Markennamen Enate aus niedrigen Erträgen erstaunlich gute Tropfen: Der Enate Blanco (70 % Chardonnay/30 % Macabeo) bekundet ausgezeichnete Qualität und wird nur noch vom herausragenden Enate Chardonnay übertroffen, den man im Fass vergärt. Daneben offeriert das Gut noch Enate Riesling, Sauvignon blanc und Gewürztraminer. Sie alle geraten ausgezeichnet, die beste Figur allerdings macht meist der Sauvignon. Im Sortiment hat man zudem einen exzellenten Cabernet Sauvignon *rosado* und eine Reihe von Roten, wie den köstlichen *joven* (Tempranillo/Monastrel/Cabernet Sauvignon) und eine noch bessere *crianza* (70 % Tempranillo/30 % Cabernet Sauvignon), die 9 Monate im Fass liegt.

Borruel, Ponzano. *Gegründet 1983*. Das Familienunternehmen holt sich sein Lesegut sowohl von den hauseigenen 14 ha Weinbergen als auch von anderen Erzeugern. So kommt man auf insgesamt 3500–4000 hl Wein jährlich. Angeboten werden ein Villa de l'Ainsa und ein Villa Osca, beides *jóvenes* in Weiß, Rosé und Rot, ein Villa de Benasque, der als Weißwein und *rosado joven* auf den Markt kommt, eine rote *crianza* desselben Namens (50 % Tempranillo/50 % Moristel; 12 Monate in Eiche) und ein Castillo de l'Ainsa (70 % Moristel/30 % Tempranillo; 12 Monate in Eiche), auch er eine *crianza*. Der Gran Eroles *reserva* (50 % Tempranillo/25 % Moristel/25 % Cabernet Sauvignon) bleibt 14 Monate im Eichenfass. *Beste Weine:* Vor allem die *crianzas* des Gutes brillieren.

CoViSa, Barbastro. *Gegründet 1986*. Der 600-ha-Betrieb gehört zu den modernsten Weinerzeugern Spaniens. Man bietet eine breite Palette von Produkten an. Die Linie Viñas del Vero umfasst *jóvenes* in Weiß (Chenin blanc/Macabeo/Chardonnay), Rosé (Tempranillo/Moristel/Garnacha) und Rot (Tempranillo/Moristel). Man bereitet auch reinsortige weiße *jóvenes* aus Chardonnay – teils im Fass vergoren –, Chenin blanc, Gewürztraminer und Riesling sowie rote *jóvenes* aus 100 % Merlot und Tempranillo. Die nächsthöhere Ausbaustufe bilden die *crianzas*: der Duque de Azara (Tempranillo/Moristel) und ein reinsortiger Pinot noir namens Val de Uga, die beide 8 Monate in Eiche ruhen. Die *reservas* laufen unter der Bezeichnung Gran Vos (Merlot/Cabernet Sauvignon/Pinot noir) und Val de Vos (100 % Cabernet Sauvignon). Sie alle sind schön gemacht und lassen eine sorgfältige Bereitung erkennen. *Beste Weine:* der reinsortige Tempranillo *joven* und der Gran Vos.

Monclús, Radiquero. *Gegründet 1980*. Diese Familienbodega mit 12 ha Rebfläche und einer Jahresproduktion von 2000 hl wird von Mercedes Monclús geführt, die sich besonders intensiv für die Vergabe des DO-Status an Somontano eingesetzt hat und dafür Respekt verdient. Doña Mercedes bereitet überaus angenehme Monclús *jóvenes* in allen drei Farben und einen Inés de Monclús *crianza* (Tempranillo).

Pirineos, Barbastro. *Gegründet 1993*. Die einstige Genossenschaft Somontano de Sobrarbe ist der Motor der hiesigen Weinindustrie. Das Gut arbeitet weiterhin als *cooperativa,* deren Mitglieder 1000 ha Land bewirtschaften. Vor kurzem hat man in eine neue Ausrüstung investiert, die Neubepflanzung der Rebhänge vorangetrieben und das Sortiment umgestellt. Trotzdem wird weiterhin eine verwirrende Vielfalt an Marken und Ausführungen angeboten. *Beste Weine:* der sehr gute Montesierra *rosado joven* (Tempranillo/Macabeo/Moristel/Garnacha), der rote Villa de Alquézar *joven* (Tempranillo/Moristel), der rote Monasterio del Pueyo *crianza* (Tempranillo/Cabernet Sauvignon) und der rote Señorío de Lazán *reserva* (Tempranillo/Moristel/Cabernet Sauvignon).

Landweine im nördlichen Zentralspanien

VdlT Bajo Aragón (Teruel).
Das mit 10 000 ha Rebfläche sehr große Weinbaugebiet in der Umgebung der Stadt Valderrobres liegt im Osten der Provinz Teruel südlich des Ebro. Es stößt an die westliche Grenze Kataloniens an und wird in die drei Subzonen Ost, Mitte und West unterteilt. Der östliche Bereich bewirtschaftet die größte Rebfläche und erzeugt auch den meisten Wein; der mittlere Teil fällt von der Gesamtfläche her am größten aus, die Rebhänge sind jedoch recht weitläufig verstreut; die westliche Subzone schließlich hat die geringste Bedeutung.

Wichtigste Rebsorte ist die Garnacha tinta mit 60 % Anteil an der Anbaufläche, dahinter rangiert die Garnacha blanca als zweitwichtigste Traube mit 30 %. Auf einem Bruchteil der Weinberge wachsen Macabeo und Mazuelo. Daneben experimentiert man noch mit Cabernet Sauvignon – jede Region scheint ihre Pioniergeister zu haben.

Das Niveau der Weinbereitung ist bestenfalls durchwachsen. Manche Bodegas vinifizieren noch gemischtes Lesegut und machen daraus leichte Rote oder fertigen aus der Garnacha alkoholstarke, altmodische Gewächse.

Dennoch gibt es spürbare Verbesserungen. So hat die regionale *Estación de Viticultura y Enología,* das Zentrum für Weinbau und Önologie, in Valderrobres eine Zweigstelle eingerichtet und tut alles, um die *viñeros* zur Erzeugung besserer Qualität zu bewegen. So rät man ihnen beispielsweise, neue Ausrüstung zu installieren, den Most bei kühleren Temperaturen zu vergären und jüngere, frischere Weine zu verkaufen.

Gewisse Fortschritte sind zwar erkennbar, doch noch immer besteht ein Großteil der etwa 200 000 hl Jahresproduktion aus offenen Weinen.

Wichtige Erzeuger

Santa María La Mayor Cooperativa, Valderrobres. *Gegründet 1957.* Die typische *cooperativa comarcal* (Bereichsgenossenschaft) verarbeitet so ziemlich alles, was man ihr vor die Tür wirft. Sie bringt eine Reihe von Flaschenweinen unter dem Markennamen Valderrobres und Peña Lagaya auf den Markt: Rote, Weiße und *rosados,* die als *jóvenes* bereitet werden und bis zu 13 % Alkohol enthalten können. In der Regel bestehen sie aus verschiedenen Anteilen Garnacha, Macabeo und Mazuelo. Die Qualität ist bescheiden.

VdlT Valdejalón (Zaragoza).
Ein weiterer riesiger Bereich, der im Westen der Provinz Zaragoza liegt und das Dreieck zwischen Campo de Borja im Norden und Calatayud sowie Cariñena im Süden einnimmt. Der wichtigste Ort ist La Almunia de Doña Godina an der Straße zwischen Calatayud und Zaragoza.

In Valdejalón werden Massenweine produziert. Der Jahresausstoß liegt bei durchschnittlich 200 000 hl, die man aus 15 000 ha Rebfläche herausholt. Obwohl man so viel produziert wie Bajo Aragón, liegt der Ertrag pro Hektar niedriger. Leider ist deshalb die Qualität keineswegs besser – man wirtschaftet nur nicht so effizient. 90 % der Rebflächen gehören der Garnacha tinta. Aus ihr keltert man schwere, stämmige Rote, die oft nach der *doble-pasta*-Methode entstehen und viel Alkohol enthalten.

Auch hier hebt sich eine Handvoll Erzeuger von der Masse ab. Gelegentlich trifft man auf die allgegenwärtige Cabernet Sauvignon. Die besseren Tropfen der Region orientieren sich am Stil von Campo de Borja im Norden.

Am interessantesten ist das Gebiet im Nordwesten um Moncayo. Dank höher gelegener Weinberge, einem kühleren Mikroklima und mehr Niederschlägen bringen weitsichtige Winzer hier leichtere, frischere und alkoholärmere Produkte zuwege. Falls Valdejalón es je zu einer ernsthaften Weinregion bringen will, dann nur mit Moncayo.

VdlT Tierra Baja de Aragón (Zaragoza). Nicht zu verwechseln mit der VdlT Bajo Aragón (siehe dort). Der kleine Bereich liegt östlich von Caspe am Ebro, etwa auf halbem Weg zwischen Zaragoza und Lleida (Lérida).

In den sechs Dörfern zwischen Caspe und der Grenze zu Katalonien entstehen Weiße, *rosados* und Rote. Sie werden vorwiegend aus Garnacha gekeltert, doch haben auch hier Cabernet Sauvignon und Tempranillo eine gewisse Bedeutung erlangt. Beachtenswerte Weine sind in dieser *Vino-de-la-Tierra*-Anbauzone bislang noch nicht entstanden.

Mandel- und Olivenbäume wachsen bei Salas Altas in der DO Somontano neben Rebflächen.

VC Alto Jiloca (Teruel)/VC Daroca (Zaragoza). Die beiden Bereiche werden zusammen behandelt, denn außer der Verwaltungsgrenze zwischen Zaragoza und Teruel trennt sie nichts.

Die VC Daroca umfasst zwei Dutzend Dörfer um den Ort Daroca im Süden der Provinz Zaragoza zwischen Calatayud, Cariñena und der Grenze zu Teruel. Die meisten Rebflächen sind im Tal des Flusses Jiloca angelegt.

Die Anbauflächen der VC Alto Jiloca liegen im Norden der Provinz Teruel. Der Bereich bildet die direkte südliche Verlängerung der VC Daroca und grenzt im Westen an die Provinz Cuenca in der *autonomía* Kastillien-La Mancha. 21 Dörfer um Calamocha im Jilocatal gehören zu ihm.

In den beiden VCs werden zusammen 10 000 hl Wein produziert. Wer sich schon mit den Erzeugnissen der anderen Landweinzonen in Aragonien vertraut gemacht hat, trifft hier auf Altbekanntes: In Mischkultur uninteressanter Rebsorten entstehen genau die schweren, kernigen Tafelweine mit bis zu 14 % Alkohol, die man schon seit Jahrhunderten fertigt – mehr will man allem Anschein nach auch überhaupt nicht erreichen.

Garnacha und Macabeo dominieren das Terrain, doch auch etwas Monastrell wird angebaut, weshalb man durchaus gute Tropfen erzeugen könnte – es fehlen allein der Wille und die nötigen Investitionen.

VC Belchite (Zaragoza). Belchite und 16 weitere Dörfer im Süden der Provinz Zaragoza zwischen der Hauptstadt und der Grenze zu Teruel dürfen für ihre einfachen, aus Garnacha und Macabeo gekelterten Weine diese Herkunftsbezeichnung verwenden.

Die schwergewichtigen Tropfen – das zulässige Alkoholminimum liegt bei 12 % für Weiße und 13 % für Rote – ähneln denen in Muniesa weiter im Süden.

VC Muniesa (Teruel). Der Bereich bildet mehr oder weniger die Verlängerung der VdlT Bajo Aragón (weiter oben) im Norden der Provinz Teruel, obgleich die Weinbereitung bei weitem nicht so ausgefeilt ist.

Um die Stadt Muniesa herum sind 2200 ha Weinberge angelegt; man hat sie vorwiegend mit Garnacha (70 %) und Macabeo bestockt. Aus diesen Sorten keltern die Winzer wuchtige Weine mit bis zu 15 % Alkohol. Einen geringen Anteil haben die unbekannten Sorten Provechón, Miguel de Arco und Royal. Eine nennenswerte Weiterentwicklung lässt sich in dieser VC-Anbauzone nicht feststellen.

Katalonien und die Balearen

Die futuristische Bodega Raïmat in Costers del Segre. Das Interieur ist eine Melange aus antikem Rom und Raumschiff Enterprise.

Seit vor rund 3000 Jahren der Seehandel an der Küste Nordostspaniens seinen Anfang nahm, hat Katalonien in der Geschichte des Mittelmeerraums stets eine wichtige Rolle gespielt. Die Region dominierte einst das wirtschaftliche und kulturelle Leben weit über die Grenzen der heutigen *autonomía* hinaus. *Catalunya* – kastilisch *Cataluña* geschrieben – umfasst vier Provinzen: Girona (Gerona) und Lérida (Lleida) im Norden an der Grenze zu Frankreich sowie Barcelona und Tarragona in der Mitte und Richtung Süden die Küste entlang. Der Weinstil ist eine ganz eigene Mischung aus verschiedenen Einflüssen und ein Spiegel der katalanischen Eigenwilligkeit. Wo das Klima, die Böden und die Gastronomie ideal für leichte, frische Weiße und *rosados* wären, bereitet der Katalane feine Rote, kraftvolle *crianzas* und *reservas* sowie die zweitbeliebtesten Schaumweine der Welt. Die Balearen teilen sich mit Katalonien eine Geschichte, eine Sprache und eine Küche – ein Beweis für den einst weitreichenden Einfluss des katalanischen Imperiums.

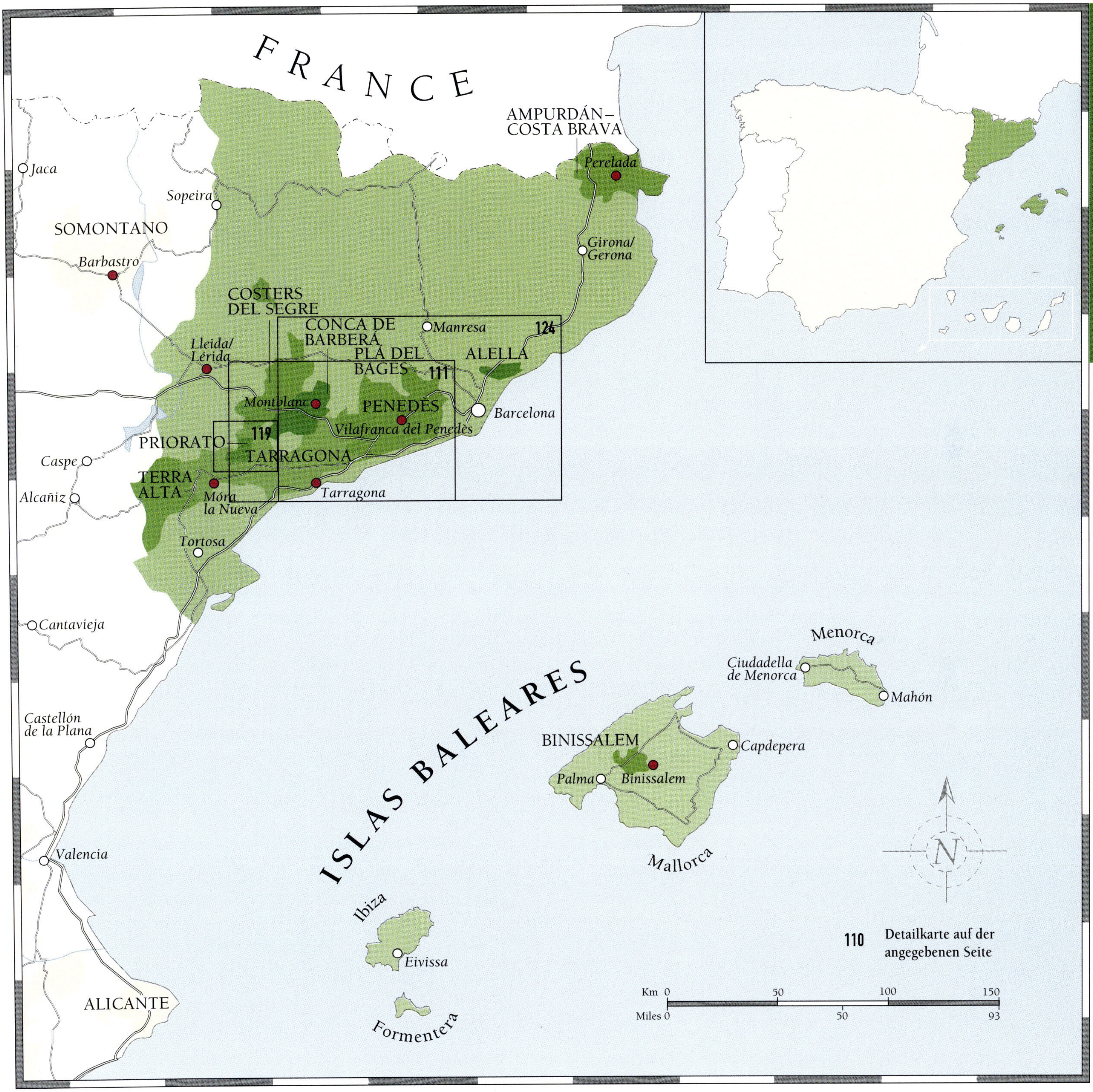
FRANCE
AMPURDÁN–
COSTA BRAVA
Perelada
Jaca
Sopeira
SOMONTANO
Barbastro
Girona/
Gerona
COSTERS
DEL SEGRE
CONCA DE
BARBERÁ
Manresa
124
Lleida/
Lérida
PLÁ DEL
BAGES
111
ALELLA
Montblanc
PENEDÈS
Barcelona
Vilafranca del Penedès
PRIORATO
119
TARRAGONA
Caspe
TERRA
ALTA
Alcañiz
Móra
la Nueva
Tarragona
Tortosa
Cantavieja
Menorca
Ciudadella
de Menorca
Mahón
ISLAS BALEARES
Castellón
de la Plana
BINISSALEM
Capdepera
Palma
Binissalem
Mallorca
N
Valencia
Ibiza
Eivissa
110
Detailkarte auf der
angegebenen Seite
Km 0
50
100
150
Miles 0
50
93
ALICANTE
Formentera

Katalonien: ein Handelszentrum

Katalanische Küche

Katalonien präsentiert sich mit seiner langen Mittelmeerküste seit je als Fischland. Man findet unzählige Restaurants, die ausschließlich mariscos *(Meeresfrüchte) und* pescado *(Fischgerichte) offerieren. Die Region hat nicht nur für jede Rebsorte, sondern auch für jede Feldfrucht das geeignete Mikroklima zu bieten, denn die für den Gemüseanbau geeignete zentrale Ebene zieht sich von Meereshöhe bis auf über 800 Meter hinauf. Hier gedeihen Erbsen, Bohnen, Spargel, Pfeffer, Artischocken und Oliven, aber auch Wildpilze und allerlei weitere Köstlichkeiten. Bekannt geworden ist Katalonien ferner für Schinken- und andere Schweinefleischprodukte, insbesondere eine Art Weißwurst namens* butifarra. *Auch* alioli, *eine Knoblauchsauce provenzalischen Stils wurde weltbekannt. Das Lieblingsdessert der Katalanen ist die* crema catalana, *eine Abwandlung der klassischen* crême brûlée, *die oft mit einem noch heißen Karamellüberzug serviert wird. Berühmtheit hat darüber hinaus der katalanische Ziegenkäse* Garrotxa *erlangt, der überall in der Region gemacht wird. Doch auch den* Valle de Aran *und den* Montsec *aus Lleida, den* Serrat *beziehungsweise* Tupi *von den Ausläufern der Pyrenäen sowie den* La Selva *aus Girona sollte man gekostet haben.*

Katalonien liegt am nordwestlichen Rand des Mittelmeeres. Hier entstanden nicht nur wichtige Häfen wie Barcelona, das Land erlangte auch politisch und militärisch große Bedeutung. Intensive Handelsaktivitäten und Wohlstand waren die Folge der strategisch günstigen Position. Die lange Küste und der legendäre Reichtum der Region riefen allerdings auch immer wieder Eroberer auf den Plan. Im 6. Jahrhundert v. Chr. kamen die Griechen, dann die Karthager und Römer und im 8. Jahrhundert n. Chr. die Mauren. Die Katalanen verbündeten sich schließlich mit Karl dem Großen, der die Araber verjagte. Allerdings gefiel ihm das Land so sehr, dass er es gleich in sein Reich eingliederte.

865 übernahmen die Grafen von Barcelona die Herrschaft. Bis zum Ende des Jahrhunderts löste sich die Region dann de facto vom Fränkischen Reich. Die treibende Kraft hinter diesen Unabhängigkeitsbestrebungen war ein Graf mit dem sonderbaren Namen Wilfred der Haarige. Durch die Ausweitung der Handelsbeziehungen nach Osten und hinunter bis zur afrikanischen Küste erlebte Katalonien anschließend eine Ära des Wohlstands. 1137 ehelichte Graf Berenguer IV. von Barcelona Petronilla, die Tochter des aragonesischen Königs. Mit Petronillas Thronbesteigung verschmolzen die beiden Königtümer. Das Doppelreich trug den Namen Aragonien, obgleich Katalonien weitaus mehr Bedeutung hatte.

Das goldene Zeitalter Kataloniens

Der Zusammenschluss leitete eine beispiellose Blütezeit ein, auf deren Höhepunkt sich das Land vom heutigen Languedoc im Norden bis Valencia im Süden erstreckte. Darüber hinaus hielt es Besitzungen im gesamten Mittelmeerraum, wie die Balearen, Korsika, Sardinien, Sizilien, Neapel sowie Teile Griechenlands und der Türkei. Mit dem Tode König Pedros IV. im Jahr 1387 ging das goldene Zeitalter zu Ende, denn Erbstreitigkeiten führten zum Zerfall des Reichs. Als der aragonesische Thronerbe Ferdinand 1469 Isabella von Kastilien zur Frau nahm und damit Kastilien, León, Asturien, Kantabrien, Aragonien und Katalonien letztendlich vereinte, verschob sich das Machtzentrum nach Westen.

Natürlich waren die Katalanen nie so recht glücklich über den Verlust ihrer Eigenständigkeit. Im Spanischen Erbfolgekrieg von 1702 bis 1714 schlugen sie sich auf die Seite des österreichischen Thronanwärters Karl und stellten sich damit gegen den späteren spanischen König Philipp V. Dieser eroberte nach seiner Thronbesteigung Barcelona und errichtete ein zentralistisches Regime. Doch der Unabhängigkeitswille der Katalanen war ungebrochen. 1932 erlangten sie während der Zweiten Republik tatsächlich regionale Autonomie. Aber sie war nicht von Dauer: Der spanische Bürgerkrieg (1936–1939) verschonte auch die Katalanen nicht. General Franco unterdrückte nach seiner Machtübernahme ihre Sprache und Kultur. Nach seinem Tod gewährte man der Region wieder Autonomiestatus und verankerte ihn in der neuen Verfassung von 1978. Heute leuchtet Barcelonas Stern heller denn je. Die Stadt hat nicht nur Spaniens größten Hafen, sie ist auch zu einer Kulturmetropole von internationalem Rang avanciert und pflegt das Vermächtnis von Gaudí, Miró, Picasso, Dalí und Tàpies.

Die Region und ihre Weine

Innerhalb von nur einer Generation hat Katalonien seine Weinszene völlig umgekrempelt. Einst entstanden hier wuchtige, maderisierte *rancios* und süße *vinos de licor* aus einer der Moscatel-Sorten. Diese Stile bildeten zusammen mit den *rosados* aus Garnacha bis in die 50er Jahre hinein die tragenden Säulen der katalanischen Weinerzeugung. Daneben gab es natürlich noch die Cavas aus dem Anoiatal. Irgendwie scheint der Anbau von Cava-Trauben und der damit verbundene höhere Aufwand bei der Bereitung die Initialzündung für die Produktion von Stillweinen gegeben zu haben.

Die Weiterentwicklung der hiesigen Weinwirtschaft kam bereits in den 40ern in Gang. In Europa wütete der Krieg, sodass als einziger Exportmarkt für katalanische Erzeugnisse der amerikanische Kontinent in Frage kam. Der junge Miguel Torres reiste mit seiner Frau Margarita über den Atlantik, um dort für seine Weine zu werben. Als die beiden zwei Jahre später nach Hause zurückkehrten, kannte man den Namen seines Unternehmens in ganz Nord- und Südamerika. Nach Kriegsende erwies sich das als enormer Vorteil: Die anderen europäischen Länder waren noch weit davon entfernt, ihre Weine über den Ozean zu schicken, doch die riesigen Städte in der Neuen Welt brauchten dringend einen anregenden Trunk für ihre Feste. Der Verkauf boomte.

Miguel Torres' Pionierarbeit trug reiche Früchte, denn als die Länder des pazifischen Beckens und Australien in die verheißungsvollen 50er Jahre aufbrachen, wurden seine Erzeugnisse auch hier bekannt. Zu jener Zeit transportierte das Gut die Weine noch immer in Fässern. Als aber andere Bodegas auf den Markt drängten, erkannte Miguel Torres, dass er seine Marken nur erfolgreich etablieren konnte, wenn er sie in Flaschen verkaufte. Zu einer Zeit, als nur eine Handvoll der berühmtesten Güter ihre Kreszenzen selbst abfüllten, war diese Strategie geradezu revolutionär. Sie festigte den Ruf der Torres-Weine weiter und so wurde dieser Name zu einem Synonym für beste Qualitätskontrolle und innovative Weinbereitung.

Anfang der 60er Jahre verließ Miguel Torres' Sohn Miguel Agustín die Universität mit einem Abschluss in Chemie und Önologie. Obwohl die Edelstahltechnologie noch in den Kinderschuhen steckte, erkannte Miguel Agustín ihr Potenzial und so installierten die Torres als erste Bodega in Katalonien die neue Ausrüstung. Daneben testete man noch an ausgewählten Rebhängen mit geeignetem Mikroklima den Anbau von Cabernet Sauvignon, Merlot und sonstigen Sorten.

Mittlerweile hatten sich auch andere Betriebe daran gemacht, die katalanische Weinindustrie für die Zukunft zu rüsten. Ein weiterer Pionier war der Katalane Jean León, der in den 50ern nach Kalifornien ausgewandert war. 1962 kehrte er in seine Heimat zurück und kaufte ein Stück Land in der DO Penedès. Dort fertigte er aus klassischen französischen Rebsorten Weine im Bordeaux-Stil und füllte sie auf dem Gut ab. In der ganzen Region findet man heutzutage Cabernet, Merlot, Chardonnay – sogar Pinot noir und Syrah.

Der moderne katalanische Wein ist eine erstaunliche Melange aus Alt und Neu. In der *autonomía* erzeugen einige der modernsten Kellereien Spaniens makellose Tropfen von Weltniveau, während kleine Bodegas individuelle Einzellagengewächse fertigen. Daneben gibt es noch die *viñeros artesanales*, die ihre alten *rancios* und *licorosos* weiter so bereiten wie einst ihre Großväter, verschlafene Provinzgenossenschaften, die ihre Weine offen vor Ort an den Mann bringen, und fabrikähnlich produzierende Güter, die riesige Mengen guter, ehrlicher, preisgünstiger, für die Küstenstädte, Stadtcafés und Bars bestimmter Alltagsweine ausstoßen.

Katalonien hat sein traditionelles Gesicht bewahrt. Doch hinter der altmodischen Fassade läuft eine moderne Weinindustrie auf Hochtouren.

Alella

Wichtige Erzeuger

Alella Vinícola Cooperativa, Alella. *Gegründet 1906.* Die 106 Mitglieder der Genossenschaft bewirtschaften 140 ha. Ihre Weine gelangen als Marfil in den Handel; die Marke umfasst gute Weiße und *rosados*. *Bester Wein:* einer der wenigen in der Region noch erzeugten *semisecos* – ein Weißer aus 60 % Pansà blanca, 30 % Garnacha blanca und 10 % Chardonnay.

Parxet, Tiana. *Gegründet 1920.* Hier entsteht der berühmteste Wein der DO, der weiße Marqués de Alella. Die einfachste Ausführung, der Marqués de Alella Clásico, bekundet als reinsortiger Pansà blanca Frucht, Frische, lebendige Säure und einen Hauch traubiger Süße. Der Marqués de Alella Seco, die trockene Version des Clásico, gerät nicht minder gut. Gleiches gilt für den reinsortigen Chardonnay. *Bester Wein:* der Chardonnay Marqués de Alella Alliers, der 6–7 Monate in Alliers-Eiche reift und einen würzigen Eichencharakter an den Tag legt.

Roura, Alella. *Gegründet 1981.* Eine moderne Bodega, die im Ruf steht, Gewächse von ausgezeichneter Qualität zu bereiten. Sie verwendet Lesegut von den hauseigenen 35 ha Rebfläche, kauft aber auch Weine zu. Die Basislinie aus verlässlichen, ausgezeichneten Weißen wird Roura Voramar genannt. Im Sortiment findet sich überdies ein reinsortiger Chardonnay. Bekanntheit hat das Gut aber wegen seiner köstlichen *rosados* aus 100 % Merlot und seiner Roten erlangt, die in der Region vermutlich eine Spitzenstellung einnehmen. Der einfachste Rote heißt Roura Memory, ein Verschnitt aus 80 % Tempranillo und 20 % Cabernet Sauvignon. Gelungener ist der reinsortige Roura Merlot. *Bester Wein:* der Roura *crianza* (Cabernet Sauvignon/Merlot/Tempranillo) mit bis zu 20 Monaten Verweildauer in Eiche.

Oben: Aus der Xarel-lo, in Alella Pansà blanca genannt, entstehen leichte, frische Weine für den sofortigen Konsum.

Vor 60 Jahren gehörte Alella zu den ersten offiziell ausgewiesenen Anbauzonen. 30 Jahre danach war ihre Rebfläche dreimal so groß wie heute. Noch vor kurzem präsentierte sich die DO als angenehme, ländliche Gegend etwa sechs Kilometer nördlich des Flusses El Besós, der die nordöstliche Stadtgrenze von Barcelona bildet.

Heute jedoch ist Alella leider zu einem Pendlervorort mutiert; ein Großteil der niedriger gelegenen Weinberge wurde zu Bauland umfunktioniert. 1989 gab man vier höhere Lagen, die so genannten *valles,* für die Bepflanzung mit Reben frei – ein verzweifelter Versuch, der Entwicklung entgegenzuwirken. Dennoch ist das Weinbaugebiet Alella mittlerweile nur mehr ein Schatten seiner selbst.

Geologie und Weinbau

Die *valles* geben durchaus Anlass zu Hoffnung: Ihr Untergrund gehört zu den weltweit besten Böden für Rebkultur. Im Osten besteht das Muttergestein aus einer Schiefer- und Kalkschicht, die sich durch ganz Katalonien zieht, unter der zentralen Hochebene hindurchläuft und erst bei Ribera del Duero wieder zutage tritt. Die älteren Weinberge in niederen Lagen stehen auf Granit. Mit diesen beiden Gesteinsschichten und dem hügeligen Gelände an der Ostseite der Sierra de Montseny deckt die DO eine relativ große Bandbreite an Boden- und Klimaarten ab.

Alella ist zwar sehr klein, dennoch lassen sich im Anbaubereich drei Klimazonen unterscheiden. An der Küste hat man die Rebhänge bis 90 Meter Höhe vorwiegend mit Garnacha blanca bestockt. Weiter landeinwärts in 90 bis 150 Metern über dem Meeresspiegel liegt auf Granit das Gros der «alten», mit Pansà blanca (Xarel-lo), Pansà rosada, Garnacha tinta und Ull de Llebre (Tempranillo) bepflanzten Weinberge.

Und dahinter erstreckt sich die *valles*-Region auf 160 bis 260 Meter Höhe. Hier herrscht das kühlste Mikroklima. Man kultiviert vorwiegend Pansà blanca; dazwischen stößt man gelegentlich auf Versuchsanlagen mit den so genannten internationalen Rebsorten wie Chardonnay, Chenin blanc, Cabernet Sauvignon oder Pinot noir.

Vinifikation und Weinstile

In Alella entstanden von alters her liebliche Weiße. Sie erfreuten sich bis in die 70er Jahre hinein großer Beliebtheit; mittlerweile jedoch sind sie fast ganz in Vergessenheit geraten. Daneben fertigt man hie und da *rosados* und überraschend gute Rote. Zu internationalem Ruhm allerdings ist die DO durch ihre Weißweine gelangt. Die in der Regel leichten, frischen, vorwiegend aus Pansà blanca gekelterten Tropfen sind für den sofortigen Trinkgenuss gedacht. Da im *valles*-Bereich auch internationale Rebsorten angebaut werden, kann man ferner ausgezeichnete Verschnitte mit Chardonnay oder sogar reinsortige Gewächse bekommen.

Bei der letzten Bestandsaufnahme waren in der gesamten DO nur drei Bodegas aktiv: Parxet, Roura und die örtliche Genossenschaft, die ihren Betrieb vorbildlich modernisiert hat. Alle Erzeuger bringen passable Weine auf den Markt. Parxet beispielsweise betreibt in Tiana eine hochmoderne Kellerei, während Roura für Versuche mit französischen Trauben bekannt ist. Dabei kommen nicht nur die international verbreiteten Sorten zum Einsatz, sondern auch traditionelle Varietäten aus Südfrankreich. Beide Bodegas keltern außerdem Wein der DO Cava. Man kann nur hoffen, dass sie und die Genossenschaft nicht eines Tages der immer weiter ausufernden Stadt weichen müssen.

Ampurdán-Costa Brava

Diese DO liegt an der Schwelle zu Frankreich. Die Katalanen nennen sie *Empordà*. Ihr Nordrand fällt mit der spanisch-französischen Grenze zusammen. Einige Weinberge erstrecken sich unter Missachtung politischer Demarkationen sogar über beide Länder. Hauptstadt der Region ist Figueres, wo das berühmte Dalí-Museum steht. Die östliche Grenze der Zone wird von der Costa Brava gebildet, der «wilden Küste».

Frankreich hatte auf die Weinstile hier traditionell nur wenig Einfluss. Die Ähnlichkeit zwischen dem *vino de licor* aus Ampurdán und Banyuls' *vin doux naturel* ist zwar groß, doch davon abgesehen kennt man den französischen Bereich Roussillon vor allem wegen seiner Roten, während Ampurdán sich auf *rosados* aus Cariñena spezialisiert hat. Seit kurzem jedoch hat sich einiges geändert: Neben der Garnacha und den drei katalanischen Cava-Trauben findet man mittlerweile nicht wenige Versuchspflanzungen mit neuen Rebsorten.

Ampurdán liegt in etwa 200 Meter Höhe. Viele Rebhänge sind in kraterförmigen Tälern namens *concas*, kastilisch *cuencas*, angelegt. Manche niedrig gelegenen Anbauflächen laufen fast bis zum Strand hinunter. Die Böden sind meist leicht, einigermaßen fruchtbar und gut durchlässig; vor allem auf den Ausläufern der Pyrenäen besteht das Muttergestein aus Kalk. Das Klima zeigt sich ausgeprägt mediterran, obwohl die östlichen Pyrenäen und der *tramontana* genannte kalte Nordwind die Temperaturen auf erträglichem Niveau halten.

All diese Faktoren erklären zum Teil den Erfolg der neuen, versuchsweise angepflanzten Rebsorten, darunter Tempranillo, Cabernet Sauvignon und Chardonnay. Der eine oder andere Winzer arbeitet ferner mit Syrah, Chenin blanc, Riesling, Muscat und sogar Gewürztraminer. Die DO Ampurdán-Costa Brava befindet sich weitgehend in der Hand von Genossenschaften. Die Vorzeigeweine der Zone sind im Augenblick noch die *rosados* aus Garnacha und Cariñena, die zuweilen ganz passabel ausfallen. Die viel versprechendste Perspektive indes bieten die Weißen und Roten der neuen Machart.

Die Weißen werden aus Parellada, Xarel-lo und Macabeo gekeltert und enthalten manchmal etwas Garnacha blanca und oft auch ein Quäntchen Chardonnay. Unter den Roten dominieren Verschnitte aus Tempranillo und Cabernet oder reinsortige Gewächse. Die Spezialität von Ampurdán-Costa Brava ist der klassische *vino de licor* namens Garnatxa, ein reinsortiger Garnacha mit 15,5 Prozent Alkohol.

Wichtige Erzeuger

Cavas del Ampurdán, Perelada. *Gegründet 1947.* Ein modernes Unternehmen, dessen Stillweine namens Castillo de Perelada zu den Klassikern der Region zählen. Man erzeugt einen weißen Basiswein, einen Cabernet Sauvignon *rosado* sowie rote *crianzas, reservas* und einen reinsortigen roten Cabernet Sauvignon. *Beste Weine:* der *blanc de blancs* aus Parellada, Macabeo, Xarel-lo und Chardonnay, sowie der sortenreine Chardonnay.

Comercial Vinícola del Noreste (CoViNoSA), Mollet de Perelada. *Gegründet 1977.* Ein Jointventure zwischen Cavas del Ampurdán und der Cooperativa de Mollet de Perelada. CoViNoSA übernimmt die Weine der Genossenschaft und vermarktet sie. Die Bodega führte erfolgreich den Vi Novell ein, einen frischen, fruchtigen, früh trinkreifen roten Stillwein. Sie keltert ferner Alltagstrunke ohne Jahrgangsangabe und bringt sie unter dem Markennamen Vinya Farriol in den Handel. Ebenfalls im Sortiment hat man ältere Rote namens Garrigal. *Bester Wein:* der ausgezeichnete Cabernet Sauvignon mit 15 % Garnacha.

Ricardell Cooperativa, Pont de Molins. *Gegründet 1934.* Die 87 Mitglieder dieser Genossenschaft bewirtschaften 300 ha Land, die Jahresproduktion liegt bei 15 000 hl. Hier entsteht einer der besseren «neuen» Weine der Region, der Empordà Novel (50 % Garnacha/50 % Cariñena) und ein weißer Garnatxa de Ricardell *vino de licor*. Die Hauptlinie heißt Vinya Orlina und umfasst Erzeugnisse guter Qualität zu einem günstigen Preis-Leistungs-Verhältnis.

Trobat, Garriguella. *Gegründet 1965.* Kauft den Most in der Regel ein. *Beste Weine:* der Noble Blanc de Blancs *joven* (Macabeo), der Vinya Noble Cabernet Sauvignon mit 15 % Tempranillo und der klassische süße Garnatxa Trobat mit 15,5 % Alkohol und 6 Monaten in Eiche.

Sonnenuntergang über dem Dorf Campany, in dessen Weinbergen Trauben für die DO Ampurdán-Costa Brava heranreifen.

Conca de Barberà

Wichtige Erzeuger

Cava Sanstrave, Solivella. *Gegründet 1984.* Eine kleine Bodega, die ihre Weine vorwiegend in Katalonien verkauft. Sie keltert einen sehr guten reinsortigen Chardonnay namens Gasset Blanc Sastrave und einen guten roten Gasset Negre Sastrave *reserva* aus 80 % Cabernet Sauvignon und 20 % Tempranillo. *Bester Wein:* der rote Gasset Negre Sastrave *joven* (60 % Tempranillo/20 % Cabernet Sauvignon/20 % Merlot).

Concavins, Barberà de la Conca. *Gegründet 1988.* Dieses Gut führte unter der Ägide des fliegenden Weinmachers Hugh Ryman die «Doppellese» in der DO ein. Die ehemalige Genossenschaft ging 1988 in private Hände über, kauft jedoch noch immer die Trauben von ihren früheren Mitgliedern. In den Kellern von Concavins entstehen zwei Weinlinien. Die «frühen» Tropfen verkauft man unter den Markennamen Santara und Castillo de Montblanc; dazu gehören ein katalanischer Weißer (50 % Macabeo/50 % Parellada), ein reinsortiger Chardonnay und ein roter *joven* (70 % Tempranillo/15 % Cabernet Sauvignon/15 % Merlot) – alles sehr gute, preiswerte Erzeugnisse. *Beste Weine:* Aus den Trauben der Hauptlese entstehen ausgezeichnete reinsortige Chardonnay, Cabernet Sauvignon und Merlot, die als Xipella oder Concavins angeboten werden.

Zwischen Penedès im Osten, Tarragona im Süden und dem größten Teilbereich von Costers del Segre im Nordwesten liegt Conca de Barberà. Hier reifte einst das beste Lesegut für die Cava-Produzenten im Anoiatal, was auch den Ruf der DO begründete. Der Boden und die durchschnittliche Höhenlage der Weinberge von 400 Metern mit dem entsprechenden Mikroklima bieten hervorragende Bedingungen für trockene, gesunde, vollreife Trauben mit dem idealen Säuregehalt für Schaumweine. Doch auch die Stillweinerzeuger der Region waren der Ansicht, dass sie Anerkennung verdienten. Schließlich kultiviert Miguel Torres die Reben für seine teuersten Chardonnay in den Weinbergen der Festungsruine Milmanda. Wenn die Trauben in der Region so gut waren, warum sollte man dann die Weine nicht legitimieren?

Und so wurde die *Denominacion de Origen* nach dem Dorf Barberà de la Conca genannt. Hauptstadt allerdings ist Montblanc, ein bescheidenes Örtchen mit etwa 5000 Einwohnern, das wie der Rest der Zone zur Provinz Tarragona gehört. Ein Profil auf dem internationalen Weinmarkt könnte Conca de Barberà am ehesten mit Spitzengewächsen statt Alltagsweinen erlangen. Tatsächlich ist die Region zu beidem fähig.

Geografie und Rebsorten

Eine *conca* – kastilisch *cuenca* – ist ein kraterförmiges Tal, das Schutz vor Wind und Frösten bietet und in dem ein Bereich von mindestens 135 Winkelgraden der Sonneneinstrahlung ausgesetzt ist. Bei Conca de Barberà handelt es sich um einen solchen von Bergen umschlossenen Kessel. Für die Entwässerung der Talsenke sorgen die Flüsse Francolí und Ganguera. Der Untergrund besteht aus kreidehaltigem Schwemmland auf Muttergestein aus Kalk. Kurz: Hier herrschen ideale Bedingungen für den Anbau gesunder, ertragreicher Reben.

Zwei Drittel der Weinberge sind mit weißen Sorten bestockt, allen voran Macabeo und Parellada sowie etwas Chardonnay. Für Rote werden Trepat, Garnacha tinta und Ull de Llebre empfohlen. Ferner findet man nicht wenige Anpflanzungen mit Cabernet Sauvignon und Merlot.

Die Vinifikation läuft in der DO meist ultramodern ab. Stolz ist die Region vor allem auf die Bereitung von zwei Weinen pro Jahrgang – eine Technik, die fast schon zu einer Kunst hochstilisiert wurde. Sie funktioniert folgendermaßen: In sonnenreichen Lagen werden reife Trauben bis zu einem Monat vor der eigentlichen Hauptlese geerntet. Innerhalb von kaum drei Wochen bereitet man aus ihnen Weine bei minimalem Schalenkontakt, größtmöglicher Fruchtextraktion und ohne malolaktische Gärung. Die Kosten sind gering und die fertigen Tropfen gelangen im darauf folgenden Frühjahr oder sogar noch früher in den Handel. Insbesondere aber kommen sie bereits Ende September mit Beginn der eigentlichen Lese in die Lagertanks und das ist der eigentliche Vorteil des Verfahrens. Denn nun sind die Gärbehälter frei für den nächsten Most. Zum einen halbieren sich damit effektiv die Infrastrukturkosten für die Bodega, zum anderen können gleichzeitig preisgünstige Supermarktweine und längerfristig auszubauende, höherwertige Tropfen erzeugt werden.

Deshalb stammen aus der DO sowohl sofort trinkreife rote und weiße *jóvenes* zu moderaten Preisen als auch ausgezeichnete reinsortige Chardonnay beziehungsweise Cabernet Sauvignon, Merlot und Ull de Llebre in den Ausführungen *crianza* bis *gran reserva*. Die Weine lassen sich mit den Erzeugnissen aus Penedès vergleichen.

Dieser mit Cabernet Sauvignon bestockte Weinberg in den Hügeln bei Monestir de Poblet ist nur eine von vielen «internationalen» Pflanzungen in der DO Conca de Barberà.

Pla de Bages

Die einst als Artès bekannte Region wurde erst kürzlich in den Rang einer *Denominación de Origen* erhoben. Der Bereich um die Stadt Manresa liegt im Westen der Provinz Barcelona etwa 70 Kilometer nordwestlich der Metropole. Zwar heißt die gesamte *comarca* Bages, doch nur Artès, Manresa und 16 weitere Orte dürfen ihre Weine mit dem DO-Siegel verkaufen.

Interessanterweise leitet sich der Name *Bages* von der alten Römerstadt Bacassis ab, die nach dem Weingott Bacchus benannt worden sein soll. Nicht überliefert ist allerdings, ob die Gegend bereits während der Römerzeit ein bedeutendes Weinzentrum war. Heute präsentiert sich Pla de Bages als eine moderne Weinregion im Hochland der Provinz Barcelona auf halbem Weg zwischen der Küste und Lérida (Lleida).

Der Aufstieg zu einer DO-Zone ist eng mit dem Erfolg des Cava verknüpft, weshalb auf einem Großteil der Rebflächen in Pla de Bages auch Trauben für diesen Schaumwein heranreifen. Ungeachtet dessen widmet sich eine Reihe von Erzeugern der Bereitung nicht schäumender Tropfen von hohem Niveau. Mit der Vergabe des DO-Status hat man anerkannt, dass auch die Trauben für die Stillweine den Cava-Qualitätsnormen entsprechen.

Geografie und Rebsorten

In Pla de Bages wurden die Rebflächen in großem Umfang mit französischen Sorten bestockt, um die günstigen mikroklimatischen Bedingungen der Region voll zu nutzen. Insgesamt werden in der DO rund 350 Hektar Anbaufläche bewirtschaftet, die vorwiegend in den Tälern des Llobregat und seiner Zuflüsse zu finden sind. Die Reben wachsen zwischen 200 und 500 Meter Höhe auf Schwemmland und Kalkböden.

Das mediterrane Binnenklima sorgt für laue Sommernächte und heiße Herbsttage bei einem jährlichen Niederschlag von 500 Millimetern. Der Norden der Zone liegt nur rund 20 Kilometer von den Pyrenäen entfernt und ist deshalb etwas feuchter und kühler als der Süden, insgesamt aber herrscht eine für das mittlere Katalonien typische Witterung vor.

Im Augenblick sind die katalanischen Reben Picapoll und Macabeo noch die wichtigsten Trauben, doch der Anteil der Erfolgssorten wie Tempranillo, Cabernet Sauvignon, Chardonnay und Merlot nimmt ständig zu. Die Alltagsweine sind meist weiße, im traditionellen leichten, frischen Stil gefertigte *jóvenes*. Vorausschauende Güter aber stellen mit neuester Technik auch schon beachtliche Rote her. Eine dieser modernen Bodegas heißt Ramón Roqueta und ist in Manresa tätig. Sie konzentriert sich auf die Bereitung reinsortiger Tropfen. Ihre Erzeugnisse sind als gut bis ausgezeichnet einzustufen – und an diesem Weinstil sollte sich Pla de Bages auf dem Weg in eine Zukunft als DO orientieren, sobald es einmal feste Qualitätskriterien gibt.

Wichtige Erzeuger

Cellers Cooperativa d'Artès, Artès. *Gegründet 1908*. Die größte und älteste Kellerei in der Region mit 250 Mitgliedern, die zusammen rund 3000 ha Fläche bewirtschaften. Natürlich tragen nicht alle Erzeugnisse der Genossenschaft das DO-Siegel. Die meist offenen Weißen sind Alltagsware, die in der Region konsumiert werden. Nur ein Bruchteil der Weine wird in Flaschen abgefüllt und auf dem nationalen oder internationalen Markt verkauft. Unter dem Markennamen Artium gelangen ein weißer reinsortiger Picapoll *joven* und zwei rote *crianzas* in den Handel, einer davon aus 80 % Cabernet Sauvignon und 20 % Merlot, der andere aus 75 % Tempranillo mit einem Rest «sonstiger Sorten» – beide reifen 6 Monate in Eiche. In besten Jahren ragen diese Erzeugnisse aus der Masse der Genossenschaftsweine heraus.

Masies d'Avinyò, Avinyò. *Gegründet 1983*. Eine kleinere, moderne Bodega, die einen Teil ihrer Erzeugnisse exportiert. Sie stellt einen weißen *joven* aus 80 % Chardonnay und 20 % Picapoll, einen reinsortigen roten Merlot *joven* sowie eine 14 Monate im Fass ausgebaute rote *crianza* aus 50 % Cabernet Sauvignon, 35 % Tempranillo und 15 % Malbec her. Das Gut experimentiert sehr viel. *Bester Wein:* der *joven rosado* aus 80 % Cabernet Sauvignon und 20 % Garnacha.

Ramón Roqueta, Manresa. Die Weine dieser Kellerei werden optisch ansprechend präsentiert: Ihre Etiketten entwirft der moderne katalanische Künstler Tere Vila Matas. Im Sortiment finden sich Weiße aus Macabeo – man verwendet die französische Schreibweise Macabeu – und Chardonnay, ein *rosado* aus Garnacha (Garnatxa) sowie Rote aus Tempranillo (Ull de Llebre) und Cabernet Sauvignon.

Costers del Segre

Der Name Raïmat ist von einer Steintafel abgeleitet, die über dem Eingang des Schlosses zu sehen ist. Sie zeigt eine Hand – altkatalanisch *mat* – und eine Traube, *raïm*.

Costers del Segre ist eine ehemalige Trockenzone, die man allmählich in eine fruchtbarere Gegend verwandelt hat. Der Segre verlässt die Pyrenäen südlich von Andorra und mündet unweit von Lérida – katalanisch Lleida – in den Ebro. Zusammen mit seinen Nebenflüssen bildet er ein Netz aus Wasseradern, das einen ausgedehnten Landstrich östlich und westlich der Stadt durchzieht.

Die DO setzt sich aus vier Subzonen zusammen. Drei davon liegen östlich von Lérida und bilden eine Art Halbkreis mit Artesa im Norden, Vall de Riucorb in der Mitte und Les Garrigues im Süden. Hier findet man das Gros der Rebflächen. Um Costers del Segre aber in seiner Gesamtheit zu erfassen, muss man sich in erster Linie mit dem westlichsten und kleinsten Teilbereich Raïmat befassen. Er liegt in einiger Entfernung von den drei anderen und hat mit ihnen hinsichtlich Bodenbeschaffenheit, Klima und Tradition so gut wie nichts gemein. Trotzdem aber ist die DO Costers del Segre ohne ihn nicht denkbar.

Manuel Raventós und Raïmat

Es begann alles vor fast 90 Jahren mit der Weitsicht eines Mannes. 1914 stieß Manuel Raventós, Chef des Cava-Unternehmens Codorníu, auf ein Fleckchen, das einmal als das Gut Raïmat in die Weingeschichte eingehen sollte. Damals war es nicht viel mehr als ein vergessenes Stück Land mit mageren, salzigen Böden und einer Schlossruine. Wein war hier bereits vor Jahrhunderten angebaut worden, doch die Trauben taugten nicht viel und nach der Reblausinvasion Ende des 19. Jahrhunderts hatte sich niemand mehr die Mühe gemacht, die Weinberge neu zu bestocken.

Raventós sah sofort, dass die Bodenstruktur nicht viel hergab. Aber er wusste auch um den geplanten Kanal von Katalonien nach Aragonien, der durch dieses Anwesen führen sollte und damit eine Bewässerung möglich machen würde. Er erwarb den Besitz und ersann eine Strategie zur landwirtschaftlichen Aufwertung der Fläche, die erst 60 Jahre später in ihrer ganzen Tragweite für den Weinbau erfasst wurde.

In der Zeit zwischen dem Aufkauf der Fläche anno 1914 und dem ersten auf den Markt gebrachten 78er Jahrgang veränderte Raventós die Beschaffenheit des Bodens nach und nach mit umweltfreundlichen Methoden. Anfangs säte er Nutzpflanzen und setzte Kiefern, um den Salzgehalt in der Erde zu verringern. 20 Jahre später konnte man dann die Bäume abholzen und mit der eigentlichen Arbeit beginnen.

Schon während der Bodenverbesserung baute Gaudí-Schüler Rúbio Bellver eine neue Kellerei; sie machte als erster Betonbau Spaniens Geschichte. Außerdem richtete man ständige Versuchspflanzungen mit Reben ein. Bald stellte sich heraus, dass die klassischen katalanischen Reben in Raïmat einfach nicht gediehen. Daran hatte nicht allein der salzige Boden Schuld. Da das Gut weiter landeinwärts als die meisten katalanischen Rebhänge lag, fiel die Niederschlagsmenge mit jährlich nur 300 Millimetern geringer aus als in Küstennähe. Darüber hinaus musste man während der Reifeperiode mit beträchtlichen Temperaturschwankungen rechnen. Man musste also Rebsorten finden, die diese Bedingungen vertrugen. Als spanische Traube kam die Tempranillo in Frage, doch auch in einem kühleren Klima entwickelte französische Varietäten waren wohl geeignet.

Die Familie Raventós unterhielt enge Kontakte zu den auf dem Gebiet des Weinbaus und der Önologie führenden kalifornischen Universitäten Fresno und Davis. Nach einer Untersuchung der Boden- und Klimabedingungen auf Raïmat schlug man eine Kombination aus französischen Reben auf neu gezüchteten amerikanischen Wurzelstöcken vor. Die ersten Jahrgänge erwiesen sich als gelungen und so beauftragte man Anfang der 80er Jahre den Architekten Domingo Triay mit der Errichtung einer neuen Kellerei (siehe Seite 100). Der Komplex ist halb im Boden versenkt, um die Temperaturen im Inneren konstant zu halten. Auf dem Dach wachsen Reben. Das Gebäude ist in Spanien einmalig.

Die DO als Ganzes

Kritiker haben bemängelt, dass die DO nur deshalb zusammengestellt worden sei, weil ein riesiges Gut wie Raïmat sonst keine Konkurrenz gehabt hätte. Auf jeden Fall hat man mit der Einrichtung der Zone sicherlich kleinere, unbedeutende Produzenten angespornt, ihr Bestes zu geben. Heute findet man in der DO eine Palette vor, die von sehr guten bis zu ausgezeichneten Weinen und von klassischen katalanischen bis hin zu «kalifornischen» Tropfen reicht.

Für Rote lässt die DO Cabernet Sauvignon, Merlot, Ull de Llebre – Tempranillo, oft auch *Gotim bru,* «braune Traube», genannt –, Monastrell, Garnacha, Pinot noir, Trepat und Mazuelo (Cariñena) zu. Weiße dürfen aus Chardonnay, Macabeo, Xarel-lo, Parellada und Garnacha blanca gekeltert werden. In Versuchsanlagen wachsen ferner Syrah, Sauvignon blanc und Albariño, die allerdings noch nicht für Weine mit DO-Status verwendet werden dürfen. Das Qualitätsniveau liegt allgemein hoch, da die kleineren Kellereien sich mächtig ins Zeug legen. In den drei östlichen Teilbereichen setzt man mehr auf Tempranillo und Garnacha für Rote sowie die drei bedeutendsten katalanischen Weißweintrauben Parellada, Macabeo und Xarel-lo.

Wichtige Erzeuger

Rai = Raïmat; Art = Artesa; VdR = Vall de Riucorb.

Castell del Remei, La Fuliola. (VdR). *Gegründet 1871*. Die relativ geringe jährlich erzeugte Weinmenge von 1500 hl wird unter dem Namen der Bodega verkauft. Der Basiswein heißt Blanc Planell. Man bietet ferner einen sehr guten weißen *joven* (50% Chardonnay/50% Sauvignon blanc) an. Der *rosado* gerät ausgezeichnet, Berühmtheit allerdings haben die roten *crianzas* erlangt. Der hervorragende sortenreine Merlot bleibt 9 Monate in Eiche. *Bester Wein:* der Cabernet Sauvignon mit 15% Tempranillo, der 8 Monate in Eiche ausgebaut wird.

L'Olivera Cooperativa, Valbona de las Monges (VdR). *Gegründet 1989*. Ein sehr kleiner Betrieb, der einst als Genossenschaft arbeitete. Die 10 ha Land decken den Bedarf nicht, also kauft man Lesegut zu. Die ausnahmslos weißen Tropfen sind vorbildlich. Den Basiswein nennt man Blanc de Seré (60% Macabeo/30% Parellada/10% Chardonnay). Er wird noch übertroffen vom L'Olivera *crianza,* der aus denselben Trauben gekeltert ist, aber zusätzlich 6 Monate in Eiche lagert. Die nächsthohere Qualitätsstufe bilden drei im Fass vergorene reinsortige Tropfen, die 6 Monate an der Hefe liegen: L'Olivera Missenyora aus ausgewählten Macabeo-Trauben, L'Olivera Chardonnay und L'Olivera Macabeo – allesamt ausgezeichnet. *Bester Wein:* der 6 Monate im Fass an der Hefe vergorene L'Olivera Parellada/Chardonnay (mit jeweils 66% und 34% der genannten Sorten).

Parnás, Raïmat (Rai). Eine 100%ige Tochter von Raïmat (siehe unten). Parnás stellt eine Reihe von Weinen unter dem Namen des Hauses her. Gut der weiße Parnás Garbi, besser noch der *rosado* mit einer eigenwilligen, teuren Traubenmischung aus 50% Cabernet Sauvignon, 40% Pinot noir und 10% Chardonnay. *Bester Wein:* der rote Parnás Mistral *crianza*.

Raïmat, Raïmat (Rai). *Gegründet 1914*. Auf etwa 1200 von 3000 ha Gutsfläche stehen Reben. Die Weinbereitung erfolgt auf dem neuesten Stand der Technik; der Stil der Bodega erinnert stark an kalifornische Tropfen mit Toastnote. Alle Weine tragen den Namen des Gutes. Zu den klassischen reinsortigen Erzeugnissen zählen der Chardonnay *joven* und der Chardonnay Selección Especial. Ferner offeriert man einen weißen Clos Casal *joven* und zwei *rosados jóvenes*. In der Riege der reinsortigen roten Raïmat finden sich Cabernet Sauvignon, Merlot, Pinot noir und Tempranillo in den Versionen *crianza* bzw. *reserva*. *Beste Weine:* die Raïmat Abadía *crianza* und *reserva,* Verschnitte aus Cabernet Sauvignon, Tempranillo und Merlot, die beide 18 Monate in Eiche liegen, und der Raïmat Clamor *crianza,* ein Einzellagenwein, der meist aus Cabernet Sauvignon, Tempranillo, Cariñena und Pinot noir sowie Garnacha gekeltert wird und 12 Monate im Eichenfass ruht.

Vall de Baldomar, Baldomar (Art). *Gegründet 1989*. Ein kleines Unternehmen mit 25 ha Anbaufläche. Es kelterte ursprünglich nur *rosados* aus Cabernet Sauvignon und Monastrell, bringt aber mittlerweile auch einen weißen Baldoma *joven* (90% Macabeo/10% Müller-Thurgau), einen weiteren weißen *joven* namens Cristiari (100% Müller-Thurgau) und einen roten Baldoma *joven* aus Cabernet Sauvignon und Merlot sowie etwas Monastrell auf den Markt.

Die alte Bodega des Gutes Raïmat in Lérida wurde von einem Gaudí-Schüler entworfen.

PENEDÈS
DENOMINACIÓ D'ORIGEN

Penedès

Penedès' Stern am Weinhimmel begann im Jahr 1960 zu leuchten, als auch Barcelonas Aufstieg seinen Anfang nahm. Der Bürgermeister der Stadt hatte sich damals über die schlechten Weine aus der Region geärgert und versprach jedem Weinbauern, der auf Rotweintrauben umstieg, finanzielle Unterstützung.

Der nächstgelegene große Bereich war Penedès, doch offen gesagt hatte er als Rotweinregion nicht viel zu bieten. Das Klima, die Böden und die Meeresküche machten ihn zu einer Zone für Weiße und *rosados*. Allerdings lagen auch viele der besten Cava-Rebflächen in Penedès, mit einer Anbaupraxis auf hohem Niveau war man hier also bestens vertraut. Innerhalb von nur wenigen Jahren konnte man Cabernet Sauvignon und Tempranillo einführen und Anfang der 70er Jahre sah es so aus, als eigne sich Penedès für so ziemlich alle Weine. Was war das Geheimnis der Region? Ganz einfach: die vielen Mikroklimazonen.

Zwischen der Küste von Penedès und der großen zentralen spanischen Meseta liegen drei Höhenbereiche. Da ist zunächst das Tiefland – *baix-Penedès,* wie die Katalanen es nennen. Es zieht sich von der Küste bis in 250 Meter Höhe hinauf. Hier gedeihen die Rotweintrauben Garnacha, Monastrell und Cariñena sowie die drei wichtigsten katalanischen Sorten Macabeo, Xarel-lo und Parellada für weiße Alltagsweine. Das mittlere Penedès, *mitja-Penedès,* liegt zwischen 250 und 500 Metern über dem Meeresspiegel. Auch in diesem etwas kühleren Klima reifen Macabeo, Xarel-lo und Parellada für Cava heran, gleichzeitig aber findet man hier die besten Cabernet Sauvignon, Merlot und Tempranillo.

Am höchsten liegt mit 500 bis 850 Metern *alt-Penedès*. Hier wachsen die feinsten Trauben: Chardonnay, Pinot noir, Cabernet franc, Gewürztraminer, Riesling und so weiter. Das Klima ist ähnlich wie in Nordfrankreich – mit einem wichtigen Unterschied: Die Nächte mögen kalt und die Frostgefahr groß sein, doch im Sommer und Herbst sorgen sonnenreiche Tage zuverlässig für vollreifes Lesegut.

Abgesehen von den unterschiedlichen Höhenlagen aber bietet Penedès auch eine wilde Mischung aus schroffen Felshängen und kleinen Buchten, Hängen und *concas,* Terrassen und verborgenen Tälern mit fast jedem erdenklichen Mikroklima. Überragt wird alles vom großartigen Montserrat, dem Symbol der katalanischen Nation. Die Winzer – insbesondere Miguel Torres – machten sich diesen klimatischen Vorteil schnell zunutze. Viele der besten Weine in Penedès werden aus Trauben gekeltert, die auf einzelnen, höher gelegenen Rebhängen mit kleinen Erträgen heranreifen.

Das Torres-Gut gehört zu den unbestrittenen Weinpionieren der Region. Aus seinen Edelstahlgärtanks werden regelmäßig Proben entnommen.

Weinbau

Auf die drei wichtigsten katalanischen Trauben und Chardonnay entfallen etwa 80 Prozent des Rebbestands, daneben findet man noch weitere weiße Sorten wie Subirat-Parent (Malvasía riojana), Moscatel de Alejandria (Muscat d'Alexandrie), Moscatel de Frontignac (Muscat de Frontignan), Chenin blanc und Sauvignon blanc. Unter den Roten hat neben den bereits erwähnten Trauben noch die einheimische Samsó einen gewissen Stellenwert, allerdings ist Katalonien die Heimat von mehr als 120 Rebsorten – und jede könnte von heute auf morgen zu neuen Ehren kommen, falls man bei Versuchen versteckte Talente in ihr entdeckt. Nicht umsonst betreibt Miguel Torres die größte Pflanzung katalanischer Trauben in der gesamten Region.

In Penedès begann der Aufstieg des Cava, der Siegeszug französischer und anderer nordeuropäischer Rebsorten sowie die Einführung moderner Edelstahltechnologie. Doch die Region hat sich auch als Motor einer neuen Entwicklung im Weinbau erwiesen – und wieder einmal hat Miguel Torres Pionierarbeit geleistet.

Früher einmal pflanzten die Winzer so viele Rebstöcke wie möglich auf ein Stück Land. Die Pflanzen nahmen sich gegenseitig Wasser und Nährstoffe weg. Dabei gingen viele ein. Deshalb legten die *consejos reguladores* eine Höchstzahl von Reben pro Hektar fest, meist zwischen 2500 und 4000.

In Penedès liegt das Maximum wegen der günstigen Boden- und Klimabedingungen mit 4000 bis 5000 Stöcken höher als in anderen Zonen. Nun hat Torres einen neuen Weg eingeschlagen: Er setzt 6000 bis 7000 Pflanzen pro Hektar, das heißt, dass die Pflanzen zwar mit ihren Nachbarn konkurrieren müssen, aber nicht gleich absterben. Vielmehr wird vor der Lese geprüft, an welchem Stock die besten Trauben heranreifen. Schwächere Exemplare werden entfernt und als Dünger eingepflügt, sodass die besten Reben sich nun optimal entwickeln können. Gleichzeitig allerdings müssen die Weinbergbesitzer für den Mehraufwand an Arbeit auch entsprechend höhere Preise erzielen können.

Dank dieser Vorgehensweise entstehen in Penedès nun drei Arten von Weinen: die guten, preiswerten Alltags-*jóvenes* in Weiß, Rosé und Rot, hochwertige Einzellagentropfen aus «edlen» Trauben wie Cabernet Sauvignon oder Chardonnay und schließlich die traditionellen *rancios, vinos de licor* und Moscatel-Weine, die selbst ein alter Römer noch erkennen würde. In Penedès hat man mittlerweile Stile für jeden Geschmack zu bieten. Und das erklärt zum Teil auch den enormen wirtschaftlichen Erfolg der DO.

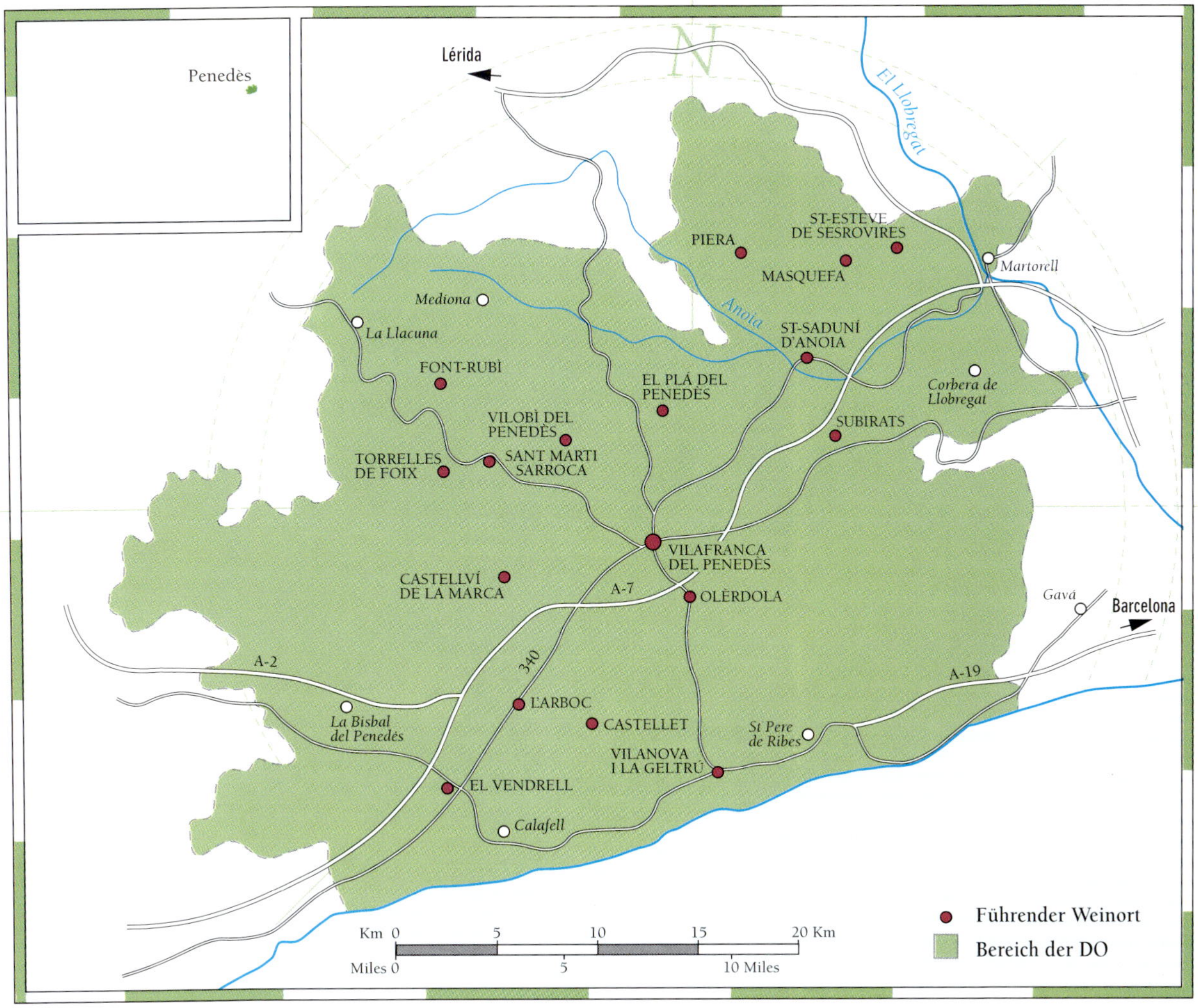

Wichtige Erzeuger

Hinweis: Die meisten unten aufgeführten Bodegas stellen neben Stillweinen auch Cava her. Führt ein Unternehmen die Bezeichnung allerdings in seinem Namen, heißt das noch lange nicht, dass hier Schaumwein entsteht: *Cava* nennt man in Katalonien Kellereien, die anderswo in Spanien *bodega* heißen würden. *Can* wiederum lässt sich mit «bei» übersetzen, während *mas* oder *masía* für ein kleines landwirtschaftliches Gut steht.

Albet i Noya, San Pau d'Ordal Subirats. *Gegründet 1980.* Ein ökologisch wirtschaftendes Familienunternehmen mit 26 ha Fläche. Die Weine sind ausgezeichnet, allen voran die reinsortigen Gewächse wie der weiße Xarel-lo *joven* – das Gut nennt die jungen Erzeugnisse *anyada* – und ein im Fass vergorener Chardonnay, der 6 Monate an der Hefe liegt und sich daher *crianza* nennen darf. Weitere sortenreine rote *crianzas* werden aus Cabernet Sauvignon und Tempranillo gekeltert; sie ruhen jeweils 12 Monate in Eiche. *Bester Wein:* ein umwerfender Tempranillo *joven,* zweifellos einer der besten seiner Art in ganz Katalonien.

Alsina i Sardá, Plà del Penedès. *Gegründet 1986.* Das Gut ist eigentlich ein Cava-Produzent, bringt aber auch DO-Penedès-Erzeugnisse in den Handel. *Beste Weine:* die Roten Alsina i Sardá *crianza* und Castillo de Fontellada *reserva,* beides reinsortige Cabernet Sauvignon.

L'Arboç 'Caycra' Cooperativa, L'Arboç del Penedès. *Gegründet 1919.* Die Genossenschaft mit 400 Mitgliedern und 800 ha Gesamtfläche hat sich der Fertigung von Qualitätsweinen verschrieben und setzt dafür die neueste Kellertechnik ein. Sie stellt zwar in erster Linie Cavas her, doch auch einige sehr gute Weine mit dem Siegel der DO Penedès verlassen das Haus, darunter *jóvenes,* die unter der Marke D'Arcyac in Weiß, Rosé und Rot verkauft werden. *Beste Weine:* die Produktlinie Pupitre mit den drei reinsortigen Chardonnay, Xarel-lo und Cabernet Sauvignon.

Can Feixes, Cabrera d'Anoia. *Gegründet 1945.* Ein Familienunternehmen mit 75 ha Anbaufläche, dessen 1000 hl Jahresproduktion vorwiegend aus Cava besteht. Unter den DO-Stillweinen finden sich ein weißer und ein roter Tropfen, die mit dem Namen der Bodega auf den Markt kommen. Der weiße *joven* ist in der Regel ein Verschnitt aus 50 % Parellada, 25 % Macabeo und 25 % Chardonnay, die rote *crianza* setzt sich aus 70 % Cabernet Sauvignon und 30 % Tempranillo zusammen und reift 8 Monate in Eiche. Beide geraten sehr gut, der Weiße zeigt zuweilen sogar wahre Größe.

Can Rafols Dels Caus, Avinyonet del Penedès. *Gegründet 1980.* Der Betrieb in einer herrlichen alten *masía* führte als eine der ersten Bodegas französische Rebsorten ein. Heute bewirtschaftet er 35 ha und bereitet seine Cavas bzw. DO-Erzeugnisse ausschließlich aus eigenem Lesegut. Die Weine sind vorbildlich bereitet. Im Sortiment finden sich ein weißer Petit Caus *joven,* ein im Fass vergorener Chardonnay namens Gran Caus, ein Gran Caus *rosado* (100 % Merlot), ein roter, 8 Monate in Eiche ausgebauter Caus Lubis *crianza* (100 % Merlot) und ein Gran Caus *crianza,* der 9 Monate im Eichenfass liegt und im Allgemeinen aus 55 % Cabernet franc, 30 % Cabernet Sauvignon und 15 % Merlot verschnitten wird.

Can Suriol del Castell, Fontrubí. *Gegründet 1980.* Das kleine Privatunternehmen bewirtschaftet 20 ha, auf denen vorwiegend Cava-Trauben wachsen. Im Programm hat man jedoch auch nennenswerte Penedès-Weine: den Suriol aus Macabeo, Xarel-lo und Parellada und den Suriol Chenin Blanc, beides *jóvenes.*

Capita Vidal, Plà de Penedès. *Gegründet 1990.* Das Gut hat sich als Cava-Produzent etabliert, obwohl auf den hauseigenen 50 ha auch gute Stillweine heranreifen. Der Capita Vidal *rosado* ist ein *joven* aus 60 % Garnacha, 20 % Tempranillo und 20 % Cariñena. *Bester Wein:* ein weißer *joven* aus 40 % Xarel-lo, 35 % Macabeo und 25 % Parellada.

Cavas Gramona, Sant Sadurní d'Anoia. *Gegründet 1921.* Das Cava-Haus ist seit vier Generationen in Familienbesitz. Es verarbeitet Lesegut von 15 ha Anbaufläche und kauft Trauben zu. Man fertigt rund 500 hl DO-Stillweine. *Beste Weine:* der Gramona Chardonnay Gran Cru *joven* und der leicht perlende *aguja* Moustillant Brut (70 % Parellada/30 % Macabeo).

Cavas Hill, Moja Olderdola. *Gegründet 1887.* Eine der Bodegas mit dem höchsten Bekanntheitsgrad und dem modernsten Flaschendesign in Penedès. Mit 60 ha Rebfläche und zugekauftem Material kommt man auf rund 3500 hl jährlich. Die Qualität der breiten Produktpalette ist durchweg ausgezeichnet. Im Sortiment: ein Blanc Bruc Hill (60 % Xarel-lo/30 % Macabeo/10 % Parellada), ein Blanc Cru Hill (60 % Macabeo/40 % Xarel-lo), ein reinsortiger, im Fass vergorener Chardonnay Hill (4 Monate an der Hefe) und ein Timón Hill *aguja* (60 % Macabeo/40 % Xarel-lo) – alles Weiße. Interessant der *semiseco* namens Oro Penedès (50 % Xarel-lo/50 % Parellada). Erzeugt werden ferner zwei *rosados jóvenes*: der Castell Roc Hill und ein *aguja* Timón Hill. *Beste Weine:* die Roten Masía Hill *joven* (100 % Tempranillo), Gran Civet Hill *crianza* (60 % Garnacha/40 % Cariñena; 10 Monate in Eiche), Cabernet Sauvignon Hill *crianza* (12 Monate Eiche) und Gran Toc Hill *reserva* (60 % Tempranillo/40 % Garnacha; 18 Monate in Eiche) – alles ausgezeichnete Tropfen.

Cavas Josep Masachs, Vilafranca del Penedès. *Gegründet 1920.* In erster Linie entstehen hier Cavas, aber auch einige exzellente Penedès-Kreszenzen. *Beste Weine:* die Weißen *joven* Josep Masachs Chardonnay und Painous (35 % Xarel-lo/35 % Parellada/30 % Macabeo) sowie ein interessanter Painous *semiculce* (40 % Parellada/30 % Xarel-lo/30 % Macabeo).

Cavas Lavernoya, Sant Sadurní d'Anoia. *Gegründet 1890.* Ein Gut mit 100 ha Weinbergen und 1200 hl Ausstoß jährlich, darunter auch Cava. *Beste Weine:* der weiße *joven* namens Lavernoya (30 % Chardonnay/30 % Xarel-lo/25 % Macabeo/15 % Parellada) und der 8 Monate in Eiche gereifte Lavernoya Cabernet Sauvignon *reserva.*

Conde de Caralt, Sant Sadurní d'Anoia. *Gegründet 1969.* Die dem Freixenet-Imperium angegliederte Bodega widmet sich überwiegend der Herstellung von Cava, keltert aber auch einige sehr gute weiße DO-Weine, etwa einen *blanc de blancs joven* (40 % Xarel-lo/30 % Macabeo/30 % Parellada) und einen reinsortigen, 2 Monate in Eiche ausgebauten Chardonnay. *Bester Wein:* eine vorbildliche rote *reserva* (meist 85 % Tempranillo/15 % Cabernet Sauvignon), die 18 Monate im Eichenfass heranreift.

CoViDes, Vilafranca del Penedès. *Gegründet 1962.* Die riesige Genossenschaft – ihr vollständiger Name lautet *Cooperativa Vinícola del Penedès* – betreibt noch drei weitere große Bodegas in der Region. Sie hat 800 Mitglieder und produziert 300 000 hl. Die meisten CoViDes-Produkte kommen als Cava auf den Markt, aber auch einige ausgezeichnete DO-Weine sind darunter. Wichtigste Marke ist der Duc de Foix mit einem weißen *joven* (35 % Parellada/35 % Xarel-lo/30 % Macabeo), zwei reinsortigen *jóvenes* (Xarel-lo und Parellada), einem Chardonnay *crianza* und zwei roten *reservas,* die eine ein Verschnitt aus 70 % Cabernet Sauvignon und 30 % Tempranillo, die andere ein sortenreiner Cabernet. Die traditionellere Marke Molí de Foc umfasst weiße *jóvenes* aus den «großen Drei» Macabeo, Xarel-lo und Parellada, *rosados* (50 % Tempranillo/50 % Cariñena) sowie einen Roten (70 % Tempranillo/30 % Cariñena). Sie alle geraten sehr gut und gelegentlich sogar ausgezeichnet.

Grimau de Pujades, Castellví de la Marca. Der kleine Betrieb mit einer Produktion von 1000 hl jährlich bringt vorwiegend Cavas in Umlauf. Unter den Penedès-Weinen finden sich ein guter weißer *joven* namens Grimau Blanc de Blancs (45 % Macabeo/35 % Xarel-lo/20 % Parellada) und ein *rosado joven* namens Grimau (60 % Cabernet Sauvignon/40 % Tempranillo).

Grimau Goll-Duart de Siò, Vilafranca del Penedès. *Gegründet 1987.* Pro Jahr werden hier etwa 4000 hl abgefüllt, vorwiegend Cava. Die DO-Weine gelangen unter der Bezeichnung Duart de Siò (DdS) in den Handel. Die weiße Palette setzt sich zusammen aus einem reinsortigen Macabeo *joven aguja* namens DdS Brisasol, einem DdS Caliu *crianza* aus 100 % Parellada sowie einem DdS Primavera aus Macabeo, Xarel-lo und Parellada. Das rote Sortiment wiederum wird gebildet aus dem DdS Gitana, einem sortenreinen Cabernet Sauvignon *joven,* und zwei DdS Grana: einem *joven* aus 100% Tempranillo und einem Cabernet Sauvignon *crianza*. Trinkgenuss garantiert.

Heretat Mont-Rubí, Esplugas de Llobregat. Eine Kellerei mit 110 ha Anbaufläche, die vorwiegend Cava herstellt. Im Angebot finden sich jedoch unter dem Namen des Hauses auch zwei ausgezeichnete Penedès *joven*, einer weiß, einer *rosado*: der Blanc d'Anyada (45% Parellada/35% Macabeo/20% Xarel-lo) und der Rosat Nature (80% Cariñena/20% Tempranillo).

Jané Ventura, El Vendrell. *Gegründet 1914*. Kauft die meisten Trauben zu, hat aber auch 15 ha eigene Rebfläche. Hier entstehen rund 1500 hl Penedès-Weine und etwas Cava. Die Erzeugnisse können sich allesamt sehen lassen. Man offeriert einen weißen *joven* (50% Xarel-lo/50% Parellada), einen *rosado joven* (50% Tempranillo/50% Cariñena) und einen reinsortigen Cabernet Sauvignon *crianza* und *reserva*.

Jaume Serra, Vilanova i la Geltrú. *Gegründet 1943*. 1986 bezog dieses Unternehmen eine schöne alte *masía* in der Küstenstadt Vilanova. Es bewirtschaftet 30 ha Fläche und kauft Trauben zu. Im Sortiment hat die Bodega sowohl Cavas als auch DO-Weine. Letztere werden Jaume Serra genannt und zeigen verlässlich hohe Qualität, insbesondere der weiße *joven* Opera Prima (40% Macabeo/30% Parellada/30% Chardonnay), zwei gute *rosados jóvenes* – der Albatros *aguja* (50% Tempranillo/50% Garnacha) und der reinsortige Cabernet Sauvignon – sowie zwei reinsortige Rote.

Jean León, Torrelavit. *Gegründet 1963*. Ein weiterer Wegbereiter französischer Rebsorten in der Region. Jean León betrieb in den USA erfolgreich eine Restaurantkette, kehrte dann aber heim, um in Katalonien ein Weingut aufzuziehen. Der

Schafe lassen sich nach der Lese im Weingut von Jean León in Torrelavit die Reben schmecken.

In Weinbergen wie diesem reifen in der DO Penedès Trauben für einige der beliebtesten spanischen Roten heran.

erste verkaufte Jahrgang trug das Datum 1969. Schon Mitte der 70er Jahre waren Leóns Erzeugnisse weltweit berühmt geworden. 1995 ging León nach Kalifornien zurück, um sich wieder den Restaurants zu widmen. Seine Weine werden heute von Miguel Torres vermarktet. Das Gut, zu dem 60 ha Rebfläche gehören, erzeugt 1500 hl pro Jahr. Leóns Kreszenzen gehören schlichtweg zu den besten der DO. Der reinsortige weiße Chardonnay wird zur *crianza* ausgebaut, die roten *crianzas* und *reservas* sind in der Regel aus 85 % Cabernet Sauvignon und 15 % Cabernet franc verschnitten. *Bester Wein:* die rote *reserva* aus einem großen Jahr. Sie dürfte zu den weltweit besten Tropfen auf Cabernet-Basis gehören.

Joan Raventós Rosell, Masquefa. *Gegründet 1985.* 60 ha Rebfläche und zugekauftes Lesegut ergeben zusammen 1400 hl Wein, die als Heretat Vall-Ventos in den Regalen stehen. Ihre Qualität ist nie weniger als ausgezeichnet. Bei Raventós Rosell entstehen vier weiße *jóvenes*: der Blanc Primer (60 % Macabeo/ 30 % Chardonnay/10 % Pinot noir) sowie die reinsortigen Chardonnay, Pinot blanc und Sauvignon blanc, Letzterer mit bis zu 13,5 % Alkohol. Auch zwei *rosados jóvenes*, ein Pinot noir und ein Merlot, werden sortenrein gekeltert.

Juvé y Camps, Sant Sadurní d'Anoia. *Gegründet 1921.* Das riesige Gut steht im Ruf, stets Erzeugnisse höchster Qualität zu fertigen. Es bewirtschaftet insgesamt 380 ha in verschiedenen Teilen der Region und füllt jährlich 20 000 hl ab – 90 % davon Cava. Zu den Penedès-Weinen zählen der weiße *joven* Ermita d'Espiells (40 % Macabeo/ 40 % Parellada/20 % Xarel-lo) und die reinsortige *crianza* La Miranda d'Espiells Chardonnay, die 6 Monate in Eiche reift.

Manuel Sancho y Hijas, Castellví de la Marca. *Gegründet 1975.* Die Bodega verkaufte 1981 ihren ersten Jahrgang. Mit den Trauben aus den hauseigenen 48 ha Rebfläche sowie zugekauftem Lesegut kommt man auf 6000 hl jährlich, das meiste davon Cava. Die Penedès-Weine tragen den Namen Mont Marçal. *Beste Weine:* der weiße *joven* Vi Novell (40 % Xarel-lo/30 % Macabeo/20 % Parellada) und die rote *reserva* (80 % Tempranillo/20 % Cabernet Sauvignon), die 12 Monate in Eiche liegt.

Marqués de Monistrol, Sant Sadurní d'Anoia. *Gegründet 1882.* Vorwiegend ein Cava-Gut, das aber unter dem Firmennamen auch einige exzellente *Denominación-de-Origen*-Weine keltert, darunter zwei weiße *jóvenes,* den Vin Nature Blanc de Blancs (Macabeo/Xarel-lo/Parellada) und den Vin Nature Blanc en Noirs (Xarel-lo/Parellada). *Blanc en Noirs* heißt hier «Weißer, der wie Roter gefertigt wird», also an der Maische liegt, und darf nicht mit dem *Blanc de Noirs* verwechselt werden, bei dem Weißer aus Rotweintrauben entsteht. Im Sortiment findet sich ferner ein reinsortiger Chardonnay. *Beste Weine:* eine rote *reserva* (Cabernet Sauvignon/Tempranillo), die man 22 Monate im Eichenfass lässt, und ein reinsortiger Merlot *crianza* (9 Monate in Eiche).

Masía Bach, San Esteve de Sesrovires. *Gegründet 1921.* Das Unternehmen Masía Bach wurde 1975 von dem berühmten Haus Codorníu übernommen. Die elegante *masía,* das dazugehörige Land, die ausgedehnten Weinberge und die Bodega dieses alten Guts sind makellos instand gehalten. Die 300 ha Anbaufläche hat man mit katalanischen und französischen Reben bestockt, ferner kauft das Unternehmen Lesegut zu, um auf jährlich 36 000 hl Wein von gleichbleibend hoher Qualität zu kommen. Die Hauptlinie heißt Bach und umfasst zwei weiße *jóvenes*: den Extrísimo Seco (Chardonnay/Xarel-lo/Macabeo/Chenin blanc) und den 2 Monate im Eichenfass gereiften Magnificat (75 % Chardonnay/ 25 % Sauvignon blanc). Ferner erscheint bei Masía Bach ein interessanter *rosado joven* aus 55 % Cabernet Sauvignon und 45 % Tempranillo. Die Rotweinpalette enthält eine grandiose, 12 Monate in Eiche gelagerte *crianza* auf Cabernet-Sauvignon-Basis mit 15 % Tempranillo. *Beste Weine:* der liebliche Extrísimo Bach

und der rote Viña Extrísima *reserva,* der in herausragenden Jahren zu den besten Kreszenzen der Region zählt.

Masía Vallformosa, Viloví del Penedès. *Gegründet 1978.* Der Familienbetrieb befindet sich in einem schönen neokatalanischen Gebäude und betreibt eine hochmoderne Kellerei mit 307 ha Fläche. Im Ausland kennt man das Gut vor allem als Cava-Produzenten, dabei machen DO-Stillweine aus katalanischen und französischen Trauben 55 % der 20 000 hl Jahresproduktion aus. Die Weißen kommen nur als *jóvenes* auf den Markt; sie sind in den Ausführungen *aguja* sowie *semidulce* (70 % Macabeo/30 % Muscat) zu haben und umfassen auch einen reinsortigen Chardonnay. Unter den sehr guten Roten findet sich eine klassische *gran reserva* (75 % Tempranillo/25 % Cabernet Sauvignon), die man 30 Monate im Eichenfass reifen lässt, und ein Cabernet Sauvignon *reserva* mit 15 % Merlot und 24-monatiger Lagerung in Eiche.

Miguel Torres, Vilafranca del Penedès. *Gegründet 1870.* Das Pionierunternehmen wurde bereits auf den Seiten 102 und 103 beschrieben. Torres kultiviert auf seiner *finca* Rabell de Fontenac eine einzigartige Pflanzung mit über 100 weitgehend unbekannten einheimischen Rebsorten und experimentiert fortlaufend mit neuen Verwendungsmöglichkeiten für sie. Die internationale Reputation des Gutes gründet sich auf seine innovative Kraft, die makellose Weinbereitung, das geniale Marketing und die strikte Qualitätskontrolle. Bis vor kurzem galt der Name Miguel Torres auf dem Weltmarkt mehr als das Prädikat DO Penedès, mittlerweile aber werden alle Weine des Unternehmens vorschriftsmäßig etikettiert. Torres regiert heute über eine riesige Anbaufläche von fast 1000 ha in Penedès; seine Kellerei gilt als eine der modernsten der Welt. Beispielhaft ist auch das Weinsortiment. Die weiße Palette setzt sich unter anderem zusammen aus den *jóvenes* Viña Sol (Parellada), Gran Viña Sol (85 % Chardonnay/15 % Parellada; 3 Monate in Eiche), Viña Esmeralda (85 % Muscat/15 % Gewürztraminer) und Waltraud (Riesling), so benannt nach Miguels deutschstämmiger Ehefrau. Im Programm hat man auch zwei weiße *crianzas,* den Milmanda, einen im Fass vergorenen, 8 Monate an der Hefe liegenden Einzellagen-Chardonnay, und den Fransola (Einzellage; 85 % Sauvignon blanc/15 % Parellada; 6 Monate in Eiche). Der *semidulce* San Valentín ist ein reinsortiger Parellada. Ein aus 65 % Garnacha und 35 % Cariñena verschnittener *rosado joven* kommt als De Casta auf den Markt. Die Rangfolge der Roten beginnt mit den *jóvenes* Viña Magdala (85 % Pinot noir/15 % Tempranillo), Mas Borras (Einzellage; 100 % Pinot noir; 2 Monate in Eiche) und Viña Las Torres (100 % Merlot; 2 Monate in Eiche). Im *crianza*-Bereich stößt man auf den Coronas (85 % Tempranillo/15 % Cabernet Sauvignon; 15 Monate in Eiche) und den Sangre de Toro (65 % Garnacha/35 % Cariñena). Als *reservas* offeriert Torres den Gran Coronas (85 % Cabernet Sauvignon/15 % Tempranillo; 18 Monate in Eiche), den Gran Sangre de Toro (70 % Garnacha/30 % Cariñena) und den Mas la Plana (Cabernet Sauvignon von einer Einzellage; 18 Monate in Eiche), der früher als Gran Coronas Black Label in den Handel kam. *Beste Weine:* Die Einzellagenweine gehören zum Besten, was Penedès zu bieten hat, an sich ist jedoch jeder Wein aus dem Hause Miguel Torres erstklassig.

Molí Coloma, Subirats. *Gegründet 1984.* Ein Familienunternehmen mit 60 ha, das Lesegut zukauft, um auf einen Gesamtausstoß von 3000 hl jährlich zu kommen. Man fährt zweigleisig und stellt sowohl Cava als auch weiße *jóvenes* her. Die DO-Stillweine heißen Claverol Blanc de Blancs (50 % Parellada/30 % Macabeo/20 % Xarel-lo) und Sumarroca (100%ige Chardonnay und Gewürztraminer). Alle Weine sind sehr gut bis ausgezeichnet.

Olivella Sadurní, Subirats. *Gegründet 1987.* Das Familienunternehmen richtete sich in einer *masía* aus dem 15. Jahrhundert mit 85 ha Rebfläche ein. Es keltert sehr gute Weine aus katalanischen und französischen Sorten. Alle Erzeugnisse sind *jóvenes*: der weiße Prima Lux (75 % Xarel-lo/15 % Chardonnay/10 % Parellada), der *rosado* Prima Juventa (85 % Cabernet Sauvignon/15 % Merlot) und der rote Prima Vesper (85 % Cabernet Sauvignon/15 % Merlot).

Parató Vinícola, Plà del Penedès. *Gegründet 1975.* Eine Bodega mit 75 ha und einer Produktion von mehr als 1000 hl jährlich, ein nicht unbeträchtlicher Teil davon Cava. Das Sortiment der ausnahmslos als *jóvenes* erzeugten DO-Weine umfasst einen weißen Parató Blanc Coupage (50 % Macabeo/30 % Parellada/20 % Xarel-lo), einen reinsortigen Xarel-lo und einen *rosado* aus 100 % Pinot noir.

Puig Roca, El Vendrell. *Gegründet 1991.* Ein kleines 10-ha-Gut, das 700 hl Wein pro Jahr auf den Markt bringt. Der in römischen Buchstaben geschriebene Markenname lautet AVGVSTVS. Unter ihm erscheinen reinsortige Tropfen, zuweilen mit geringen Beimengungen anderer Trauben. Der im Fass vergorene Chardonnay liegt 5 Monate an der Hefe, ist aber technisch noch immer ein *joven*; der Merlot *joven* reift 2 Monate in Eiche, der Cabernet Sauvignon *crianza* enthält noch etwas Merlot sowie Cabernet franc und liegt 6 Monate im Eichenfass. Sie alle schmecken ausgezeichnet.

Raventós i Blanc, Sant Sadurní d'Anoia. *Gegründet 1986.* Ein Mitglied der Familie Raventós, der Codorníu gehört, hat diese Bodega gegründet, die größtenteil Cava herstellt und bei einer Rebfläche von 130 ha auf jährlich 5000 hl Wein kommt. *Beste Weine:* der exzellente weiße El Preludi (Macabeo/Parellada/Xarel-lo) und der Chardonnay – beides *jóvenes*.

René Barbier, Sant Sadurní d'Anoia. *Gegründet 1880.* Das Gut gehört mittlerweile zur Freixenet-Gruppe (siehe DO Cava) und darf nicht mit René Barbier *fill* (siehe DO Priorato) verwechselt werden. Man fertigt ausschließlich DO-Erzeugnisse aus hauseigenen und zugekauften Trauben sowie vorgefertigten Weinen. Im Programm hat man einen sehr guten *rosado joven* (Tempranillo/Garnacha/Monastrell). Höchst interessant gerät der klassische Viña Augusta *semidulce.* Ein wahres Schnäppchen die *jóvenes,* die überaus günstig unter der schlichten Bezeichnung «weißer Mittelmeerwein» und «roter Mittelmeerwein» verkauft werden, wobei der Weiße das beste Preis-Leistungs-Verhältnis zu bieten hat. *Beste Weine:* ein weißer *joven* namens Kraliner aus Macabeo, Parellada und Xarel-lo sowie eine rote *reserva* (Tempranillo/Garnacha/Cabernet Sauvignon). Nicht schlecht auch der 12 Monate in Eiche ausgebaute reinsortige Cabernet Sauvignon *crianza*.

Sadeve, Torrelavit. *Gegründet 1984.* Das Gut bewirtschaftet 100 ha Rebfläche; Cava macht 90 % der Produktion aus, rund 750 hl hat man für Penedès-Weine reserviert. *Beste Weine:* der Manuela de Naveran, ein im Fass vergorener Chardonnay, der 3 Monate an der Hefe liegt, und die sortenreine rote *gran reserva* Cabernet Sauvignon.

Terra Alta

Der Name sagt es schon: *Terra Alta* ist eine Hochlandregion. Sie liegt im äußersten Süden Kataloniens, grenzt im Westen an die *autonomía* Aragonien und reicht bis auf wenige Kilometer an die *Comunidad de Valencia* heran. Die größte Stadt ist Gandesa. Sie hat nicht nur eine Genossenschaft in einem großartigen Art-déco-Gebäude vorzuweisen, sondern auch ein paar moderne Kellereien.

Auf dem Land dominieren rückständige *cooperativas*, von denen viele ihren Wein noch nicht einmal in Flaschen füllen. In der Hauptstadt Gandesa allerdings tut sich einiges. Die große örtliche Genossenschaft bemüht sich um eine Aufwertung ihrer Erzeugnisse. Alles deutet außerdem darauf hin, dass kleinere Kellereien wie Bàrbara Forés das Potenzial der Region nutzen wollen. Leider sind sie noch in der Minderheit.

Das Weinzentrum Gandesa liegt auf dem Plateau der DO Terra Alta. Hier reifen hochwertige Trauben heran.

Dennoch gibt es keinen Grund, warum Terra Alta nicht ebenso gute Weine wie Tarragona produzieren oder sogar an das Niveau der DO Priorato heranreichen könnte. Die Rebflächen in etwa 400 Meter Höhe bieten jedenfalls ausgezeichnete mikroklimatische Bedingungen und gut durchlässige, kalksteinhaltige Böden, die sich problemlos bearbeiten lassen. Vielleicht fehlt es an Investitionen – schließlich hat es auch in Priorato mehrere Jahrhunderte gedauert, bis man sich von den traditionellen Stilen löste. Derzeit macht Tarragona auf sich aufmerksam. Möglicherweise ist als Nächstes Terra Alta an der Reihe.

Das Cava-Dilemma

Cava-Trauben spielen in Terra Alta eine wichtige Rolle – allerdings im eher negativen Sinne. Denn wo andernorts so mancher Winzer dem Beispiel der Schaumweinindustrie gefolgt ist und sich um Stillweine von Cava-Qualität bemüht, scheint hier eher der gegenteilige Effekt eingetreten zu sein. Der Verkauf von Cava bringt gutes Geld ein, deshalb kann man es sich sparen, auch noch hochwertige Tropfen anderer Machart zu produzieren. Man veräußert die Stillweine einfach vor Ort und macht sich in vielen Fällen nicht einmal die Mühe, sie in Flaschen abzufüllen. Darüber hinaus floriert auch noch der einheimische Markt für altbackene *rancios, dulces* und *mistelas* (unvergorener Traubensaft mit Schnaps). Warum also investieren?

Zum Glück denken nicht alle so. Die Genossenschaft in Gandesa hat die Zeichen der Zeit erkannt und rüstet auf moderne Kellertechnik um. Auch mehrere unbekannte Bodegas kleineren Formats sind in den letzten fünf bis zehn Jahren aus dem Dornröschenschlaf erwacht.

Der *consejo regulador* hat rasch auf den neuen Markt reagiert. Früher waren 75 Prozent der Rebfläche mit Garnacha blanca bestockt, auf dem restlichen Viertel standen Macabeo, Cariñena und Garnacha. Garnacha blanca ist zwar eine angenehme und verlässliche Traube, große Weine allerdings wird sie nie liefern. Deshalb nahm der *consejo* 1995 mit Parellada und Moscatel für Weiße sowie Tempranillo, Cabernet Sauvignon und Merlot für Rote weitere Sorten in die Liste der empfohlenen Reben auf. Noch ist es etwas zu früh, die Entwicklung dieser Trauben zu bewerten. Doch immerhin hat ihre Einführung gezeigt, dass irgendwo jemand um Qualität bemüht ist.

Die Voraussetzungen für die Produktion von Qualitätsweinen sind erfüllt, die Region hat ein enormes Potenzial. Vielleicht kann man sich im nächsten Jahrtausend große Weine aus Terra Alta schmecken lassen.

In dieser Hochlandregion wachsen die Trauben für Cavas und Stillweine mit dem Siegel der DO Terra Alta.

Wichtige Erzeuger

Bàrbara Forés, Gandesa.
Gegründet 1994. Die Bodega ging einst in einem malerischen alten Kellereigebäude aus dem Jahr 1889 in Betrieb, das derzeit noch mit viel Aufwand restauriert wird. Das Gut ist nach Bàrbara Forés (1825–1909) benannt, eine Weinbaupionierin des 19. Jahrhunderts. Ihr Sohn Rafael Ferrer errichtete die Kellerei und stattete sie so aus, dass Flaschen abgefüllt werden konnten, was vor 100 Jahren noch ein Novum war. Ein paar Generationen später begannen Carmen Ferrer und ihr Ehemann Manuel Sanmartín mit der Renovierung und gründeten das Gut im Jahr 1994 neu. Heute gehören 15,5 ha in vier Einzellagen rund um Gandesa zur Bodega. Erzeugt werden ausschließlich *jóvenes* in Weiß und Rosé, für die Zukunft allerdings strebt man nach Höherem. Die beiden Weine erscheinen unter dem Namen des Hauses. Der Weiße ist ein Garnacha blanca mit etwas Macabeo, der *rosado* wird vorwiegend aus Garnacha tinta gekeltert und bekundet am Gaumen einen Hauch von Alliers-Eiche. Auf den Rebflächen wachsen ferner Cariñena, Cabernet Sauvignon und Syrah – die künftige Entwicklung ist also noch offen. Derzeit lassen sich die Weine dieser bekannten Bodega durchweg als gut bis sehr gut einstufen.

De Muller. Das in Tarragona ansässige Stammhaus ist auch in Terra Alta aktiv. Hier entsteht ein ausgezeichneter traditioneller *dulce* namens Vino de Misa.

Gandesa Cooperativa, Gandesa.
Gegründet 1919. Die Genossenschaft residiert in einem der großartigen Art-déco-Bauten von Gaudí-Schüler Cèsar Martinell. Ihre Mitglieder kultivieren 1200 ha Land, die Jahresproduktion liegt bei 28 000 hl. Das Gros sind Alltagsweine, die unter dem Markennamen Antic Castell in den Handel gelangen. Daneben erzeugt man aber auch einige sehr gute Tropfen namens Garidells. *Bester Wein:* der rote *joven* aus Garnacha.

Pedro Rovira, Gandesa.
Das Tarragona-Gut fertigt in Terra Alta Messweine, Moscatel und *dulces* im traditionellen Stil. *Bester Wein:* ein hervorragender weißer *joven* namens Blanc de Belart (75 % Macabeo/25 % Garnacha blanca).

Priorato

Priorato ist Spaniens traditionsreichste und gleichzeitig modernste Region. Im winzigen Dörfchen Scala Dei hat sich der Weinstil in den letzten 500 Jahren kaum verändert, während Qualität und Preis der Kreszenzen von Gratallops das Herz jedes Auktionators höher schlagen lassen. Die entlegenste Hochlandregion Kataloniens hat einiges zu bieten.

Priorato gehört zur Provinz Tarragona und ist fast vollständig von deren gleichnamiger DO umgeben, hat allerdings ganz eigene mikroklimatische Bedingungen und Bodenstrukturen. Die Rebflächen liegen in Höhen zwischen 100 und 700 Metern und sind meist in Terrassen an schroffen Hängen oder tief in einsamen Tälern versteckt angelegt. Man stößt hier auf Bergwiesen ebenso wie auf Senken und Schluchten.

Priorato ist nach dem Kloster Priorato de Scala Dei benannt. Der Legende nach soll vor 800 Jahren ein Hirtenjunge eines Nachts beim Hüten seiner Tiere Engel eine Leiter heruntersteigen sehen haben. Er erzählte dem Dorfpriester von der Erscheinung, woraufhin 1163 Kartäusermönche anrückten und den *Priorato de Scala Dei* gründeten, das «Priorat der Gottesleiter». Man gab der *comarca* den Namen des Klosters, in dessen Nähe im Lauf der Zeit eine kleine Ansiedlung entstand. Die Mönche haben ihr Domizil mittlerweile verlassen, doch die Dorfbewohner sind geblieben. Der Ort hat heute 28 Einwohner – und mit Cellers Scala Dei eine der berühmtesten Bodegas der Region.

In der elf Dörfer zählenden DO entstehen Gewächse, die in Spanien ihresgleichen suchen. Das liegt zum Teil an der örtlichen Topografie. Der Siurana, ein Nebenfluss des Ebro, fließt durch Priorato. Er wird von Wasseradern gespeist, die hoch oben in den Bergen entspringen. Das Muttergestein spielt ebenfalls eine große Rolle. Es gehört zu der Schieferschicht, die sich auch unter den besten Port-Weinbergen im portugiesischen Dourotal entlangzieht.

Geologie und Weinbau

Schiefer ist der ideale Untergrund für Reben. Seine kristalline, bröckelige Struktur bietet Rebwurzeln Halt und speichert Regenwasser für die Reife. Das ist besonders in Hochlagen mit erodiertem, trockenem Oberboden wie Gratallops wichtig. In den Tälern bedeckt Schwemmland das schiefrige Muttergestein. Auch hier steht den Reben genügend Wasser zur Verfügung, obwohl der Weinstil ganz anders als in den Höhenlagen ausfällt. Den charakteristischsten Boden der Region nennt man *llicorella;* seine abwechselnden Lagen aus Schiefer

In dem natürlichen Amphitheater Clos l'Ermita stehen hundert Jahre alte Garnacha-Stöcke. Die Erträge in Priorato sind gering, dafür aber gehören die Weine zu Spaniens Spitzengewächsen.

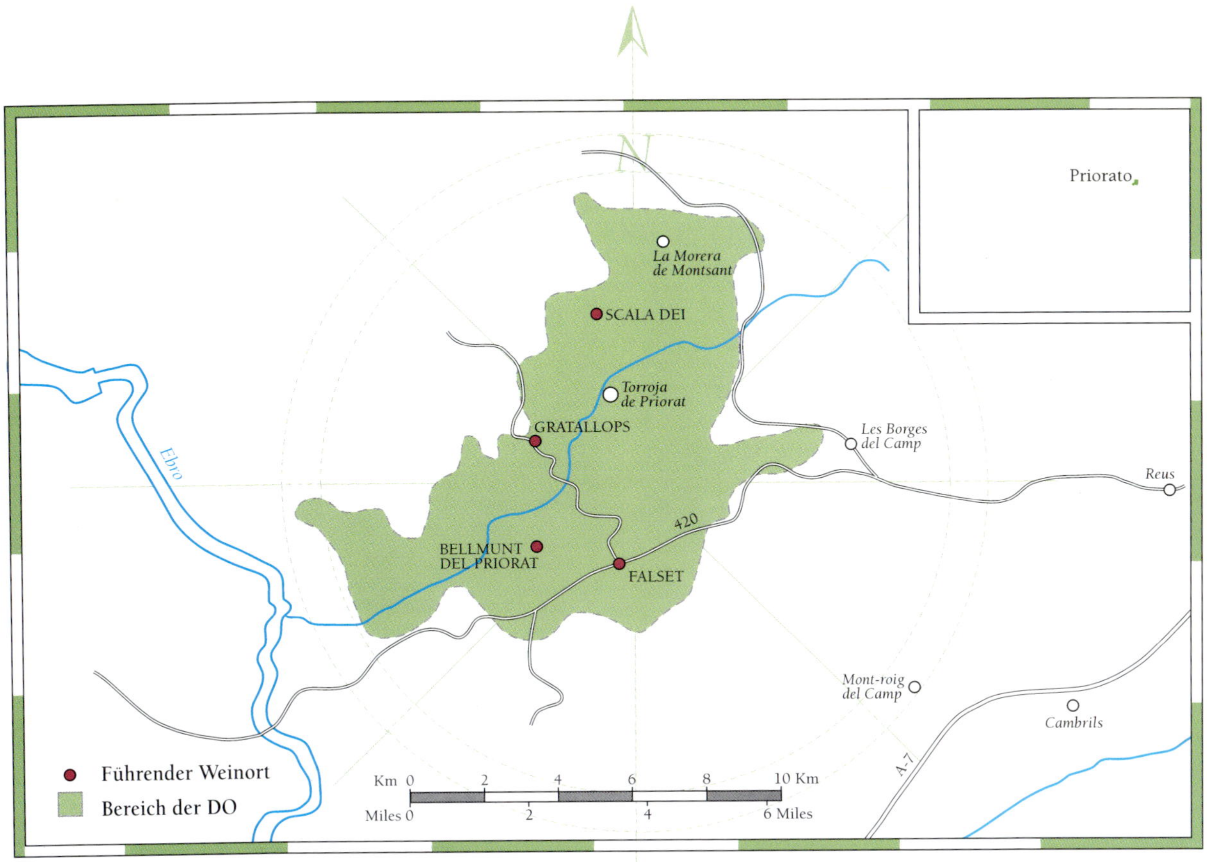
Priorato
La Morera de Montsant
SCALA DEI
Torroja de Priorat
GRATALLOPS
Les Borges del Camp
Reus
Ebro
420
BELLMUNT DEL PRIORAT
FALSET
Mont-roig del Camp
Cambrils
A-7
Führender Weinort
Bereich der DO
Km 0 2 4 6 8 10 Km
Miles 0 2 4 6 Miles

Weinberge prägen das Landschaftsbild um das Dörfchen Scala Dei, in dessen berühmtem Kloster noch immer Weine gekeltert werden.

Ganz rechts: die Klause, die der Lage L'Ermita ihren Namen gab. Die Rebfläche gehörte einem der Gratallops-Pioniere.

und Quarzit wirken in der Sonne schwarz-golden getigert. Reben pflanzt man überall dort, wo sie gedeihen. Die Weinberge liegen deshalb oft an steilen Hängen, was die Lese schwierig macht und winzige Erträge erbringt – selbst gemessen an der sowieso schon niedrigen spanischen Norm. Die Weine jedoch machen dieses Manko wieder wett.

Wichtigste Qualitätstraube war von jeher die Garnacha, obwohl die Cariñena häufiger kultiviert wird. Weitere traditionelle Sorten sind Garnacha blanca, Macabeo und selbst etwas Pedro Ximénez, ansonsten aber entfallen auf weiße Trauben nicht einmal fünf Prozent des gesamten Bestands. Auf neuen Flächen und in Versuchsanlagen wachsen ferner Cabernet Sauvignon, Merlot, Syrah, Pinot noir und Chenin blanc. Weine moderner Machart allerdings sind eher die Domäne von Gratallops. Hier erwarb Mitte der 80er Jahre eine Gruppe von Winzern acht Weinbergparzellen auf Schieferböden hoch oben im Siuranatal, um dort die besten Trauben zu pflanzen und die Weine aus niedrigen Erträgen in einer kleinen Genossenschaftskellerei zu bereiten. Sie sollten *Clos* im Namen tragen, um sich von den traditionellen Tropfen der Region zu unterscheiden. Die kultivierten Rebsorten und angewandten Methoden – unter anderem Tropfbewässerung – schlossen ein DO-Siegel von vornherein aus, die Erzeuger indes kümmerte das wenig. Als ihre Kreszenzen bei nationalen und internationalen Verkostungen mit Medaillen bedacht wurden, sahen sie sich in ihrer Vorgehensweise nur bestätigt.

Zu den verbliebenen Mitgliedern der Gruppe zählen Alvaro Palacios, Costers del Siurana, Mas Martinet und René Barbier *fill*. Sie alle sind mittlerweile unabhängige Winzer geworden, gehören dem *consejo regulador* an und keltern Weine mit DO-Status.

Das Gratallops-Vermächtnis

Die «Gratallops-Pioniere» wiesen zweifelsfrei nach, dass sich aus Garnacha und Cariñena Qualitätsweine von hoher Komplexität keltern lassen. Gratallops-Erzeugnisse gehören heute zu den erlesensten Tropfen in ganz Spanien. Sie fallen kühler, frischer und weniger eichenschwer aus als die üblichen nordspanischen Roten. Ihre Konzentration und ihr Charakter sind atemberaubend – ihr Preis allerdings auch.

In den traditioneller orientierten Dörfern von Priorato entstehen weiterhin Weine alten Stils. Doch auch hier sorgen niedrige Erträge für hoch konzentrierte, alkoholschwere Trunke von stupender Individualität. Sie brauchen fünf Jahre in der Flasche, bis sie trinkreif sind, und altern bis zu 25 Jahre mit Würde. Die winzige Kellerei in Scala Dei vergärt ihre Gewächse noch immer in Betonbottichen – wenn auch mittlerweile Kühlaggregate in den Wein getaucht werden – und fertigt fast tintenschwarze Garnacha namens Cartoixa Scala Dei mit einem natürlichen Alkoholgehalt von bis zu 15 Prozent. Im Grunde bedient man mit diesen mächtigen Nektaren einen Nischenmarkt.

Aber auch noch andere Weine werden in Priorato hergestellt, darunter einige *novel*-Stile und eine Palette leichter, frischer Alltags-*jóvenes* aus Macabeo sowie Garnacha. Natürlich sind die Erzeuger der Region kaum mehr als Nebenerwerbswinzer im Vergleich zu den riesigen Genossenschaften und strahlenden Weingütern in Penedès oder anderen renommierten DOs. Sie keltern zwar nur geringe Mengen, bekommen für ihre Produkte aber Preise, die ihnen ein Auskommen sichern. Und darum geht es schließlich.

Wichtige Erzeuger

Alvaro Palacios, Gratallops. *Gegründet 1989.* Alvaro Palacios stammt aus dem großen Rioja-Haus Palacios Remondo; er war einer der Initiatoren des Gratallops-Projekts. Seinen ersten Wein taufte er Clos Dofi, zu gegebener Zeit soll er in «Finca Dofi» umbenannt werden. In seiner winzigen Kellerei entstehen heute drei Rote. Las Terrasses (45 % Cariñena/40 % Garnacha/15 % Cabernet Sauvignon) ist eine *crianza* mit 13,5 % Alkohol, die 12 Monate in Eiche reift. Der Clos Dofi *crianza* mit 13 % Alkohol und einem 17-monatigen Ausbau im Fass stammt von einer Einzellage gleichen Namens und wird aus 60 % Garnacha, 20 % Cabernet Sauvignon, 10 % Merlot, 5 % Cariñena und 5 % Syrah gekeltert. *Bester Wein:* der Clos l'Ermita, auch er ein Einzellagenwein. Er wächst an einem 45°-Hang in einem natürlichen Kessel in den Hochlagen von Gratallops. Die rund 100-jährigen Garnacha-Reben hier gehören zu den Stöcken mit den niedrigsten Erträgen in ganz Spanien. Sie erbringen einen Wein von hoher Konzentration, Reife, Frucht und Tiefe. Mit einem 10-prozentigen Anteil Cariñena verbessert Palacios die Farbe und mit ebenso viel Cabernet Sauvignon das Aroma. Der 93er Jahrgang lag 19 Monate in Eiche. Er ist der beste und sicherlich auch der teuerste Einzellagenwein in Spanien – preislich liegt er sogar noch über den Nektaren von Vega Sicilia und Dominio de Pingus in Ribera del Duero. Kurzum: Las Terrasses ist ausgezeichnet, Clos Dofi herausragend und Clos l'Ermita unerreicht.

Cellers de Scala Dei, Scala Dei. *Gegründet 1973.* Die Bodega wurde in den alten Kellern des winzigen Dorfes Scala Dei eingerichtet. Als Kellermeister fungiert derzeit Manuel Peyra. Sein einziges Zugeständnis an die moderne Technik sind *placas,* die während des Gärprozesses zum Kühlen des Mosts verwendet werden. Die Fermentation läuft hier bis hin zur Nachgärung sehr langsam ab, der Wein bleibt ewig an der Schale, damit so viel Farbe wie möglich extrahiert wird. Trotz alledem bekundet die Kellerei einen gemeinen Innovationsgeist. Man erzeugt zwei sehr gute Weiße, einen *joven* und einen im Fass vergorenen Tropfen, der 6 Monate an der Hefe liegt und aus 80 % Garnacha blanca sowie 20 % Chenin blanc verschnitten wird. Ferner gehören zum Sortiment ein *rosado joven,* katalanisch *rosat,* und ein roter Novell *joven* – beides sehr gute reinsortige Garnacha. *Beste Weine:* Der Negre Scala Dei (80 % Garnacha/ 20 % Cabernet Sauvignon; 22 Monate im Fass) ist ein kleines Zugeständnis an den modernen Geschmack. Bedingungslos klassisch indes präsentiert sich der Cartoixa Scala Dei *reserva* (100 % Garnacha; 22 Monate im Fass). Er sollte eigentlich bis zu 5 Jahre in der Flasche reifen. Willensstarke Genießer lassen ihn auch 25 Lenze liegen, denn bei seinen eindrucksvollen 15 % Alkohol wird er mit zunehmendem Alter immer besser.

Costers del Siurana, Gratallops. Das Unternehmen, das in den 80ern das Gratallops-Projekt initiierte. Heute wird es von Carles Pastrana geführt, der selbst noch unter den Visionären von Priorato als innovativer Geist gilt. Sein Miserere (Garnacha/Cabernet Sauvignon/ Tempranillo/Merlot/Cariñena; 14 Monate im Fass) kommt als *crianza* auf den Markt. Auch der Clos l'Obac (Garnacha/ Cabernet Sauvignon/Merlot/Syrah/ Cariñena), das Flaggschiff der Bodega, wird zur *crianza* ausgebaut. Beide Gewächse geraten hervorragend. *Bester Wein:* der Dolç de l'Obac (Garnacha/ Cabernet Sauvignon/Syrah; 12 Monate in Eiche). Bei 16 % Alkohol vereint er die ganze Reife und Süße warmer Sommerfrüchte in sich und steht damit in der katalanischen Tradition alter, süßer, leicht aufgespriteter Roter (die berühmtesten Vertreter dieser Spezies finden sich in der DO Tarragona). Er ist ein außergewöhnlicher Tropfen – selbst für die Verhältnisse in Gratallops.

Masía Barril, Bellmunt del Priorato. *Gegründet 1931.* Das kleine Familienunternehmen führt die alte Priorato-Tradition fort. Es bewirtschaftet rund 20 ha Rebfläche und bedient einen kleinen, aber anspruchsvollen Exportmarkt. Der derzeitige Leiter Rafael Barril hat seine eigenen Vorstellungen von den Weinen, die in seinen Kellern heranreifen sollen. Dennoch bereitet man einige moderne Tropfen, allen voran die roten *jóvenes* Virgen (80 % Garnacha/20 % Cariñena) und Típico (70 % Garnacha/30 % Cariñena). *Beste Weine:* Kreszenzen klassischen Zuschnitts gelingen der Bodega am besten, so zum Beispiel die alten Jahrgänge der nicht in Eiche ausgebauten Weißen (80 % Macabeo/20 % Garnacha blanca) mit 15 % Alkohol; der Aromatizado (50 % Macabeo/30 % Garnacha peluda/20 % Garnacha blanca), ein mit Kräutern aus dem hauseigenen Küchengarten gewürzter 15-prozentiger *semiseco* ohne DO-Status; der Clásico, ein wuchtiger 16-Prozenter aus 70 % Garnacha und 30 % Cariñena, sowie der vollständig oxidierte *rancio* (70 % Garnacha/30 % Cariñena) in der Art von Weinen, wie sie vor nur einem halben Jahrhundert in Katalonien überwiegend hergestellt wurden.

Masía Duch, Scala Dei. *Gegründet 1987.* Eine restaurierte Kellerei auf den Ausläufern der Sierra de Montsant. Sie gehörte früher zur Priorei Scala Dei und bewirtschaftet derzeit 20 ha Anbaufläche, 10 weitere sollen demnächst hinzukommen. Die Stöcke stehen auf Böden mit Schiefer als Muttergestein und erbringen jährlich 500 hl Garnacha und Cabernet Sauvignon. Man pflegt einen modernen Stil mit einem Hauch Tradition. Direktor Delfí Duch i Martorell besteht darauf, dass seine Erzeugnisse nicht länger als ein Jahr lang in Eiche liegen; die übrige Zeit werden sie in der Flasche ausgebaut. Eine Bodega, die man auf jeden Fall im Auge behalten sollte. *Beste Weine:* ein *joven* (Garnacha) und eine *reserva* (Cabernet Sauvignon), beide ausgezeichnet.

Mas Martinet, Falset. *Gegründet 1986.* Ein weiterer Gratallops-Pionier. Das kleine, aber hochmoderne Gut an der Straße nach Falset wird von der Familie Pérez Ovejero geführt. In den Weinbergen setzt man auf Tropfbewässerung. Wie die anderen Gratallops-Bodegas keltert Martinet nur Rote. Die Basisweine heißen Martinet Bru *joven* und Clos Martinet *reserva,* beide ein Verschnitt aus Cabernet Sauvignon, Garnacha, Merlot und Syrah. *Beste Weine:* einige Martinet Especial, darunter ein Mix aus Cabernet Sauvignon und Cariñena, die reinsortigen *jóvenes* Cabernet Sauvignon, Merlot und Syrah sowie ein Verschnitt aus Syrah und Merlot.

René Barbier fill, Gratallops. *Gegründet 1987.* René Barbier sen. betrieb eine Firma in Sant Sadurní d'Anoia und fertigte dort Weine mit dem Siegel der DO Penedès. Dann verkaufte er sein Unternehmen an die allgegenwärtige Freixenet-Gruppe, der es noch heute gehört. Sein Sohn René Barbier jun. gehört zu den Gratallops-Pionieren. Er hat nicht nur eine eigene Kellerei von Format aufgezogen, sondern auch ein Haus auf einem nahe liegenden Berghang gebaut. Sein beispielhafter Clos Mogador ist eine *reserva* aus 30 % Garnacha, 30 % Cabernet Sauvignon, 25 % Syrah und 15 % anderen Rebsorten, die 12 Monate im Fass reift.

Tarragona

An Tarragona kann man erkennen, welche Fortschritte Katalonien seit den 60er Jahren im Weinbau gemacht hat. Zwar wird hier noch immer der in Großbritannien als «Port des armen Mannes» bekannte Clásico produziert, der seit 1933 rechtlich geschützt ist und noch 30 Jahre später für viele das katalanische Gewächs schlechthin verkörperte. Doch seither hat sich einiges getan.

Die DO Tarragona nimmt einen Großteil der gleichnamigen Provinz mit Ausnahme von Priorato ein. Sie ist Kataloniens größter Anbaubereich und wird in zwei Subzonen untergliedert. Tarragona Campo umfasst 75 Prozent der DO nördlich und östlich des benachbarten Priorato. Falset bildet den westlichen Teil und wird zusätzlich in die Comarca de Falset an der Südgrenze von Priorato sowie Ribera d'Ebre beziehungsweise Ribera de Ebro eingeteilt, das sich, wie der Name schon sagt, das Ebrotal entlangzieht.

Als Faustregel gilt: In Campo entstehen altmodische süße, gespritete Rote und moderne Supermarktweine, während Falset oder zumindest der nördliche Teil davon ehrgeizigere Ziele verfolgt – vielleicht weil man dort das benachbarte Priorato vor Augen hat.

Geologie und Klima

Tarragona Campo erstreckt sich von der Küste bis in 200 Meter Höhe und steigt vor der Grenze zu Priorato steil an. Das Muttergestein setzt sich aus Kalk und der Oberboden aus dem Schwemmland der vielen Flüsse und Bäche zusammen, die sich in den Ebro ergießen.

Falset liegt in einer von Bergen umgebenen *conca* auf 360 Metern; hier besteht der Untergrund aus Lehm und Kalk über Granit. Die Subzone Ribera d'Ebre fällt in Flussnähe bis auf 100 Meter ab, ihre Böden werden begreiflicherweise aus Schwemmland gebildet. Kurioserweise findet man die am niedrigsten gelegenen Anbauflächen in Campo in einer Höhe von nur 40 Metern, während in Falset noch auf 450 Meter Reben wachsen.

Wie in allen katalanischen DOs an der Küste herrscht ein mediterranes Klima vor; je weiter man ins Landesinnere vordringt, desto kontinentaler ist es geprägt. Deshalb kommt Falset auch als potenziell bestes Anbaugebiet des gesamten Weinbaugebiets Tarragona in Frage.

Natürlich werden in dieser DO ebenfalls Trauben für Cava angebaut und wie andernorts ließen sich Stillweinproduzenten von der sorgfältigen Anbauweise für dieses hochwertige Lesegut inspirieren. In Campo und Ribera d'Ebre empfiehlt man Garnacha, Cariñena und Tempranillo für Rote sowie Macabeo, Xarel-lo, Parellada und Garnacha blanca für Weiße. In Falset legt man den Gütern nur den Anbau von Garnacha und Cariñena ans Herz. Aber man wäre nicht in Katalonien, wenn man nicht auch Cabernet Sauvignon, Merlot und weitere Importe aus Frankreich finden würde.

Vinifikation und Weinstile

Weinstile findet man in Tarragona zuhauf. Der Tarragona Clásico wird immer noch zubereitet, meist keltert man ihn ausschließlich aus Garnacha. Er braucht einen Mindestalkoholgehalt von 13,5 Prozent und liegt wenigstens zwölf Jahre in Eiche – kein Wunder, dass seine Marktchancen schon allein wegen des Preises schwinden. Daneben behaupten sich *rancios* und *mistelas* aus der vielseitigen Garnacha. Von der Antike bis etwa ins Jahr 1960 gehörten sie zusammen mit den *clásicos* zu den meistverkauften Weinen der Welt. Sie wurden überallhin exportiert und konsolidierten den Wohlstand in einem Großteil der Region. Ein wichtiger Abnehmer war die Kirche: Die in den europäischen Gotteshäusern verwendeten Messweine stammten sehr oft aus Tarragona.

Das Vorbild Cava in Weinberg und Keller hat viele Winzer zum Umdenken und Umrüsten veranlasst. Den größten Posten an Weinen aus Tarragona bilden heute gut gemachte, preiswerte Alltags-*jóvenes* in allen drei Farben. Die Weißen werden aus Macabeo, Xarel-lo und Parellada, die *rosados* aus Garnacha und die Roten aus Garnacha und Cariñena hergestellt. Eine weitere Bereicherung für Tarragonas Weinlandschaft sind die unvermeidlichen Pioniergeister mit ihren bevorzugten Reben wie Syrah und Pinot noir.

Die Weinregion scheint zweigleisig in die Zukunft zu fahren. Den Falset-Weinen fehlt die Klasse ihrer Pendants im benachbarten Priorato, dafür aber haben die Winzer hier einen Sinn für Wirtschaftlichkeit. Sofern Falset auf Qualitätstropfen mit eigenständigem Charakter setzt und Campo die Entwicklung durch die Erzeugung solider, verlässlicher, gleich bleibend guter Supermarktweine unterstützt, kann Tarragona durchaus wieder zu einer der führenden Weinexportregionen werden.

Die Anbauzone wurde 1933 erstmals genau definiert. Am 24. April 1947 erhielt Tarragona offiziell den DO-Status für Clásicos und *rancios*. Erst 1959 kamen die regulären Stillweine hinzu.

Wichtige Erzeuger

Co = Campo; FC = Falset/Comarca; FR = Falset/Ribera d'Ebre.

Capçanes Cooperativa, Capçanes (FC). *Gegründet 1932.* Das in den 90ern neu eröffnete Unternehmen verfolgt eine ganz eigene Linie. Die ehemalige Regionsgenossenschaft arbeitet heute als Dorfkellerei. Sie liegt in ihrer eigenen *conca,* die noch immer den einstigen 142 Mitgliedern mit insgesamt 268 ha Rebfläche gehört. Die Geschäftspolitik allerdings hat sich seit den alten Genossenschaftszeiten radikal geändert. Die Hälfte des Leseguts wird heute an andere *cooperativas* verkauft, sodass sich Capçanes auf die besten 50 % der Produktion konzentrieren kann. Viele schwerfällige alte Genossenschaften beneiden die Bodega, weil sie sich eine neue Ausrüstung angeschafft hat und in ihren Kellern beachtliche Tropfen bereitet. Die Spitzengewächse verlassen das Haus unter dem Namen Flor de Maig. Zu dieser Produktlinie zählen vier reinsortige Weiße: ein *joven* (Macabeo), eine *crianza* (Garnacha blanca; 6 Monate in Eiche) sowie ein vollständig und ein teilweise im Fass vergorener Chardonnay. Auch der *rosado* des Hauses (70 % Garnacha/20 % Cariñena/10 % Merlot) kommt als *joven* auf den Markt. Bekanntheit hat Capçanes jedoch vor allem wegen seiner Roten erlangt, wie etwa dem sehr guten Flor de Maig *joven* (Garnacha/Cariñena/Tempranillo). Daneben stellt das Haus traditionelle *rancios, dulces* und *mistelas* her. Unter ihnen findet sich beispielsweise der ausgezeichnete Marmellans Garnatxa. Die rote Ausführung wird aus Garnacha tinta, ihr weißes Pendant aus Garnacha blanca gefertigt, was sehr ungewöhnlich ist. Der rote Flor de Primavera gelangt als koscherer Wein in den Handel und trägt das Zertifikat des Oberrabbis von Barcelona. *Bester Wein:* der ausgezeichnete reinsortige Cabernet Sauvignon, der 3 Monate in Eiche liegt – zu wenig, um *crianza* genannt werden zu dürfen. Er gehört trotzdem zu den besten Kreszenzen der gesamten Region.

De Muller, Tarragona (Co). *Gegründet 1851.* Eines der Güter, die die klassischen Weine der Region Tarragona und insbesondere ihre Messweine in aller Welt bekannt gemacht haben. Heute ist das Unternehmen außer in Tarragona noch in Scala Dei in der DO Priorato aktiv und gilt als Bewahrer vieler traditioneller Weinbereitungskünste der Region. De Mullers Ruhm gründet sich auf süße, gespritete Gewächse und *rancios,* doch auch eine Reihe guter roter und weißer *jóvenes* namens Viña Solimar erblickt in den Kellern der Bodega das Licht der Welt.

Falsetença Cooperativa, Falset (FC). *Gegründet 1919.* Eine weitere Genossenschaft mit einem umfangreichen neuen Weinbereitungsarsenal und moderner Denkweise. Sie hat gemeinsame Rebflächen mit den Bodegas Pedro Rovira (siehe unten), auf denen vor allem Cabernet Sauvignon und Pinot noir wachsen und viel experimentiert wird. Die 150 Mitglieder der *cooperativa* bewirtschaften insgesamt 300 ha. Obwohl Falsetença auch traditionelle *rancios* und *dulces* aus Garnatxa fertigt, gehört die Zukunft wohl eher leichteren Erzeugnissen. Man bereitet beispielsweise einen sehr guten *rosado joven* (80 % Cariñena/10 % Garnacha/10 % Tempranillo). *Bester Wein:* der Vinya Candida *crianza* (30 % Garnacha/30 % Cabernet Sauvignon/30 % Tempranillo/10 % Cariñena)

José Anguera Beyme, Darmós (FR). *Gegründet 1830.* Josep Anguera Beyme leitet die Bodega, die nur 30 ha Anbaufläche ihr Eigen nennt und kein sonderlich breites Sortiment zu bieten hat. Diese kleine Weinpalette aber hat ausgereicht, um das Gut auf ausländischen Märkten wie Deutschland, der Schweiz und Großbritannien zu etablieren. Man verfügt über modernste Ausrüstung und – vielleicht noch wichtiger – über das neueste Know-how der Weinbereitung. *Bester Wein:* der Joan d'Anguera (45 % Syrah/35 % Garnacha/20 % Cabernet Sauvignon). In guten Jahren gerät er ausgezeichnet, in großen Jahren fulminant.

Mitjavila, La Secuita (Co). *Gegründet 1987.* Ein Cava-Produzent, der auch Stillweine mit dem Status der *Denominación de Origen* Tarragona keltert. Im Programm hat die Bodega gute *jóvenes* in Weiß und Rosé sowie eine rote *crianza* (90 % Tempranillo/10 % Cabernet Sauvignon; 8 Monate Ausbau im Fass).

Pedro Rovira, Móra la Nova (FR). *Gegründet 1864.* Das Unternehmen stieg 1917 ins Weingeschäft ein. Es kultiviert gemeinsam mit der Falsetença-Genossenschaft Versuchsanlagen (siehe oben). Ferner betreibt es ein Gut in der DO Terra Alta. Zu den Tarragona-Weinen zählen ein beliebter *rosado joven* namens Raquel (60 % Garnacha/40 % Cariñena). *Beste Weine:* der rote Viña Mater *reserva* (Tempranillo/Garnacha; 18 Monate in Eiche) und *gran reserva* (100 % Tempranillo; 18 Monate in Eiche).

Dieser Weinberg bei Cornudella gehört zur DO Tarragona. Die hier heranreifenden Trauben eignen sich für so ziemlich alles von Tarragona Clásico bis hin zu Messweinen.

Cava

Diese Statue vor dem Cava-Haus Freixenet zeigt den Vater des Champagners, Dom Pérignon.

In Spanien gibt es nur zwei Arten von Qualitätsweinen, auf deren Etiketten nicht die Bezeichnung *Demoninación de Origen* erscheinen muss: Sherry und Cava. Gemäß Definition der EU und Spaniens ist *Cava* ein nach der traditionellen Methode der Flaschengärung in von den zuständigen Behörden festgelegten Bereichen hergestellter Schaumwein. Der für Cava verantwortliche *consejo regulador* nennt sich *Consejo Regulador de la Denominación Cava*. Die Wörter *de Origen* tauchen in dieser Bezeichnung nicht auf.

Den ersten Cava erzeugte Josep Raventós 1872 in Sant Sadurní d'Anoia im Anoiatal in der *comarca* Alt-Penedès in der Provinz Barcelona in der *autonomía* Katalonien. Der aus dieser Stadt stammende Cava darf mit allen diesen Herkunftsbezeichnungen in den Handel gelangen – nur nicht mit der offensichtlichsten: Penedès. Denn die Weinberge der DO Penedès liegen in denselben Bereichen wie die der DO Cava. Gemäß EU-Recht ist es nicht gestattet, einem Qualitätswein die Herkunftsbezeichnung eines anderen Qualitätsweins zu geben – selbst wenn er durchaus aus derselben DO stammt. Alles klar?

Zwar stammen rund 95 Prozent aller Cavas aus Katalonien und davon werden 75 Prozent in Sant Sadurní und Umgebung hergestellt. Da Cava aber auch aus anderen Regionen kommen kann, dürfen keine geografischen Angaben gemacht werden. Deshalb steht in der offiziellen Herkunftsbezeichnung statt *de Origen* das Wort *Cava*. Um die Unterscheidung zu erleichtern, soll hier von «katalanischem Cava» und «nichtkatalanischem Cava» die Rede sein.

Die Champagne machte den Genießern auf dieser Welt viel Durst auf schäumende Nektare. Katalonien allerdings hat ein ausgeprägtes Unabhängigkeitsbewusstsein und zieht die Eigenproduktionen hartnäckig Importen vor – selbst wenn sie aus Spanien selbst stammen. Als einst in den Bars und Cafés von Barcelona sowie anderen Großstädten das Geräusch knallender Korken immer häufiger zu hören war, richteten die Winzer der Provinz ihre Aufmerksamkeit auf die Herstellung eigener Schäumer.

Die technischen Feinheiten bereiteten ihnen keine Schwierigkeiten, schließlich hatten sie ohnehin schon seit Jahren in geringen Mengen perlende Tropfen produziert. Sie brauchten

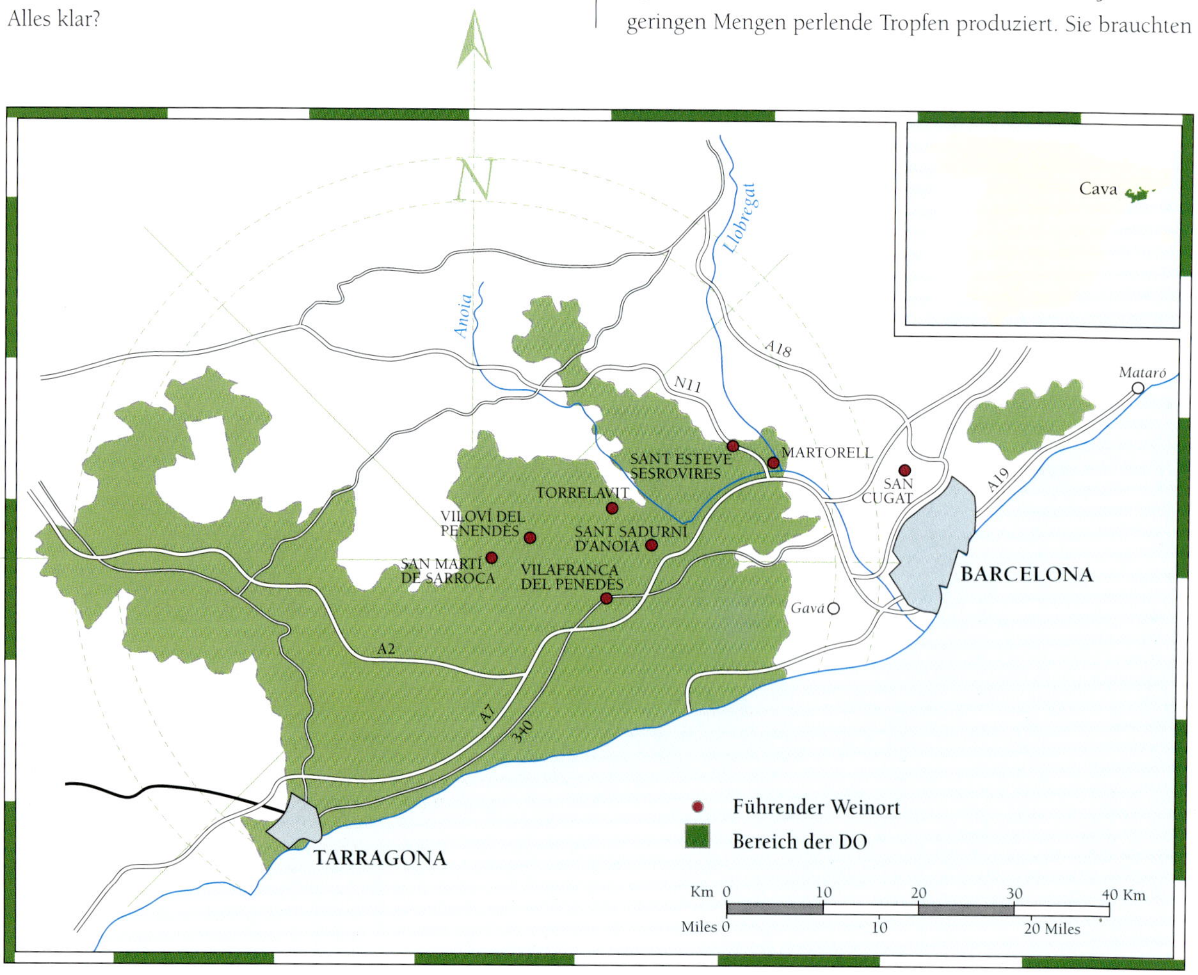

vielmehr eine narrensichere Methode für die Fertigung hochwertiger Kreszenzen und eine wirkungsvolle Qualitätskontrolle. Ferner musste die Zahl explodierender Flaschen so gering wie möglich gehalten werden.

Eine Gruppe führender Winzer in Sant Sadurní – genannt die «sieben griechischen Weisen» – kam regelmäßig an Sonntagen zusammen, um über die neuesten Experimente mit Schaumweinen zu diskutieren. Sie kämpften alle mit dieselben Schwierigkeiten: fehlerhaften Flaschen, schlechten Korken, zu hohen Temperaturen bei der Abfüllung, langsamen und ineffizienten Degorgiermethoden und schließlich dem trockenen, oxidierten Lesegut.

Im Lauf der Jahre zeigte sich, dass man nur nach massiven Investitionen in die Rebflächen und die Ausrüstung der Vertragswinzer sowie in neue Gärbottiche, modernste Kellertechniken und teure Flaschen beziehungsweise Korken Schaumweine annehmbarer Qualität würde produzieren können. Außerdem mussten die Katalanen überzeugt werden, dass ein Gut vor Ort mit derselben Qualität aufwarten konnte wie die französische Konkurrenz in der Champagne. Kurz: Die Risiken waren enorm.

Die Suche nach geeigneten Trauben

Doch es gab noch viel mehr zu tun. Vor allem brauchte man geeignete Trauben. Viele Möchtegern-Schaumweinhersteller versuchten es den Champagnerhäusern gleichzutun, indem sie als Erstes deren bevorzugte Rebsorten wie Chardonnay oder Pinot noir anpflanzten. Viel Erfolg indes war ihnen damit nicht beschieden, denn die Boden- und Klimabedingungen in Katalonien unterscheiden sich grundlegend von denen in der Champagne. Wenn die spanische Region Schaumweine von überzeugender Qualität produzieren wollte, musste sie Trauben verwenden, die den örtlichen Gegebenheiten entsprachen. Und auch die Vinifikation in Eichenbottichen oder Betontanks kam nicht in Frage.

Die ersten Erfolge verzeichnete man in den Weinbergen. In den drei charakteristischen Höhenlagen – die Bereiche *baix-*, *mitja-* und *alt-*Penedès (siehe Seite 110) sind ein typisches Beispiel dafür – waren stets Trauben mit unterschiedlichen Eigenschaften herangereift. In der niedrigsten Lage wuchs gutes, reifes Lesegut für Süßweine und *rancios*. Der mittlere Höhenbereich erbrachte schon geringere Erträge bei weitaus längeren Reifezeiten. Im Hochland allerdings schädigte Frost die wenigen Trauben an den Stöcken.

Bald jedoch erkannten die «sieben Weisen», dass sie genau das brauchten. Die lebendige Säure, die die Chardonnay im kalten Klima der Champagne entwickelte, ließ sich in Katalonien hoch droben in den Bergen erzeugen. Man musste also nur noch herausfinden, welche Trauben sich für welche Höhen eigneten. Heute weiß man, dass Macabeo, Xarel-lo und Parellada in mittleren Lagen die besten Ergebnisse bringen, während das hochwertigste – allerdings auch teuerste – Chardonnay-Lesegut im Hochland heranreift.

Als Nächstes kamen die Kellereien an die Reihe. Ohne Edelstahl, Kunstharze und Glasfaser konnte die absolute Sauberkeit bei der Bereitung nur durch spezielle Bottiche mit glasierten Fliesen an den Innenwänden gewährleistet werden. Doch obwohl Katalonien zu einem der Keramikzentren der westlichen Welt gehört, war die Konstruktion derartiger Behältnisse enorm kostspielig.

Hinzu kamen die Kosten für die Lagerung der Weine in den *pupitres* sowie der arbeitsintensive *remuaje* (Rütteln) und zeitaufwendige *degüelle* (Degorgieren), der noch dazu hoch qualifizierte Arbeitskräfte erfordert. Ebenso wenig durften bei der Qualität von Flaschen, Korken und Drahtkorb Abstriche gemacht werden. Zu allem Übel wusste niemand, ob das fertige Produkt überhaupt Abnehmer finden würde. Das finanzielle Wagnis war also enorm; nur ein äußerst beherztes Unternehmen würde sämtliche Risiken auf sich nehmen und alle Investitionen tätigen, um überhaupt mit der Schaumweinherstellung beginnen zu können.

Und in der Tat fand sich ein solcher Pioniergeist. Sein Name: Josep Raventós. Ihm gehörte das 1551 gegründetes Unternehmen Codorníu gehört, eines der ältesten Güter außerhalb der Sherry-Region. Josep Raventós konnte die notwendigen Mittel für Investitionen durchaus aufbringen – einen Fehlschlag aber durfte er sich trotzdem nicht leisten. Wie sich bald herausstellte, waren alle Bedenken unbegründet.

Barcelona wie überhaupt ganz Spanien zeigte nicht nur ein unstillbares Verlangen nach Cava, die prickelnden Weine erwiesen sich auch als ideal für katalanische und mediterrane Geschmäcker. Denn im Gegensatz zu Champagner waren sie schon nach etwas über einem Jahr trinkreif. Sie präsentierten sich frisch, leicht und relativ säurearm. Außerdem konnte man sie zu erschwinglichen Preisen erstehen und innerhalb Spaniens ohne Importzölle verkaufen.

Erfolgshindernisse

Damit ist die Geschichte aber noch lange nicht zu Ende. Zu Beginn des 20. Jahrhunderts entstanden in fast jeder Weinregion rund um den Globus Schaumweine. Alle wollten ihre perlenden Erzeugnisse exportieren – und alle standen im Schatten der Champagne. Cava hatte während der Reblausinvasion in Frankreich einen bescheidenen Aufschwung

Die roten Dächer des Gutes Raventós i Blanc. Es wurde von der berühmten Winzerfamilie gegründet, die 1872 den ersten Cava fertigte.

erlebt, doch um im Schaumweinpantheon Aufnahme zu finden, musste man noch drei Hürden überwinden.

Zunächst brauchte man einen Namen. Um die Jahrhundertwende gab es viele Bezeichnungen für Schaumwein – Champagner war nur einer. In Katalonien betitelte man ihn kurzerhand *Xampàn,* kastilisch *Champán,* und tat der Welt kund, dass man ihn nach dem *método champañés,* der Champagnermethode, herstellte. In Reims und Epernay war man darüber gar nicht glücklich. Mit der Gründung der Europäischen Wirtschaftsgemeinschaft (EWG) im Jahr 1957 durften in den sechs Mitgliedstaaten nur noch jene Schaumweine als Champagner bezeichnet werden, die auch tatsächlich aus dem französischen Anbaugebiet stammten.

In allen anderen Ländern hingegen konnte man moussierende Tropfen weiterhin so nennen, wie man wollte. Eines Tages aber zeichnete sich ab, dass auch Spanien der Gemeinschaft beitreten würde. Nun erkannten die Produzenten, dass sie einen griffigen Namen für ihr Erzeugnis brauchten.

Die Ursprünge des Cava

In Spanien unterscheidet man traditionell zwischen *bodega* und *cava.* Beide bedeuten «Kellerei», aber während eine Bodega ein ganz normales Gebäude ist, legt man eine Cava unterirdisch an, denn solange Schaumweine an der Hefe liegen, reifen sie am besten bei den gleich bleibend kühlen Temperaturen unter der Erde heran. Manche Winzer nannten ihre oberirdisch und meist im Fass gelagerten Erzeugnisse entsprechend Bodega-Weine und ihre perlende Pracht Cava. Diese Bezeichnung gab man ihnen auch in der EG. Und als sich immer mehr Länder der mittlerweile in Europäische Union umbenannten Staatengemeinschaft anschlossen, wurde aus dem «spanischen Champagner» eben ein «Cava».

Den Kellereien kam das gerade recht, denn zum Zeitpunkt des Beitritts ihres Landes zur Gemeinschaft hatte Cava bereits Bekanntheit erlangt und konnte vermarktet werden. Ein vollwertiger Name wurde die Bezeichnung am 1. September 1994, als die Bezeichnung *méthode champenoise* mitsamt allen Entsprechungen in anderen Sprachen weltweit verboten wurde. Fortan musste man in Spanien *método tradicional* verwenden, doch für iberischen Schaumwein spielte dies keine Rolle mehr: Der Name Cava war auf dem Auslandsmarkt gut eingeführt und rangierte in der Bekanntheitsskala gleich hinter Champagner.

Darüber hinaus galt es auch rechtliche Hürden zu überwinden. Während des großen Cava-Booms Anfang des 20. Jahrhunderts hatte man in ganz Spanien Schaumweinkellereien gegründet. Manche ihrer Erzeugnisse waren der Reputation von Cava nicht gerade zuträglich und so versuchte man 1959 mit der Vergabe einer *Denominación Especifica* (DE) einen gewissen Qualitätsstandard zu gewährleisten. Nun hatte man zwar die Produktionsmethoden gesetzlich geregelt, doch noch immer durften Cava-Trauben überall angebaut werden. Um allerdings als Qualitätswein gemäß EU-Recht zu gelten, musste Cava aus Lesegut von exakt ausgewiesenen Rebflächen gekeltert werden – ein heikles politisches Problem. Denn Katalonien wollte zwar ein Exklusivrecht auf die Bezeichnung Cava, doch auch außerhalb der Region bereiteten einflussreiche Unternehmen spanische Schaumweine. Viele von ihnen hatten bereits mindestens so lange wie die großen katalanischen Häuser den perlenden Trunk erzeugt.

Bei der Aufnahme Spaniens in die EU im Jahr 1986 einigte man sich auf einen Kompromiss: Europa erkannte Cava vorübergehend als Qualitätswein an, bis die Weinberge im Detail kartografiert und in Brüssel registriert waren. Das erwies sich als schmerzlicher Prozess. Manche Dörfer und Städte, die jahrzehntelang Cava hergestellt hatten, verloren das Anrecht auf den Namen. Wer sich durchsetzte und ihn weiterhin angeben durfte, musste zugelassene Rebsorten anpflanzen, seine Anbauflächen genau ausweisen und angeben, welche Trauben für die Cava-Produktion verwendet werden. Bis 1992 hatte man all diese Anforderungen zur Zufriedenheit der Staatengemeinschaft erfüllt, sodass Cava seither in ganz Europa offiziell als Qualitätswein verkauft werden darf.

Die Trauben für Cava müssen aus einem der registrierten Weinberge stammen. Als Rebsorten dürfen nur Parellada, Xarel-lo, Macabeo (Viura), Subirat (Malvasía riojana) und Chardonnay für Weiße sowie Monastrell beziehungsweise Garnacha für *rosados* verwendet werden. Noch immer redet man sich die Köpfe heiß, ob und wie viel Chardonnay zugelassen werden soll. Dabei kultiviert man die Traube in Katalonien seit mindestens 150 Jahren. Vor allem Sant Sadurní erweist sich von Zeit zu Zeit als Hochburg unnötiger Debatten; oft streiten gerade die Unternehmen miteinander, die groß und alt genug sind, um es eigentlich besser zu wissen.

Eine Frage des Stils

Als dritte Hürde musste man den passenden Weinstil finden. Schaumwein wurde fast ausnahmlos in Frankreich oder aus französischen Trauben gefertigt, lediglich Italien und Deutschland erzeugten ein nennenswertes Kontingent. Dabei versuchte man weltweit, Champagner zu kopieren. Diese Strategie war natürlich zum Scheitern verurteilt, denn bei der Weinbereitung spielen zahllose Faktoren eine Rolle – die Traubensorte ist nur eine unter vielen.

Aus Chardonnay und Pinot noir entstehen zwar vor allem in der Neuen Welt einige exzellente Schaumweine, doch bestenfalls geraten sie «sehr champagnerähnlich». Cava als echt katalanisches Kind war hingegen schon immer hartnäckig und hemmungslos anders. In seinen Anfangstagen kritisierte man ihn oft wegen seines Erd- oder sogar Wildgeschmacks. Nicht ohne Grund: Xarel-lo verleiht dem Wein Gewicht und Substanz, wurde aber sehr oft zu spät gelesen, war dann überreif und oxidierte. Auch die Parellada-Traube als «cremige Basis» für guten Cava hing zu lange am Stock; sie fiel dann bestenfalls ausdrucksarm und schlimmstenfalls ungenießbar aus. Und Macabeo, für Säure und Frische zuständig, wurde bisweilen zu lange vergoren und blieb völlig neutral.

Die Suche nach Ausgewogenheit

Solche Probleme ließen sich nicht über Nacht lösen. Die großen Häuser fanden letztendlich einen Weg, weil sie die Mittel dazu hatten, und der Rest folgte ihrem Beispiel. Anspruchsvolle kleine Bodegas mit vorausschauenden Kellermeistern setzten auf eine Vorverlegung der Lese sowie ausgefeiltere Kelter- und Gärtechniken. Das Handikap der Xarel-lo wurde durch frühe Ernte – zuweilen schon im Morgengrauen – und schnellen Transport in kleinen Plastikkästen zur Kelter überwunden. Schließlich gelangte man auch zu einem stimmigen Gleichgewicht zwischen der weichen Üppigkeit der Parellada und der lebendigen, frischen Säure der Macabeo.

Cava muss nach dem geltenden Weingesetz neun Monate an der Hefe gären und darf frühestens ein Jahr nach der Lese in den Handel gelangen. Man könnte ihn also eine *crianza* nennen. Die meisten Qualitäts-Cavas indes bleiben weitaus länger an der Hefe. Nach 18 Monaten gelten sie als *reservas,* nach 30 Monaten als *gran reservas*. In den Händen eines einfühlsamen Kellermeisters werden sie zu Schaumweinen von großer Frische und Frucht mit Anklängen an Zitrusfrüchte, einer warmen, reifen Note am Gaumen und einem angenehm anhaltenden Abgang. Viele Jahre harter Arbeit waren nötig, bis solche Kreszenzen gelangen, doch seit Ende der 80er ist Cava ein Weltklassewein, der mit Ausnahme der Perlenbildung einem Champagner nicht nachsteht.

Er setzte sich sogar gegen Weinkritiker durch, die ihn fast einhellig verdammten. Angesehene Zeitschriften brandmarkten seinen «brotigen, derben, ausdruckslosen» Charakter, der ihrer Meinung nach einem Vergleich mit Champagner und dessen Kopien aus der Neuen Welt nicht standhielt. Legion waren auch die Weingurus, die eifrig erklärten, warum Cava es nie zu etwas bringen würde und wieso man besser moussierende Tropfen aus Australien, Kalifornien oder Südafrika erstand. Jede Region brachte anscheinend bessere Perlweine hervor, so lange sie nur über genügend hochklassige Hotels verfügte und die Landessprache Englisch war.

Zum Glück blieben die Weinliebhaber auf dem Teppich und gaben ihr Geld mit Köpfchen aus. Wider Erwarten kauften sie nämlich etwas, das ihnen schmeckte: Cava. Der Verkauf des Spaniers boomte. Mitte der 90er war Cava nach Champagner zum beliebtesten Schaumwein aufgestiegen.

Noch heute entsteht Cava überwiegend in Katalonien und dort meist in Sant Sadurní d'Anoia. Doch auch in den *autonomías* Aragonien, Navarra, La Rioja, País Vasco, Valencia, Extremadura und Kastilien-León dürfen einige Dörfer und Städte Cava erzeugen. Manchmal gilt die Genehmigung nur für ein einziges Unternehmen. Meist wird Cava außerhalb Kataloniens ausschließlich aus Macabeo gekeltert. Auf der Unterseite eines Cava-Korkens müssen ein vierzackiger Stern und das Wort Cava erscheinen.

Die Begriffe zur Beschreibung des Süßegrads von Cava ähneln den weltweit gebräuchlichen Bezeichnungen. Sie beziehen sich auf den Zuckeranteil, der der *dosaje* (französisch *dosage*) nach dem Degorgieren hinzugefügt wird. *Extra brut* enthält weniger als sechs Gramm Zucker pro Liter (g/l) und steht für extra herb. *Brut* (6–15 g/l) ist herb, *extra seco* (12–20 g/l) extra trocken, *seco* (17–35 g/l) trocken, *semiseco* (33–50 g/l) halbtrocken und *dulce* (mehr als 50 g/l) süß.

Rebflächen in Sant Sadurní d'Anoia. Hier im Herzen der Cava-Zone werden Xarel-lo, Parellada und Macabeo angebaut.

Wichtige Erzeuger

Sofern nichts anderes angegeben ist, sind die genannten Weine aus den Trauben Macabeo, Xarel-lo und Parellada verschnitten. Ansonsten werden die Rebsorten wie folgt abgekürzt: X = Xarel-lo; P = Parellada; M = Macabeo/Viura; C = Chardonnay.

Augusti Torelló, Sant Sadurní d'Anoia. *Gegründet 1955*. Dieses Gut richtete Agusti Torelló ein, ein Meister in der Kunst der Cava-Bereitung. Seine Erzeugnisse sind durchweg ausgezeichnet. *Beste Weine:* der sündhaft teure Kripta in einer Flasche, die die Form einer griechischen Amphore mit spitzem Boden hat. Ein besseres Preis-Leistungs-Verhältnis bietet der *brut reserva*.

Albet i Noya, Sant Pau d'Ordal. *Gegründet 1980*. Das Familienunternehmen bewirtschaftet seine 40 ha Anbaufläche größtenteils ökologisch. Produziert werden *rosat-* und *semiseco*-Cavas. *Bester Wein:* der einfache *brut* überzeugt von allen Produkten am meisten.

Can Feixes, Cabrera d'Anoia. *Gegründet 1945*. Noch ein Familienunternehmen, diesmal mit 75 ha Fläche. Es keltert exzellente Tropfen. *Bester Wein:* der *brut nature gran reserva* (PMC).

Canals i Nubiola, Sant Sadurní d'Anoia. Ein Unternehmen, das zu Castellblanch und damit zur Freixenet-Gruppe gehört. 30 ha Rebfläche. *Bester Wein:* der *brut reserva*.

Castell de Vilarnau, Sant Sadurní d'Anoia. *Gegründet 1982*. Das Gut keltert alljährlich rund 4500 hl ausnahmslos hervorragender Cavas. *Beste Weine:* der *brut nature* und in guten Jahren der *brut gran reserva*.

Castellblanch, Sant Sadurní d'Anoia. *Gegründet 1908*. Castellblanch gehört seit 1984 zur Freixenet-Gruppe. Die Bodega keltert Wein aus dem Lesegut der hauseigenen 250 ha und kauft Trauben zu. Ihr jährlicher Ausstoß liegt bei fast 100 000 hl. Alle Erzeugnisse geraten ausgezeichnet. *Beste Weine:* Gran Castell *gran reserva* und Brut Zero.

Castillo de Perelada, Perelada. *Gegründet 1925*. Ein Cava-Unternehmen, das in den Kellern des Schlosses im Dorf Perelada arbeitet. Hier wird nur das Flaggschiff des Gutes, der ausgezeichnete Gran Claustro, ausgebaut; die anderen Erzeugnisse fertigt man in Sant Sadurní d'Anoia. Sie verdienen allesamt Lob. *Beste Weine:* der *brut nature* und der reinsortige Chardonnay.

Chandón, San Cugat Sesgarrigues. *Gegründet 1987*. Chandón ist im Besitz des Champagner-Hauses Moët & Chandon. In San Cugat Sesgarrigues werden rund 50 % der Trauben zugekauft und 3500 hl Cava erzeugt. Sie kommen in Spanien als Chandón oder Masía Chandón und auf den Exportmärkten als Torre de Gall in Umlauf. *Bester Wein:* der ausgezeichnete Masía Chandón *brut*.

Codorníu, Sant Sadurní d'Anoia. *Gegründet 1551*. Zusammen mit Freixenet eines der beiden führenden Schaumweinhäuser Spaniens. Die von Architekten der Gaudí-Schule entworfene Kellerei des größten Cava-Gutes liegt inmitten eines herrlichen Parks. Sie reicht fünf Stockwerke in die Tiefe und steht mittlerweile unter Denkmalschutz. Die alten Bodegas hat man zu einem Museum umfunktioniert. Codorníus Palette umfasst traditionelle Erzeugnisse ebenso wie Chardonnay-Cavas. Was die Kellerei verlässt, ist ausnahmslos sehr gut, oft sogar außergewöhnlich. *Beste Weine:* die herausragenden Codorníu 1551 und Jaume Codorníu (Chardonnay/Pinot noir/Parellada).

Conde de Caralt, Sant Sadurní d'Anoia. Ein Teil des Freixenet-Imperiums. Die Cavas tragen den Namen der Bodega und kommen als *brut, blanc de blancs* und reinsortiger Chardonnay auf den Markt. *Bester Wein:* der *blanc de blancs*.

Covides, Sant Sadurní d'Anoia. *Gegründet 1962*. Die qualitätsbewusste Genossenschaft gibt ihre Cavas unter dem Markennamen Duc de Foix heraus.

Bester Wein: der ausgezeichnete Duc de Foix Xenius.

Freixenet, Sant Sadurní d'Anoia. *Gegründet 1889.* Der zweite führende Cava-Erzeuger. Die eindrucksvollen Art-déco-Keller dieses größten Schaumweinproduzenten überhaupt liegen direkt neben dem Bahnhof. Freixenet verkauft seine Cavas in alle Welt. Die Bestseller des Hauses heißen Carta Nevada und Cordón Negro. Eine interessante Neuschöpfung ist der Cava aus Monastrell und Xarel-lo, also ein Verschnitt aus blauen und weißen Trauben; er kam erstmals 1996 auf den Markt. Die ersten Ergebnisse machen einen guten Eindruck und könnten bei etwas mehr Reife eine neue Richtung vorgeben. *Beste Weine:* Brut Barocco, Freixenet Vintage und Cuvée DS. Absolutes Spitzenerzeugnis des Hauses: der sehr teure Reserva Real, der von Trauben aus den größten Jahrgängen und besten Lagen gefertigt wird. Der derzeit vermutlich beste Cava.

Gramona, Sant Sadurní d'Anoia. *Gegründet 1921.* Gramona bewirtschaftet 15 ha und kauft Lesegut zu. *Beste Weine:* der Tres Lustros *nature extra brut* und der Reserva Vintage *brut* – beide von verlässlich hoher Qualität.

Heretat Mont-Rubí, Esplugas de Llobregat. Ein Gut mit 45 ha Anbaufläche, das jährlich 650 hl Cava erzeugt und als Mont-Rubí auf den Markt bringt. *Bester Wein:* der *brut nature.*

Joan Raventós Rosell, Masquefa. *Gegründet 1985.* Mit 60 ha Rebfläche und zugekauften Trauben kommt man auf insgesamt 1400 hl. Im Sortiment sind zwei ausgezeichnete Cavas: der *brut* (75 % M/25 % C) und *brut nature* (65 % M/20 % P/15 % C).

Josep Masachs, Vilafranca del Penedès. *Gegründet 1920.* Ein renommiertes Haus, das mit dem Lesegut von 40 ha Anbaufläche und zugekauften Beeren auf 15 000 hl kommt. *Beste Weine:* der Josep Masachs *brut de brut* und der Louis de Vernier *brut.*

Llopart, Sant Sadurní d'Anoia. *Gegründet 1881.* Das Familienunternehmen bewirtschaftet 25 ha und erzeugt etwas mehr als 1000 hl Cava. Marken: Castell de Subirats, Integral, La Mesa del Rey und Leopardi. *Bester Wein:* der Llopart *brut nature.*

Marqués de Monistrol, Sant Sadurní d'Anoia. *Gegründet 1882.* Eine der ältesten Bodegas der Gegend mit dem größten Besitz nach den beiden Giganten Codorníu und Freixenet. Das Lesegut von 400 ha Rebfläche wird in einer hochmodernen Kellerei zu 45 000 hl Wein verarbeitet; das Gros kommt als Cava in den Handel. Alle Erzeugnisse machen sich gut, namentlich der Gran Tradición *brut nature. Bester Wein:* der Brut Selección.

Masía Bach, San Esteve de Sesrovires. *Gegründet 1921.* Das Gut wurde 1975 von Codorníu übernommen. Es bewirtschaftet 300 ha und kauft Trauben zu, um auf einen Jahresausstoß von 36 000 hl ausnahmslos exzellenter Weine zu kommen, die meist mit dem Siegel der DO Penedès erscheinen. Im Sortiment finden sich jedoch auch einige Cavas. *Bester Wein:* der Masía Bach *brut nature.*

Masía Vallformosa, Viloví del Penedès. *Gegründet 1978.* Ein Familienunternehmen mit einer modernen Kellerei und 307 ha Fläche. Fast die Hälfte der Jahresproduktion von 20 000 hl ist Cava. *Bester Wein:* die vorzügliche *gran reserva.*

Nadal, Pla de Penedès. *Gegründet 1943.* Aus 100 ha Rebfläche holt das Familiengut rund 4500 hl Cava heraus. Im Programm hat man einen interessanten *rosat* (80 % Tempranillo/20 % Monastrell). *Beste Weine:* der Nadal *brut* und der Nadal Brut Salvatje.

Parxet, Tiana. *Gegründet 1920.* Eine der führenden kleinen Kellereien in Katalonien mit 40 ha Weinbergbesitz. Alle Erzeugnisse – unter ihnen auch ein faszinierender Parxet Cuvée Dessert *rosat* – geraten ausgezeichnet. *Beste Weine:* der reinsortige Parxet Chardonnay und der schlicht Parxet genannte Verschnitt aus Xarel-lo, Parellada und Macabeo – beide *brut nature.*

Puig Munts, Martorell. *Gegründet 1940.* Dem Unternehmen gehören 254 ha Rebfläche, ein Großteil davon erbringt jedoch noch kein Lesegut. Um auf 6000 hl zu kommen, müssen Trauben zugekauft werden. Puig Munts fertigt sehr gute, manchmal sogar ausgezeichnete Tropfen. *Bester Wein:* die *gran reserva extra brut.*

Raïmat, Raïmat. *Gegründet 1914.* (Ausführliche Informationen zur Geschichte unter der DO Segre.) Raïmat ist bereits eine Legende. Die Basis-Cava *brut nature* (CMP) schmeckt vorzüglich, wird jedoch von dem reinsortigen Chardonnay *brut nature* übertroffen. *Bester Wein:* der Gran Brut (60 % Chardonnay/40 % Pinot noir).

Raventós i Blanc, Sant Sadurní d'Anoia. *Gegründet 1986.* Vorwiegend Cavas verlassen diese Kellerei mit 130 ha Fläche und einer Produktionsmenge von 5000 hl. Neben dem Basiswein Raventós i Blanc *brut* offeriert das Haus noch exzellente Tropfen wie den Clos de Serral und den L'Hereu, beides *brut.*

Recaredo, Sant Sadurní d'Anoia. *Gegründet 1924.* Anhänger traditioneller, klassischer Cavas lieben die Erzeugnisse von Recaredo. Die Weine: ein *brut nature* und ein *brut de brut nature,* beide tadellos.

Rovellats, Sant Martí Sarroca. *Gegründet 1940.* Die malerische Bodega aus dem 15. Jahrhundert wird von einem schönen Garten umrahmt. In den alten Mauern entstehen 2500 hl klassische Cavas von den hauseigenen Weinbergen. Alle Weine werden zu *gran reservas* ausgebaut. *Beste Weine:* der Rovellats Masía SXV (CXMP) oder der reinsortige Rovellats Chardonnay, beides *brut.*

Sadeve, Torrelavit. *Gegründet 1984.* 90 % der Produktion dieses 100-ha-Gutes bestehen aus Cava, den Rest bilden Penedès-Weine. Der Gesamtausstoß liegt bei 7500 hl. Die wichtigste Marke Naverán umfasst einen beachtlichen *brut* und einen reinsortigen Chardonnay.

Segura-Viudas, Torrelavit. *Gegründet 1954.* Eines der besten Güter des Freixenet-Imperiums. Es befindet sich in einer reizvollen *masía* aus dem 13. Jahrhundert und bereitet ausnahmslos hochwertige Tropfen. *Beste Weine:* der Aria *brut nature,* der Heredad *reserva* und das Standarderzeugnis Segura-Viudas *brut vintage.*

Das prachtvolle Exterieur der Codorníu-Kellerei in Sant Sadurní d'Anoia, eines der beiden führenden Cava-Häuser.

Ganz links: Schon das imposante Gebäude lässt den Stellenwert des riesigen Freixenet-Imperiums erkennen.

Signat, Alella. *Gegründet 1987.* Die kleine Bodega mit 1200 hl Jahresproduktion fertigt unter dem Namen des Hauses drei beispielhafte Kreszenzen, einen *brut nature,* einen *brut* und einen *brut reserva. Bester Wein:* der *brut nature.*

Sumarroca, Subirats. *Gegründet 1986.* Ein Familienunternehmen mit 60 ha. Die nach dem Gut benannte Linie umfasst zwei Weine: einen *brut nature* (PMXC) und einen Verschnitt aus 85 % Chardonnay und 15 % Parellada, beides *gran reservas.* Weiter im Sortiment: ein *brut* Claverol (PMXC). Jedes dieser Erzeugnisse gerät ausgezeichnet. *Bester Wein:* der *brut nature.*

Die Balearen: ein Inselreich

In Puerto de Soller auf Mallorca trocknen Fischnetze in der Sonne – ein Hinweis auf die reichhaltige Meeresküche der Insel.

Ganz rechts: In den Bodegas Franja Roja, einem der führenden Güter der DO Binissalem, stehen Rebenreiser zur Veredelung bereit.

Zunächst eine Bemerkung zu den Inselnamen. Auf den Balearen spricht man den katalanischen Dialekt Mallorquí, kastilisch *Mallorquín,* und nennt die vier Hauptinseln Mallorca, Menorca, Eivissa und Formentera. Als während der Franco-Ära die regionalen Sprachen unterdrückt wurden, kannte eine ganze Generation von Touristen Eivissa nur unter der hochspanischen Bezeichnung Ibiza. Besucher werden sehr viel freundlicher empfangen, wenn sie den Mallorquí-Namen verwenden. Und die beiden «l» in Mallorca spricht man wie ein «j» aus, also «Majorca».

Das katalanische Vermächtnis

Das Katalanische kam auf die Inseln, als Katalonien ab dem 12. Jahrhundert fast den gesamten Mittelmeerraum beherrschte. Im 13. Jahrhundert gründete Jakob I. von Aragonien auf Mallorca ein eigenständiges Königreich, das bis 1348 Bestand hatte.

Zunächst allerdings regierten hier wie im gesamten Spanien die Mauren. Als sie auf dem Festland vor den christlichen Heeren in Richtung Granada zurückweichen mussten, ergriff man auch auf den Inseln gleich die Gelegenheit, sie zu vertreiben. So segelte im Herbst 1229 Jakob I. mit seiner Flotte gen Mallorca, um der arabischen Fremdherrschaft ein Ende zu bereiten. Am 31. Dezember desselben Jahres besiegte er die Mauren in der Bucht von Palma.

Doch es dauerte noch weitere drei Jahrzehnte, bis das neue Königreich Mallorca gegründet werden konnte. Es umfasste schließlich nicht nur die gesamten Balearen, sondern auch die Besitzungen Roussillon und Montpellier in Frankreich. Jakob II. und dessen Sohn Sancho brachten katalanische Auswanderer auf die Inseln und ließen die Küstenstädte befestigen.

Die kurze Ära des Friedens und Wohlstands ging 1343 zu Ende, als Peter IV. von Aragonien die Inseln angriff und sie seinem Herrschaftsgebiet angliederte. Ab 1349 gehörte Mallorca wieder zu dem Reich, aus dem bald das vereinte Spanien hervorgehen sollte. Montpellier und Roussillon kehrten unterdessen in den Schoß Frankreichs zurück.

Obwohl das Königtum Mallorca nur 87 Jahre Bestand hatte, blieben die Balearen dank der Einwanderer vom Festland fortan unwiderruflich katalanisch-mediterran geprägt; sie pflegen noch heute eine eigenständige Kultur. Natürlich spiegelt sich dieses Vermächtnis vor allem in der Kochkunst wider. Die Meeresküche ist mehr als nur eine Leidenschaft der Inselbewohner, sie hat schon fast Kultstatus. Man kennt unzählige Rezepte mit allen möglichen Schalentieren, weißen Fischen und Kopffüßern.

Gastronomie

Alljährlich im Mai findet in Palma de Mallorca ein Essens- und Weinfestival statt, bei dem landwirtschaftliche Produkte, Gerichte und Weine einem sachkundigen Publikum präsentiert werden. Was heute als Mayonnaise international bekannt ist, entstand als *Maonès* oder *Mahonesa* in der Stadt Maò (kastilisch Mahón) auf Menorca. Ferner wird auf der Insel ein guter Mahón-Käse hergestellt. Auf Mallorca wiederum entsteht ein Käse namens Mallorquín aus Schaf- und Kuhmilch.

In einem Touristenparadies wie den Balearen findet man natürlich Speisen aus jedem Teil Spaniens und überhaupt aus ganz Europa. Trotzdem gibt es noch Fleckchen, wo man althergebrachte mallorquinische Gerichte genießen kann. Die Suche danach lohnt sich auf jeden Fall.

Ein traditionsreiches Weinbaugebiet

Auf den Balearen existiert nur eine *Denominación de Origen*: Binissalem auf Mallorca. Sie ist zwar klein, doch können die mallorquinischen Weine auf eine lange und sogar recht günstig verlaufene Geschichte zurückblicken, die man zu Unrecht kaum kennt.

Die älteste Kellerei auf Mallorca, Hermanos Ribas, wurde 1711 gegründet. Schon damals aber hatten Spaniens Literaten seit langem Loblieder auf den Wein und andere Genüsse der Insel gesungen. Ende des 18. Jahrhunderts segelte eine Gruppe von Franziskanermönchen unter Leitung des Mallorquiners Junípero Serra nach Kalifornien, um die wenigen Einheimischen dort zu bekehren – und um Reben zu pflanzen. Einige der ersten Weinberge im Sonoma und Napa Valley entstanden aus dem önologischen Missionierungseifer der Ordensbrüder von den Balearen.

Die DO Binissalem ist heute zu klein, um im internationalen Exportgeschäft mitmischen zu können. Die Einheimischen allerdings sind stolz auf ihre traditionellen Weine, die sich durchaus mit ihren Pendants vom Festland messen können. Und wie anderswo auch passen die in der Region erzeugten Tropfen am besten zur lokalen Küche.

Binissalem

Wichtige Erzeuger

Antonio Nadal Ros, Binissalem. *Gegründet 1960.* Auf 25 ha reifen hier insgesamt 800 hl vorwiegend roter Tropfen heran, die als Tres Uvas (70 % Manto negro/20 % Callet/10 % Monastrell) etikettiert werden. Je nach Jahrgang gelangen sie als *joven, crianza* oder *reserva* in den Handel. *Bester Wein:* die *reserva* in guten Jahren.

Franja Roja, Binissalem. *Gegründet 1931.* Mit 70 ha Anbaufläche die größte Bodega der Insel. Sie befindet sich seit ihrer Gründung im Besitz der Familie Ferrer. In der modernisierten Kellerei entstehen alljährlich rund 4500 hl José L. Ferrer, wie der Wein genannt wird. Zum Programm gehören ein sehr guter *joven blanc de blancs* und ein im Fass vergorener Viña Veritas. Das Gros des Sortiments allerdings ist rot: Der *joven* präsentiert sich als Verschnitt aus 85 % Manto negro, 10 % Tempranillo und 5 % Garnacha, während die *crianzas* und *reservas* aus 85 % Manto negro und 15 % Callet gekeltert werden und 18 Monate in Eiche reifen.

Jaume de Puntiro, Santa María del Camí. *Gegründet 1980.* Eine tadellose kleine Bodega mit 11 ha Anbaufläche. Hier entstehen ernst zu nehmende Gewächse. Die meisten Erzeugnisse sind *jóvenes* in Weiß, Rot und Rosé, man bereitet aber auch einen Roten mit einem kurzen Ausbau in Eiche: den Carmesi aus Manto negro, Callet und Tempranillo.

Ribas, Consell. *Gegründet 1711.* Die älteste Kellerei der Insel – klein, aber fein. *Bester Wein:* die rote *crianza* (70 % Manto negro/25 % Cabernet Sauvignon/5 % Tempranillo; 18 Monate in Eiche).

Als Junípero Serra im 18. Jahrhundert balearische Reben in die Neue Welt mitnahm, legte er den Grundstock für die spätere kalifornische Weinindustrie. Zu Hause in Mallorca allerdings befand sich der Weinbau in einer Zwickmühle: Die Inselbewohner schwammen zwar förmlich in Wein, doch ein Exportmarkt für den überschüssigen Rebensaft ließ sich kaum erschließen. Denn im Westen lag das Festlandspanien, im Norden die Provence und im Osten Italien – allesamt Weinländer, die selbst mehr als genug Kellereiprodukte hatten. Die nordafrikanischen Länder im Süden wiederum waren überwiegend islamisch und daher als Weinabnehmer denkbar ungeeignet. Dabei handelte es sich bei mallorquinischen Tropfen um einfache, durch günstige Umstände – ausgezeichnete Böden und mediterranes Klima – veredelte Landweine. Den Künstlern, Schriftstellern und Dichtern, die den Inseln im 19. und frühen 20. Jahrhundert einen Besuch abstatteten, mundeten sie jedenfalls ausgezeichnet.

Der Eingang zu Franja Roja. Die Bodega wurde von José Ferrer gegründet und exportierte als erstes Gut mallorquinischen Wein in nennenswertem Umfang.

So fristeten die Balearen ein Schattendasein als Weinbaugebiet, bis sich Spanien im Allgemeinen und Mallorca im Besonderen Mitte der 60er Jahre für den Massentourismus öffneten. Plötzlich konnte man in den Hotels und Feriendörfern an der Küste nicht mehr genug Wein bekommen. Kritiklos wurde alles konsumiert, was die Kellereien auf der Insel verließ – auch nicht gerade ein Anreiz für die Winzer, die Qualität ihrer Produkte zu verbessern.

Zum Glück strebten einige mallorquinische *viñeros* nach Höherem und liebäugelten mit dem Verkauf ihrer Erzeugnisse auf dem internationalen Markt. Zu ihnen gehörte auch José Ferrer. 1931 gründete er die Bodegas Franja Roja. Zusammen mit einem Häuflein unentwegter Kollegen bemühte er sich darum, die Inselweine zumindest auf dem spanischen Festland zu etablieren. Seine Nachkommen nutzten schließlich in der zweiten Hälfte des 20. Jahrhunderts den Tourismusboom, um für die Region DO-Status zu erringen.

Geografie und Klima

Die DO-Zone nimmt einen beträchtlichen Teil des sanft gewellten Zentralplateaus von Mallorca um die Stadt Binissalem ein und liegt in einer Höhe von 250 bis 300 Metern. Die Böden hier setzen sich aus fruchtbarem Lehm über Kalk zusammen. Flüsse gibt es auf der Insel zwar nicht, doch dank der geschützten Lage im Hinterland speichert der Untergrund das Wasser während der gesamten Reifeperiode. Die Sommer sind wärmer als auf dem Festland und gehen in die von Winzern gern gesehenen langen, goldenen Herbste über. Die Winter wiederum fallen mild und überwiegend frostfrei aus.

Die wichtigsten Trauben sind fast alle einheimische Sorten. Häufigste Rotweinrebe ist die Manto negro; sie wächst auf 89 Prozent der Anbaufläche und muss in den DO-Weinen zu mindestens 50 Prozent enthalten sein. Weit hinter der Manto negro rangieren mit jeweils fünf Prozent Anteil Callet und die bedeutendste weiße Sorte Moll, auch Prensal blanco genannt. Auf der restlichen Fläche von einem Prozent stehen Tempranillo, Monastrell, Cabernet Sauvignon, Parellada, Macabeo, Chardonnay und Moscatel; meist handelt es sich dabei um kaum mehr als Versuchsanlagen.

Zwei verschiedene Weinstile lassen sich unterscheiden: die *jóvenes* in Weiß, Rosé und Rot, die von der Tourismusindustrie vereinnahmt werden, und die bis *gran-reserva*-Niveau ausgebauten Roten, die in geeigneten Jahren und bei einfühlsamer Bereitung eine gewisse Größe erreichen können.

Landweine in Katalonien und auf den Balearen

Katalonien

VC Anoia (Barcelona). Früher wurden hier nicht klassifizierte Weine unter dem Namen der Hauptstadt Igualada gekeltert. Mittlerweile ist die VC offiziell anerkannt und umfasst 18 Gemeinden im Anoiatal in der *comarca* Alt-Penedès. Drei davon – Odena, La Pobla de Claramunt und Vallbona d'Anoia – dürfen bereits Trauben für die DO Cava liefern. Entsprechend sind die Rebhänge vorwiegend mit den Cava-Sorten Xarel-lo, Macabeo und Parellada bestockt und nur wenige Weißweine aus diesen drei Dörfern gelangen als VC-Erzeugnisse in den Handel. Der Rest der Region mit 800 ha Anbaufläche widmet sich überwiegend der Produktion von Roten aus der Sumoll-Traube, die nicht für Qualitätsweine taugt.

VC Bajo Ebro-Montsiá (Tarragona). Zu dieser Zone gehören sechs Gemeinden nördlich der Stadt Ulldecona in der *comarca* Montsiá westlich des Ebrodeltas. Offiziell entstehen in ihr nur Weißweine aus Macabeo bzw. Garnacha blanca. Sie müssen mindestens 9,5 % Alkohol enthalten – viel ist also von diesem Bereich nicht zu erwarten. Die über die gesamte Zone verstreute Rebfläche wird zunehmend dem Getreideanbau geopfert; derzeit beträgt sie insgesamt 2500 ha. Die meisten Winzer kultivieren die unbedeutende einheimische Traube Esquitxagos, die bislang nicht als Qualitätsrebe gilt. Allerdings hat man ihr Potenzial noch nicht untersucht. Auch einige Rotweinsorten wie Garnacha und Cariñena werden angebaut. Die Produktionsmethoden sind altmodisch und die Qualitätskontrollen lückenhaft.

VC Conca de Tremp (Lleida). Der winzige Bereich in der *comarca* Pallars Jussà setzt sich aus sechs Gemeinden um Tremp zusammen. Die Gegend wird vom Fluss Noquera geprägt, der zwei Seen nördlich und südlich von Tremp speist. Die Bedingungen für den Weinbau sind ideal, doch beträgt die Gesamtrebfläche kaum 50 ha und liefert gerade genug für den Verkauf vor Ort. Zugelassen sind Weiße aus Macabeo, gefertigt wird aber auch ein neutraler Roter aus Monastrell und Garnacha.

Die Balearen

VdlT Plà i Llevant de Mallorca (Balearen). Als die DO Binissalem 1991 geschaffen wurde, blieb diese VdlT-Zone als Rest eines Gebiets namens Felanitx übrig. Einst entstanden hier vorwiegend offene Weine, doch mittlerweile kommt man wie auf dem Festland von diesen schlichten Tropfen ab.

Die Zone umfasst 18 Gemeinden um Felanitx. Für ihre Weißen, *rosados* und Roten mit mindestens 10 % Alkohol sind eine ganze Reihe von Rebsorten zugelassen: Chardonnay, Prensal blanco, Macabeo, Parellada, Callet, Tempranillo, Cabernet Sauvignon und Manto negro, um nur die wichtigsten zu nennen. Eine Nebenrolle spielen Monastrell und Fogoneu. Insgesamt kultiviert man 1000 ha Rebfläche etwas über Meereshöhe auf den für die Insel typischen fruchtbaren Böden. Die Weine fallen in der Regel leicht und frisch aus; man erzeugt sie für den sofortigen Genuss. Hauptabnehmer ist die florierende Tourismusindustrie. Wie überall aber gibt es auch hier eine Handvoll Enthusiasten, die nach Höherem strebt.

Wichtige Erzeuger

Miguel Oliver, Petra. *Gegründet 1912*. Die hier hergestellten 2500 hl Wein werden überwiegend auf der Insel verkauft. *Beste Weine:* der reinsortige Gran Chardonnay Miguel Oliver, der köstliche trockene Muscat (60 % Moscatel de Alejandría/40 % Moscatel de Frontignan) und der rote Celler Son Calo *joven* (70 % Callet/30 % Fogoneu).

Trevin, Manacor. *Gegründet 1969*. Ein Familienunternehmen, das Unmengen Wein abfüllt. Man offeriert reinsortige Weiße aus Parellada und Chardonnay, was zeigt, dass man größere Ambitionen hegt. Allerdings dürfen nur Trauben aus der Gegend für VdlT-Erzeugnisse verwendet werden. *Beste Weine:* der *rosat joven* (60 % Manto negro/40 % Callet) und die rote *crianza* (60 % Manto negro/30 % Tempranillo/10 % Callet).

Móra de Ebro in der DO Tarragona: Neben den Weinbergen wachsen hier uralte, knorrige Olivenbäume.

Die Levante

Über dieser Küstenregion sieht Spanien die Sonne aus dem Mittelmeer steigen. Darum hat man das Land Levante – «Sonnenaufgang» – genannt. Das Gebiet umfasst die beiden *autonomías* Valencia und Murcia. Valencia besteht aus drei Provinzen: Alicante, Castellón de la Plana und Valencia mit der gleichnamigen drittgrößten Stadt Spaniens. Als *Denominación-de-Origen*-Zonen sind hier Alicante, Utiel-Requena und Valencia ausgewiesen, obwohl sich die drei önologisch nicht streng trennen lassen.

Murcia hat nur eine einzige Provinz, aber drei DO-Bereiche: Bullas, Jumilla und Yecla. In Spanien ist die fruchtbare Gegend eher für ihre Orangen als ihre Reben bekannt, denn die Weine gehen meist in den Export. Die Kellereiprodukte in der Levante nehmen sich gegenüber ihren Pendants im Norden eher bescheiden aus, gleichwohl sind das weinbautechnische Know-how der Region und das Preis-Leistungs-Verhältnis der Weine in ganz Europa einmalig.

Teresa de Cofrentes in der Provinz Valencia. Wie in vielen levantinischen Städten herrscht hier jenes klare, feine Licht vor, das *La Clara* genannt und seit Jahrhunderten von Künstlern geschätzt wird.

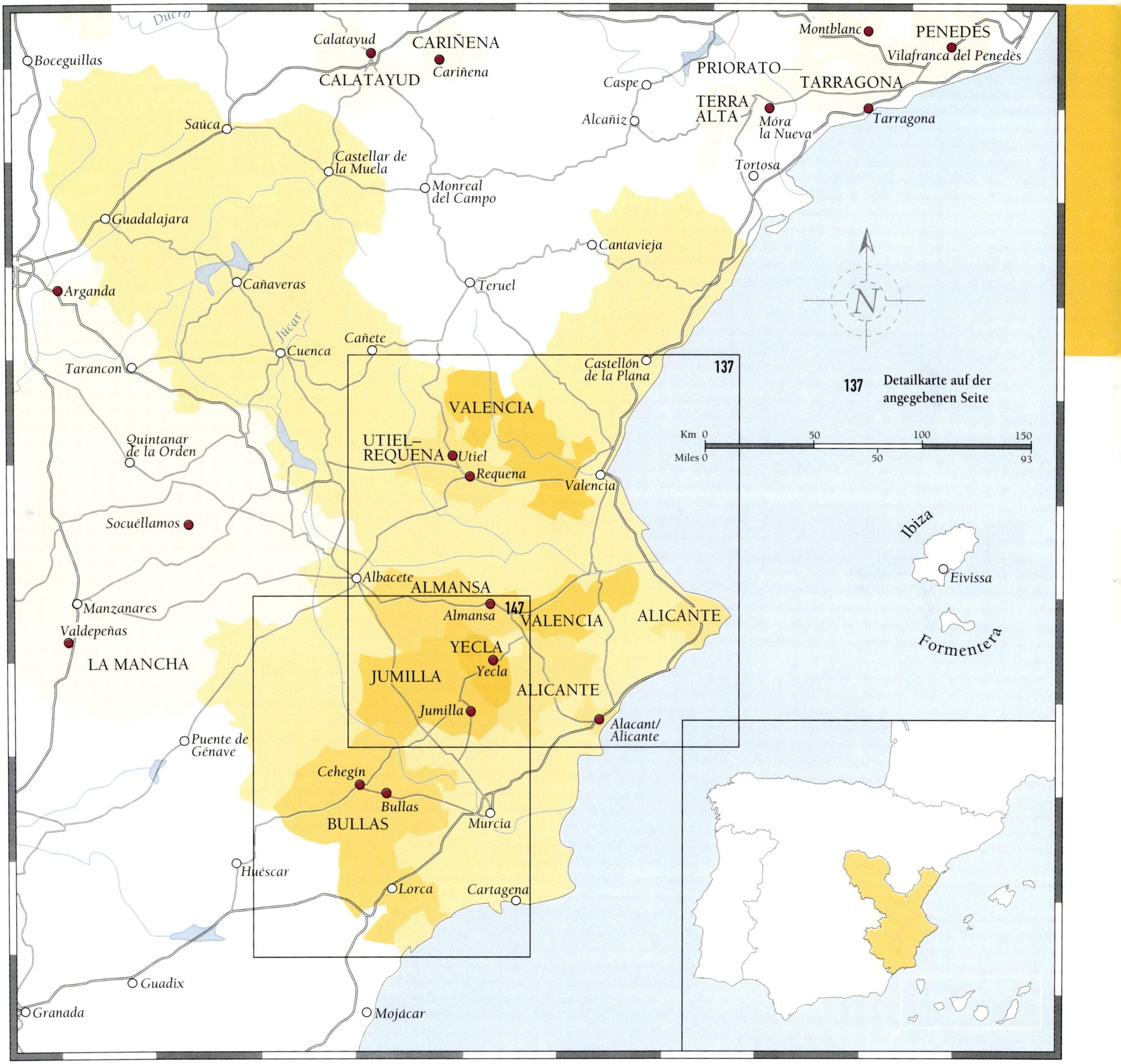

Boceguillas
Calatayud
CARIÑENA
Cariñena
CALATAYUD
Montblanc
PENEDÈS
Vilafranca del Penedès
PRIORATO
TARRAGONA
Caspe
Alcañiz
TERRA ALTA
Móra la Nueva
Tarragona
Tortosa
Saúca
Castellar de la Muela
Monreal del Campo
Guadalajara
Cantavieja
Cañaveras
Teruel
Arganda
Júcar
Cuenca
Cañete
Tarancon
Castellón de la Plana
137
137 Detailkarte auf der angegebenen Seite
VALENCIA
UTIEL–REQUENA
Utiel
Requena
Valencia
Quintanar de la Orden
Km 0 50 100 150
Miles 0 50 93
Socuéllamos
Ibiza
Eivissa
Albacete
ALMANSA
Almansa
147
VALENCIA
ALICANTE
Manzanares
Valdepeñas
LA MANCHA
YECLA
Yecla
JUMILLA
Jumilla
ALICANTE
Formentera
Alacant/Alicante
Puente de Génave
Cehegín
Bullas
BULLAS
Murcia
Huéscar
Lorca
Cartagena
Guadix
Granada
Mojácar

Valencia – València

Der Unterschied in der Schreibweise mag winzig sein, für die Stadtväter von Valencia war er aber groß genug, um die Straßenschilder mit beiden Versionen zu versehen. Das Valencianische ist ein katalanischer Dialekt, der mit der südlichen Ausweitung des Großreichs Katalonien bis hinunter nach Granada entstand: Als Heere aus Navarra anrückten, um die Mauren zu verjagen, brachten sie ihr Idiom mit. Da das Land aber länger unter arabischer Herrschaft stand als die meisten Regionen Spaniens, finden sich im Valencianischen heute noch weitaus mehr arabische Lehnwörter als im Katalanischen selbst.

Valencia – ob mit oder ohne Akzent – heißt nicht nur die *autonomía*, sondern auch eine ihrer drei Provinzen, die Hauptstadt selbst und die wichtigste DO-Zone. Orangen sind in der Region allgegenwärtig. Man verbindet diesen Exportartikel so sehr mit der Stadt und der Region, dass dem Vernehmen nach in Spanien kein Mensch je etwas von valencianischen Weinen gehört hat.

Ein betriebsamer Weinhafen

Valencia betrieb schon Außenhandel, als es viele Geschäftszentren auf der iberischen Halbinsel noch gar nicht gab. Bis heute ist die Metropole ein reger Umschlagplatz geblieben. Barcelona hat zwar den größten Hafen, doch nirgends wird so viel Wein verschifft wie in Valencia. Die Kellereierzeugnisse gehen in Flaschen, Fässern oder Tanks auf große Fahrt und gelangen auf der Straße, der Schiene, dem Wasser und sogar per Flugzeug ans Ziel.

Die Wirtschaft geht über alles. Eines Tages verstopften so viele große Schiffe den Hafen, dass die ansässigen Fischer keinen Platz mehr fanden. So baute man einfach neben dem alten Hafen einen neuen und reservierte ihn ausschließlich für die Fischer.

Die Züge mussten auf ihrem Weg zur französischen Grenze im alten Hafenbereich von El Grau ein Dutzend Übergänge passieren. Um unnötige Behinderungen zu vermeiden, ließ Valencia einen Tunnel bauen und verlegte die gesamte Bahnstrecke von Süden nach Norden unter die Erde. Für die vielen Weinfirmen war der Platz in El Grau trotz dieser Verbesserungen noch immer viel zu klein. Sie konnten nicht einmal ihre Lkw ein- und ausfahren lassen, geschweige denn ihre Betriebe vergrößern. Da gab die Stadt den Unternehmen Anreize, um ihre Kellereien in die Vororte zu verlegen – und so stehen dort nun nagelneue, hochmoderne Bodegas.

Selbst vor der Natur machten die Planer nicht Halt. Der Turia trat im Herbst regelmäßig über die Ufer und verursachte im Stadtzentrum beträchtliche Hochwasserschäden. Deshalb wurde ein neues Bett westlich und südlich der Stadt gegraben und der Fluss dorthin umgeleitet. Er durchquert nun einen recht hübschen, langen, gewundenen Park, den man mit einigen spektakulären Brückenbauten akzentuiert hat. Und als die Unternehmen aus El Grau verschwunden und in neue Industriegebiete umgezogen waren, legte man einen prachtvollen neuen Boulevard vom Stadtzentrum direkt zum Meer an. So geht man die Dinge in Valencia nun einmal an.

Regionale Gastronomie

Valencia ist die Reismetropole Spaniens. Keine andere Gegend außerhalb Südostasiens hat größere Reisfelder vorzuweisen. Die *paella* soll hier in der Nähe, genauer gesagt in Denia, erfunden worden sein. Daneben kennt man eine Fülle von Meeresspezialitäten wie *arroz abanda,* einen im Sud von Schalentieren gekochten und dann getrennt servierten Reis.

Fisch dominiert die Küche – wie sollte es in dieser Gegend auch anders sein? Zu den örtlichen Spezialitäten zählen *calamares* (Kalmar), *chipirones* (junge Kalmare) und *pulpo* (Tintenfisch). Weiße Fische wie *lenguado* (Seezunge) und *dorada* (Petersfisch) werden gern in Salzkruste gebacken und dann direkt aus dem Ofen heraus zubereitet. Unter den örtlichen Süßspeisen ragt *turrón* heraus, eine mit Honig, Nüssen oder Pinienkernen verfeinerte Nougatcreme aus Alicante. Zusammen mit dem süßen einheimischen Moscatel de Valencia bildet sie das vollendete Finale eines guten Mahls.

Weinstil

Großen Einfluss auf Stil und Entwicklung der valencianischen Weine hat eine Sonderregelung, wonach ein Teil der Erzeugnisse aus der DO Utiel-Requena in Valencia verschnitten und abgefüllt und mit dem Siegel der DO Valencia in den Handel gelangen darf. Da man hier nicht zuletzt von «Auftragsweinen» lebt, die nach dem Willen der Kunden gefertigt und verschnitten werden, war diese Flexibilität für den internationalen Exportmarkt überlebenswichtig.

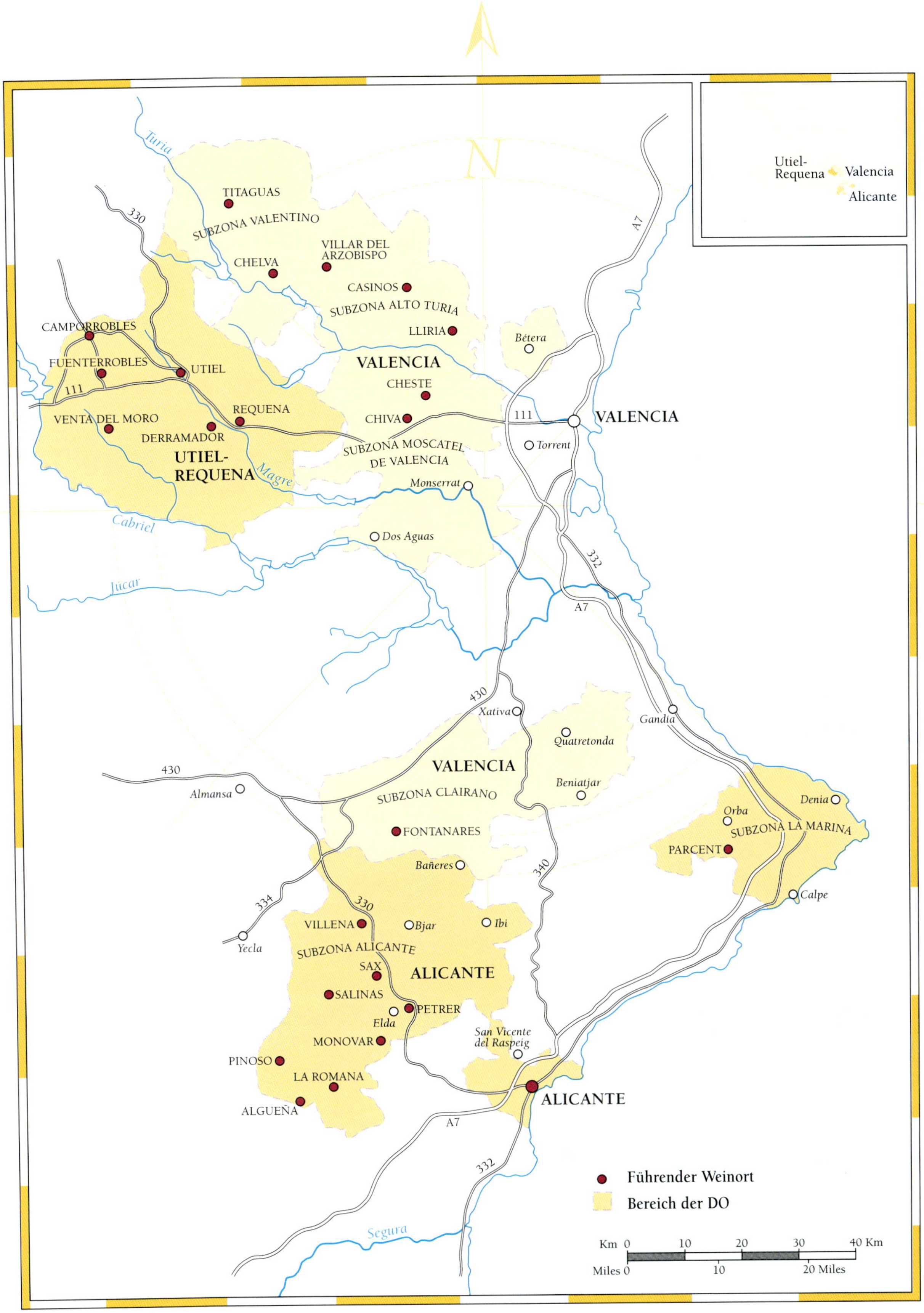

Valencia ist nicht nur wegen der Orangen, Reisfelder und Weine berühmt. In der Stadt findet auch das weltbekannte Frühjahrsfest *Las Fallas* statt, bei dem überlebensgroße Pappmachéfiguren durch die Straßen gefahren und anschließend verbrannt werden.

Alicante

Die Rebflächen in der DO Alicante weisen fast überall denselben Oberboden auf: eine Mischung aus Lehm, Sand und Kalk. Der Kalkgehalt variiert zuweilen und fällt mancherorts sogar recht hoch aus (ganz rechts).

Weine aus Valencia, so heißt es, sind gute Aperitifs, während sich Tropfen aus Utiel-Requena als ideale Begleiter für den Hauptgang empfehlen. Logischerweise sind Gewächse aus Alicante dann für den Ausklang eines Essens gemacht. Natürlich entstehen in der DO nicht ausschließlich Süßweine oder *rancios*. Trotzdem gehören Dessertweine von jeher zu den Stärken der Region.

Die DO Alicante wird in zwei Subzonen unterteilt. La Marina erstreckt sich entlang der Ostküste von Miraflor im Norden bis Calpe im Süden und reicht westlich bis Castell de Castells. Der Bereich wurde der ursprünglichen Anbauzone zehn Jahre nach der Verleihung des DO-Status an Alicante angegliedert. Durch seine niedrig gelegenen Weinberge mit heißem Klima eignet er sich vor allem für die Produktion von süßeren Weinen.

Die heute *Subzona Alicante* oder *Subzona Clásico* genannte Ursprungs-DO umfasst die Stadt Alicante und ihr Hinterland entlang des Vinalopótals. Hier entstehen nicht nur Fondillón (siehe unten) und *rancios,* sondern auch *jóvenes* in Weiß, Rosa und Rot. Die Subzone grenzt im Norden an das Anbaugebiet Valencia beziehungsweise dessen Unterbereich Clariano, im Nordwesten an die DO Almansa in der *autonomía* Kastilien-La Mancha und im Westen an die Bereiche Yecla und Jumilla, die zur autonomen Region Murcia zählen. Manche zur DO Alicante gehörenden Weinberge liegen sogar jenseits der Grenze zu Murcia in Abanilla, denn bei der Neugliederung Spaniens 1978 achtete man nicht unbedingt in erster Linie auf Weinbauzonen.

Geografie und Klima

Die höchsten Rebhänge von Alicante liegen etwa 400 Meter über dem Meeresspiegel. Ihr Untergrund enthält reichlich Kalk im Muttergestein und auch im Unterboden. Der Oberboden besteht wie in der gesamten Levante aus einer Kalk-Sand-Lehm-Mischung.

Auch das Klima präsentiert sich in der *autonomía* Alicante recht einheitlich: Während an der Küste heißes, feuchtes Mittelmeerklima vorherrscht, wird die Witterung landeinwärts zunehmend trockener und kontinentaler.

So weit südlich allerdings sinkt die Quecksilbersäule in den Weinbergen auch in größeren Höhen nie so tief wie etwa in Penedès. Der Unterschied zwischen Tag und Nacht ist zwar während der Reifeperiode beträchtlich, insgesamt aber bleibt es sehr warm. Deshalb ziehen sich die Wurzeln der Hochlandreben auch bis zu sieben Meter tief in die Erde. Man erzieht die Stöcke niedrig, um die Trauben nicht zu stark der Sonneneinstrahlung auszusetzen.

Die wichtigste Rotweintraube in Alicante ist die Monastrell – in Frankreich nennt man sie Mourvèdre. Sie hat in den letzten Jahren ein ungeahntes Comeback erlebt. Früher hielt man sie für eine Sorte, die zwar für gute Erträge sorgt, ansonsten aber nicht mehr als rustikale Alltagsrote liefert. Mit Fingerspitzengefühl in Weinberg und Kellerei können aus dieser Traube superbe Kreszenzen entstehen, die reichlich Frucht bekunden, jung höchsten Trinkgenuss bieten und in den Händen einfühlsamer Winzer sogar einen längeren Ausbau vertragen. Daneben kultiviert man für die Rotweinproduktion noch Garnacha, Tempranillo und Bobal. Die wichtigste Weißweinrebe ist wie in der DO Valencia die Merseguera, einen hohen Stellenwert hat aber auch die Moscatel romano. Daneben findet man Pflanzungen mit Macabeo/Viura, Planta fina, Airén und sogar Riesling beziehungsweise Chardonnay.

Weinstile

Wie die anderen DOs in der Levante möchte Alicante preiswerte Qualitätsweine in großer Menge und nach Vorgabe der Kunden produzieren. Und dazu hat die Region durchaus das Zeug. Zwei Arten «natürlicher» Weine entstehen hier: *jóvenes* aus Merseguera (weiß), Garnacha (rosé) und Monastrell (rot) sowie ein länger ausgebauter Rotwein, der oft auch etwas Tempranillo enthält. Darüber hinaus produziert man in Alicante sortenrein aus der Moscatel romano gekelterte *vinos de licor,* die während des Gärprozesses gespritet und so auf 15 Prozent Alkohol gebracht werden.

Eine Besonderheit der DO ist der Fondillón, ein einzigartiger Dessertwein. Die meist aus der Monastrell-Traube gefertigte, aufgespritete Weinspezialität enthält bis zu 16 Prozent Alkohol. Sie reift mindestens acht Jahre in Eiche und wird zuweilen sogar in einer Art *solera*-System (siehe Seite 192) ausgebaut. Fondillón kommt als Süßwein oder *rancio* auf den Markt. Oft wird der von Liebhabern in und außerhalb von Alicante sehr geschätzte Tropfen in Sherry-Flaschen mit gerandetem Korken verkauft. Die besten Exemplare lassen das nussige Aroma eines Tawny Port in Verbindung mit der delikaten Süße feiner Kuchen erkennen. Man trinkt ihn gern zur *merienda,* dem Nachmittagsimbiss.

Zwischen den DOs Alicante und Valencia herrscht ein reger Handelsaustausch, sodass viele Bodegas in beiden Zonen ihr Domizil aufgeschlagen haben. In der folgenden Liste werden ausschließlich in Alicante vertretene Erzeuger genannt.

Wichtige Erzeuger

Subzonen: A = Alicante; M = Marinera.

BOCOPA, Petrel (A).
Gegründet 1987–88. Dieser Koloss entstand aus einem Zusammenschluss von 11 alten, kleineren Genossenschaften vor Ort. Die 4000 Mitglieder bewirtschaften insgesamt 10 000 ha Fläche. Trotz der Größe hält man an recht altmodischen Vermarktungsmethoden fest: 90 % der Weine kommen offen auf den Markt. Die als Viña Alcanta feilgebotenen *jóvenes* sind ordentlich gemacht und einigermaßen verlässlich in der Qualität. Besser geraten die trockenen Marina Alta, wie die Moscatel-Weine neueren Stils etikettiert werden. *Bester Wein:* der traditionelle Fondillón (100 % Monastrell) namens Alone. Der nach 22 Jahren im Fass verkaufte 70er Jahrgang ist ein wahrhaft außergewöhnlicher Nektar.

Enríque Mendoza, Alfaz del Pi (M).
Gegründet 1989. Auf den 65 ha Anbaufläche dieser fortschrittlichen jungen Bodega wachsen Tempranillo, Cabernet Sauvignon, Cabernet franc, Shiraz, Pinot noir, Merlot, Chardonnay und Parellada. Man verfügt über die neueste Weinbereitungstechnologie und setzt entschlossen und erfolgreich auf reinsortige Erzeugnisse. Der Markenname lautet Viña Alfas. Im Sortiment finden sich unter anderem ein guter Chardonnay und ein sehr guter Pinot noir. *Beste Weine:* der bis *reserva*-Stufe ausgebaute Cabernet Sauvignon, der erstaunlicherweise als *joven* manchmal mehr überzeugt, besonders wenn er Mitte der 90er gelesen wurde. Doch auch er findet seinen Meister im alle überragenden Merlot *crianza*.

Gutiérrez de la Vega, Parcent (M).
Gegründet 1978. Die Bodega hat sich mit Erfolg auf Moscatel-Süßweine spezialisiert. Sie erscheinen unter etlichen Markennamen, die bekannten Schriftstellern und ihren Werken gewidmet sind. Der Viña Ulises (Ulysses) ist eine Hommage an James Joyce und kommt als *rancio gran reserva* auf den Markt. Rojo y Negro («Rot und Schwarz»), eine rote *crianza* (60 % Garnacha/30 % Cabernet Sauvignon/10 % andere Sorten), erinnert an Dashiell Hammett. Der Cavatina Tender ist ein *ajuga,* also ein leicht perlender, süßer Moscatel, den man auch als trockene weiße Version offeriert. Cosecha Dorada («Goldene Ernte») nennt man einen trockenen Moscatel, der Stil und Eleganz erkennen lässt. *Bester Wein:* der Cosecha Miel («Honigernte»), der nur in den besten Jahren aus ausgewählten Moscatel-Trauben gekeltert wird, 6 Monate in Eiche verbringt und am Gaumen einen intensiv süßen, aber dennoch vollendet fruchtigen, frischen Eindruck hinterlässt.

Primitivo Quilés, Monóvar (A).
Gegründet 1780. Ein altes Familiengut, das seinen Namen mit Fondillón und Moscatel gemacht hat – und weiterhin in dieser Sparte brilliert. Die Bodega setzt gleichermaßen auf alte Eichenfässer wie neue amerikanische *barricas* und bringt moderne Weine ebenso auf den Markt wie lieb gewonnene traditionelle Produkte. Man bietet einen leichten, frischen, fruchtigen Rosado Virgen *joven* aus Monastrell und eine etwas schwergewichtigere rote *crianza* namens Cono 4 – *cono* ist ein 600-l-Fass – ohne Jahrgangsbezeichnung heraus. *Beste Weine:* die traditionellen Tropfen. Die Geister scheiden sich, ob nun der El Abuelo *rancio generoso* aus Monastrell oder der Primitivo Quilés Moscatel Extra das Rennen macht – auf jeden Fall sind beide von beispielhafter Qualität.

Salvador Poveda, Monóvar (A).
Gegründet 1919. Das Familienunternehmen leistete Pionierdienste bei der Wiedereinführung von Fondillón als Weinspezialität der Region und baute gleichzeitig seinen Ruf als Betrieb aus, der Produkte verlässlicher Qualität zu bieten hat. Die Trauben stammen von insgesamt 150 ha, die nur teilweise dem Gut selbst gehören. Die Weine werden in der eigenen Kellerei in Monóvar und in der örtlichen Genossenschaft im nahe gelegenen Mañan bereitet. Zu den leichten Erzeugnissen gehören ein köstlicher Salvador Poveda Riesling *joven* und ein Cantaluz – auch er ein *joven* – aus Merseguera. Beide machen eine sehr gute Figur, wobei der Riesling vielleicht die Nase vorn hat. Der Rosella ist ein *joven rosado* (80 % Monastrell/20 % Cabernet Sauvignon). Viña Vermeta nennt man einen angenehmen Roten aus 100 % Monastrell, der in mehreren Varianten bis *reserva*-Niveau ausgebaut wird. *Bester Wein:* wie fast überall in Alicante der Fondillón. Der als *semiseco* beschriebene 70er Jahrgang besteht zu 100 % aus Monastrell – und liegt größtenteils noch in Eiche, während Sie diese Zeilen lesen.

Utiel-Requena

Zum Teil ist es der DO Utiel-Requena zu verdanken, dass die Anbauzonen in Valencia ihre Weine untereinander austauschen dürfen, ohne den DO-Status zu verlieren. Entlang der Küste entstehen in Valencia gute, leichte, weiße Zechweine, die hervorragend zu den Gerichten der zahllosen Fischrestaurants passen. Die Roten allerdings fallen in der Zone etwas zu leicht aus.

Glücklicherweise findet man gar nicht weit entfernt schwerere Gewächse: Die beiden Städte Utiel und Requena gehören noch zur Provinz Valencia. Die nach ihnen benannte Zone ist die größte und am weitesten landeinwärts gelegene der drei DOs. Ihre Spezialität sind Rote aus Bobal – solide, einfache Getränke, die sich mit den Leichtgewichten aus Valencia gut zu ausgewogenen Tropfen verschneiden lassen.

In der roten Erde von Utiel-Requena gedeiht die Bobal-Traube, aus der sich ausgezeichnete Verschnittweine keltern lassen.

Und so überrascht es auch nicht, dass die Gegend gerade für einen Verschnittwein besonderer Machart berühmt ist: den *doble pasta*. Zunächst werden die Trauben gemahlen und an der Schale liegen gelassen. Dann zieht man einen Teil des Weins ab und füllt auf die Schalen und die Maische eine weitere Ladung angepresster Trauben. So entsteht ein fast tintenschwarzer Wein von enormem Extraktreichtum.

Geografie und Klima

Heiß und hoch, so lassen sich die Anbauflächen in Utiel-Requena beschreiben. Die Stöcke wachsen in Lagen zwischen 600 und 900 Metern über dem Meeresspiegel und sind einem Klima ausgesetzt, das innerhalb Spaniens nur noch in La Mancha extremer ausfällt: Im Sommer klettert die Quecksilbersäule auf bis zu 40 Grad Celsius, während es im Winter mit minus 15 Grad zuweilen bitter kalt wird. Der Magro fließt aus nördlicher Richtung durch die Zone und lagert Schwemmland ab, im Hochland dominiert sandiges Muttergestein mit Mergel und Lehm als Oberboden.

Neben der Bobal-Rebe, die auf 80 Prozent der Rebflächen wächst, werden noch andere Rotweintrauben wie die für Neuanpflanzungen empfohlene Tempranillo und die Garnacha kultiviert. Die wichtigsten weißen Sorten sind Macabeo, Merseguera und Planta nova. Daneben existieren noch Versuchsanlagen mit Cabernet Sauvignon und Chardonnay.

Utiel-Requena liefert nicht nur die Ingredienzen für Verschnitte anderer DOs, in der Zone entstehen auch eigenständige Tropfen wie die unvermeidlichen *jóvenes*. Die besten Weißen fertigt man aus Merseguera und Macabeo, die *rosados* aus Bobal und die Roten aus der Bobal mit einem je nach Qualität des Weins mehr oder weniger hohen Anteil Tempranillo. Auch einige vorwiegend aus Tempranillo produzierte *crianzas* werden in Utiel-Requena gekeltert. Bei der großen Hitze und Höhe reifen die Weine allerdings sehr viel schneller als in den Bodegas kühler Lagen im Norden heran. Ein Tempranillo-Wein der DO ist nach sechs Monaten in Eiche und einem Jahr in der Flasche voll ausgereift – die Gewächse in der DOCa Rioja brauchen mehr als doppelt so lange.

Überdies hat man mit Utiel-Requena Superior noch eine spezielle Weinkategorie geschaffen, um das Qualitätsstreben in der DO zu fördern. Das Prädikat wird an Weine verliehen, die aus Macabeo (Weiße) und Bobal (*rosados*) – beide mit 10,5 bis 12 Prozent Alkohol – sowie Tempranillo beziehungsweise Garnacha (Rote mit 11,5 bis 13,5 Prozent Alkohol) gefertigt werden. Sollten sich die Hoffnungen des *consejo regulador* erfüllen, werden sie im 21. Jahrhundert die mittlere bis obere Kategorie von Qualitätsweinen bilden.

Wichtige Erzeuger

Augusto Egli, Valencia.
Gegründet 1904. Dieses in Schweizer Besitz befindliche Unternehmen fertigt hier und in der *Denominación de Origen* Valencia Weine aller Qualitätsstufen. Berühmt geworden indes ist es durch seine Anbaufläche Casa lo Alto in Utiel-Requena. Die Erzeugerabfüllungen umfassen einen Weißwein (50 % Macabeo/ 50 % Merseguera), einen reinsortigen Bobal *rosado* und einen roten *joven* namens Rey Don Jaime. Außerdem offeriert es die Linie Casa lo Alto, zu der eine rote *crianza* aus 70 % Tempranillo und 30 % Garnacha gehört.

Beltrán, Jaraguas.
Gegründet 1940. Beltrán bewirtschaftet 150 ha Anbaufläche und kauft Lesegut aus der ganzen Region zu. In guten Jahren laufen in der Bodega bis zu 20 000 hl jährlich aus der Kelter, das meiste davon gelangt als Massenwein in den Handel. Rund 10 % der Roten und *rosados* aus 85 % Tempranillo und 15 % Garnacha werden als Viña Turquesa abgefüllt. *Beste Weine:* Die Roten der Bodega geraten am besten.

Campo del Requena, Utiel.
Gegründet 1919. Das Familienunternehmen nennt 40 ha sein Eigen und kauft Trauben zu, um auf einen Jahresausstoß von zirka 750 hl zu kommen. Die Weine geraten durchweg gut. Im Sortiment sind ein weißer *joven* mit dem Markennamen Flor (85 % Macabeo/15 % Chardonnay), ein Viña Angeles genannter *joven rosado* (100 % Bobal), ein roter Viña Mariola *crianza* (100 % Tempranillo; 30 Monate in Eiche) und eine rote *reserva* (65 % Tempranillo/35 % Cabernet Sauvignon; 42 Monate in Eiche), die man Vera de Estenas getauft hat.

Coviñas Cooperativa, Requena.
Ein Zusammenschluss mehrerer kleiner Genossenschaften, die gemeinsame Sache machen, um wirtschaftlicher arbeiten zu können. Die Spezialität der *cooperativa* sind gute bis sehr gute rote und *rosados,* die als Viña Enterizo auf den Markt kommen. *Bester Wein:* Der in guten Jahren zu einer *gran reserva* ausgebaute Rote kann hervorragend ausfallen.

Ernesto Cárcel, Rebollar.
Gegründet 1948. Das Unternehmen holt sich seinen Rohstoff teils aus 35 ha eigenen Weinbergen und teils von anderen Winzern; die Jahresproduktion liegt bei etwa 1400 hl. Rund 10 % werden unter dem Namen Valle del Tejo und Rebollar abgefüllt. Die Roten sind Verschnitte aus 50 % Garnacha und 50 % Tempranillo. *Bester Wein:* der *rosado joven* (50 % Bobal/50 % Garnacha).

Gandia. Siehe DO Valencia.

Murviedro. Siehe Schenk, DO Valencia.

Schenk. Siehe DO Valencia.

Torre Oria, Derramador.
Gegründet 1987. Dieses Unternehmen ist vor allem deshalb erwähnenswert, weil es zu den wenigen Bodegas außerhalb Kataloniens gehört, die Schaumweine mit dem Status der DO Cava erzeugen dürfen. In Utiel bringt man angenehme *jóvenes* in allen drei Farben hervor. *Beste Weine:* der *rosado joven* (10 % Bobal).

Vinival, Alboraya.
Der valencianische Betrieb gehört dem Getränkegiganten Bodegas y Bebidas (siehe S. 151). Er wird sowohl unter der DO Valencia als auch hier erwähnt, weil er in Utiel-Requena die Einzellage Viña Calderón mit einer Jagdhütte inmitten eines von einer Mauer umrandeten Gartens besitzt. Bei Vinival entsteht ein *rosado joven* (80 % Bobal/ 20 % Garnacha) und eine rote *crianza* (Tempranillo; 12 Monate in Eiche). *Bester Wein:* Der Rote fällt in guten Jahren exzellent aus.

Das Gut Torre Oria in Derramador. Hier produziert man nicht nur *jóvenes* mit DO-Status, sondern auch Cavas.

Valencia

Das Geschäftsleben und der Weinbau der gesamten *autonomía* werden von der Stadt und Provinz Valencia dominiert, denn das Gros der Erzeugnisse gelangt von hier aus per Bahn oder Schiff in alle Welt.

Weine mit dem Siegel der DO Valencia dürfen bis auf weiteres 30 Prozent Bobal von bestimmten Rebflächen in der Anbauzone Utiel-Requena enthalten. Nun ist es nach EU-Recht aber nicht zulässig, einen Qualitätswein eines bestimmten Anbaugebiets mit dem Kellereiprodukt einer anderen Zone zu verschneiden. Kommt ein Tropfen auf diese Weise zustande, muss er als Tafelwein eingestuft werden. Der vom Marqués de Griñon in den DOs Toro und Ribera del Duero gefertigte *Vino de Mesa* namens Durius aus Kastilien-León etwa ist solch ein Gewächs. Warum also gesteht man Valencia stillschweigend ein Sonderrecht zu?

Gemeinschaftsgeist

Ein Grund für die Ausnahmeregelung sind die aktuellen Bestrebungen in der *Comunidad de Valencia,* die gesamte DO umzustrukturieren (siehe Seite 136). Im benachbarten Kastilien-La Mancha beispielsweise umfasst die zentrale DO La Mancha einen riesigen Bereich, der sich über vier Provinzen erstreckt. Die Anbaubetriebe und *bodegueros* können die Trauben für ihre Verschnitte frei wählen und sich so auf die Bedürfnisse ihrer Kunden – meist die Massenabnehmer und Supermärkte in Europa – einstellen.

Vor kurzem hat man versucht, die DO La Mancha in kleinere, überschaubarere Zonen zu unterteilen. Diese Neugliederung scheiterte, weil die Exporteure kraftvolle Rote aus dem heißen Süden mit ihren leichteren Pendants verschneiden wollen, um Weine mit einem günstigen Preis-Leistungs-Verhältnis auf den Markt bringen zu können. Und dazu braucht man oft auch einige Anteile Weißer aus dem Norden und Westen. Das System funktioniert: Innerhalb von gut zehn Jahren hat sich La Mancha vom Nobody zu einem bedeutenden Anbaugebiet für preisgünstige Alltagsweine gemausert.

Wie ihre Kollegen in La Mancha möchten auch die *viñeros* von Valencia die Ingredienzen für ihre Verschnitte frei wählen können. Deshalb hat man vorgeschlagen, eine große DO Valencia zu schaffen. Man könnte sie nach dem Vorbild von Vinos de Madrid beispielsweise Vinos de Valencia nennen. Sie würde alle drei existierenden DOs umfassen, die als Subzonen der großen *Denominación* weiter bestünden. Man hätte damit zwei Vorteile: Zum einen bekämen die Kellereien mehr Freiheiten bei der Zusammenstellung ihrer für den Export gedachten Verschnitte, zum anderen hätten kleine, individuelle Regionen mit eigenem Mikroklima die Chance, etwas

In Valencia gedeihen nicht nur Orangen. In den über drei Subzonen verteilten Weinbergen reifen viele Qualitätsreben heran.

Besonderes oder einfach nur anderes mit dem Segen der DO zu produzieren.

In La Mancha hatte man mit dieser Strategie Erfolg. Und so versprechen sich auch in der *Comunidad de Valencia* einige kleine und größere Winzer einen Aufschwung. In der Zwischenzeit mischt man in der DO den Weinen mit offiziellem Segen einen nicht geringen Anteil Bobal bei.

Die Bedeutung des Exportmarktes für Valencia kann nicht hoch genug bewertet werden. Einige der großen Unternehmen gehören ausländischen Investoren; vor allem die Schweiz ist gut vertreten. Wein wird aus Valencia schon seit dem 19. Jahrhundert in rauen Mengen exportiert. Trotzdem entstehen in der DO nicht nur Alltagstrunke von Supermarktqualität: Wie in jeder Region gibt es Einzelkämpfer und Invididualisten unter den Erzeugern – und das sind nicht unbedingt die kleinsten Bodegas.

Die Subzonen und ihre Strukturen

Die Anbauflächen in Valencia lassen sich geografisch in drei Subzonen unterteilen. Valentino und Alto Turia liegen westlich und nordwestlich der Hauptstadt, während sich Clariano südlich davon erstreckt. In Valentino wachsen die Reben von Meereshöhe bis in 550 Meter über dem Meeresspiegel, das Gros der Weinberge findet man zwischen 180 und 260 Metern. Weiter unten sind die Böden trocken und sandig mit etwas Schwemmland über Kalk. In größeren Höhen fällt der Untergrund etwas leichter aus.

Die Subzone Alto Turia ist mit durchschnittlich 620 Metern noch höher angesiedelt. Höhe und Klima ihrer Anbauflächen lassen sich mit denen in Utiel-Requena vergleichen, doch fehlen aufgrund der Küstennähe die extremen Temperaturunterschiede. Clariano liegt mit rund 350 Metern relativ niedrig und hat einen höheren Lehmgehalt im Unterboden. Im Allgemeinen eignet sich der Untergrund der Subzone gut für den Weinbau. Bei angemessener Erziehung müssten die Rebstöcke hier Trauben hoher Qualität erbringen.

Wichtige Rebsorten

Bedeutendste Weißweinrebe ist die Merseguera: Etwa 25 Prozent des Bestands entfallen auf sie. Wie überall in der Levante erbringt sie auch in Valencia leichte, frische Weine, die bei einfühlsamer Bereitung angenehm kräuterwürzig, bei zu starker Verarbeitung allerdings recht neutral geraten können. In Clariano wird die Malvasía riojana – die Katalanen nennen sie Subirat-Parent – kultiviert, ferner findet man Planta fina, Pedro Ximénez sowie Moscatel romano für *vinos de licor,* Likörweine. Viel versprechende Ergebnisse zeigt zuweilen die Verdil, auch Tortosí genannt. Die Chardonnay-Traube ist ebenfalls in Valencia gegenwärtig.

Unter den roten Rebsorten belegt Monastrell den ersten Rang. Dank der Pionierarbeit in der benachbarten Zone Jumilla erlebt sie derzeit in Clariano wie auch in anderen Anbauregionen eine Renaissance. Einen gewissen Stellenwert nimmt noch die Garnacha tintorera ein, jene schwarze Traube mit dem rosafarbenen Saft. Sie hat zwar nicht die Finesse ihrer Kusine, der Garnacha tinta, wird aber gern für Verschnitte verwendet. In einigen Weinbergen der Region wächst die Tempranillo; der *consejo regulador* empfiehlt sie bei Neupflanzungen. In Clariano baut man noch die autochthone Forcayat an. Nicht fehlen dürfen natürlich die unvermeidlichen Versuchsanlagen mit Cabernet Sauvignon.

Vinifikation und Weinstile

Nun zu den Weinen selbst. Die Valencianos sind stolz darauf, dass der Kunde in einer der hochmodernen Kellereien vor der Stadt praktisch jeden Wein bestellen kann. Er gibt einfach Farbe, Stärke, Säure- und Zuckergehalt, Etikett, Flasche und Preis vor – und bekommt einen maßgeschneiderten Tropfen. Ein Großteil der angenehmen *jóvenes* wird denn auch in allen drei Farben und mit jedem Süßegrad für den Supermarktverkauf produziert. Die Weißen keltert man vorwiegend aus Merseguera mit etwas Macabeo, die *rosados* aus Garnacha sowie Bobal und die Roten aus Bobal mit einem Anteil Monastrell. Kaufen kann man sie zu moderaten Preisen als Alltagsweine oder Hausmarken in Restaurants.

Daneben aber hat die DO auch ihre Weinspezialitäten. In Valentino entstehen halbsüße und süße Tropfen aus Moscatel und Pedro Ximénez sowie die klassischen *vinos de licor* Moscatel de Valencia. In der gesamten Region werden außerdem *licorosos* und *rancios* produziert, die mindestens zwei Jahre in Eiche liegen.

Für Liebhaber ernsthafter Qualitätstropfen allerdings sind vor allem Versuchsweine aus Einzellagen von Interesse. Ihnen liegen meist die Trauben Monastrell, Tempranillo und Cabernet Sauvignon zugrunde. Wegen der Klimabedingungen in Valencia findet man kaum Gewächse oberhalb der *reserva*-Stufe. Die *crianzas* werden jedoch mit der Mindestausbaudauer von sechs Monaten in Eiche gekeltert. Sie zeigen allmählich viel versprechendes Potenzial, insbesondere seit man versuchsweise die Tropfbewässerung zugelassen hat, nachdem es Anfang der 90er Jahre fast zu einer Dürrekatastrophe in den Weinbergen gekommen wäre. Die Zukunft wird zeigen, was sich mit ein paar regelmäßig verabreichten Spritzern Wasser während der Reifezeit alles erreichen lässt.

Wichtige Erzeuger

Augusto Egli, Valencia.
Siehe Utiel-Requena.

Belda, Fontanares.
Gegründet 1931. Das Familienunternehmen hat nur regionale Bedeutung, setzt aber auf moderne Weinbereitung. In der Kellerei entstehen ein weißer *joven* (Verdil) und ein *rosado joven* (Cabernet Sauvignon), die beide unter der Bezeichnung Ponsalet in den Handel gelangen, sowie ein reinsortiger Roter namens Eusebio la Casta. Ferner hat man einige sortenreine *crianzas* im Sortiment: einen Tempranillo mit 10 Monaten Ausbau im Eichenfass und einen Monastrell, der 12 Monate im Holz reifen darf. *Bester Wein:* Der reinsortige Tempranillo *crianza* kann ausgezeichnet ausfallen.

Gandía, Chiva. *Gegründet 1885.* Gandía ist mittlerweile in eine hochmoderne, neue Kellerei außerhalb der Stadt umgezogen. Die Bodega gehört zu den erfolgreichsten Produzenten und größten Exporteuren Spaniens: 90 % der rund 100 000 hl gehen Jahr für Jahr ins Ausland. Ihre Erzeugnisse findet man in aller Welt als hauseigene Supermarktweine, gleichwohl bringt Gandía auch Erzeugnisse unter der eigenen Marke Castillo de Liria in Umlauf. Zum Programm gehören weiße *jóvenes* (Merseguera) guter Qualität, ein *rosado* (Bobal), ein Roter (80 % Bobal/20 % Monastrell) und ein *dulce* aus Moscatel romano.

Murviedro, Valencia. Siehe Schenk.

Schenk, Valencia. Zum Unternehmen gehört auch Cavas Murviedro, man bringt jedoch unter dem Namen jeder Bodega eine eigene Produktlinie heraus. Daneben entstehen natürlich die unvermeidlichen namenlosen Tropfen für den Exportmarkt. Die Marken Cadrillo und Las Lomas werden in Utiel-Requena für eine Palette von Alltagsweinen verwendet. *Beste Weine:* die Murviedro-Linie. In Utiel wird unter dieser Bezeichnung ein ausgezeichneter reinsortiger Tempranillo *crianza* herausgegeben, in Valencia wiederum tragen denselben Namen weiße *jóvenes* aus 100 % Merseguera, Moscatel oder Macabeo, ein *rosado* (Garnacha/Bobal) und eine sehr gute *crianza* (Monastrell/Garnacha; 12 Monate in Eiche).

Torrevelisca, Fontanares.
Gegründet 1990. Eine große Bodega, die 221 ha mit Cabernet Sauvignon, Tempranillo und Chardonnay bestockter Anbaufläche ihr Eigen nennt. Man bereitet ordentlich gemachte Weine unter dem Namen des Hauses sowie Erzeugnisse für Vertragskunden. *Beste Weine:* die roten *jóvenes* und *crianzas,* unter ihnen ein reinsortiger Monastrell.

Vinival, Alboraya.
Eines der größten Weinunternehmen in Valencia. Es gehört zum Imperium Bodegas y Bebidas (siehe S. 151) und stellt mehrere Millionen Liter Wein im Jahr her. Dennoch ist dieser Erzeuger so gut wie unbekannt, denn kaum jemand nimmt seinen Namen im Kleingedruckten auf dem Etikett der Hausmarken zur Kenntnis. Vor Ort verkauft man die Marke Torres de Quart, die *jóvenes* in Weiß, Rosé und Rot umfasst, sowie einen Vival d'Or Moscatel. Die eigentliche Stärke von Vinival indes liegt in den Unmengen namenloser Exportweine (siehe auch Utiel-Requena).

In der valencianischen Genossenschaft Godelleta wird Lesegut gewogen. Die wichtigste weiße Traube Merseguera liefert frische, kräuterwürzige Weine.

Murcia: eine eigenständige Region

Immer wieder fragt man sich, warum die kleine Region Murcia eine eigene *autonomia* ist und nicht dem nahe gelegenen Valencia oder anderen Verwaltungseinheiten angegliedert wurde. Schließlich unterscheiden sich Exportkultur, Klima und größtenteils auch die Küche kaum von den Gegebenheiten anderer Landstriche in der Levante. Die Antwort liegt zum Teil in der Sprachgeschichte Murcias.

Die Stadt Murcia wurde im 9. Jahrhundert vom maurischen Kalifen Abdu´r Rahman gegründet und *Mursiyah* genannt. Kaum hatten moslemische Siedler hier Bauernhöfe errichtet, erlebte die Region eine Blütezeit, denn in den Ebenen oder *huertas* – wörtlich «Gemüsegarten» – mit ihren gut durchlässigen Böden und den für diese Höhen erstaunlich üppigen Regenfällen gediehen Feldfrüchte in Hülle und Fülle. Die Mauren bauten Orangen, Melonen, Reis, Gemüse zuhauf und natürlich Trauben an, die sie sich frisch oder als Rosinen schmecken ließen, denn Wein kam für sie nicht in Frage. Noch heute ist die Gegend ein Zentrum für Obstkonserven; vor allem Aprikosen und Pfirsiche werden hier eingedost. Außerdem hat man sich neben Wein auf den Anbau von Mandeln und Oliven spezialisiert.

Kastilische Zuwanderer

Die *reconquista* oder Rückeroberung des maurischen Spaniens durch die Christen nahm ihren Anfang im Norden vom reichen und mächtigen Kastilien aus. Dem kastilischen Heer war es auch zu verdanken, dass die Region Murcia 1266 wieder dem expandierenden spanischen Reich einverleibt wurde. Die Soldaten sprachen natürlich nur ihre Muttersprache. Viele ließen sich in der Gegend nieder und so sind die meisten Bewohner von Murcia heute Abkömmlinge der einstigen Befreier.

Das benachbarte Valencia hingegen fiel nach einer kurzen Epoche der Unabhängigkeit unter Rodrigo Díaz de Bivar – dem Grafen von Valencia, der als El Cid zu Spaniens Nationalhelden avancierte – wieder an die Mauren. Doch die arabischen Eindringlinge wurden 1238 erneut vertrieben, diesmal von Jakob I. von Aragonien. Die Kultur des Doppelreichs Aragonien-Katalonien übte einen entscheidenden Einfluss auf Valencia aus, weshalb sich das örtliche Idiom bis heute stark vom Kastilischen unterscheidet. Murcia und Valencia entwickelten sich also in getrennte Richtungen und sind bis heute ungleiche Nachbarn geblieben. Die Bewohner Murcias sind damit glücklich; sie sehen ihre Kultur als einen Übergang zwischen dem seefahrenden, vorwiegend Meeresfrüchte und Fisch speisenden Mittelmeervolk an der Küste und dem bäuerlichen, neukastilischen Menschenschlag der Meseta mit seiner fleischbetonten Küche.

Zu den berühmtesten frühen Bewohnern Murcias gehört der maurische Mystiker und Poet Ibn Al-Arabi, der hier 1165 zur Welt kam. Heute zeigt Murcia stolz sein kulturelles Erbe als Bischofssitz und Universitätsstadt. Die Kathedrale mit ihrer großartigen Barockfassade wird von einem ungewöhnlich hohen Glockenturm dominiert. Vier Architekten arbeiteten zwischen 1521 und 1792 an ihr. Viele Jahre lang diente die Stadt dem Bischof als sicherer Inlandssitz, nachdem er in Cartagena ständig mit Angriffen vom Meer aus hatte rechnen müssen.

Weinbau einst und heute

Als Valencia nach der *reconquista* Ausfuhrgüter wie Orangen, Reis und Wein produzierte, verlegte sich Murcia auf die Erzeugung nicht weniger wichtiger Viktualien wie frischem Gemüse, Getreide und Fleisch. Die Kellereiprodukte spielten eine ähnliche Rolle wie die aus Utiel-Requena: Die schweren, alkoholstarken, teils als *doble pasta* gefertigten, meist roten Tropfen wurden zur Aufwertung der leichtgewichtigen Mittelmeergewächse aus Alicante und Valencia gebraucht. Mit dem Siegeszug der Monastrell allerdings wurde alles anders (siehe folgende DOs).

Gastronomie

Murcias Küche lässt noch immer die kärglichen Lebensumstände früherer Jahrhunderte erkennen, denn alles wird verwertet. Obwohl die Region nicht ans Meer grenzt, findet sich unter den Spezialitäten ein Fischgericht: *Rin-ran* nennt man eine Speise aus *bacalao*, getrocknetem, gesalzenem Kabeljau, mit Kartoffeln und Paprika. Der wichtigste einheimische Käse ist ein einfaches Ziegenmilchprodukt, das in Weinblättern reift und anschließend frisch verkauft wird.

Effiziente Resteverwertung lässt ein Pfannkuchen namens *alojaharina* erkennen. Er entsteht aus knoblauchgewürztem Mehl und enthält so ziemlich alles, was in der Küche übrig geblieben ist – meist *chorizos*, *embutidos* (Würstchen), Pilze und Paprikaschoten. Die bunte Mischung wird in der Pfanne gebraten und für gewöhnlich mit *patatas a la brasa*, auf dem Grill geschmorten Kartoffeln, serviert.

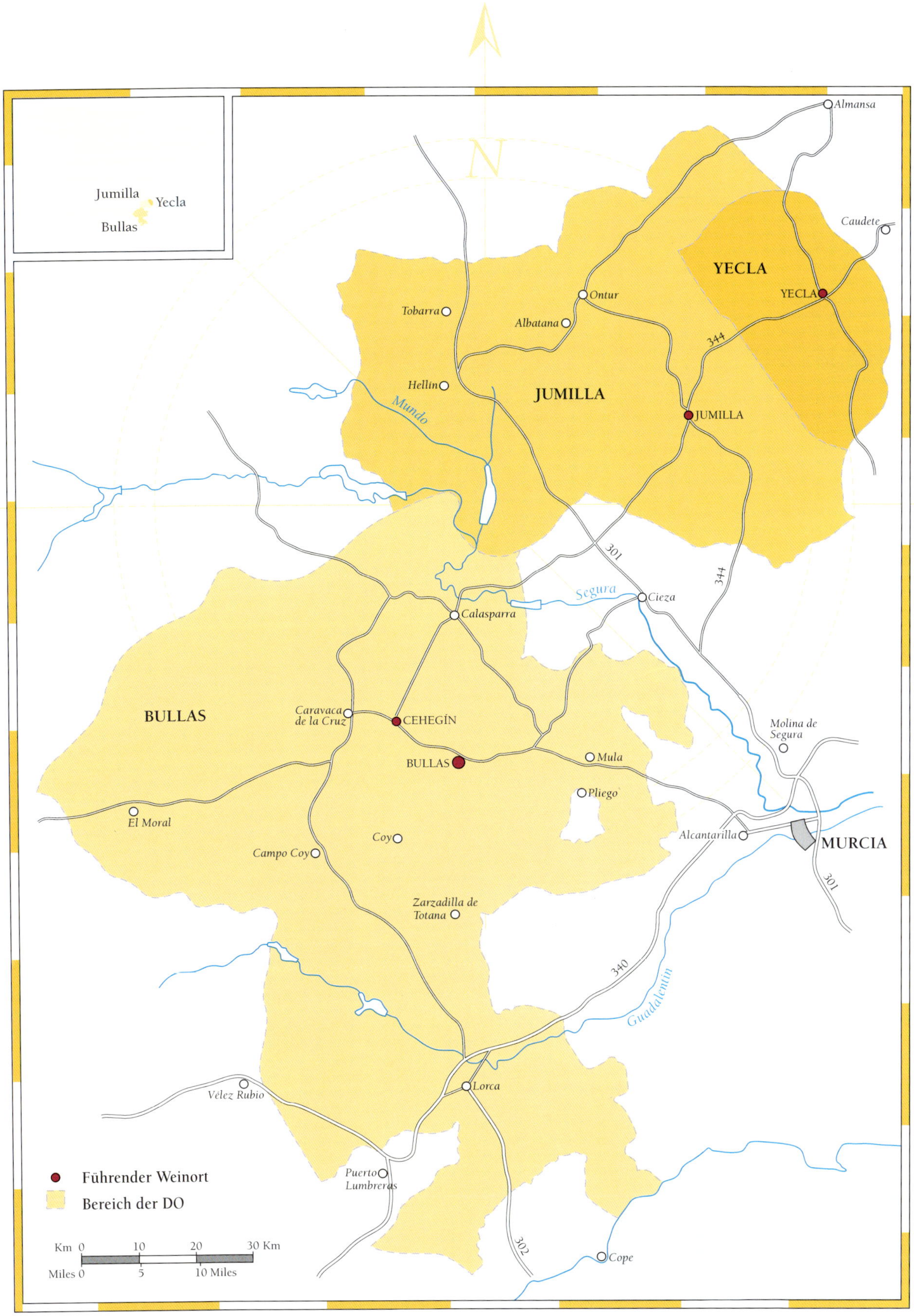

Klein, aber fein: Murcia ist eine anheimelnde Stadt mit einer berühmten Kathedrale, einer Universität – und natürlich guten Tropfen.

Die Weinberge der DO Bullas liegen in der westlichen Hälfte der Provinz und sind überwiegend mit Monastrell bestockt.

Bullas

Bullas ist Murcias jüngste *Denominación de Origen*. Sie umfasst zwar mit der gesamten westlichen Provinzhälfte einen relativ großen Bereich, hat aber eine nur geringe Weinbergdichte vorzuweisen. Acht Städte und Dörfer um den gleichnamigen Ort dürfen ihre Erzeugnisse mit dem DO-Siegel versehen. Bullas selbst ist ein typischer Binnenmarktflecken mit engen Straßen, in denen ein reges Treiben herrscht und kleine, malerische Häuser Seite an Seite mit winzigen Kirchlein, Glockentürmen und natürlich den in Spanien allgegenwärtigen, einladenden Bars und Cafés stehen.

Die Stadt ist römischen Ursprungs. Während der Herrschaft des maurischen Kalifen Abd-Al Rahman im 8. Jahrhundert war sie stark befestigt. Trotzdem nahm sie Alfons X. der Weise im 13. Jahrhundert ein. Aus den Annalen von 1254 geht hervor, dass in dem *castillo* von Bullas auch die Bewohner des benachbarten Dorfes Mula Zuflucht suchten. Mula ist übrigens eine der acht Gemeinden mit DO-Status.

Geografie und Klima

Geografisch lässt sich die DO in drei Subzonen untergliedern: eine nordöstliche, eine zentrale und eine westliche. An erster Stelle steht der westliche Bereich. Er umfasst etwas mehr als die Hälfte der Anbaufläche und liegt mit 500 bis 800 Metern über dem Meeresspiegel am höchsten. Dahinter rangiert die zentrale Zone mit der Stadt Bullas selbst. 40 Prozent der Weinproduktion gehen auf das Konto dieses Anbaugebiets in 500 bis 600 Meter Höhe. Die dritte Zone im Nordosten ist ein ertragsarmer Bereich. Ihre Rebhänge liegen in etwa 400 bis 500 Metern und machen nur knapp zehn Prozent der Rebfläche aus.

Relativ hoch gelegene Binnenzonen wie diese bieten ein enormes Potenzial. Ihr Mikroklima mag nicht ganz so vorteilhaft sein wie etwa in Alt-Penedès, schließlich fallen die Temperaturen selbst in 800 Metern über dem Meeresspiegel so weit südlich weniger extrem aus als oben im Norden. Doch wie in benachbarten DOs erzielt man auch hier mit der Monastrell-Rebe durchschlagende Erfolge. 95 Prozent der Anbaufläche sind mit ihr bestockt. Bis Mitte der 90er allerdings sah man in ihr kaum mehr als eine verlässliche Lieferantin riesiger Mengen eines soliden, leider aber auch völlig nichts sagenden roten Verschnittweins. Die Franzosen fertigen zwar im Rhônetal und im Süden ihres Landes aus derselben Traube – sie nennen sie Mourvèdre – Tropfen ganz anderen Kalibers, doch profitieren sie von den viel weiter nördlich liegenden Anbauflächen und einer anderen Weinbereitungstradition.

Statt des Vorteils einer nördlichen Lage die große Höhe und statt einer ausgefeilten Kellertechnik überkommene Methoden – so ließen sich Bullas und die benachbarten Zonen Yecla und Jumilla noch Anfang der 90er charakterisieren. Aber wie überall genügt eine Handvoll dynamischer Bodegas und etwas finanzielle Risikobereitschaft, um einer ganzen DO Auftrieb zu verleihen.

In Bullas und allen drei DOs der *región* Murcia war das der Fall. Jumilla und Yecla haben sich zwar unterschiedlich entwickelt, doch seit Bullas 1982 bis auf weiteres DO-Status verliehen bekam, wurden Riesenfortschritte gemacht. Man setzt heute auf frühe Lese, moderne Gärtechniken, Temperaturregelung und den Ausbau der Weine. Entsprechend günstig fallen die Prognosen für die DO aus.

Wichtigste Rebsorten

Neben der übermächtigen Monastrell findet man in Bullas etwas Tempranillo sowie Versuchspflanzungen mit Cabernet Sauvignon, Garnacha, Syrah und Merlot. Aus Macabeo und Airén keltert man ferner einige Weiße. Das Terrain beherrschen jedoch Rote mit rund einem Drittel und *rosados* mit zwei Dritteln Anteil am Gesamtausstoß in der DO.

Die Weinlandschaft in Bullas ist geprägt von *jóvenes* in Weiß, Rot und vor allen Dingen Rosé. Die Vergabe des DO-Status allerdings hat den Pioniergeist von ein oder zwei Bodegas geweckt. So findet man heute leichte, frische Rote aus früh gelesenen Trauben, die deutliche Säure und Frucht erkennen lassen und manchmal sogar kurz mit Eiche in Berührung kommen. Ihnen gehört in Bullas und den anderen Zonen in Murcia wohl die Zukunft.

Die örtliche Genossenschaft hat sich als Triebfeder bei der Modernisierung der Weinbereitung in der DO erwiesen und ist kleineren Produzenten mit gutem Beispiel vorangegangen. Auch eine Reihe noch unbedeutender Familienkellereien wartet auf ihre Chance. Bullas könnte also noch für Überraschungen gut sein.

Wichtige Erzeuger

Carrascalejo, Bullas. *Gegründet 1850.* Die Bodega in Familienbesitz kultiviert 140 ha Anbaufläche und produziert 2800 hl jährlich. Ihre Erzeugnisse liegen etwas über dem örtlichen Schnitt. *Beste Weine:* die reinsortigen *jóvenes* aus Monastrell in Rosa und Rot.

Nuestra Señora del Rosario Cooperativa, Bullas. *Gegründet 1950.* Diese Genossenschaft mit 1200 Mitgliedern nimmt unter den Kellereien in Bullas unangefochten die Spitzenposition ein. Sie wurde mit der neuesten Edelstahltechnik und einem umfangreichen Kontingent an Fässern aus amerikanischer Eiche ausgerüstet. Unter dem Markennamen Las Reñas erscheinen *jóvenes* in allen drei Farben: Der Weiße wird aus Macabeo, der Rote und *rosado* aus Monastrell gemacht. Sie geraten sehr gut und gehören zu den besten Gewächsen der Region. *Bester Wein:* ein *rosado* namens Tesoro de Bullas. Er wird aus ausgewählten Monastrell-Beeren gekeltert und liegt 16 bis 24 Stunden an der Maische, um Farbtiefe zu gewinnen. In guten Jahren bietet er vorzüglichen Trinkgenuss.

Jumilla

Monastrell-Trauben wie auf dieser Rebfläche bei Hellín werden heute früher gelesen, um den Säuregehalt zu erhöhen und damit die Ausgewogenheit der Weine zu verbessern.

Vor 25 Jahren war Jumilla nur bei Massenweinhändlern bekannt. Eine gigantische, industriell produzierende Bodega namens SAVIN kontrollierte den Markt, der Rest blieb überwiegend örtlichen Genossenschaften vorbehalten. Warum auch nicht: Die Gegend ist trocken, liegt hoch und bietet somit gute Bedingungen für die Erzeugung einfacher Weine. Und nach genau diesen schlichten Tropfen herrschte in der Region und insbesondere in Valencia eine enorme Nachfrage. Damals interessierte sich noch niemand für DO-Herkunftsbezeichnungen und die meisten europäischen Länder außerhalb der noch kleinen Europäischen Gemeinschaft konnten ihre Weine nennen, wie sie wollten. Man war also gut im Geschäft, brachte alle Kellereiprodukte an den Mann und scherte sich nicht um Qualität.

Bald jedoch wehte ein anderer Wind. Jumilla war im 19. Jahrhundert wegen der sandigen Böden und des heißen Klimas von der Reblaus verschont geblieben. Die Winzer hatten also europäische Reben auf ihre eigenen Wurzelstöcke aufgepfropft. Und so kam es, wie es kommen musste: In den Jahren 1988 und 1989 erschien der Schädling auf der Bildfläche – rund hundert Jahre, nachdem er den Rest der Welt heimgesucht hatte. Die Produktion sackte im Handumdrehen auf ein Drittel der bisherigen Menge ab. Währenddessen wurden die Rebflächen eilends gerodet und mit veredelten Stöcken neu bepflanzt. Das rief den *consejo regulador* auf den Plan: Wo nun schon Tabula rasa gemacht wurde, konnte man da nicht gleich die Gelegenheit beim Schopf packen und bessere Sorten in Jumilla einführen?

Die *Estación Enológica* (Önologische Station) in Jumilla befasste sich mit der Angelegenheit und auch ein oder zwei Bodegas zeigten sich aufgeschlossen. Schon lange hatte man geahnt, dass die Monastrell-Traube zu mehr als nur den bisherigen bescheidenen Leistungen fähig war. Und diese Vermutung erwies sich als richtig. Zunächst mussten also neue, virusfreie Monastrell-Klone die alten Stöcke ersetzen. Mit einer früheren Lese, Investitionen in moderne Kellereitechnik und einer neuen Marketingstrategie konnte sich Jumilla als Qualitätsinsel in einer für Massenweine bekannten Gegend etablieren. Schließlich war genau das auch der DO Valdepeñas viele Jahre zuvor gelungen.

Ein solch kühnes Unterfangen allerdings erforderte die Unterstützung eines bedeutenden Erzeugers in der Region. Und welcher Produzent war dafür besser geeignet als der Getränkekonzern Bodegas y Bebidas? Er besitzt Señorio del Condestable, die einstige riesige Bodega SAVIN. In deren Forschungsanstalt experimentierte man wie auch in anderen Versuchsanlagen mit unterschiedlichen Leseterminen und Bereitungsmethoden. Dahinter standen nicht nur Önologen, sondern auch Exportabteilungen, die ausländische Märkte im Visier hatten.

Neben Condestable erzeugte noch die kleine, unabhängige, mittlerweile leider nicht mehr existente Kellerei Vitivino bessere Tropfen aus eigenem Anbau. Sie nutzte den hohen Farbextrakt der Monastrell, ließ sie länger auf der Maische liegen, vergor sie bei niedrigeren Temperaturen und baute sie sogar in der Flasche, im Fass oder in beiden aus. Das Ergebnis

überraschte viele traditionelle Winzer in Jumilla: Was zuvor nur wenig besser als ein Massenwein war, kam nun als üppig reife Kreszenz mit überbordender Frucht, reichlich Kraft und einem soliden Rückgrat daher. Einige Bodegas nahmen sogar Weine in ihr Sortiment auf, die durch *maceración carbónica*, Kohlensäuremaischung, entstanden waren. Immer mehr Kellereien entdeckten eine innovative Ader und so empfiehlt sich Jumilla heute als feste Größe in der spanischen Weinlandschaft des 21. Jahrhunderts.

Geografie und Rebsorten

Die Stadt Jumilla präsentiert sich als angenehmer Flecken mit einem schön restaurierten Ortskern, einer Reihe guter Restaurants, einem kleinen Park im Zentrum und jenem Quäntchen Wohlstand, das für einen aufstrebenden Ort typisch ist.

Die DO-Weine reifen in der näheren Umgebung und jenseits der Provinzgenze zu Albacete in der *autonomía* Kastilien-La Mancha heran. Sie wachsen auf leichten Sandböden mit Kalk als Muttergestein. Die Weinberge liegen allesamt auf 400 bis 800 Meter Höhe über dem Meeresspiegel. In ihrer unmittelbaren Nachbarschaft wachsen Mandelbäume und Olivenhaine – für sie ist es hier selbst in dieser Höhe noch heiß genug. Wie bereits erwähnt, hat man sich in Jumilla die klimatischen Gegebenheiten zunutze gemacht und mit frühzeitiger Lese sowie moderner Bereitung eine neue Generation von Weinen geschaffen, die den Exportmarkt derzeit im Sturm erobern.

Obwohl Monastrell die wichtigste Rebsorte ist und 85 Prozent der Rebflächen einnimmt, findet man auch andere Rotweintrauben: Cencibel/Tempranillo, Garnacha tinta und tintorera sowie Cabernet Sauvignon. Für Weißweine kultiviert man Airén und Macabeo. Likörweine *(vinos de licor)* keltert man aus Pedro Ximénez oder auch der Monastrell-Trauben, die überreif gelesen wird und einen hohen natürlichen Zuckergehalt aufweist.

Obwohl die alten Verschnittpraktiken noch zugelassen sind, versucht man mit den neuen, im November 1995 in Kraft getretenen DO-Bestimmungen die Erzeugung von Weinen besserer Qualität voranzutreiben. Der Schwerpunkt liegt heutzutage auf der Bereitung von Roten aus wenigstens 85 Prozent Monastrell mit einem Mindestanteil von 12,5 Prozent Alkohol und auf *rosados* mit nicht unter 12 Prozent Alkohol. Ferner existieren Kategorien für *jóvenes* in Weiß, Rosé und Rot sowie einen *dulce*.

Die Kellerei und die Rebflächen der Bodega Casa Castillo, die Weine mit gutem Alterungspotenzial herstellt.

Wichtige Erzeuger

Agapito Rico, Jumilla.
Gegründet 1989. Eine Bodega der neuen Generation, die auf 70 ha Cabernet Sauvignon, Tempranillo und Merlot sowie etwas Monastrell kultiviert. Ihr erklärtes Ziel ist die Bereitung von Roten bester Qualität. Als Markennamen verwendet man Carchelo. Im Programm ist eine rote *crianza* aus ausgewählten Trauben sowie reinsortige Cabernet Sauvignon und Monastrell von *joven* bis *reserva*. Alle Erzeugnisse können sich sehen lassen. *Bester Wein:* der Monastrell *joven,* der in guten Jahren ausgezeichnet gerät.

Casa Castillo, Jumilla.
Gegründet 1991. Casa Castillo bewirtschaftet 250 ha und erzeugt rund 4200 hl überdurchschnittlicher Weißer, *rosados* und Roter. *Beste Weine:* der *rosado* (50 % Monastrell/50 % Tempranillo) und die 12 Monate in Eiche ausgebaute rote *crianza* (50 % Monastrell/35 % Tempranillo/15 % Cabernet Sauvignon).

Induvasa, Jumilla.
Gegründet 1978. Eine weitere Bodega, die in den letzten Jahren Riesenfortschritte gemacht hat und mit Erfolg auf französische Rebsorten setzt. *Bester Wein:* der Castillo de Luzón *reserva* (40 % Cabernet Sauvignon/35 % Tempranillo/15 % Monastrell/10 % Merlot).

San Isidro Cooperativa, Jumilla.
Gegründet 1935. Jumillas größter Erzeuger mit 2000 Mitgliedern und einer Gesamtrebfläche von 20 000 ha. Alljährlich verlassen 200 000 hl die Kellerei. Das meiste kommt zwar als Massenwein auf den Markt, dennoch hat die Genossenschaft auch edlere Gewächse in petto, die vorwiegend unter dem Markennamen Sabatcha erscheinen. Dazu zählen ein weißer (Airén) und ein *rosado* (Monastrell), beide *jóvenes,* sowie eine rote *crianza* aus Monastrell, die 12 Monate in Eiche ruht – alles gute Tropfen. Darüber hinaus fertigt man einen ungewöhnlichen *semiseco* und einen köstlichen, durch *maceración carbónica* entstandenen roten San Isidro (beide Monastrell). *Bester Wein:* der rote Sabatcha *joven*.

Señorío del Condestable, Jumilla.
Gegründet 1968. Das einst von Bodegas y Bebidas als SAVIN gegründete Unternehmen gehört mittlerweile zu den Vorreitern eines neuen Stils von Monastrell-Weinen. Mitte der 90er brachte man einen reinsortigen Tropfen aus dieser Traube mit einem Etikett in Umlauf, auf dem die Rebsorte weitaus größer herausgestellt war als die Herkunftsbezeichnung Jumilla. Dieser Vilamar genannte Trunk wird zusammen mit einer Reihe weiterer reinsortiger Erzeugnisse in ganz Spanien vermarktet. Hauptmarke ist der Señorío de Robles, der *jóvenes* in allen drei Farben umfasst: einen weißen Airén sowie Rote und *rosados* aus der Monastrell-Traube. Sie alle sind gute, ordentlich bereitete Weine, insbesondere der *rosado*. *Bester Wein:* der bereits erwähnte Vilamar. Das ausgezeichnete Kellereiprodukt macht mit einem leichten, fruchtigen, modernen Stil auf sich aufmerksam und bewahrt dennoch die für die Region typische Wärme und Reife.

Die Dorfkirche von Mora de Santa Quiteria in der Provinz Albacete. Die DO Jumilla liegt zwar größtenteils in Murcia, reicht aber auch in die benachbarte *autonomía* Kastilien-La Mancha hinein.

Yecla

Die Genossenschaft La Purísima in Yecla: Trotz der Massenproduktion verlassen ansehnliche Tropfen die Kellerei.

Yecla nimmt jenen Teil der östlichen Provinzhälfte von Murcia ein, der nicht von Jumilla besetzt ist. Die Zone umfasst als einzige spanische DO nur eine Gemeinde – ein deutlicher Hinweis auf ihre historische Bedeutung als Weinbaugebiet. Als man riesige Mengen Alltagstropfen für den Verschnitt oder den Export brauchte, waren Yecla-Weine in der Levante einst sehr gefragt. Diese Zeiten sind längst vorbei, geblieben ist Yecla allerdings die Unabhängigkeit. Und daran hält der Bereich eisern fest. Die kleine DO legt sich seit Mitte der 70er Jahre mächtig ins Zeug, um Weine unverwechselbarer Prägung präsentieren zu können.

Yecla selbst ist ein eher unspektakuläres Städtchen. Ihre Existenz verdankt sie im Wesentlichen dem Zusammentreffen zweier großer Verkehrsadern. An der Kreuzung der beiden Hauptrouten entstand eine Ansiedlung mit den für jede ländliche Kleinstadt üblichen bescheidenen Unterkünften und schmackhaften Speisen für die Durchreisenden. Hätte niemand Ehrgeiz gezeigt, wäre Yecla wohl ein unscheinbares Anbaugebiet geblieben, das durchschnittliche Alltagsweine für den Verbrauch vor Ort produziert hätte.

Geografie und Klima

Die Voraussetzungen für exzellente Weine sind ideal: Die Weinberge liegen auf 400 bis 700 Meter Höhe, das Klima ist kontinental und der Boden besteht aus hochwertigem, dickem Lehm über einem Muttergestein aus Kalk. Wie im angrenzenden Jumilla beherrscht die Monastrell-Traube das Terrain. In ihr schlummert also ein gewaltiges Potenzial.

Die bedeutendste Genossenschaft der DO brachte zwar stets Ordentliches zuwege, für den Exportmarkt indes war das noch nicht gut genug. Die Bodegas brauchten einen Anreiz, um über den regionalen Markt für Massenweine hinauszuschauen, zu experimentieren, zu investieren und sich weiterzuentwickeln. In Jumilla zwang die Reblaus zum Umdenken – in Yecla sorgte Bodegas Castaño für frischen Wind.

Bodegas Castaño machte sich an die Erschließung der Weltmärkte für Yecla. Man wollte modernisieren, den DO-Status für Yecla erlangen und dann seine Erzeugnisse im Ausland verkaufen. Die Risiken waren nicht zu unterschätzen: Wer garantierte, dass man irgendjemanden außerhalb Südostspaniens durch eine neue Kellereitechnik oder eine umsichtige Bewirtschaftung der Rebflächen für Yecla-Weine einnehmen konnte? Trotzdem wagte Bodegas Castaño den Sprung – und hatte prompt Erfolg. Deshalb verdankt Yecla die aussichtsreiche, wenn auch noch bescheidene Lage im Exportgeschäft heute größtenteils der Familie Castaño.

Trauben und Weinstile

Was macht Yecla-Weine so anders? Sicher nicht die Trauben, die findet man mehr oder weniger auch in den benachbarten DOs. Die Roten werden vorwiegend aus der Monastrell gekeltert, zugelassen aber ist auch die Garnacha. Unter den Weißweintrauben stehen Merseguera, Macabeo und Airén an erster Stelle. Dann gibt es noch die üblichen Versuchsanlagen mit Cabernet Sauvignon, Tempranillo und Merlot. Alles in allem aber beherrscht die Monastrell weiterhin das Feld.

Wenn das Lesegut sich hier schon nicht groß von den Trauben in Jumilla unterscheidet und auch die Weinberge nicht hoch genug liegen, um jene früh reifen, dünnschaligen, säurehaltigeren Beeren zu liefern, die die Nachbarzone nach vorn gebracht hatten, dann musste Yecla eben auf den Ausbau der Weine setzen. Aus Versuchen bei Bodegas Castaño lernten die Kellermeister, die Reife und Stärke der vorherrschenden Trauben durch den behutsamen Einsatz von Eiche zu bändigen. Zudem überdachte man die Abfüllpraktiken und versuchte, die Weine zum optimalen Zeitpunkt in die Flasche zu bekommen, selbst wenn man damit in manchen Jahren gegen die offiziellen Bestimmungen verstieß.

Und so offeriert Yecla heute Gewächse, die zwar nicht die Welt im Sturm erobert haben, aber mittlerweile zumindest in den Regalen großer Supermärkte und Weingeschäftsketten der europäischen Nachbarn weiter nördlich stehen. Meist handelt es sich dabei um *jóvenes* in allen drei Farben. Einige Rote durchlaufen eine *maceración carbónica,* eine Handvoll wird sogar in Eiche bis auf *reserva*-Niveau ausgebaut – meist nimmt man Monastrell-Weine dafür her. Yecla hat noch ein langes Stück Weg vor sich, aber es geht voran.

Wichtige Erzeuger

Bodegas Castaño, Yecla.
Gegründet 1972. Das Familienunternehmen, das den Stein ins Rollen brachte. Es besitzt 300 ha Rebfläche und kauft Lesegut zu. Damit kommt man auf 40 000 hl, das meiste davon wird noch immer als Massenwein verkauft. Daneben ist man allerdings mit Flaschenweinen in den Weltmarkt vorgestoßen. Sie werden unter drei Marken angeboten. Viña las Gruesas nennt man die traditionellen Tropfen, zu denen auch zwei Weiße gehören: ein *joven* (70 % Airén/20 % Macabeo/10 % Verdejo) und eine *crianza* (70 % Airén/30 % Macabeo; 8 Monate in Eiche). Weiter offeriert man einen *rosado joven* (80 % Monastrell/20 % Garnacha) und eine rote *crianza* (80 % Monastrell/15 % Garnacha/ 5 % Merlot). Sie alle machen einen anständigen Eindruck. Die Castaño-Linie enthält gute, einer *maceración carbónica* unterzogene Monastrell. *Beste Weine:* die Pozuelo mit roten *crianzas* (70 % Monastrell/ 10 % Garnacha/10 % Merlot; 10 Monate in Eiche) und *reservas* (70 % Monastrell/ 15 % Garnacha/15 % Merlot; 20 Monate in Eiche). Man findet in Yecla keine besseren Kreszenzen.

Dominio de la Torres, Yecla.
Gegründet 1989. Das 170-ha-Gut setzt auf moderne Kellertechnik. Der jährliche Ausstoß liegt bei 3000 hl. Unter dem Namen Torrepalomares bereitet man traditionelle Tropfen auf Monastrell-Basis. Ferner findet sich im Sortiment ein reinsortiger Cabernet Sauvignon, der als Coto del Moro in den Handel gelangt. Die Weine der Bodega zeigen viel versprechendes Potenzial.

La Purísima Cooperativa, Yecla.
Gegründet 1954. Der Gigant mit 1400 Mitgliedern und 4500 ha Anbaufläche erzeugt über 100 000 hl Wein pro Jahr. Er wirtschaftet ökologisch. *Beste Weine:* die mit etwas Kohlensäuremaischung aus der Monastrell-Traube gefertigten Roten namens Alfeizar.

Die hoch gelegenen Weinberge von Yecla eignen sich für den Anbau der Monastrell. Sie ist die wichtigste Rebe der DO.

Landweine der Levante

Valencia

VC Benniarés (Alicante). Der kleine Bereich liegt zwischen den Städten Valencia und Alicante. Er umfasst fünf Gemeinden und rund 450 ha Rebfläche. Für den Anbau werden Garnacha, Monastrell und die einheimische Sorte Tortosina empfohlen; als Zweittraube hat Moscatel eine gewisse Bedeutung. Dennoch stehen in den meisten Weinbergen die typisch valencianischen Reben Bobal und Merseguera. Die geringe Produktionsmenge ist für den Verkauf vor Ort bestimmt. Obwohl Weine aller drei Farben vorkommen, keltert man vorwiegend leichte Rote und *rosados* sowie Süßweine aus Moscatel und Pedro Ximénez.

VC Sant Mateu (Castellón de la Plana). Die nördlichste Zone in Valencia ist das Überbleibsel eines einstmals bedeutenden Weinbaugebiets, dessen Ursprünge bis in die Antike zurückreichen. Die rund 1000 ha Weinberge verteilen sich auf neun Städte und Dörfer. Viele werden in Mischkultur mit anderen Feldfrüchten bewirtschaftet. Vorherrschend sind altmodische Produktionsmethoden in kleinem Maßstab. Sant Mateu ist für die Herstellung von Roten und Weißen aus Garnacha, Monastrell und Macabeo ausgewiesen. Oft findet man allerdings noch die unbekannten Sorten Esquitxagos und Bonaire. Das Gros der Weine besteht aus starken, trockenen, 13%igen Weißen von passabler Landweinqualität. Die Roten und *rosados* dagegen fallen in der Regel eher schlicht aus.

VC Lliber-Jávea (Alicante). Diese VC-Zone liegt nördlich der DO Alicante und umfasst neun Städte und Dörfer zwischen Lliber und Jávea. Hier dürfen Rot- und Weißweine aus Garnacha, Monastrell und Merseguera gekeltert werden; Moscatel ist als Zusatzrebe zugelassen. Zu den Orten der *Vino Carnacal* zählt auch Denia. Hier soll die Paella erfunden worden sein.

Wichtige Erzeuger

Carmelitano, Benicasím. Eine kleine Bodega, die einst von den Karmelitermönchen gegründet wurde und aus Moscatel ansehnliche süße Weißweine namens Carmelitano bereitet.

Murcia

VdIT Campo de Cartagena.
Die Weine dieses Anbaugebiets werden in der Umgebung der Stadt Cartagena an der Südostküste der Provinz Murcia erzeugt. 143 ha sind als VdIT-Zone ausgewiesen, auf ihnen wachsen zu 80 % Merseguera und zu 20 % Monastrell. Der Ertrag liegt bei 12 hl/ha. Die neuen Bestimmungen sehen Merseguera und Cencibel als Hauptreben vor, aber Pedro Ximénez und Airén werden als Zusatzsorten empfohlen.

Die Böden in Campo de Cartagena sind nicht besonders gut; sie bestehen vorwiegend aus lockerem Lehm mit etwas Kalk und liegen in rund 200 m Höhe. Es herrscht ein trockenes Mittelmeerklima mit einer jährlichen Niederschlagsmenge von 280 mm. Einst bestand der Bereich aus 300 ha Anbaufläche, die Hälfte davon hat allerdings den VdIT-Status verloren. In der neuen Zone sind Verbesserungen im Weinbau erkennbar, obwohl das Hauptprodukt nach wie vor der ziemlich altbackene *blanco dorado* ist, der als *crianza artesanal* in den Handel gelangt, also in *tinajas* ausgebaut wird. Die meisten Weine eignen sich daher auch nur für den Konsum vor Ort. Insgesamt gibt es in der VdIT 23 Bodegas; sie sind allesamt in privater Hand.

VdIT Abanilla. Das Gebiet grenzt an die *Denominación de Origen* Alicante, einige Stadtteile von Abanilla gehören sogar zu dieser Zone. Die Weinberge der VdIT liegen in Abanilla und Fortuna. Die rund 2000 ha Anbaufläche sind mit Monastrell und den Zweitsorten Garnacha tinta, Merseguera und Airén bestockt. Die Weine ähneln ihren Pendants in Jumilla und Alicante, reichen in der Qualität allerdings nicht an diese heran.

Ganz links: Eine Wagenladung Bobal-Trauben, Rohstoff für leichte Landweine in Rot und Rosé.

Die Meseta

Die Meseta bildet Spaniens Mitte. Seine größte Höhe erreicht dieses riesige Plateau im Nordwesten von Kastilien-León mit bis zu 1000 Metern über dem Meeresspiegel. Im Südosten von Kastilien-La Mancha läuft die Ebene bei 500 Meter Höhe aus. Die beiden Bergketten Sierra de Guadarrama und Serranía de Cuenca teilen sie in zwei Hälften. Klimatisch ist die Meseta von Temperaturextremen geprägt: Die Sommer fallen brütend heiß aus, während das Thermometer im Winter weit unter den Nullpunkt sinkt. Kaum zu glauben, dass unter diesen Bedingungen Trauben heranreifen. Und doch baut man hier mit beträchtlichem Erfolg Reben an: La Mancha, Spaniens größtes Weinbaugebiet, gehört ebenso zur Meseta wie Valdepeñas, eine der bekanntesten Weinregionen der iberischen Halbinsel. Sowohl in La Mancha wie auch in Valdepeñas wird eine breite Palette von Qualitätsweinen gekeltert. Die Erzeuger in der DO Vinos de Madrid versorgen ihre Hauptstadt unterdessen mit Weinen eigener Prägung. Diese schmecken – nun, eben spanisch!

Wahrzeichen der Meseta: In La Mancha gehören Windmühlen zum festen Landschaftsbild.

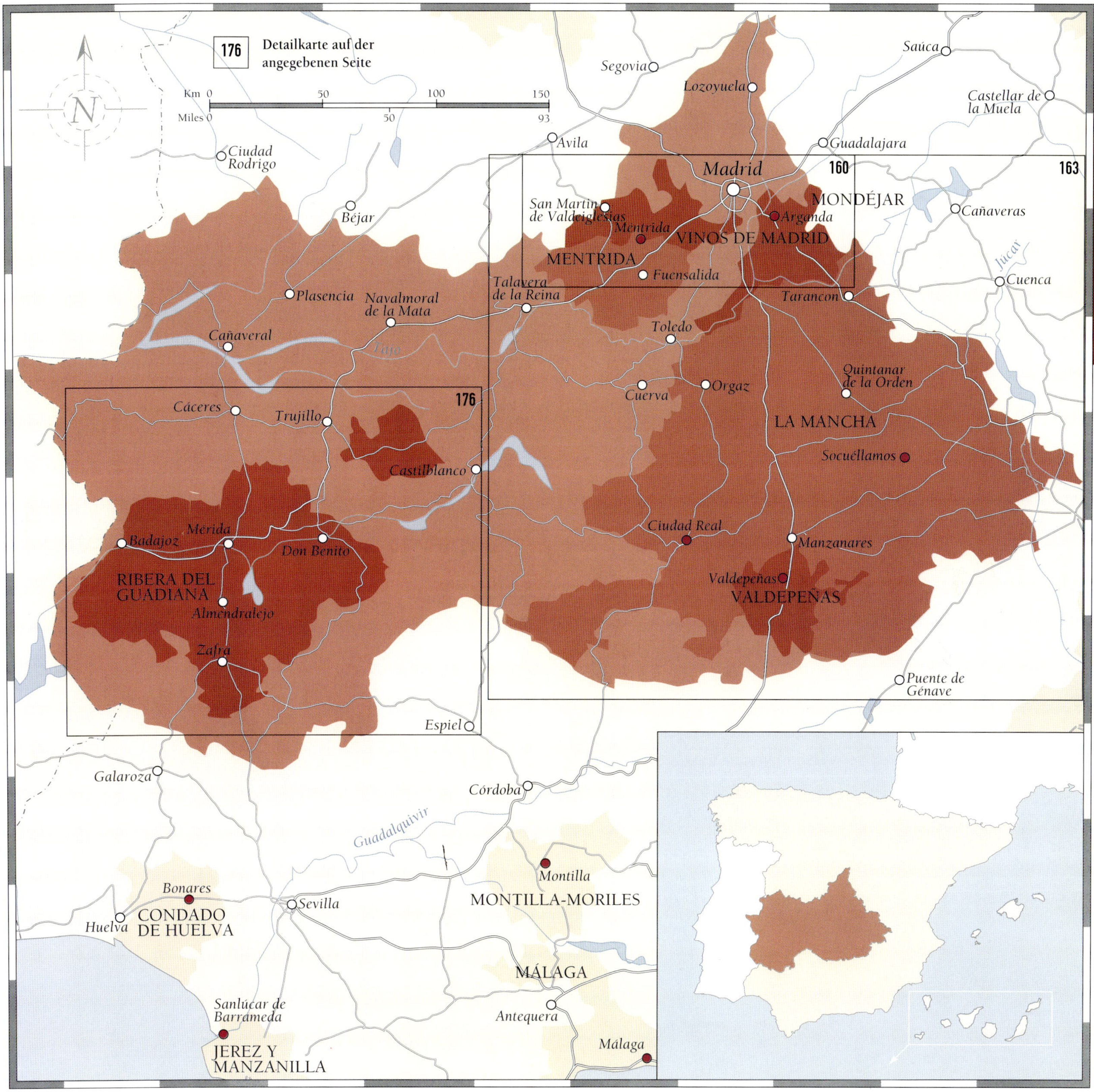
176 Detailkarte auf der angegebenen Seite
Km 0 50 100 150
Miles 0 50 93
N
Segovia
Lozoyuela
Saúca
Castellar de la Muela
Avila
Guadalajara
Ciudad Rodrigo
Madrid
160
163
MONDÉJAR
Béjar
San Martín de Valdeiglesias
Arganda
Cañaveras
Mentrida
VINOS DE MADRID
MENTRIDA
Fuensalida
Jucar
Cuenca
Plasencia
Navalmoral de la Mata
Talavera de la Reina
Tarancon
Cañaveral
Tajo
Toledo
Quintanar de la Orden
Cuerva
Orgaz
176
Cáceres
Trujillo
LA MANCHA
Socuéllamos
Castilblanco
Mérida
Ciudad Real
Badajoz
Don Benito
Manzanares
RIBERA DEL GUADIANA
Almendralejo
Valdepeñas
VALDEPEÑAS
Zafra
Puente de Génave
Espiel
Galaroza
Córdoba
Guadalquivir
Montilla
Bonares
MONTILLA-MORILES
CONDADO DE HUELVA
Huelva
Sevilla
MÁLAGA
Sanlúcar de Barrameda
Antequera
JEREZ Y MANZANILLA
Málaga

Vinos de Madrid

Madrid – Spaniens Herz

Madrid avancierte erst Mitte des 16. Jahrhunderts zur spanischen Hauptstadt, als Philipp II. seinen Hof dorthin verlegte. Rund drei Millionen Menschen bevölkern heute die Metropole, die auch der autonomía *ihren Namen gegeben hat. Entlang der Verkehrsadern um Madrid boomt die Wirtschaft. Doch zwischen den geschäftigen Industriegebieten und Vororten findet man noch Fleckchen, wo sich in den letzten hundert Jahren kaum etwas verändert hat. Hier geht fast in Hörweite des nie verstummenden Autolärms das Landleben noch seinen gewohnten Gang. Man keltert Wein, melkt Kühe und lässt sich von der Bäuerin dampfenden cocido servieren. Bei dieser klassischen Spezialität der Region handelt es sich um einen Wintereintopf mit Kichererbsen, dem man je nach Gusto andere Gemüsesorten und Fleisch, zum Beispiel Wild, hinzufügt. Darüber hinaus kennt man nur noch die* callos a la madrileña, *kräftig gewürzte Kutteln. Sie sind mittlerweile in ganz Spanien zu finden.*

Madrid ist nicht nur der Name der Hauptstadt und *autonomía,* auch die drei Weinbaugebiete südwestlich und südöstlich der Metropole heißen so. Schon seit der *reconquista* entsteht hier Wein: Für die vorrückenden christlichen Heere muss die Einführung von Reben in den zurückeroberten Gebieten so etwas wie ein Glaubensbekenntnis gewesen sein.

Mit Madrid als Königssitz hätten die *bodegueros* einen viel versprechenden Markt direkt vor der Haustüre gehabt. Doch bis sie reagierten, hatte sich schon La Mancha als Hauptlieferant für die Städter empfohlen. So wirkte die Weinwirtschaft vor den Toren der Hauptstadt lange Zeit eher im Hintergrund. Dafür hatte sie dann genügend Zeit, langsam, aber sicher in der Region Fuß zu fassen.

Im 20. Jahrhundert kam dann der Aufschwung für die Madrider Weinindustrie. In La Mancha richtete man seine Aufmerksamkeit auf den Export und die Madrider Erzeuger füllten die dadurch entstandenen Versorgungslücken vor Ort. Als man den DO-Status verliehen bekam, ließ sich das Prädikat «einheimisch» in den Restaurants der Großstadt hervorragend vermarkten.

Die DO Vinos de Madrid setzt sich aus drei Subzonen zusammen. San Martín de Valdeiglesias mit der braunen Erde über Granit liegt westlich der Stadt. Im Südwesten grenzt Navalcarnero an den Großraum Madrid an; hier findet man karge Böden über Sand und Schwemmlandlehm. Und Arganda südöstlich von Madrid wartet mit Lehm- und Mergeluntergrund über Granit und reichlich Kalk auf. Ihre Anbauflächen liegen in 500 bis 800 Meter Höhe. Die der Hauptstadt am nächsten gelegenen Weinberge von Getafe im Unterbereich Navalcarnero sind kaum 12 Kilometer vom Zentrum entfernt.

Unter den Rebsorten nehmen Tinto fino und Garnacha tinta die ersten Ränge ein, man trifft jedoch auch auf die üblichen Pflanzungen mit Cabernet Sauvignon und Merlot. Bei den Weißen dominieren von jeher Malvar, Albillo und Airén. 1996 änderte man die DO-Bestimmungen, um den Standard zu heben: Die Weinberge dürfen jetzt auch mit Viura, Torrontés und Parellada bestockt werden.

Gegenwärtig fertigt man in der Zone *jóvenes* in allen drei Farben. Einige Bodegas haben sich die Mühe gemacht, ihre Keller neu auszustatten und mehr Geld für das eingekaufte Lesegut auszugeben. Deshalb entstehen nun hie und da bessere Tropfen, so zum Beispiel Rote mit einem geringfügigen Ausbau in Eiche. Sie werden aus Tinto fino mit gelegentlichen Beigaben von Cabernet beziehungsweise Merlot gekeltert.

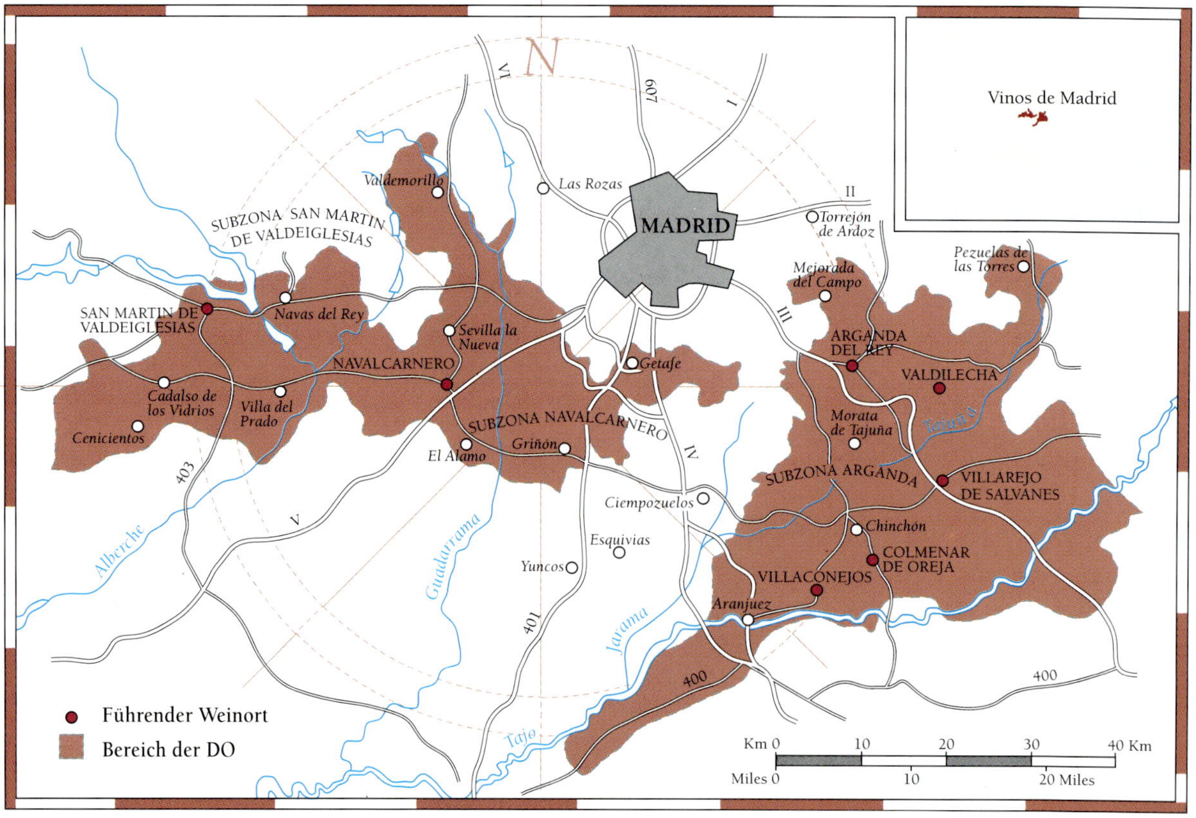

Anbauflächen in Sichtweite von Madrid. Im Geschäftszentrum Plaza de Lima (ganz links) schätzt man die heimischen Weine.

Wichtige Erzeuger

N = Navalcarnero; A = Arganda.

Aigaco/Compañía de Comercio y Bebidas, Villarejo de Salvanés (A). *Gegründet 1988.* Das Nachfolgeunternehmen eines 1956 gegründeten Gutes. Die Bodega besitzt 50 ha eigener Fläche und kauft Lesegut zu. Mit ihren neuen Edelstahlgärtanks und Kellermethoden gehört sie zu den modernsten Erzeugern der Region. Bekannteste Marke ist der Jeromín. Die Linie umfasst ein Basissortiment aus *jóvenes* in Weiß (Malvar), *rosado* (Tinto fino/Malvar) und Rot (Tinto fino). Sie sind durchweg gut, am besten jedoch gerät der Weiße. Ferner bietet man einen Jeromín *crianza* in Weiß (Malvar; 6 Monate in Eiche) und Rot (Tinto fino; 8 Monate in Eiche) an. Eine weitere Linie nennt sich Puerta del Sol. Sie besteht aus einem *rosado* und einem Roten, die als *jóvenes* auf den Markt kommen. Der *rosado* (90 % Cabernet Sauvignon/10 % Malvar) ist für die sofortige Freigabe bestimmt, der Rote, ein reinsortiger Cabernet Sauvignon, reift 4 Monate in Eiche. In beiden sehr guten Tropfen schlummert ein enormes Potenzial. *Bester Wein:* der rote Jeromín *reserva* (Tempranillo; 12–14 Monate im Eichenfass).

Jesús Díaz e Hijos, Colmenar de Oreja (A). *Gegründet 1900.* Die renommierteste Bodega der Region: Kein anderes Gut hat mehr Preise für seine Erzeugnisse eingeheimst. Der einstige Familienbetrieb wurde mittlerweile in eine Gesellschaft umgewandelt. Er bewirtschaftet 60 ha Fläche und kommt mit zugekauften Trauben auf eine Jahresproduktion von 3500 hl. Alle Weine tragen den Namen der Bodega. Die Basispalette wird von reinsortigen weißen *jóvenes* gebildet: zwei Weißen aus Malvar und Macabeo sowie einem *rosado* und einem Roten, beides Tinto fino. Man bietet auch zwei ältere Rote an, einen Cabernet Sauvignon *joven,* der bis zu 15 % Tinto fino enthalten kann, sowie eine *reserva* aus Tinto fino und einem Quäntchen Malvar. Beide lässt man ein Jahr oder länger in Eiche liegen. Diese Erzeugnisse sind ausnahmslos als gut einzustufen. Daneben fertigt die Firma noch einen faszinierenden *espumoso* namens Oriella aus Verdejo und Parellada. *Beste Weine:* Die jungen Weißen und älteren Roten machen das Rennen.

Orusco, Valdilecha (A). *Gegründet 1896.* Das Familienunternehmen bereitet nun schon in dritter Generation Weine. Es bewirtschaftet 11 ha Anbaufläche, holt sich seine Trauben aber auch von anderen Erzeugern in der Region. Man setzt auf alte und moderne Technik: Edelstahltanks stehen hier Seite an Seite mit Beton-*tinajas,* der Gärprozess läuft allerdings immer unter geregelten Bedingungen ab. Die drei *jóvenes* – ein Weißer (Malvar), ein *rosado* und ein Roter (beides Tinto fino) – werden Viña Main genannt. Es handelt sich bei ihnen um gute, ordentlich gemachte Tropfen, die zu moderaten Preisen in den Handel gelangen. Orusco hat bei der Einführung eichengereifter Gewächse in der Region Pionierdienste geleistet; diese Erzeugnisse gehören denn auch zu den Paradepferden des Gutes. *Beste Weine:* der Main Crianza (100 % Tinto fino; mindestens 6 Monate in Eiche). Sie können sehr gut ausfallen und im Zuge der «neuen Welle» in der DO durchaus einmal für Furore sorgen.

Ricardo Benito, Navalcarnero (N). *Gegründet 1940.* Der große Familienbetrieb kultiviert zwar eigene Reben auf 80 ha Anbaufläche, kauft aber trotzdem noch Trauben zu. So kommt man auf 8000 hl Wein pro Jahr. Die Spitzenmarke heißt Tapón de Oro und umfasst einen weißen *joven* (Malvar/Airén), einen *rosado* *joven* (Garnacha) und eine rote *crianza* (Tempranillo mit etwas Garnacha; 8 Monate in Eiche). Unter derselben Produktlinie wurde auch ein im Fass vergorener Weißer eingeführt, der auf viel Anklang gestoßen ist. Alle Tapón de Oro fallen beachtlich aus.

Kastilien-La Mancha: heiß und hoch

Die große Ebene von La Mancha: Hier herrschen sommers wie winters extreme Bedingungen – und doch liegt in der Region die Hälfte der spanischen Rebflächen.

«An einem Orte der Mancha, an dessen Namen ich mich nicht erinnern will ...», so beginnt die Erzählung *Der sinnreiche Junker Don Quijote von der Mancha,* wie Cervantes' Meisterwerk mit vollem Titel heißt. Wer zum ersten Mal in der großen Ebene weilt, versteht, warum dem Dichter der Name entfallen ist: Eintönig zieht sich die nur von entfernten Bergketten gesäumte Landschaft dahin, ihre Straßen scheinen ins Endlose zu führen. Zahllose Städte und Dörfer liegen verstreut zwischen den allgegenwärtigen Weinbergen mit ihren roten Böden und kleinen, knorrigen Stöcken.

Die gedrungenen Windmühlen werden von kräftigen Winden angetrieben, die im Winter über das Hochplateau jagen. Nirgendwo sonst in Spanien sinkt die Quecksilbersäule in der kalten Jahreszeit tiefer als in La Mancha – der Rekord liegt bei minus 22 Grad Celsius. Auch im Sommer weht hier eine kräftige Brise. Sie trocknet die Reben aus, kann die brütende Hitze von bis zu 44 Grad allerdings kaum lindern.

Der Mann, der diese unwirtliche Region berühmt machte, war ein spanischer Seemann namens Miguel de Cervantes. Er kam 1547 in der Provinz Madrid zur Welt. 1571 nahm er an der Seeschlacht bei Lepanto teil. Seine Tapferkeit im Kampf gegen die Türken brachte ihm eine Auszeichnung, allerdings auch eine schwere Verwundung ein: Cervantes' linke Hand wurde verstümmelt. 1575 fiel er algerischen Seeräubern in die

Hände und wurde in Algier als Sklave verkauft. Erst fünf Jahre später konnte er nach Spanien zurückkehren. Dort verdingte er sich als Steuereintreiber. Wegen angeblicher Schulden geriet er immer wieder in Haft.

Von dem Gefängnisaufseher und dem Ortspriester in Argamasilla de Alba erfuhr er von einem *hidalgo,* Ritter, mit einem Faible für Artusromane. Der alternde Edelmann träumte davon, mit Drachen zu kämpfen, Jungfrauen zu erretten und den Heiligen Gral zu finden, obwohl ihm der Arzt verboten hatte, überhaupt einen Fuß vor die Tür zu setzen. Die Einheimischen nannten den Sonderling wegen seines langen Gesichts *Don Quijada,* «Herr Kinnlade», oder *Don Quejido,* «Herr Jammerer». Cervantes taufte ihn kurzerhand in *Don Quijote* um (später wurde daraus *Don Quixote*).

Noch heute erkennt man in den von Cervantes beschriebenen Städten und Dörfern so manches wieder, was der große Schriftsteller einst beschrieben hat. Selbst die Weinberge sind dieselben geblieben. Nur die funkelnden, modernen Kellereien erinnern daran, dass hier in den letzten 20 Jahren eine Revolution im Weinbau stattgefunden hat. Der wichtigste Erwerbszweig ist die Schafzucht; der *queso manchego* hat so große Popularität erlangt, dass man seinen Namen in Spanien sogar als Synonym für Schafskäse schlechthin verwendet. Er wird entweder als *fresca, madura* oder *reserva* gereicht. Bei der ersten Art handelt es sich um einen frischen, weichen Käse, der für gewöhnlich mit *tapas* serviert wird. Den *madura* hat man bereits für einige Zeit gelagert; er weist eine härtere, krümeligere Struktur auf. Und die *reserva*-Ausführung liegt jahrelang in mariniertem Olivenöl. Zu den beliebtesten Vorspeisen der Region zählt der *queso frito,* das sind panierte und gebackene *manchega-fresca*-Streifen. Mit einem Glas einheimischem Rotwein schmecken sie vorzüglich.

Das köstlichste Gericht allerdings hat die Region der Welt mit dem *gazpacho de Castilla-La Mancha* beschert. Es hat nichts mit der kalten Gemüsesuppe zu tun, die man gemeinhin als *gazpacho* kennt. Vielmehr handelt es sich um ein Festmahl, das mit einer Tortilla etwa von der Größe eines Tisches beginnt. In sie wird ein üppiger Eintopf mit Fasan, Rebhuhn, Lamm, *chorizo,* Kaninchen und so ziemlich allen Gewächsen der Saison gegossen. Zusammen mit einer Flasche gutem altem Rotwein macht dieser Gaumenschmaus einen Abend zum Erlebnis.

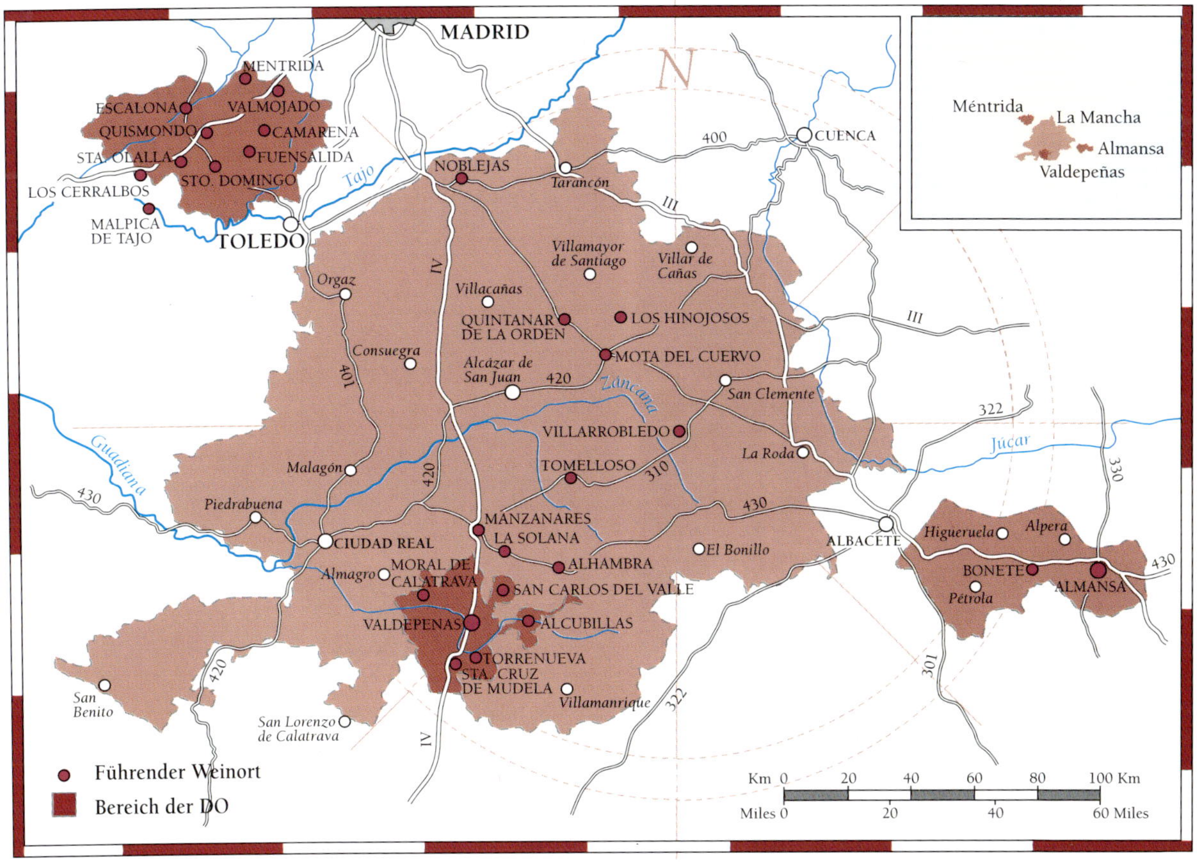

Almansa

Ganz rechts: Auf den einstigen Schlachtfeldern wachsen heute Reben. Die Hälfte des Leseguts setzt sich aus Monastrell-Trauben zusammen.

Hoch über Almansa erhebt sich die eindrucksvolle Festung aus dem 15. Jahrhundert, die letzte während der *reconquista* gebaute Burg.

Die Mauren, die es vor rund tausend Jahren bei ihren Eroberungszügen aus dem relativ feuchten Mittelmeerklima in diese Gegend verschlagen hatte, müssen über das endlos weite Hochplateau unter ewig blauem Himmel nicht schlecht gestaunt haben. Vermutlich stellten sie fest, dass die Böden viel Kalk enthielten, kaum ein Fluss überquert werden musste und sehr wenig Regen fiel. *Al-Amankha,* «der trockene Ort», werden sie gemurmelt haben. Interessanterweise erhielt wahrscheinlich die Region La Mancha ihren Namen auf genau die gleiche Weise.

Geografisch gesehen könnte man Almansa den Zeigefinger von Kastilien-La Mancha nennen: Die Region gehört politisch und administrativ zu Neukastilien, weist aber in Richtung der DOs Jumilla, Yecla, Alicante und Valencia. Die wirtschaftlichen Wurzeln von Almansa liegen in der Levante. Stets haben in der Weingeschichte kraftvolle Rote eine Rolle gespielt. Man verschnitt sie mit anderen Kellereiprodukten und verschiffte sie. Der neue Qualitätsstandard für Flaschenweine ist den jahrelangen rastlosen Bemühungen eines einzigen Unternehmens zu verdanken: den Bodegas Piqueras (siehe Wichtige Erzeuger).

Kulturell und sozial hingegen unterscheidet sich Almansa sehr stark von der Levante. Die Silhouette der gleichnamigen Stadt wird von einer Burg dominiert. Sie war die letzte während der *reconquista* gebaute und geschleifte Festung; ihre Architektur ist eher nordkastilisch denn mediterran geprägt. Almansa ist zwar die Hauptstadt der DO, Wein wird aber noch in acht weiteren Städten und Dörfern gekeltert. Die Rebflächen verteilen sich über ein längliches Gebiet, das von den östlichen Ausläufern der Stadt Albacete bis zur Westgrenze der DO Alicante reicht.

Geografie und Klima

Im Gegensatz zu den Nachbarzonen in der Levante liegen die Weinberge von Almansa meist in hügeligem Gelände auf etwa 700 Meter Höhe. Das Land wird vom Embalse de Almansa bewässert, einem künstlichen See in der Sierra Mugrón nordwestlich der Stadt. Der jährliche Niederschlag ist mit 400 Millimeter der Gegend angemessen und der fruchtbare Boden enthält viel Kalk. Wie in der riesigen DO La Mancha weiter östlich herrschen kontinentale Klimaverhältnisse vor: Brütend heiße Sommer wechseln sich mit klirrend kalten Wintern ab.

Wichtigste Rebe ist die Monastrell, die fast die Hälfte des Bestands ausmacht. Den zweiten Platz nimmt die Garnacha tintorera ein, die zwar für sich allein nur wenig zu bieten hat, sich aber ausgezeichnet für Verschnitte eignet. Weit dahinter rangieren Cencibel beziehungsweise Tempranillo und die in ein paar Versuchsanlagen angesiedelte Cabernet Sauvignon. 85 Prozent der Weine sind rot, während *rosados* mit nur fünf Prozent eher ein Schattendasein fristen. Die restlichen zehn Prozent entfallen auf Weiße, die meist aus Merseguera und Airén gekeltert werden.

Ein nicht unbeträchtlicher Teil der Produktion in Almansa wird noch immer als Massenwein verkauft. Die Basisqualität hat sich zwar verbessert, doch auf dem Exportmarkt macht man damit kaum Eindruck. Dabei könnten hier durchaus gute bis ausgezeichnete Rote von *joven* bis *gran reserva* entstehen. Mit denselben Böden, der gleichen Höhe und der Monastrell-Traube als Grundstoff hat man schon in weitaus weniger begünstigten Teilen Spaniens gute Ergebnisse erzielt. Es fehlt nur noch der Wille zum Erfolg.

Wichtige Erzeuger

Hinweis: Piqueras beweist, dass Almansa durchaus das Zeug zu besseren Tropfen hat. Von den fünf anderen Unternehmen im *consejo regulador* scheint mit der 1886 gegründeten Kellerei Carrión mindestens ein Gut eine ausreichend lange Geschichte und genug Kapazitäten vorweisen zu können, um dem Beispiel Piqueras zu folgen und die nötigen Investitionen zu tätigen. Eine Reihe von Genossenschaften, so zum Beispiel Santa Cruz und Santa Quiteria, nennt zwar eine eindrucksvolle neue Ausrüstung ihr Eigen, für den Export taugen ihre Weine aber noch lange nicht. Deshalb erfüllt derzeit auch nur eine Bodega die Kriterien für eine Aufnahme in diese Liste.

Piqueras, Almansa. *Gegründet 1915.* Das Familienunternehmen hat keine eigene Anbaufläche, sondern kauft seine Trauben von Vertragswinzern. Die jährlich erzeugte Menge liegt bei 7000–8000 hl. Die Bodega überwacht die Arbeit der Zulieferer im Weinberg und schreibt sogar den Lesebeginn vor. Ihre Weine heben sich qualitativ so stark von allen anderen Kellereiprodukten in Almansa ab, dass man außerhalb der Region und natürlich noch mehr auf dem internationalen Parkett Almansa-Weine quasi mit Piqueras gleichsetzt. Das Gebäude der Bodega selbst ist eher klein und zeigt Anklänge an den Art-déco-Stil. Man ist auf ein zweistöckiges Fass stolz, in dem gelegentlich Feiern stattfinden. Unter dem Markennamen Castillo de Almansa offeriert man gute *jóvenes* in Weiß und Rosé. *Beste Weine:* die in Eiche ausgebauten Gewächse. Die Roten reichen von *crianza*- bis *gran-reserva*-Niveau und bestehen in der Regel aus 75 % Cencibel und 25 % Monastrell. Sie liegen zwischen 18 und 28 Monaten im Eichenfass. Parallel dazu bietet man eine etwas billigere Linie namens Marius an. Sie umfasst *crianzas* und *reservas,* die als Verschnitt von 60 % Cencibel, 30 % Monastrell und 10 % Garnacha tintorera gekeltert werden. Alle Weine sind ausgezeichnet, gleich welche Messlatte man regional oder international ansetzt. Der 1989er Castillo de Almansa *crianza* gilt allgemein als herausragend. Der Weinführer des *Madrid Club de Gourmets* zählt ihn zu den 100 besten Kreszenzen Spaniens.

La Mancha

La Mancha war schon immer Spaniens größte DO. Alle Versuche, sie zu verkleinern, sind bisher gescheitert. 1966 richtete man für La Mancha, Almansa und Méntrida einen gemeinsamen *consejo regulador* ein, da in allen diesen Anbaugebieten Massenweine hergestellt wurden und ein Wettbewerb zwischen ihnen nur kontraproduktiv gewesen wäre.

Dieser Bereich allerdings erwies sich als so groß und schwer verwaltbar, dass man ihn Mitte der 70er wieder aufteilte und Méntrida sowie Almansa getrennte Wege gehen ließ. La Mancha war nach wie vor riesig. Und so schmiedete man erneut Pläne zur Unterteilung in kleinere, überschaubarere Zonen. Da der *consejo regulador* seinerzeit aber keine brauchbaren Empfehlungen brachte, verlief das Projekt im Sande.

1993 griff man es erneut auf und richtete eine Sonderkommission ein, die Rationalisierungsvorschläge erarbeitete. 1996 reagierten die Mitglieder des *consejo* auf die Ergebnisse und empfahlen eine Verringerung der Anbaufläche sowie die Einführung neuer Rebsorten und Weinstile – zu einer Teilung des Gebiets aber konnte man sich noch immer nicht durchringen. Die Pläne für eine weitere Zerlegung der DO liegen schon in der Schublade. Ob und wann man sie herausholt, weiß allerdings niemand.

Eine Erfolgsstory

Der Grund für diese Saumseligkeit liegt auf der Hand: La Mancha hat sich als Renner erwiesen. Nach einem zähen Start Ende der 60er und Anfang der 70er Jahre, der auf den Einsatz ungeeigneter Rebsorten – allen voran die Airén – zurückzuführen war, ging es mit der Qualität in Riesenschritten voran. Der Motor dieser Entwicklung war die Rumasa-Gruppe, die zwar später in Ungnade fiel, zu jener Zeit aber hohes Ansehen genoss. Sie richtete 1977 in Manzanares eine Kellerei auf dem neuesten Stand der Technik ein und nannte sie Vinícola de Castilla.

Wahrscheinlich wurden die Direktoren eher von den Grundstückspreisen und den günstigen Entwicklungsprognosen der Region überzeugt als vom Wein selbst. Auf jeden Fall aber begann sich damals der europäische Markt zu öffnen und man hatte La Mancha dazu auserkoren, verlässliche, preiswerte, pflanzliche, leicht fruchtige, blitzsaubere Weiße in rauen Mengen zu liefern, denn genau danach verlangten die Abnehmer im Norden.

Natürlich hatte man bei Rumasa die richtige Spürnase. Die Käufermasse in Großbritannien, den Beneluxstaaten und Skandinavien stürzte sich begeistert auf die spanischen Tropfen. Dank der Auftragsschwemme aus dem Ausland erlebte manch mittelgroße Bodega nach jahrelangem Siechtum eine neue Blüte. Mit den Einnahmen konnten sich die Kellereien neue Ausrüstung anschaffen und nach und nach zu der Erkenntnis gelangen, dass die Airén zu weitaus mehr fähig war als nur zu den spät gelesenen, bei hohen Temperaturen vergorenen, schweren Schädelsprengern.

Mitte der 80er Jahre waren die meisten großen Bodegas in La Mancha auf frühe Lese, kühle Gärtechnik, einen schnellen Ausstoß und effiziente Qualitätskontrolle umgestiegen. Und so gibt sich die DO heute zuversichtlich und selbstbewusst: Die Bereitschaft der Weinwelt, ihren Namen als Qualitätsgewähr anzunehmen und ihre Erzeugnisse zu probieren, hat der Zone enormen Auftrieb verliehen.

Die Region und ihre Weine

Das riesige Land leidet im Sommer unter unerträglicher Hitze und im Winter unter eisigen Minustemperaturen. Endlose Rebflächen prägen die Landschaft. Sie sind durchsetzt mit gedrungen wirkenden Windmühlen, weißgetünchten Städten, Olivenhainen und Mandelplantagen. Gelegentlich hellt eine Dosis Kalk die rotbraunen Sand- und Lehmböden auf, wenn tiefere Kreideschichten an die Oberfläche stoßen.

Die Weingärten sind in einem seltsamen, schachbrettartigen Muster namens *marco real* angelegt. Die Stöcke werden in 2,5 Meter Abstand gepflanzt, damit sie während der Reifeperiode nicht um Wasser konkurrieren müssen. Außerdem lassen sie sich so *en cabeza* erziehen. Dabei wird der Stock sehr niedrig gehalten, damit seine Blätter die Trauben vor der brennenden Sonne schützen.

Die Hochfläche von La Mancha steigt von 489 Metern bei Aranjuez im Norden bis auf 645 Meter in der Nähe von Manzanares im Süden an, die gesamte Ebene ist also leicht nach Norden geneigt. Die durchschnittliche Sonnenscheindauer liegt bei acht Stunden und 23 Minuten täglich – und das 365 Tage im Jahr. Da zumindest gelegentlich Regen fällt oder sich Wolken vor die Sonne schieben und die Tage im Winter wesentlich kürzer als im Sommer ausfallen, kommt man während der Reifezeit auf 120 Tage kräftigen Sonnenschein, dem die Trauben zwölf bis 14 Stunden täglich ausgesetzt sind.

Das birgt zwar die Gefahr von Trockenheit, hat aber auch seine Vorteile. Zum einen lassen die extremen Temperaturschwankungen bei ständigem Wassermangel nur wenigen Schädlingen und Rebkrankheiten eine Chance, sodass ein Hektar Anbaufläche nicht mehr als 20 Tage Arbeit im Jahr erfordert. Deshalb gibt es in La Mancha auch so viele Teilzeit- oder Hobbyweinbauern mit sehr kleinen Rebäckern, die ihre Trauben an die großen Produzenten verkaufen.

Die Airén und die bei Neupflanzungen wärmstens empfohlene Cencibel (Tempranillo) beherrschen das Feld. Die Airén ist nach wie vor beliebt, weil sie fast alle Klimabedingungen übersteht. Ihren Siegeszug durch die Weinberge trat sie nach dem Bürgerkrieg an, als Franco den Bauern jeden nicht verkauften Tropfen Wein abnahm, um sie bei Laune zu halten – den Überschuss schickte man in die Destille. Entsprechend bevorzugten die Winzer in jenen Jahren ertragreiche Stöcke. Als sie dann auch noch feststellten, dass Airén bei kluger Bereitung leichte, frische Weiße ergab, war die Zukunft der Rebe gesichert. Unter ferner liefen rangieren weitere Weißweintrauben wie Pardilla und Macabeo (Viura). Gerüchten zufolge soll sogar Chardonnay kultiviert werden. Für Rotweine empfiehlt man vor allem die Cencibel (Tempranillo), in Gebrauch sind aber auch Moravia, Garnacha tinta, Cabernet Sauvignon und Merlot.

Die Weine in La Mancha lassen sich in drei Kategorien einteilen. Die erste Gruppe setzt sich aus einfachen, von den riesigen Genossenschaften und Dorfkellereien produzierten *jóvenes* zusammen. Sie werden zum Teil noch in Beton-*tinajas* vergoren und am Eingang der Bodega offen verkauft.

Dann gibt es die preiswerten, guten Qualitätsweine für den Exportmarkt. Ihre Trauben werden weitaus früher als bei der ersten Gruppe gelesen, außerdem vergärt man sie bei niedrigen Temperaturen und schneidet sie auf die Kundenbedürfnisse und den Preis zu.

In die dritte Kategorie schließlich fallen Weine der in Spanien allgegenwärtigen Pioniergeister. Irgendjemand experimentiert immer mit einer vergessenen Rebsorte oder einer neuen Hefekultur. La Mancha – die gesamte Region, nicht nur die DO-Zone – bildet da keine Ausnahme, ja, sie ist sogar die Heimat eines der größten Erneuerer überhaupt, des Marqués de Griñón (siehe Landweine der Meseta, Seite 180).

Neben jungen Weißen (Airén), *rosados* (Moravia beziehungsweise Garnacha) und Roten (Cencibel) begegnet man in Eiche gereiften, wenn auch nicht bis zur *gran-reserva*-Stufe ausgebauten Gewächsen aus Cencibel und vielleicht etwas Cabernet Sauvignon und Merlot. Wichtigste Neuerung in der Zone ist die Zulassung eines *vino espumoso* nach dem *método tradicional*. Er darf aus jeder der erlaubten Rebsorten bereitet sein, könnte jedoch vom plötzlichen Interesse an der Macabeo-Traube profitieren.

Windmühlen bei Consuegra. Don Quijote wird wohl kaum genau hier in den Kampf gegen die «Riesen mit den langen Armen» geritten sein, doch Cervantes war dieser Anblick sicher vertraut.

Wichtige Erzeuger

Provinzen: AB = Albacete; CR = Ciudad Real; CU = Cuenca; Toledo = TO.

Altosa, Tomelloso (CR). *Gegründet 1985.* Der 1972 an der Rückseite einer Destille eingerichtete Betrieb gehört zum Sherry-Unternehmen Bobadilla. Er stellt Brandy für Jerez her, hat aber auch rote und weiße *jóvenes* ohne Jahrgangsbezeichnung. Sie stehen als La Posada in den Regalen. *Bester Wein:* der Weiße.

Ayuso, Villarobledo (AB). *Gegründet 1947.* Das große Familienunternehmen keltert rund 175 000 hl Wein jährlich und gilt als beste Bodega mit moderner Ausrichtung in La Mancha. Alle Weine sind gut. Die ordentlichen *jóvenes* erscheinen als Ayuso in Weiß, Rosé und Rot. Zu den Highlights zählen der Armiño, ein einzigartiger weißer *semidulce* aus Airén und die Viña-Q-Linie mit guten jungen Weißen und *rosados* sowie einem ausgezeichneten roten *joven* (70 % Cencibel/30 % Garnacha). *Beste Weine:* Die gesamte Palette der Marke Viña Estola – alle reinsortige Cencibel – gehört zur Spitzengruppe. Der *reserva* ruht je nach Jahrgangsqualität 24–36 Monate im Fass, der *gran reserva* sogar 48 Monate. Es sind durchweg köstliche, reife und kraftvolle sowie körperreiche Tropfen.

Centro-Españolas, Tomelloso (CR). *Gegründet 1991.* Eine der modernsten Bodegas der Region. Sie arbeitet mit neuester Kellertechnik und produziert per annum rund 16 000 hl. Dabei widersteht sie weitgehend der Versuchung, Modeweine auf den Markt zu werfen, und gibt beispielhaften Weißen und Roten aus 100 % Airén und 100 % Cencibel – hier Tempranillo genannt – in den Ausführungen *joven* und *crianza* den Vorzug. Die *jóvenes* in Weiß (Airén), *rosado* (Tempranillo) und Rot (Tempranillo) erscheinen unter den Markennamen Allozo und Verdial. Man hat aber auch einen Allozo *crianza* mit 12 Monaten Ausbau in Eiche im Angebot. Alle Erzeugnisse geraten sehr gut. *Beste Weine:* Ist nun der Allozo Tinto *joven* (75 % Tempranillo/25 % Cabernet Sauvignon) oder der rote Verdial *joven* (100 % Tempranillo) besser? Die Geister scheiden sich. Fest steht: Beide sind ein köstlicher Nektar im klassischen, kraftvollen, fruchtreifen Stil moderner La-Mancha-Rotweine.

Cosecheros Embotelladores, Noblejas (TO). *Gegründet 1979.* Eine unabhängige Genossenschaft mit 14 Mitgliedern und 300 ha Rebfläche, die vorwiegend Weißweine herstellt; sie laufen unter den Markennamen Cuevas Reales und Donante. Sie und die *rosados* machen eine recht gute Figur. *Bester Wein:* die Roten, insbesondere der ausgezeichnete Cuevas Reales *joven* und der Viña Donate *crianza*.

Cueva del Granero, Los Hinosos (CU). *Gegründet 1987.* Das Gut verarbeitet ausschließlich Lesegut von den hauseigenen 400 ha, auf denen Cabernet Sauvignon, Garnacha, Chardonnay und Viura Seite an Seite mit Cencibel und Airén wachsen. Die Weine tragen den Namen der Bodega und umfassen gute *jóvenes* in den Farben Weiß (Airén), *rosado* (50 % Cencibel/50 % Garnacha) und Rot (Cencibel) sowie einen exzellenten reinsortigen Cabernet Sauvignon. *Bester Wein:* die *crianza*-Version des Cabernet Sauvignon.

Evaristo Mateos, Noblejas (TO). *Gegründet 1963.* Eine Kellerei, die vorwiegend weiße Trauben aus eigenem Anbau und von Zulieferern verarbeitet. Die Jahresproduktion liegt bei etwa 60 000 hl. Das Gros kommt als *jóvenes* in allen drei Farben auf den Markt, etwa der weiße Evaristo (Airén), der Sembrador *rosado* (Garnacha) und der rote Evaristo (Cencibel). Offeriert wird aber auch ein Sembrador *crianza* (Cencibel; 9 Monate in Eiche). Alle Erzeugnisse sind ordentlich gemacht. *Beste Weine:* die *jóvenes* in Weiß und Rosé.

Julián Santos, Quintanar de la Orden (TO). *Gegründet 1900.* Zwei Zweige der Santos-Familie teilen sich nun diese Firma, die ihre Ausrüstung und die Bereitungsverfahren kürzlich auf den neuesten Stand gebracht hat. Zum Gut gehören 800 ha Fläche, der Ausstoß liegt bei 175 000 hl jährlich. Unter dem Marken-

namen Don Fadrique erscheinen fabelhafte *jóvenes* in Weiß (Airén), *rosado* (Garnacha) und Rot (Cencibel). Die rote Palette reicht bis *gran-reserva*-Niveau – auch sie fällt in der Regel sehr gut aus. *Beste Weine:* Der Ruf der Bodega gründet sich berechtigterweise auf die *jóvenes*.

Nuestra Señora de Manjavacas Cooperativa, Mota del Cuervo (CU). *Gegründet 1948.* Obwohl die Genossenschaft noch immer Beton-*tinajas* für die Lagerung verwendet, hat sie sich auch eine neue Kellertechnik angeschafft. Anfang der 80er gehörte sie zu den ersten Weingütern, die leichte, fruchtige, alkoholarme, kalt vergorene *jóvenes* herstellte. Man belieferte bereits die ausländischen Märkte, als die meisten Konkurrenten noch das übliche Gebräu zusammenpanschten, das man auf dem Land schon seit Jahrhunderten kelterte. Heute bewirtschaften 2000 Mitglieder 8000 ha. Man kommt auf eine Produktion von 20 000 hl, das meiste davon wird vor Ort als Massenwein an den Mann gebracht. Renommierstück der Bodega ist der Zagarrón. Unter dieser Marke erscheinen Airén- und Cencibel-*jóvenes* in Weiß, Rosé und Rot. Außerdem bietet man eine rote *crianza* aus Cencibel an. Alle Weine verdienen Respekt. Unter den Genossenschaften rangiert Nuestra Señora de Manjavacas wohl auf dem 2. Platz der Qualitätsskala.

Nuestro Padre Jesús del Perdón Cooperativa, Manzanares (CR). *Gegründet 1954.* Die Spitzengenossenschaft der DO. Ihre Kellermeister entdeckten die Vorzüge moderner Weinbereitung zur selben Zeit wie ihre Kollegen bei Manjavacas, stellten jedoch einen größeren Teil ihrer Produktion auf Qualitätsweine um und holten sich auch neuere Technologie ins Haus, ohne die Herstellung von Massenweinen für den einheimischen Markt zu vernachlässigen. Hauptmarke ist der Yuntero, der einen weißen, 4 Monate in Eiche gereiften *joven* und eine ebenfalls weiße *crianza* mit 8 Monaten Ausbau in Eiche umfasst (beide werden aus Airén gekeltert). Das Angebot wird von einem *rosado joven* (50 % Cencibel/ 50 % Garnacha) und einem roten Cencibel namens Mundo de Yuntero abgerundet. Unter dieser Linie kommen auch eine *crianza* und eine *reserva* aus Cencibel auf den Markt, die bis zu 25 % Cabernet Sauvignon enthalten können. Sie fallen beachtlich aus.

Rodríguez y Berger, Cinco Casas (CR). *Gegründet 1919.* Das Unternehmen brachte sich Mitte der 80er auf Vordermann, als eine britische Handelskette ihm einen Zulieferervertrag für weiße Alltagsweine anbot. Das Gut folgt kompetent seiner eingeschlagenen Linie, trotz einer riesigen Produktionsmenge von 100 000 hl. Der Viña Santa Elena ist die Hauptmarke, unter der man gute, ordentlich gemachte *jóvenes* in Weiß, Rosé und Rot erstehen kann.

Torres Filoso, Villrobledo (AB). *Gegründet 1921.* Das Familienunternehmen betreibt zwei Bodegas: eine sehr traditionelle, noch mit alten *tinajas* ausgestattete und eine topmoderne, 1988 gegründete mit neuer Edelstahltechnologie. Man bringt jährlich 1500 hl DO-Weine auf den Markt, hinzu kommt in etwa dieselbe Menge schlichterer Erzeugnisse für den heimischen Zecher. Das Basissortiment nennt man Torres Filoso; es setzt sich aus ordentlichen Airén- und Cencibel-*jóvenes* in allen drei Farben zusammen. *Beste Weine:* die Marke Arboles de Castillejo, zu der ein weißer Chardonnay *crianza* (6 Monate in Eiche) und ein roter *crianza* (50 % Cencibel/50 % Cabernet Sauvignon; 6 Monate in Eiche) zählen, sowie der Juan-José, ein reinsortiger Cabernet Sauvignon. Alle ausgezeichnet.

Vinícola de Castilla, Manzanares (CR). *Gegründet 1977.* Die erste Bodega, die vollständig neu gebaut und mit computergesteuerter Edelstahltechnologie ausgestattet wurde. Sie galt seinerzeit als eines der modernsten Weingüter Europas und gehörte zu dem mittlerweile zusammengebrochenen Rumasa-Imperium. Heute ist die Kellerei unabhängig und produziert beständig einige der besten Weine in La Mancha. Sie offeriert unter anderem die Marken Castillo de Alhambra (mit *jóvenes* in Weiß, *rosado* und Rot sowie einem köstlichen reinsortigen Cencibel), Castillo de Manzanares *blanco* (Viura; 3 Monate im Fass) und *tinto* (Cabernet Sauvignon; ebenfalls 3 Monate im Fass) sowie Señorío de Guadianeja mit einer *reserva* Cencibel und reinsortigen *gran reservas* aus Cencibel und Cabernet Sauvignon. Natürlich geraten alle diese Erzeugnisse ausgezeichnet und oft sogar grandios; die Vinícola de Castilla bringt nichts Durchschnittliches auf den Markt.

Vinícola de Tomelloso, Tomelloso (CR). *Gegründet 1988.* In dieser Bodega hat man sich in den Kopf gesetzt, die besten reinsortigen Weine in La Mancha herzustellen – mit Erfolg. In Weiß gelangen unter der Bezeichnung Abrego ein einfacher Airén *joven* und ein faszinierender *semidulce* aus derselben Traube in Umlauf. Der Añil ist ein sehr guter Viura. Ausgezeichnet präsentiert sich der Rosado Abrego, ein reinsortiger *joven* aus Cencibel, und das rote Pendant dazu, dem lediglich noch ein 10-prozentiger Anteil Cabernet Sauvignon hinzugefügt wird. Alles exzellente Tropfen. *Bester Wein:* das Aushängeschild Torre de Gazate *crianza* aus 100 % Cabernet Sauvignon mit einem 12-monatigen Ausbau in Eiche.

Virgen de la Viñas Cooperativa, Tomelloso (CR). *Gegründet 1961.* Diese Genossenschaft liegt an der Straße nach Agamasilla de Alba, wo Cervantes einst im Kerker saß. Die solide, moderne *cooperativa* keltert aus Airén und Cencibel gute *jóvenes* von Weiß bis Rot und einige passable rote *crianzas*. Als Markennamen führt man Don Eugenio, Lorenzete und Tomillar.

Ganz links: Airén-Lese in La Mancha. Die extrem widerstandsfähige Sorte brachte es zur Hauptrebe der Region.

Méntrida

Wichtige Erzeuger

El Barro, Camarena. *Gegründet 1973.* El Barro kultiviert Cabernet Sauvignon, Merlot und Cencibel. Die Hauptmarke heißt Mazajul: Der *rosado* dieser Linie ist ein angenehmer *joven* (Cencibel/Syrah/Garnacha). Auch der Rote gelangt als *joven* in den Handel, allerdings als ungewöhnlicher Verschnitt aus Cabernet Sauvignon und Merlot.

Condes de Fuensalida Cooperativa, Fuensalida. *Gegründet 1974.* Die 130 Mitglieder der Genossenschaft bewirtschaften insgesamt 1000 ha, der Ausstoß liegt bei 24 000 hl. Die *jóvenes rosados* und Roten stehen als Condes de Fuensalida in den Verkaufsregalen. Beide laufen als «Verschnitt verschiedener Trauben» und enthalten bis zu 15 % Alkohol.

Poveda, Valmojado. *Gegründet 1947.* Eine große Bodega mit 50 ha Fläche, die Lesegut zukauft und 30 000 hl jährlich verarbeitet. Sie strebt ein Sortiment an, das bis *reserva*-Niveau reichen soll, und nennt ihre Erzeugnisse Poveda. Man setzt auf Garnacha. Bevorzugte Weinstile: eine rote *crianza* (24 Monate in Eiche) und weiße wie rote *jóvenes*.

San Isidro Cooperativa, Camarena. *Gegründet 1974.* Die Genossenschaft hat 157 Mitglieder mit einer Gesamtfläche von 900 ha. Man keltert 20 000 hl Wein. Die für weiße und rote Garnacha *jóvenes* reservierte Marke heißt Bastión de Camarena. In der Regel entstehen hier Weine guter Qualität.

San Roque Cooperativa, Escalona. *Gegründet 1964.* Eine 224-Mitglieder-Genossenschaft, die zu den traditionelleren Erzeugern der Region zählt. Ihr Castillo de Escalona ist ein roter *joven* aus Garnacha mit 16 % Alkohol, viel Gewicht und einem eigenen, sehr ansprechenden Stil.

Santo Cristo de la Salud Cooperativa, La Torre de Estebán Hambrán. *Gegründet 1975.* Unter dem Markennamen Señorío de Estebán Hambrán bietet man *jóvenes* in Weiß und Rot an.

Méntrida hatte von jeher eine schlechte Presse. 1960, als die Welt nicht genug spanische Verschnittweine bekommen konnte, sprach man ihr DO-Status zu. Denn in punkto Massenwein hatte die Region einiges zu bieten: Der Garnacha-Ertrag auf den gut durchlässigen, fruchtbaren, kalkreichen Böden fiel reichlich aus und dank der einheimischen Hefekulturen brachte man Weine mit einem natürlichen Alkoholgehalt von bis zu 18 Prozent hervor.

Diese schweren Tropfen boten zwar keinen sonderlich ansprechenden Trinkgenuss, wurden jedoch wie der *doble pasta* der Levante in andere Regionen Spaniens und nach ganz Europa exportiert. Dort gab man mit ihnen den leichtgewichtigen Gewächsen aus weniger wärmeverwöhnten Anbauzonen den letzten Schliff. Über zu wenig Sonne kann man sich in Méntrida nun wirklich nicht beklagen: Im Sommer erreichen die Temperaturen Spitzenwerte. Im Winter hingegen fallen sie unter den Gefrierpunkt.

Als der Bedarf an schweren Massenweinen nachließ, sank auch das Exportvolumen und ging 1987 schließlich auf Null zurück. Der *consejo regulador* senkte daraufhin den vorgeschriebenen Mindestalkoholgehalt von 14 auf zwölf Prozent für Rote und von 13 auf elf Prozent für *rosados* – Weiße sind nicht zugelassen –, um zumindest die Nachfrage aus Madrid wieder anzukurbeln. Mittlerweile hatte die DO Vinos de Madrid jedoch auf dem Rotweinmarkt der Hauptstadt Fuß gefasst. Und auch La Mancha hatte der Nachbar-DO bereits mit modernen Erzeugnissen den Rang abgelaufen.

Méntrida hat schlechte Karten, denkt aber noch lange nicht ans Aufgeben. Noch immer beherrscht die Garnacha mit einem Anteil von 70 Prozent das Feld. Für eine Neubepflanzung von Flächen, auf denen früher die Tinto de Madrid wuchs, empfiehlt man heute Cencibel. Langsam können sich neue Methoden durchsetzen, obwohl sie sich oft schon in Kühlschlangen erschöpfen, die man in Betontanks taucht.

Zum Glück hat man mithilfe der derzeit angebotenen Weine das Image der wuchtigen, zu Tode gebackenen Flüssigkeiten mittlerweile abgestreift. Das Sortiment umfasst heute robuste Rote – die besseren unter ihnen enthalten Cencibel – und *rosados jóvenes* aus Garnacha. Ein oder zwei Bodegas setzen ferner auf *crianzas* mit einem 6-monatigen Ausbau in Eiche. Es bleibt noch viel zu tun, aber die DO bemüht sich sehr, den Ruf ihrer Weine zu verbessern, und kann dabei auf die uneingeschränkte Mitwirkung der führenden Genossenschaften zählen.

Mondéjar

Mondéjar ist nicht nur die jüngste *Denominación de Origen* in La Mancha, sondern auch die einzige Anbauzone von Bedeutung in der Provinz Guadalajara. Sie umfasst 20 Städte und Dörfer um Sacedón und Mondéjar selbst. Vor ihrer Erhebung in den DO-Rang war sie ein *Vino-de-la-Tierra*-Bereich, den man Sacedón-Mondéjar oder Mondéjar-Sacedón nannte – je nachdem, aus welcher Gemeinde der Sprecher kam.

Geografisch unterteilt sich Mondéjar in zwei etwa zehn Kilometer voneinander entfernte Subregionen. Der nördliche Bereich um Sacedón liegt 51 Kilometer östlich von Guadalajara, der südliche um die Stadt Mondéjar etwa 80 Kilometer östlich von Madrid. Im Südwesten grenzt die *Denominación* an die Anbauzone Vinos de Madrid und im Süden an die DO La Mancha.

Schon seit die Stadt Mondéjar zur Poststation auf der königlichen Straße zwischen Valencia und Madrid erkoren wurde, ist der Weinbau ein wichtiger Zweig der einheimischen Wirtschaft. Warum erlangte die Region dann nicht schon früher mehr Bedeutung? Wahrscheinlich lag sie einfach zu nahe an Madrid – sie war nur eine Tagesreise mit der Kutsche von der Hauptstadt entfernt.

Heute werden in Mondéjar vor allem drei Rebsorten für die Produktion von Weißweinen kultiviert: Malvar, Macabeo und Torrontés. Ab und zu findet man auch einige mit Airén bestockte Flächen. Die wichtigsten Rotweintrauben sind Cencibel und Cabernet Sauvignon, gefolgt von Tinto de Madrid, Garnacha und Jaén. In den rotbraunen Böden mit vorwiegend kalkigem Muttergestein gedeihen sie recht gut, weshalb hier eigentlich gute Weine entstehen könnten.

Vinifikation und Weinstile

Die meisten Mondéjar-Weine werden traditionell für den Massenmarkt gemacht. Ein oder zwei Bodegas allerdings hegen auch kühnere Pläne für die Zukunft. Sie keltern kalt vergorene Weiße aus Malvar (*jóvenes* und sogar ein bisschen *crianza*), rote Cencibel bis *reserva*-Niveau und einen süßen Weißwein aus den Trauben Malvar und Airén mit einem Alkoholgehalt von 13 Prozent.

Man bietet den Bodegas auch Anreize, reinsortige Tropfen aus den fünf wichtigen Rebsorten zu erzeugen, und drängt sie zu einem versuchsweisen Ausbau der Roten in Eiche. Obwohl die Region seit über 400 Jahren Wein bereitet, steht sie noch ganz am Anfang.

Wichtige Erzeuger

Mariscal, Mondéjar. *Gegründet 1913.* Mariscal hat zwar als erste Bodega mit einem Ausbau in Eiche gearbeitet, konzentriert sich aber dennoch auf *jóvenes*. Die jungen Tropfen kommen unter der Bezeichnung Vega Tajuña auf den Markt. Daneben hat man einen Señorío de Mariscal genannten Verschnitt aus 70 % Tempranillo und 30 % Cabernet Sauvignon im Sortiment. Diese Bodega könnte durchaus einmal für Aufsehen sorgen. *Beste Weine:* die Mariscal-Linie mit einem sehr guten *rosado joven* (100 % Cencibel, hier Tempranillo genannt) und einer viel versprechenden *reserva,* die 12 Monate in Eiche ruht.

An der Grenze zur DO Méntrida liegt Casadevacas, Hauptsitz und ländliches Zuhause von Carlos Falcó, dem Marqués de Griñón. Die hier gekelterten Kreszenzen heißen Dominio de Valdepusa.

Valdepeñas

Valdepeñas gehört zu den *Denominaciones de Origen,* die allen Gesetzen spanischer Weinwirtschaft widersprechen. Die DO liegt inmitten einer Region, die seit Generationen als Anbaugebiet für schlichte Alltagstropfen bekannt ist. Und doch bereitet sie Weine von bemerkenswerter Qualität bis *gran-reserva*-Niveau und zwar schon mindestens seit dem 13. Jahrhundert.

Damals fasste Königin Berengula einige kleine Dörfer in dem gerade zurückeroberten *Valle de las Peñas* zusammen, dem «Tal der Felsen», und gründete damit die Stadt Valdepeñas. Der Ort diente zu jener Zeit – genauer gesagt 1243 – kastilischen Truppen als strategischer Stützpunkt im Kampf gegen die weichenden Mauren und hatte als militärische Basis weitaus mehr Bedeutung denn als Handelszentrum.

Der Einfluss des Marktes

Wo sich aber Menschen aufhalten, da ist auch ein Markt, vor allem wenn die Gehälter vom Staat bezahlt werden. So entwickelte sich mit dem Kommen und Gehen von Beamten wie Soldaten ein reger Handel und eine florierende Wirtschaft. 1492 mussten die Mauren Spanien endgültig den Rücken kehren und Valdepeñas hatte als Garnison ausgedient.

Doch als Madrid 1561 zur Hauptstadt auserwählt wurde, begann für Valdepeñas eine weitere Blütezeit. In Regierungskreisen war der Ort schon gut bekannt. Außerdem konnte er von Madrid aus in nur zwei Tagesreisen erreicht werden. Die königliche Straße nach Córdoba und Granada verlief passenderweise durch Valdepeñas. Man hatte alle Hände voll zu tun, um die Höflinge, Beamten, kirchlichen Würdenträger und sonstigen Reisenden zu umsorgen, die in der Stadt Station machten, und verdiente ganz gut dabei. Man wusste bereits, dass reiche Kundschaft auch bei Tisch hohe Ansprüche stellte und einen guten Trunk zu schätzen wusste. So entstand in der Region eine rege Nachfrage nach Qualitätsweinen. Einen weiteren Aufschwung erlebte Valdepeñas mit dem Bau der Eisenbahn im Jahr 1861. Plötzlich lagen nur noch wenige Stunden Fahrt zwischen dem Provinzort und der Hauptstadt.

Wenn der Reisende heute auf der NIV von Madrid aus Richtung Süden nach Valdepeñas braust, muss er die weite Ebene von La Mancha durchqueren. Dieses riesige Tafelland steigt sanft an und fällt dann vor der von Bergketten umschlossenen Stadt jäh ab. Die Anbauflächen der DO Valdepeñas liegen in einer kleinen Ebene mit angrenzenden Hügeln. Die westliche Zone nennt man *Los Llanos,* «die Ebene», die nördliche *Las Aberturas,* «die Bergpässe». Beide eignen sich vorzüglich für den Rebbau.

Wie in La Mancha sind die Böden hier fruchtbar, denn sie liegen auf einer Gesteinsschicht aus Kalk, die das Wasser während der Reifeperiode ausgezeichnet speichert. Unter anderem deshalb übersteht die Qualitätsrebe Cencibel hier auch noch Jahre, in denen andernorts die Trauben an den Stöcken schlichtweg vertrocknen.

Rebsorten und Weinstile

In der *Denominación de Origen* Valdepeñas bereitet man traditionell die als *claretes* bekannten leichten Roten, obwohl natürlich auch *rosados* und Weiße hier entstehen. Die letzten beiden kommen meist als *jóvenes* aus Airén (weiß) sowie einem Verschnitt aus Airén und Cencibel *(rosado)* auf den Markt. Für den heimischen Markt produziert man Rotweine aus einem Verschnitt verschiedener Trauben, aber alle in

Eiche ausgebauten Tropfen dürfen nur aus der Cencibel gekeltert werden.

Der Grund für die Dominanz der Airén ist in der Invasion der gefürchteten Reblaus zu finden, die 1911 bis Valdepeñas vordrang. Die Cencibel erbringt nur halb so viel Ertrag wie Airén und die Weinbauern entschieden sich seinerzeit bei der Neubepflanzung eben für Quantität statt Qualität. Wie in der DO La Mancha kam ferner die Abnahmepolitik während der Franco-Ära hinzu, als die Regierung massenweise Billigweine aufkaufte und zu Alkohol verarbeiten ließ. Nicht anders als in anderen Anbauregionen auch wählten manche Winzer ein leichtes Leben ohne große Einkünfte, statt sich mit Neubepflanzungen oder Modernisierungen zu plagen, nur um etwas mehr Geld zu verdienen. Deshalb entfallen noch heute über 80 Prozent des Rebbestands in Valdepeñas auf die Airén.

Allenthalben wird bei Neubestockungen Cencibel empfohlen. Und wie immer stößt man auch hier auf die unvermeidlichen Versuchsanlagen mit Cabernet Sauvignon und Chardonnay.

Die DO von heute

Als beste Weine empfehlen sich in der Anbauzone Valdepeñas die roten *crianzas* und *reservas*. Sie tragen alle die südliche Hitze in sich und amerikanische Eiche verleiht ihnen zusätzlich Kraft. Die *gran reservas* räumen zwar bei nationalen wie internationalen Wettbewerben die Weinmedaillen ab, werden jedoch vergleichsweise wenig ins Ausland verkauft. Und trotzdem hat Valdepeñas vor allem im Export Fortschritte gemacht: Die klassischen Roten der Zone findet man heute in aller Welt.

Die endlose Weite von Valdepeñas. Die Region ist ein önologisches Wunder: In ihr reifen durchschnittliche Alltagsweine neben klassischen spanischen Kreszenzen heran.

Wichtige Erzeuger

Casa de la Viña, La Solana. *Gegründet 1987.* Das Haus gehört mittlerweile zum Getränkeriesen Bodegas y Bebidas, der in ganz Spanien in aussichtsreiche Unternehmen investiert. Auch Casa de la Viña zeigt viel versprechendes Potenzial: Das Gut bewirtschaftet 2850 ha, davon sind 900 ha mit der Cencibel-Traube bepflanzt. Die Kellerei liegt unweit der Anbauflächen. Nach der Übernahme durch Bodegas y Bebidas wurde sie umfassend modernisiert, was den Weinen sehr gut getan hat: Sie geraten heute ausgezeichnet. Die Basispalette umfasst *jóvenes* in allen drei Farben (Weiße aus der Airén, *rosados* und Rote aus der Cencibel), die besten Ergebnisse erzielt die Bodega aber mit ihren reinsortigen roten Cencibel-Weinen. Man offeriert *crianzas* und *reservas,* die bis zu 24 Monate lang in Eiche ausgebaut werden. Die Benennungspraxis ist etwas verwirrend: Señorío del Val nennt man die *jóvenes,* Vega de Moriz weitere *jóvenes* sowie eine rote *reserva* und Casa de la Viña die für die Exportmärkte bestimmten *reservas,* aber auch die innerhalb Spaniens verkauften *jóvenes*. Auf jeden Fall steht der Name Casa de la Viña für ausgezeichnete Qualitätskontrolle und verlässliche Güte – selbst in durchschnittlichen Jahrgängen. In großen Jahren können die Erzeugnisse dieser Kellerei grandios ausfallen. *Bester Wein:* Der sortenreine Cencibel *joven* bekundet jahrein, jahraus wahrhafte Größe.

Espinosa, Valdepeñas. *Gegründet 1967.* Markenzeichen der Bodega ist eine La-Mancha-Windmühle. Die Kellerei sieht zwar wie ein nüchterner Industriebau aus, bereitet jedoch gute Tropfen, wenn ansonsten auch viel Massenwein verkauft wird. Unter dem Markennamen Concejal kommen *jóvenes* in Weiß und Rosé auf den Markt. Cencipeñas heißt eine gute rote *crianza* aus 100% Cencibel. Der Señorío de Valdepeñas Cabernet Sauvignon des Gutes zählt zu den Gewächsen modernen Stils.

Die Weinberge von Casa de la Viña sind die größten mit Cencibel bestockten Rebflächen in der Region.

Félix Solís, Valdepeñas. *Gegründet 1945.* Ein Familienunternehmen mit ausgezeichnetem Ruf, das neben Los Llanos und Luís Megía zu den drei Topkellereien der DO gehört. Es verfügt über traditionelle wie moderne Ausrüstung. Man kauft Lesegut, Most und vorgefertigte Weine zu, verwendet aber auch Trauben von den über 1000 ha hauseigener Rebfläche. Produktion und Export laufen in großem Maßstab ab. Am besten verkaufen sich in Spanien die *jóvenes* namens Soldepeñas und Los Molinos. Der internationale Ruhm der Bodega gründet sich jedoch auf ein Tochterunternehmen namens Viña Abalí Reservas. *Beste Weine:* Die Viña Abalí bieten mit das beste Preis-Leistungs-Verhältnis in ganz Valdepeñas. Sie gelangen jedoch nicht nur als *reservas* in den Handel. Unter dem Namen erscheinen auch ein weißer *joven* aus früh gelesenen Airén-Trauben, ein *rosado joven* aus Cencibel und zwei Rote. Der eigentliche *reserva* liegt 12 Monate in Eiche und gerät ebenso exzellent wie der 24 Monate im selben Holz ausgebaute *gran reserva*. Beide lässt man weitere zwei Jahre in traditionellen irdenen *tinajas* liegen, was ihnen zusätzliche Wärme und einen eigenen Stil verleiht. Die Qualität ist im Vergleich zum Preis schlichtweg phänomenal; man findet in Valdepeñas und überhaupt in ganz Spanien schwerlich bessere Tropfen für dasselbe Geld. Im Sortiment ist ferner ein Cabernet Sauvignon *crianza* mit einem 15-prozentigen Anteil Cencibel und 10 Monate Ausbau in Eiche.

Los Llanos, Valdepeñas. *Gegründet 1875.* Los Llanos ist seit 1975 im Besitz der Grupo Cosecheros Abastecedores. Wenn Félix Solís der König der *reservas* ist, dann gehört der *gran-reserva*-Meistertitel Los Llanos. Zusammen beweisen beide Bodegas der Welt, dass Valdepeñas zu mehr fähig ist als nur zu den angenehmen Alltags-*claretes*. Los Llanos bewirtschaftet 270 ha vorwiegend mit Cencibel bestockter Rebflächen. In der Kellerei kommen neben traditionellen auch moderne Methoden zum Einsatz; man macht sich die Vorzüge beider Richtungen zunutze – mit spektakulären Ergebnissen. Zum Sortiment gehören angenehme Weiße und *rosados* namens Armonioso sowie eine Linie ordentlicher *jóvenes* in allen drei Farben, die als Don Opas in Umlauf gebracht werden. *Beste Weine:* die Marke Señorío de los Llanos. Die Weine werden ausschließlich aus Cencibel gekeltert, die *crianza* reift 12 Monate im Eichenfass. Die *gran reserva* liegt für gewöhnlich 2 Jahre im Holz, kann jedoch je nach Jahrgangsqualität auch bis zu 8 Jahre darin verbringen und so den klassischen Valdepeñas-Charakter annehmen. In herausragenden Jahren produziert die Bodega eine *gran reserva* namens Pata Negra oder «Schwarzes Bein» (zur Entstehung dieser Bezeichnung siehe S. 177). Der 83er Jahrgang ruhte 6 Jahre im großen Holzfass und 24 Monate in Eiche. Wie bei Félix Solís sind die Preise für diese edlen Tropfen verglichen mit der Qualität lächerlich gering.

Luís Megía, Valdepeñas. *Gegründet 1947.* In Valdepeñas wirkt ein «Triumvirat» von Spitzenbodegas und Luís Megía ist neben Félix Solís sowie Los Llanos die dritte ehrwürdige Eminenz im Bunde. Sie stößt fast eine Viertelmillion Hektoliter Wein pro Jahr aus. Seit 1989 gehört sie der Grupo Collins, einem japanisch-spanischen Nahrungsmittel- und Getränkekonsortium. Die Betriebe sind in kleinen Einheiten über die ganze Stadt verstreut. Das Unternehmen kauft Trauben, Most und Wein auf. Seine Weine erscheinen unter verschiedenen Markennamen. Der Marqués de Gastañaga und Duque de Estrada sind *jóvenes* modernen Stils; die Weißen bereitet man aus Airén, die Roten aus Cencibel. Eine weitere Produktlinie ist nach dem Haus benannt. Sie umfasst weiße und rosafarbene *jóvenes,* aber auch in Eiche gealterte Rote aus Cencibel: eine *crianza* mit 24 Monaten Reifezeit und eine *reserva* bzw. *gran reserva* mit 30 Monaten Ausbau.

Miguel Calatayud, Valdepeñas. *Gegründet 1960.* Ein Familienbetrieb mit 100 ha Anbaufläche, der auch Trauben zukauft. Die Bodega wurde umfassend modernisiert, obwohl neben den Edelstahltanks und Eichen-*barricas* auch noch alte *tinajas* stehen. Unter der Marke Vegaval erscheint eine Basislinie mit *jóvenes* aus Airén (weiß) und einem Verschnitt aus Airén und Cencibel (*rosado* und rot). Vegaval Plata hingegen umfasst die erstklassigen Gewächse mit *jóvenes* aus Airén (weiß) und Cencibel (rosé und rot), aber auch in Eiche ausgebaute Rote aus 100% Cencibel. Die *reserva* bleibt 12 Monate, die *gran reserva* 24 Monate mit Holz in Berührung.

Edelstahlgärtanks beweisen die moderne Ausrichtung der Bodegas Miguel Calatayud. Trotzdem gehören auch traditionelle *tinajas* zum festen Inventar des Gutes.

Miguel Martín, Valdepeñas. *Gegründet 1934.* Das traditionelle Haus erzeugt ordentlich gemachte Weine unter den Markennamen Valdemesa, Miguel Martín und Destellos. Im Valdemesa-Sortiment findet sich eine passable rote *reserva*. *Beste Weine:* die *jóvenes* in Weiß und Rosé.

Rafael López Tello, Valdepeñas. *Gegründet 1973.* Die angenehmen Produkte dieses Familienunternehmens sind überwiegend für den Madrider Markt bestimmt. *Beste Weine:* die Gran-Mohino-Serie, vor allem der weiße *joven* und die rote *reserva*.

Real, Valdepeñas. *Gegründet 1989.* Die fortschrittliche Bodega bewirtschaftet 350 ha Fläche, die größtenteils mit Cencibel, aber auch etwas Cabernet Sauvignon und Merlot bestockt ist. Ihr Weißer ist ein guter Airén *joven* namens Viña Luz. *Beste Weine:* die Roten, die man Vega Ibor nennt. Die *reserva* (100% Cencibel) liegt 24 Monate in Eiche.

Vicente Navarro y Hermanos, Valdepeñas. *Gegründet 1959.* Eine kleine Familien-Bodega mit 70 ha Rebfläche, die ihre Produkte vorwiegend in Südspanien an den Mann bringt. *Bester Wein:* die rote *reserva* (Cencibel) namens Racimo de Oro.

Videva, Valdepeñas. *Gegründet 1968.* Ein Zusammenschluss aus sechs Weinbergsbesitzern mit insgesamt 1000 h Fläche, die zu 70% mit Cencibel und zu 30% mit Airén bestockt ist. Videva hat sich zu einer festen Größe gemausert und produziert rund 35 000 hl Wein pro Saison. Die Hauptmarke heißt Viejo Videva; sie umfasst *jóvenes* in Weiß, *rosado* und Rot sowie eine rote *crianza* und *reserva*. *Beste Weine:* die älteren Roten.

Extremadura: ein fruchtbarer Landstrich

Wer durch die sanft geschwungene Landschaft der Extremadura fährt, bekommt den Eindruck, als diene die ganze Region ausschließlich der Schafzucht. Dabei gehört sie zu den fruchtbarsten Ecken Spaniens. Gute, durchlässige Böden und reichlich Regen bieten ideale Bedingungen für den Anbau landwirtschaftlicher Produkte, von Getreide und Baumwolle bis hin zu Oliven, Kork und Tabak. Sogar eine der köstlichsten Delikatessen Spaniens und Europas stammt aus der Extremadura. Doch davon später.

Die Extremadura setzt sich aus den Provinzen Cáceres und Badajoz zusammen. Es heißt, in Badajoz, der größten spanischen Provinz, gäbe es mehr Schafe und Rebstöcke als Menschen. Im Norden stößt der Landstrich an die altkastilischen Provinzen Salamanca und Avila, im Osten grenzt er an Toledo und Ciudad Real, die zu La Mancha gehören. Im Süden liegt Andalusien mit den Provinzen Huelva und Sevilla und im Westen die portugiesische Region Alentejo. Für Verwirrung sorgt eine portugiesische Gegend namens Estremadura, sie liegt jedoch weit weg an der Westküste nördlich von Lissabon. Die Bezeichnung Extremadura lässt sich in beiden Sprachen mit «Land jenseits des Duero» übersetzen. Den Begriff gebrauchte man ursprünglich für die Pufferzone zwischen dem christlichen und maurischen Spanien, die durch die erbitterten Kämpfe zwischen den verfeindeten Heeren im 13. Jahrhundert zum Niemandsland wurde.

Die Geschichte der Extremadura reicht allerdings viel weiter zurück. Um 25 v. Chr. ließen sich die Römer am Ufer des Flusses Guadiana unweit einer Furt nieder und gründeten eine Ansiedlung namens *Emerita Augusta*, das heutige Mérida. Sie avancierte zur Hauptstadt Lusitaniens, des späteren Portugal. Noch heute kann man in ihr gut erhaltene Reste aus römischer Zeit besichtigen. Cáceres dagegen ist eine prunkvolle, von einer Mauer umgebene mittelalterliche Stadt mit schönen Renaissancebauten. Und in Badajoz findet man noch immer Spuren jener Epoche, als der Ort Hauptstadt eines von Sevilla bis zum Atlantik reichenden maurischen Imperiums war.

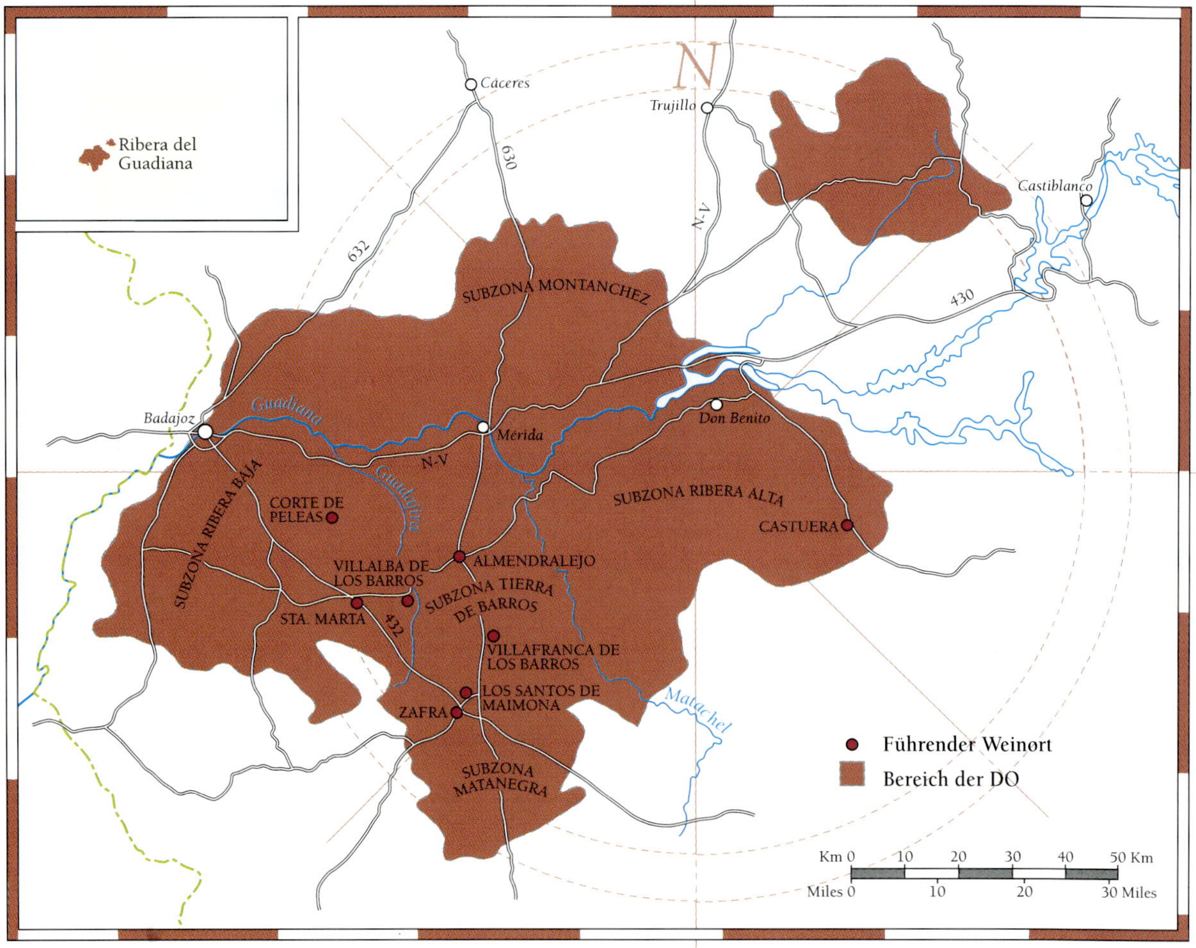

Die Küche in der Extremadura wird von gegrilltem, gebratenem und gekochtem Lamm beherrscht. Darüber hinaus aber hat die Region der Welt auch eine der größten Delikatessen beschert: den *jamón serrano* (luftgetrockneter Schinken) vom Pata-Negra-Schwein. Dieses Tier mit den «schwarzen Beinen» hat seine eigene *Denominación de Origen* und seine Züchter müssen feste Vorgaben beachten. So stehen jedem Schwein eineinhalb Hektar Land als Auslauf zur Verfügung. Darauf kann es sich fast schon in freier Wildbahn fünf Jahre lang vergnügen und nach Essbarem suchen. In den letzten drei Monaten seines Daseins wird es ausschließlich mit Eicheln ernährt. Nach dem Schlachten legt man seine vier Beine drei Jahre lang in Salz ein. Die anderen Teile werden zu Wurstwaren wie *embutidos, chorizos* und *morcillas* sowie sonstige Schweinefleischprodukte verarbeitet, die die Extremadura ebenfalls berühmt gemacht haben.

Nach dem dreijährigen Einsalzen hängt man die Beine in spezielle Trockenräume. Dann wird der Schinken in eine Haltevorrichtung gezwängt und fachgerecht in dünne Scheiben geschnitten. Das sehr dunkle Fleisch ist stark mit Fett durchzogen, schmeckt jedoch unglaublich köstlich. Man zahlt dafür in etwa so viel wie für frischen Räucherlachs.

Ein weiterer kulinarischer Klassiker aus der Extremadura ist Käse. In Cáceres entsteht nicht nur der gleichnamige Kuhmilchkäse, sondern auch eine Reihe interessanter Ziegenkäsesorten. Badajoz versteht sich ebenfalls auf die Kunst der Ziegenkäsebereitung, ist jedoch vor allem für seinen *La Serena* aus Kuhmilch bekannt. Manche Feinschmecker lassen nichts auf den *Torta del Casar* kommen. Dieser Käse hat die Form eines Kissens mit harter, wächserner Schale. Hat er die nötige Reife, schneidet man in die Oberseite eine Öffnung, aus der sich das weiche Innere herauslöffeln lässt. Dieser Leckerbissen ist ein Erlebnis, das aber auch seinen Preis hat.

Bei solch geschmacksintensiven Spezialitäten verwundert es nicht, dass die Weine der Extremadura rot sind und recht kräftig ausfallen.

Die üppige Landschaft der Extremadura. In dieser fruchtbaren Region mit ihren günstigen Klimabedingungen werden Ackerbau, Viehzucht und Weinwirtschaft betrieben.

Ribera del Guadiana

Macabeo oder Viura (oben) fristen in Ribera del Guadiana derzeit noch ein Schattendasein. Gerade diesen Sorten aber gehört vermutlich die Zukunft.

Ribera del Guadiana gehört zu den interessantesten neuen Anbauzonen in Spanien. Sie bekam 1997 den Status einer DO verliehen. An ihr kann man nachvollziehen, was passiert, wenn das Klassifizierungssystem in Zentral- und Südspanien reformiert wird.

Wie bereits erwähnt, darf die DO Valencia einen gewissen Anteil von Trauben aus der Anbauzone Utiel-Requena verarbeiten und die entstandenen Weine unter ihrem eigenen Siegel verkaufen. Die Kellereien haben so mehr Spielraum beim Verschneiden ihrer Erzeugnisse und können sich besser auf die Marktanforderungen einstellen (siehe Seite 142). Nicht viel anders ist es in Ribera del Guadiana. Die junge DO wurde aus sechs einstigen *Vino-de-la-Tierra*-Bereichen gebildet, die alle einen eigenen Weinstil produzierten – und das als Subzonen von Ribera del Guadiana auch heute noch dürfen.

Die Region ist nach dem Fluss Guadiana benannt, der zu den großen Wasseradern Südspaniens gehört. Er entspringt im Hochland von Ciudad Real südlich von Tomelloso und fließt westwärts durch die DO La Mancha, wo er teilweise unterirdisch verläuft. Weiter geht es nach Norden zu den Ausläufern der Montes de Toledo, die er durchquert, bevor er der portugiesischen Grenze entgegenstrebt. 50 Kilometer lang bildet der Guadiana die Grenze zwischen Spanien und dem Nachbarland, dann macht er einen Abstecher in die portugiesische Region Alentejo. Nach rund 120 Kilometern stößt er wieder zur Grenze, um schließlich noch einmal 50 Kilometer lang als natürliche Barriere zwischen beiden Ländern zu dienen.

Der Guadiana streift auf seinem Weg nach Westen und Süden vier der sechs Subzonen von Ribera del Guadiana. Cañamero und Montánchez in der Provinz Cáceres liegen nördlich, die restlichen vier Bereiche Ribera Alta de Guadiana, Ribera Baja de Guadiana, Tierra de Barros und Matanegra drängen sich südlich und östlich des Flusses in der Provinz Badajoz.

Die treibende Kraft hinter den Bemühungen um Erlangung des DO-Status war eine Handvoll Bodegas in Tierra de Barros, allen voran Bodegas InViOSA in der Stadt Almendralejo. Auf sie als größte Subzone in der DO entfallen 80 Prozent der Rebflächen. Sie erhielt bereits 1979 vorübergehend das DO-Siegel verliehen und hat seither die benachbarten Bodegas und Regionen unermüdlich zu Investitionen und Modernisierungen gedrängt. In keinem anderen Unterbereich von Ribera del Guadiana sind Produktion, Weinbereitung und Exportwirtschaft so weit fortgeschritten wie in Tierra de Barros. Ribera Alta de Guadiana hingegen gilt als Schlusslicht der DO. Nach dem Willen des *consejo regulador* soll sie sich jedoch an dem Spitzenreiter Tierra de Barros inspirieren und zu den anderen Subzonen aufschließen.

Geografie und Klima

Obwohl die DO relativ groß ausfällt, unterscheiden sich Bodenbeschaffenheit und Klima in den einzelnen Bereichen nur unwesentlich. Für ausreichende Bewässerung sorgen der Guadiana und seine Zuflüsse. Die Böden sind fruchtbar und liegen in den Flusstälern über Schwemmlandlehm, in höheren, besseren Lagen bricht zuweilen kalkiges Muttergestein durch die Oberfläche. Die DO liegt in 300 bis 350 Meter Höhe und bietet mit ausreichenden Niederschlagsmengen und viel Sonne alle Voraussetzungen für exzellente Weine. Tierra de Barros im Allgemeinen und Bodegas InViOSA im Besonderen haben hinreichend unter Beweis gestellt, dass jedes Unternehmen mit dem Willen zu Innovationen Tropfen beispielhafter Qualität zu bereiten imstand ist.

Die Palette der kultivierten Rebsorten ist groß. Zu den wichtigeren gehören die andalusischen Trauben Pardina, Malvar, Cayetana und Pedro Ximénez sowie die portugiesischen Varietäten Borba und Morisca beziehungsweise Mourisco, die manche für eine Kreuzung zwischen Pardilla und Cayetana halten. Nicht fehlen dürfen natürlich ertragreiche Mostlieferanten wie Bobal und einheimische Sonderlinge wie Eva, Mantúa (Montúa) und Alarije. Vermutlich aber werden in Tierra de Barros bald Sorten an Bedeutung gewinnen, die derzeit noch in der Minderheit sind: Tempranillo/Cencibel, Garnacha und Macabeo/Viura. Gute Ergebnisse lassen sich auch mit Merlot, Cabernet Sauvignon, Chardonnay und Sauvignon blanc erzielen. Die Fruchtbarkeit der DO erleichtert Versuche mit neuen Trauben.

In Ribera del Guadiana entsteht traditionell Weißwein. Deshalb machen weiße Trauben auch 80 Prozent des Rebbestands aus. Schon immer kelterte man in der Zone die Basisweine für den Weinbrand, den Destillen zur Herstellung von Brandy de Jerez verwenden. Dennoch gehört die Zukunft in der Anbauzone wohl eher Rotweinen, da für sie das Klima hier geradezu ideal ist.

Die ersten Ergebnisse führender Bodegas lassen hoffen: Man bereitet ausgezeichnete frische *jóvenes* in Weiß (Alarije, Viura, Chardonnay) und Rot (Garnacha, Tempranillo), einige viel versprechende fassgereifte Tropfen mit einem Ausbau bis zur *reserva*-Stufe und reinsortige Gewächse aus Newcomern wie Cabernet Sauvignon, Merlot und Konsorten. Selbst die Genossenschaften beteiligen sich an den allgemeinen Bemühungen um Qualitätsverbesserung, was meist ein sehr gutes Zeichen ist. Wenn sich der vor zehn Jahren in Almendralejo begonnene Trend fortsetzt, wird Ribera del Guadiana für Weine bald ebenso bekannt sein wie für die anderen landwirtschaftlichen Produkte.

Wichtige Erzeuger

Mat = Matanegra; RAG = Ribera Alta de Guadiana; RBG = Ribera Baja de Guadiana; TdB = Tierra de Barros.

Castelar, Almendralejo (TdB). *Gegründet 1963.* Hier entstehen unter dem Namen der Bodega *jóvenes* in Rot und Weiß sowie rote *crianzas*. Der Basisweiße (60 % Cayetana/40 % Pardina) lässt sich als gute Alltagsqualität einstufen, der Rote ist ein Verschnitt aus 85 % Tempranillo und 15 % Garnacha. *Bester Wein:* die rote *crianza* (85 % Tempranillo/15 % Garnacha) mit 10-monatigem Ausbau in Eiche.

Coloma, Alvarado (RBG). *Gegründet 1966.* Coloma gilt als führende Bodega in Ribera Baja del Guadiana. Sie bewirtschaftet 198 ha, die den Bedarf der Trauben zu 80 % decken. Man bereitet ausschließlich Rote, die unter drei Namen auf den Markt kommen. Der Viña Amelia präsentiert sich als angenehmer *joven* (50 % Garnacha/25 % Merlot/25 % Cabernet Sauvignon). Unter der Bezeichnung Torre-Bermeja kommt die *reserva* (50 % Cabernet Sauvignon/25 % Merlot/25 % Garnacha; 24 Monate in Eiche) auf den Markt. Die *gran reserva* ist lediglich eine länger gereifte Version der *reserva,* sie kann aber auch etwas Cencibel enthalten. Coloma bringt sie entweder als Torre-Bermeja oder als Castillo Al-Ruwiya heraus.

Dolores Morena, Los Santos de Maimona (Mat). *Gegründet 1944.* Ein Familienbetrieb mit 80 ha und einer Jahresproduktion von 9000 hl. Die Angebotspalette umfasst drei Weine von Bedeutung: einen weißen *joven* namens Zagalón aus der einheimischen Rebsorte Eva, einen Tío Meliton genannten roten *joven* (Cencibel/Garnacha) und einen *dulce* (Eva/Vidueño), der als Vino Para Consagrar mit 16 % Alkohol verkauft wird. Dolores Morena leistet ordentliche Arbeit. *Bester Wein:* der Tío Meliton.

InViOSA, Almendralejo (TdB). *Gegründet 1931.* Bodegas Industrias Vinícolas del Oeste, um den vollen Namen zu nennen, war die treibende Kraft, die Ribera del Guadiana den DO-Status einbrachte. 1981 erweiterte der derzeitige Direktor Marcelino Díaz den Bestand an Tempranillo-Reben, verfeinerte die Lesemethoden und baute seine Weine behutsam in Eiche aus. 1983 bereicherte er den Betrieb um die Erzeugung von Schaumweinen unter dem Siegel der DO Cava. Und Anfang der 90er pflanzte er Cabernet Sauvignon, Chardonnay und Sauvignon blanc. Das weltweit exportierte Sortiment beinhaltet eine Lar de Barros genannte Linie mit einem weißen *joven* (Macabeo), einem *rosado joven* (75 % Tempranillo/25 % Garnacha) und einer roten *reserva* (75 % Tempranillo/20 % Garnacha/5 % Graciano; 12 Monate im Fass). Unter demselben Namen erscheint auch ein im Fass vergorener Weißer aus 100 % Pardina. Der Lar de Lares ist eine aus der gleichen Verschnittformel wie der *joven* entstandene *gran reserva,* die 24 Monate im Fass heranreift. Und Lar de Oro heißt der reinsortige Cabernet Sauvignon *crianza* mit 12 Monaten Ausbau in Eiche.

Medina, Zafra (Mat). *Gegründet 1931.* Ein Familienbetrieb mit 66 ha Anbaufläche, der gemeinhin als führender Erzeuger der Subzone Matanegra angesehen wird. Man offeriert zwei Linien: Als Jaloco Zafra werden ein weißer *joven* (Cayetana/Mantúa/Pardina/Macabeo) und ein *rosado* (Cencibel/Garnacha) offeriert. Jaloco nennt man die beiden Roten, einen *joven* und eine *reserva* (beide aus Cabernet Sauvignon, Cencibel und Garnacha; die *reserva* liegt die vorgeschriebene Ausbauzeit in Eiche). Marqués de Badajoz heißt eine Marke mit ähnlichen Trauben, aber unterschiedlichen Verschnittformeln. Die Qualität ist im Allgemeinen hoch.

Montevirgen Cooperativa, Villalba de los Barros (TdB). *Gegründet 1962.* Die 465 Mitglieder dieser Genossenschaft bewirtschaften 2700 ha Rebfläche und erzeugen rund 15 000 hl Wein jährlich. Als Marqués de Villalba bietet man einen weißen *joven* (80 % Pardilla/20 % Macabeo) und eine rote *crianza* (Tempranillo) an. Der Señorío de Villalba ist ein sehr guter *joven rosado* aus Cencibel und Garnacha.

Romero, El Raposo (Mat). *Gegründet 1954.* Mit 60 ha hat Romero gemessen am ortsüblichen Standard eine eher bescheidene Größe. Als Markennamen führt man die Bezeichnung Almonazar, unter der *jóvenes* in Weiß (70 % Pardina/30 % Mantúa) und Rot (95 % Cencibel/5 % Garnacha) erscheinen. *Bester Wein:* eine ausgezeichnete rote *crianza* (100 % Cencibel).

San Isidro Cooperativa, Villafranca de los Barros (TdB). *Gegründet 1960.* Die Genossenschaft umfasst 460 Mitglieder, die 2136 ha Reben kultivieren. *Beste Weine:* der weiße Macabel (Macabeo) und der rote Valdequemao (Cencibel), beide sind *joven*-Weine.

San José Cooperativa, Villafranca de los Barros (TdB). *Gegründet 1963.* Die 547 Mitglieder bewirtschaften 4000 ha. Damit ist San José der Erzeuger mit der größten Fläche in der Region. Die Produktionsmenge liegt bei 150 000 hl, trotzdem macht man sich noch Mühe, Qualitätsweine zu bereiten. Unter dem Markennamen Canchal de Viera gelangt unter anderem ein angenehmer, trockener weißer *joven* (Pardina/Cayetana) in Umlauf. *Bester Wein:* der rote *joven* aus Cencibel und Garnacha).

San Juan Cooperativa, Castuera (RAG). *Gegründet 1968.* Unter den Genossenschaften ist San Juan mit 240 Mitgliedern und einer Gesamtfläche von 900 ha eher klein zu nennen, dafür versteht sich die Bodega auf die Bereitung von Qualitätstropfen. Ein ungewöhnliches Produkt des Hauses ist der weiße *joven,* ein faszinierender Mix aus bekannten und unbekannten einheimischen Reben und mit Geschmacksnuancen, wie man sie sonst nirgendwo findet. Er wurde Palique getauft und setzt sich aus Pedro Ximénez, Cigüente, Perruno, Cayetana und Alarije zusammen.

San Marcos Cooperativa, Almendralejo (TdB). *Gegründet 1980.* Mit 510 Mitgliedern und 3250 ha kommt man hier auf einen Gesamtausstoß von jährlich 120 000 hl. Die Genossenschaft bringt ihre Erzeugnisse unter dem Namen Campobarro auf den Markt. Dazu zählen *jóvenes* in Weiß (95 % Pardina/5 % Cayetana), *rosado* und Rot (beide aus 85 % Cencibel und 15 % Garnacha). *Beste Weine:* Die Weißen geraten sehr gut.

Santa María Egipciaca Cooperativa, Corte de Peleas (TdB). *Gegründet 1978.* Die 145 Mitglieder der Genossenschaft bewirtschaften 1397 ha Anbaufläche und etikettieren ihre Weine als Conde de la Corte. Im Sortiment hat man gute *jóvenes* in Weiß (Pardina) und Rot (Cencibel und Garnacha).

Santa Marta Virgen Cooperativa, Santa Marta de los Barros (TdB). *Gegründet 1963.* Diese Genossenschaft hat die größte Mitgliederzahl der DO: 567 Weinbauern mit 3200 ha Fläche liefern den Grundstoff für 170 000 hl. Unter dem Namen Blasón del Turra offeriert man unter anderem *jóvenes* in Weiß (Cayetana/Pardina) und Rot (Cencibel). *Bester Wein:* ein Blasón del Turra *afrutado* (100 % Macabeo).

Santiago Apóstol, Almendralejo (TdB). *Gegründet 1979.* Die Trauben von 250 ha Rebfläche verarbeitet man zu zwei Weinmarken: Unter der Bezeichnung Doña Francisquita erscheinen weiße (Cayetana) und rote (Cencibel/Garnacha) *jóvenes,* die beide ordentlich gemacht werden und auch sehr gut geraten. De Payva heißen ein weißer, im Fass vergorener Cayetana und eine rote *crianza* (Cencibel/Graciano) mit erstaunlich viel Frucht. Alle Weine des Hauses sind ausgezeichnet.

Viña Extremeña, Almendralejo (TdB). *Gegründet 1970.* Die Bodega ist mit neuester Weinbereitungstechnologie ausgestattet. Die Basispalette nennt man Montaraz; der Rote (Cencibel) dieser Linie kann sehr gut ausfallen. Monasterio de Tentudia heißt eine Marke, unter der *jóvenes* in Weiß (80 % Moscatel/20 % Macabeo) und Rosa sowie eine rote *crianza* (90 % Tempranillo/10 % Macabeo; 18 Monate Ausbau) erscheinen. *Beste Weine:* der rote Palacio de Monsalud *crianza,* der Vega Adriana *gran reserva* (90 % Tempranillo/10 % Macabeo; jeweils 9 und 24 Monate in Eiche) und ein interessanter Viña Almendra *semidulce* (rein Macabeo).

Landweine der Meseta

Kastilien-La Mancha

Vino de Mesa de Toledo
Diese Herkunftsbezeichnung ist ein rechtliches Zugeständnis an den Marqués de Griñón. Sie wurde nur eingeführt, damit die berühmte Bodega ihre Weine offiziell mit einer Jahrgangsangabe versehen kann. Es gibt kein Weinbaugebiet dieses Namens – nur der Marqués führt dieses Etikett.

Wichtige Erzeuger

Viñedos y Bodegas de Malpica, Malpica de Tajo. *Gegründet 1973.* Das Gut wurde in der Finca Dominio de Valdepusa in Malpica de Tajo an der N-V zwischen Madrid und Talavera de la Reina eingerichtet. Es diente einst einem Unternehmer als Jagdhütte, der auch Weine in der DO Rueda und der DOCa Rioja bereitete. Mittlerweile ist es zum Hauptsitz der Firma avanciert. Der Eigentümer heißt Carlos Falcó y Fernández de Córdova, besser bekannt als Marqués de Griñón. Er studierte Agrarwissenschaft an der belgischen Universität Louvain und Önologie an der University of California in Davis. 1973 pflanzte er in Valdepusa versuchsweise die ersten Cabernet-Sauvignon-Stöcke. Außerdem ließ er die neueste Kellertechnik installieren und führte in den Weinbergen ein kalifornisches Tropfbewässerungssystem ein. Die Reben gediehen prächtig. Als sie um 1980 reif genug waren und Trauben erbrachten, ließ sich der Marqués vom französischen Fachmann Alexis Lichine und dem Bordelaiser Önologen Professor Emile Peynaud über die Möglichkeiten einer kommerziellen Nutzung beraten.

Peynaud empfahl eine Spezialisierung auf Cabernet Sauvignon sowie Merlot und verfeinerte einige Weinbereitungsmethoden, während Lichine sein Vermarktungs-Know-how beisteuerte. Der erste käufliche Jahrgang gelangte 1982 in die Kelter und kam 1985 auf den Markt. Daraufhin zog de Griñón den amerikanischen Weinexperten Randall Grahm vom Bonny-Doon-Gut in Kalifornien zu Rate. Von seinem Input haben die neueren Erzeugnisse in Malpica sehr profitiert.

Nun ergab sich noch das Problem der Herkunftsbezeichnung. Die nächsten DOs waren Méntrida im Norden und La Mancha im Osten. Doch Valdepusa lag außerhalb beider Zonen und hatte nichts mit ihnen gemein. Außerdem kultivierte der Marqués französische Trauben und bewässerte sie auch noch – eine formelle Anerkennung war also ausgeschlossen. Deshalb verkaufte er die Weine einfach unter seinem eigenen Namen. Er brauchte sie nur noch unter der nicht existierenden Herkunftsbezeichnung *Vino de Mesa de Toledo* registrieren zu lassen, damit er einen Jahrgang auf das Etikett drucken konnte. Die Weine wurden rund um den Globus mit Preisen überhäuft und erlangten internationalen Ruhm.

De Griñón diente vielen Winzern in Regionen, die eigentlich als zu heiß oder zu trocken für den Weinbau gegolten hatten, als Beispiel. Und er zwang die Bürokraten, ihre Haltung zur einst strikt untersagten Tropfbewässerung zu überdenken. Sie wird mittlerweile zumindest von einigen *consejos reguladores* versuchsweise erlaubt, was den Qualitätsstandard südspanischer Weine beträchtlich heben dürfte.

Die Valdepusa-Weine gehören heute zu den Spitzengewächsen Spaniens und Europas. Ohne die Zwänge des *reglamento* kann der Marqués seine Erzeugnisse abfüllen, wann er es für richtig hält, ganz gleich ob sie einem Mindestausbau im Fass unterzogen worden sind oder nicht. Dazu muss natürlich der Inhalt jedes Fasses Monat für Monat geprüft werden – ein sehr kostenintensives Verfahren, mit dem man aber auch fabelhafte Tropfen bekommt. Diese gelangen unter dem Markennamen Dominio de Valdepusa in Umlauf und setzen sich in der Regel aus 90 % Cabernet Sauvignon und 10 % Merlot zusammen, obwohl auch ein reinsortiger Syrah bereitet wird. Begriffe wie *crianza* oder *reserva* werden nicht verwendet; ein Wein liegt 8, der andere 18 Monate im Fass, je nachdem, wie er sich entwickelt.

Hinweis: Auf das Konto des Marqués gehen ferner die in einer anderen Bodega erzeugten Durius-Weine, die ebenfalls keinen DO-Status haben, da ihre Reben aus mehreren Anbauzonen stammen. So wird der Weiße aus Verdejo- und Viura-Trauben der DOs Rueda und Ribera del Duero und der Rote aus Tinto fino von Ribera del Duero und Toro verschnitten. Auch sie sind echte Griñón-Weine.

VdlT Manchuela (DOp – Alabacete und Cuenca). Manchuela ist ein riesiges Gebiet im östlichen Zentralspanien, das an La Mancha im Westen, Utiel-Requena (Levante) im Nordosten, Almansa im Südosten und Jumilla (Murcia) im Süden angrenzt. Wichtigste Stadt der Zone ist Albacete; die 75 000 ha Rebfläche der DOp liegen in der gleichnamigen Provinz sowie in Cuenca.

Manchuela war einst Teil eines weitaus größeren provisorischen Anbaugebiets (DOp), dem noch La Mancha, Almansa und Méntrida angehörten, bevor diese selbst DO Status erlangten. Manchuela wurde 1982 eine eigenständige DOp – hat aber seither wenig getan, um in der Klassifizierungsskala nach oben zu klettern. Vielmehr läuft die Region Gefahr, in eine ständige *Vino-de-la-Tierra*-Zone zurückgestuft zu werden.

Wichtigste Traube ist wie in der Nachbarzone Utiel-Requena die Bobal, auf die 70 % des Rebbestands entfallen. Zugelassen sind ferner Cencibel, Monastrell, Macabeo, Albillo, Bobal, Moravia, Coloraillo, Airén und Pardilla.

Der Schwerpunkt liegt auf der Erzeugung von *jóvenes* in Weiß, *rosado* und Rot, obwohl man auch mit einem neueren Stil liebäugelt. So stößt man gelegentlich schon auf rote *crianzas* und im Fass vergorene Weiße. Das Gros der Weine allerdings wird als Massenware feilgeboten.

Wichtige Erzeuger

Iniestense Cooperativa, Iniesta (Cuenca). *Gegründet 1944.* Die ehrgeizigste Genossenschaft der Region. Sie bringt ihre Weine unter dem Markennamen Señorío de Iniesta in Umlauf. Man fertigt angenehme *jóvenes,* aber auch rote *reservas* und *gran reservas* aus Bobal, die 12 Monate in Eiche liegen.

VdIT Pozohondo (Albacete). Dieser winzige Bereich etwa 30 km südlich von Albacete umfasst drei Kleinstädte. Die wichtigsten Trauben sind Monastrell und Airén, aus denen man vorwiegend *jóvenes* bereitet.

VdIT Gálvez (Toledo). Eine große Anbauzone südwestlich von Toledo, zu der 9 Städte und Dörfer gehören. Zugelassen sind Rote aus Cencibel und Garnacha tinta. Das Gros wird als *jóvenes* verkauft.

VdIT Sierra de Alcaraz (Albacete). Diese Zone in Kastilien-La Mancha ist die vermutlich einzige Kandidatin mit Aussicht auf Beförderung. Sie bekam 1995 VdIT-Status verliehen, was sie größtenteils einer Reihe hart arbeitender neuer Bodegas verdankt, die der Region ein besseres Profil geben wollen. Die klassifizierte Zone umfasst den Westen der Provinz Albacete bis zur Grenze der DO La Mancha.

Ursprünglich hielt man die Region als Anbaugebiet für völlig ungeeignet, doch die guten Böden mit hohem Kalkanteil und ausgezeichneten mikroklimatischen Bedingungen in Hochlandlagen bis 1000 m widerlegen dieses Vorurteil. Man kultiviert hauptsächlich Rebsorten aus Frankreich und setzt auch französische Eiche ein. Weinbau in kleinem Maßstab bei geringen Erträgen und hoher Qualität ist das Ziel der VdIT.

Vielleicht lässt Sierra de Alcaraz ja schon bald alle anderen Anwärterinnen auf das DO-Prädikat hinter sich und avanciert zur jüngsten DO in Kastilien-La Mancha.

Wichtige Erzeuger

Baronia, El Bonillo. *Gegründet 1993.* Ein kleines Gut mit 50 ha Rebfläche und einer nagelneuen Kellerei. Die Hauptmarke kommt unter dem Namen Viña Consolación auf den Markt: ein reinsortiger Chardonnay *joven* und eine rote *crianza* (60 % Cabernet Sauvignon/40 % Tempranillo). Ebenfalls im Angebot: ein sortenreiner Cabernet Sauvignon namens Baronia. Alle Weine sind von ausgezeichneter Qualität.

Manuel Manzaneque, Ossa de Montiel. *Gegründet 1993.* Diese Bodega kann wohl die höchst gelegenen Weinberge auf der iberischen Halbinsel für sich in Anspruch nehmen. Die Reben reifen auf 1000 m über dem Meeresspiegel heran und werden im Frühjahr trotzdem nicht durch Frost geschädigt. Man bewirtschaftet 35 ha in kleinen Parzellen an Standorten, die speziell wegen ihrer mikroklimatischen Bedingungen ausgewählt wurden. Das Weinsortiment erscheint unter dem Namen des Hauses und umfasst einen im Fass vergorenen, 4 Monate an der Hefe liegenden Chardonnay, eine rote *crianza* (80 % Cabernet Sauvignon/10 % Merlot/10 % Tempranillo; 12 Monate in Eiche) und den Einzellagenwein Finca Elez (ebenfalls 80 % Cabernet Sauvignon/10 % Merlot/10 % Tempranillo). Die Weine geraten alle exzellent.

Extremadura

VC Azuaga (Badajoz). Zur Zone gehören 10 Städte und Dörfer um Azuaga. Man fertigt größtenteils *jóvenes* in allen drei Farben. Wichtigste Trauben: Cayetana, Eva, Predro Ximénez, Garnacha tinta und Cencibel. Zusatzsorten: Alarije, Borba, Mantúa und Pardina.

VC Cilleros (Cáceres). Dieser winzige Bereich setzt sich aus den beiden Städten Cilleros und Villamiel nahe der portugiesischen Grenze zusammen. Es dominieren *jóvenes* aus den Haupttrauben Verdejo, Garnacha tinta und Cencibel, als Zusatzsorte dient Malvar.

Im Gut Señorío de los Llanos werden Airén-Trauben angeliefert. Die Rebsorte gehört zu den Hauptbestandteilen vieler Kellereiprodukte der Landweinzonen und wichtigen DOs.

Andalusien und die Kanaren

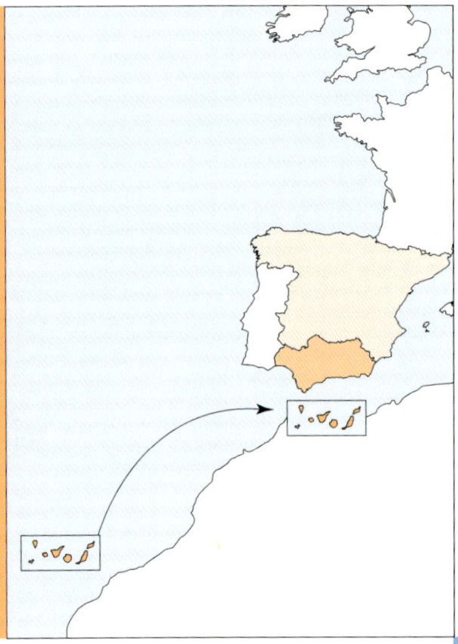

Andalusien hat wechselvolle Zeiten erlebt. Als die Mauren das Land regierten, war es das Paradies auf Erden. Die arabischen Eroberer verwandelten *Al-Andalus* in einen riesigen Garten. Dann fegte die *reconquista* über diesen Garten Eden hinweg und binnen kurzem mutierte einer der reichsten Landstriche der Welt zum Armenhaus. Heute präsentiert sich Andalusien wieder in alter Pracht – dank einer florierenden Tourismusindustrie. Auch die Kanarischen Inseln profitieren vom endlosen Besucherstrom: Der Fremdenverkehr bildet die Haupteinnahmequelle. Und was ist mit den Weinen? Beide Regionen können auf eine lange Weingeschichte zurückblicken. Andalusien ist sogar die älteste Anbauzone Spaniens. Hier entsteht, was viele als Quintessenz des spanischen Weins bezeichnen: der Sherry. Die Kanaren exportieren ebenfalls seit Jahrhunderten gespritete Gewächse. Heute reifen in beiden Gegenden auch andere Tropfen heran. Das stolze Vermächtnis der einstigen Weinbauzentren lebt indes fort – zur Freude von Kennern in aller Welt.

In Andalusien entsteht weitaus mehr Wein als auf den Kanaren. Doch auch die Inseln – hier El Hierro – können auf eine bis ins 16. Jahrhundert zurückreichende Weingeschichte verweisen.

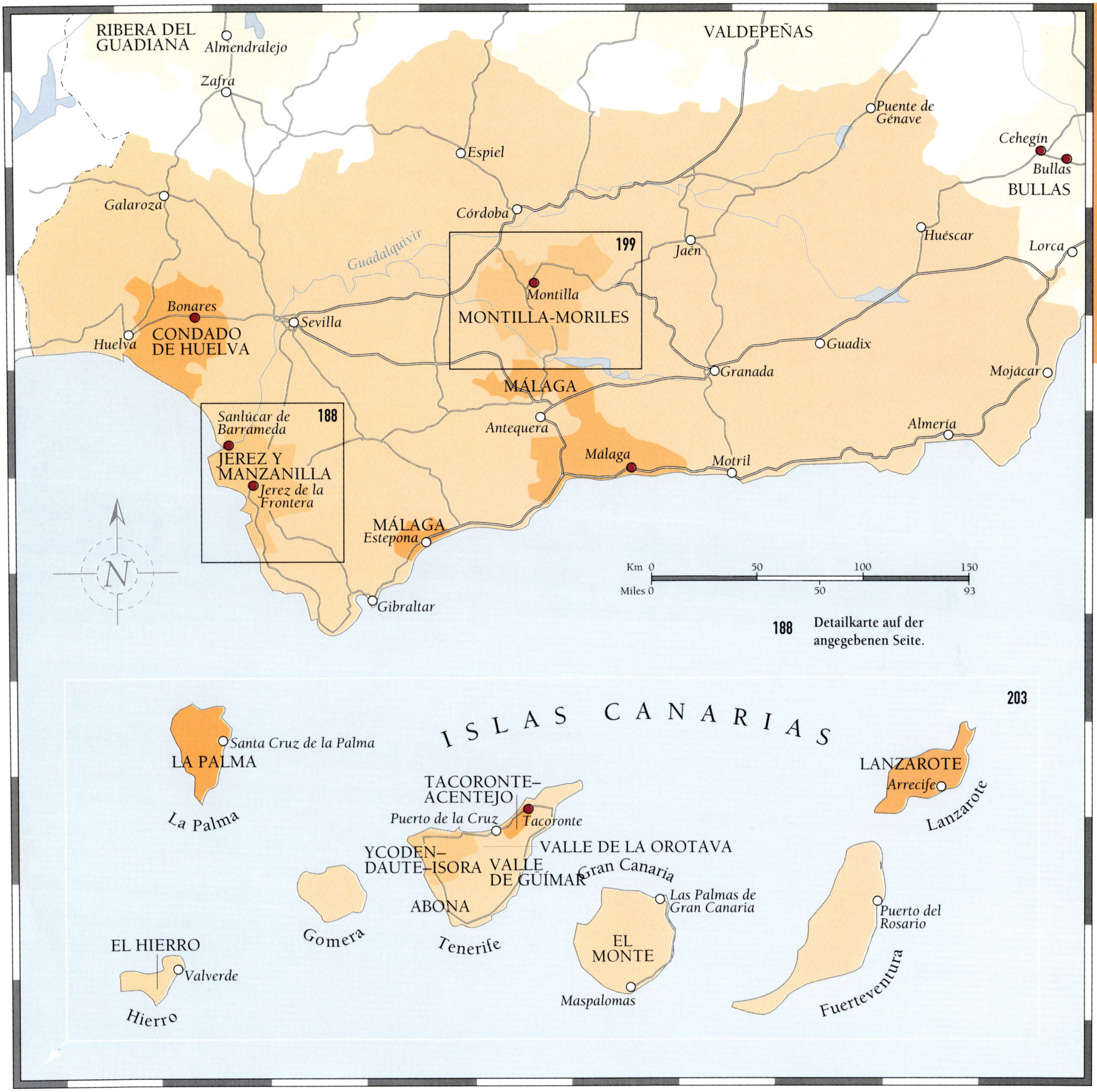
RIBERA DEL GUADIANA
Almendralejo
Zafra
VALDEPEÑAS
Puente de Génave
Espiel
Cehegín
Bullas
BULLAS
Galaroza
Córdoba
199
Jaén
Huéscar
Lorca
Guadalquivir
Montilla
MONTILLA-MORILES
Bonares
Sevilla
Huelva
CONDADO DE HUELVA
Guadix
Granada
Mojácar
MÁLAGA
Sanlúcar de Barrameda
188
Antequera
Almería
JEREZ Y MANZANILLA
Málaga
Motril
Jerez de la Frontera
MÁLAGA
Estepona
N
Km 0 50 100 150
Miles 0 50 93
Gibraltar
188 Detailkarte auf der angegebenen Seite.
203
ISLAS CANARIAS
Santa Cruz de la Palma
LA PALMA
La Palma
TACORONTE–ACENTEJO
Puerto de la Cruz
Tacoronte
LANZAROTE
Arrecife
Lanzarote
VALLE DE LA OROTAVA
YCODEN–DAUTE–ISORA
VALLE DE GÜÍMAR
Gran Canaria
Las Palmas de Gran Canaria
ABONA
Gomera
Tenerife
EL MONTE
Puerto del Rosario
EL HIERRO
Valverde
Hierro
Maspalomas
Fuerteventura

Andalusien: Wiege des spanischen Weins

Die Alhambra überragt das moderne Granada. Im Inneren dieses einstigen Festungspalastes der maurischen Nasridenkönige befindet sich ein Labyrinth reich verzierter Räume …

… wie zum Beispiel die *Sala de las Dos Hermanas*, der Saal der beiden Schwestern (ganz rechts, unten). Er wird von einer auffallend dekorierten Kuppeldecke überspannt, einer Spezialität granadischer Künstler.

Die Weingeschichte Andalusiens ist untrennbar mit der Entwicklung des Rebbaus in Spanien oder auch Europa verbunden. In der Einführung zu diesem Buch wurde bereits darauf eingegangen, mehr dazu kann man im Sherry-Kapitel nachlesen (siehe Seiten 10 und 188). Dennoch ist ein kurzer historischer Exkurs notwendig, um die Herkunft der andalusischen Weine zu verstehen.

Als das Mittelmeer zum Zentrum der westlichen Welt geworden war, gründeten Händler aus dem Nahen Osten Handelsstationen und Ansiedlungen auf dem Gebiet des heutigen Marokko und Andalusien. Um 1100 v. Chr. erbauten die Phönizier die erste Stadt auf der iberischen Halbinsel: Gadir, das Cádiz unserer Tage. Im Hinterland von Gadir, wo heute der Sherry heranreift, entstand vermutlich der erste Weinberg auf spanischem Boden.

Damals waren alle Weine der Region süß und kräftig, so überstanden sie in dem heißen Klima die langen Transporte in undichten Gefäßen besser. Die sonnenbeschienenen Tieflandhänge erwiesen sich als ideale Anbauflächen für die ertragreichen Reben aus Syrien, dem Libanon, Israel und Ägypten. Die Kunst des Rebschnitts allerdings kannte man noch nicht; vermutlich pflanzten die Händler an geeigneten Standorten einfach Stöcke in die Erde und warteten, bis Trauben heranreiften.

Ein Gartenparadies

Unterdessen stellten die Siedler fest, dass im westlichen Andalusien Feldfrüchte gut gediehen. Die Westwinde vom Atlantik hielten die Temperaturen auf erträglichem Niveau und der kalkreiche Boden speicherte während der Trockenperioden ausreichend Wasser für die Wurzeln von Orangen, Feigen, Oliven, Reis, Mandeln, Baumwolle und natürlich Reben. Man hatte also ein Paradies für Händler entdeckt, das noch dazu am Kreuzungspunkt des damaligen Welthandels lag.

Auch die Römer erkannten tausend Jahre später die natürlichen Vorzüge der Landschaft, die sie *Baetica* nannten. Sie belieferten einen Großteil des westlichen Reichs mit den hier angebauten und verarbeiteten landwirtschaftlichen Erzeugnissen wie Weizen, Olivenöl und Wein. Man transportierte die Lebensmittel per Schiff entlang der Atlantikküste bis nach Britannien und Gallien. 711 landeten die Mauren bei Gibraltar und eroberten die Region von Sevilla und Córdoba aus. Die Feldfrüchte aus der soeben in Beschlag genommenen Besitzung schafften sie nach Nordafrika. Nach der Einigung Spaniens im Jahr 1492 erlebte Andalusien einen erneuten Boom, denn nun machte man sich an die Ausfuhr der mittlerweile gespriteten Weine ins frisch entdeckte Amerika, nach Nordeuropa, Indien und in weitere Teile der Welt.

Während des 18. und 19. Jahrhunderts verlor Andalusien im Zuge der Industrialisierung als Agrarland stark an Bedeutung. Erst Mitte des 20. Jahrhunderts gebot eine neue Welle von Eroberern dem Niedergang Einhalt. Diesmal allerdings waren die Invasoren mit Geldbörse und Kamera statt Lanze und Schwert bewaffnet: Dank der florierenden Tourismusindustrie erlebte das Land einen neuerlichen wirtschaftlichen Aufschwung.

Andalusien ist nach Kastilien-León Spaniens zweitgrößte *autonomía*. Sie besteht aus acht Provinzen und lässt sich grob in drei Bereiche einteilen. Im Westen bilden Cádiz, Sevilla und Huelva das «klassische Spanien» mit Weinbergen, Pferden, Stierkämpfen und Flamenco. Im Osten haben sich Granada, Almería und Málaga als erfolgreichste Feriendomizile herauskristallisiert, in denen der Fremdenverkehr vor allem an der Küste blüht. Und in der Mitte halten Córdoba und Jaén die alte landwirtschaftliche Tradition aufrecht, die dem Land vor vielen Jahrhunderten erstmals Wohlstand bescherte.

Maurische Einflüsse

Die Mauren hielten sich in Andalusien länger als in irgendeinem anderen Teil Spaniens, entsprechend nachhaltig prägten sie Sprache, Architektur und Städteplanung. Granada war die letzte maurische Hauptstadt auf iberischem Boden und die Alhambra kann als Vermächtnis eines Volkes bestaunt werden, das bereits in größtem Luxus schwelgte, als man in Europa größtenteils noch in Hütten aus Lehm und Stroh hauste.

Die maurischen Einflüsse sind bis heute in Kunst, Dekor und Architektur gegenwärtig geblieben. Das traditionelle andalusische Haus etwa besteht aus vier um einen zentralen Innenhof angeordneten Zimmern. Diese typisch maurische Aufteilung bot kühle Plätzchen, in die man sich in der größten Nachmittagshitze zurückziehen konnte. Überhaupt tauchen in der gesamten andalusischen Baukunst immer wieder islamische Bögen, Höfe und Flechtmuster auf – Reminiszenzen an ein Reich, das vor 500 Jahren zusammenbrach.

Andalusische Gastronomie

Wie in einer Küstenregion nicht anders zu erwarten, spielt Fisch in der andalusischen Küche eine große Rolle. In den warmen, seichten Strandgewässern wachsen Schalentiere und alle nur erdenklichen Arten weißer Fische von Seezungen über Engelbarsche bis hin zu Sardinen heran. Sie werden meist gekocht oder gebraten gegessen. Dazu serviert man im Westen ein Glas kalten Fino oder Manzanilla Sherry und im Osten einen leichten *joven afrutado* (siehe Seite 186).

Jaén und Córdoba im Landesinneren hingegen sind Viehregionen, deshalb kommen hier Rinder- und Lammsteaks, Schweineschnitzel und Braten auf den Tisch. In vielen Restaurants wird *churrasco* als Spezialität serviert: So nennt man einen Röstgrill und gleichzeitig die darauf zubereitete Fleischspeise. Die Palette einheimischer Käsesorten umfasst alle möglichen Ziegen-, Kuh- und Schafmilcherzeugnisse. Nicht fehlen darf natürlich die allgegenwärtige kalte Gemüsesuppe namens *gazpacho*. Als Nachspeise lässt man sich den *tocino de cielo,* ein Dessert auf Meringe-Basis, schmecken oder entscheidet sich für frisches, vor Ort zubereitetes Eis, über das ein Glas dicker, schwarzer Pedro-Ximénez-Wein aus Montilla gegossen wird.

Das andere Gesicht von Andalusien: Christliche Bildnisse wie diese Marienstatue findet man durchaus auch in Moscheen – die *reconquista* trieb zuweilen seltsame Blüten.

Condado de Huelva

Wichtige Erzeuger

SoViCoSA, Bollullos del Condado. *Gegründet 1983.* Dieses Unternehmen wurde von einigen Bodegas gegründet, die beweisen wollten, dass den *jóvenes afrutados* in Condado de Huelva die Zukunft gehört. SoViCoSA ist mit der modernsten Kellertechnik ausgestattet. Das Gros der Produktion wird unter einem einzigen Markennamen in Umlauf gebracht: Viña Odiel (Zalema). Dieser Tropfen ist der wahrscheinlich beste Wein neuen Stils in der gesamten Region.

Vinícola del Condado Cooperativa, Bollullos del Condado. *Gegründet 1955.* Die bedeutendste Genossenschaft der DO. Ihre 1800 Mitglieder bewirtschaften 4500 ha Rebäcker, die jährliche Gesamtproduktion liegt bei 250 000 hl. Trotz ihrer enormen Größe hat diese *cooperativa* vor kurzem die Zeichen der Zeit erkannt und einen beträchtlichen Teil der Produktion auf modernere Tropfen umgestellt. Unter den weißen *jóvenes* finden sich der Privilegio del Condado und der Don Condado *semiseco,* die beide zu 100 % aus Zalema gefertigt werden und einen Alkoholgehalt von 10,5 % haben. Die Palette der *generosos* umfasst einen passablen *pálido* namens Mioro (90 % Listán/5 % Garrido/5 % Palomino; 15,5 % Alkohol), den angenehmen *viejo* Botarroble (100 % Zalema; 18 % Alkohol) und zwei *vinos de licor*: den Misterio und den Puesta del Sol (beides reinsortige Zalema mit jeweils 15 und 18 % Alkohol).

Im 16. und 17. Jahrhundert überstieg die weltweite Nachfrage nach «Sack», dem Vorläufer des heutigen Sherry, das Angebot bei weitem. Dieser Süßwein entstand vor allem in Jerez sowie auf Madeira und den Kanarischen Inseln. War der Vorrat auf den Inseln verkauft, mussten sich die Kunden eben bis zur nächsten Saison gedulden. Nicht so in Jerez und den Nachbarregionen, wo man die Exportmärkte jahrhundertelang mit dem kräftigen, aufgespriteten Tropfen speiste. In diesem geschäftstüchtigen Umfeld agierte auch Condado de Huelva: Hier bereitete und verkaufte man unbekümmert seine eigenen Weine, lieferte aber auch Weiße nach Jerez.

Mittlerweile ist natürlich alles anders geworden. In der Sherry-Anbauzone darf man schon viele Jahre lang keine Weine mehr zukaufen. Condado de Huelva hat seine Angebotspalette erweitert und bietet verschiedene Weinstile an. Die Existenz dieser Region gründet sich jedoch auf die *generosos*. Sie fallen oft beachtlich aus. Die Rebflächen liegen mit etwa 25 Meter Höhe nur wenig über dem Meeresspiegel und profitieren von einer recht üppigen Niederschlagsmenge. Der Schwemmlandboden ist sandig, nur gelegentlich findet man mit Kreide durchsetzten Untergrund. Die wichtigste Rebsorte heißt Zalema, auf sie entfallen 80 Prozent des Bestands. Daneben kultiviert man Palomino/Listán (die Sherry-Traube), Garrido fino, Moscatel und Pedro Ximénez. Nur die Weißweine haben DO-Status. Man experimentiert, was das Zeug hält: Von Monastrell bis Syrah wird in den Versuchspflanzungen so ziemlich alles durchprobiert.

Vinifikation und Weinstile

Die Weine von Condado de Huelva lassen sich im Wesentlichen in zwei Kategorien einteilen: in die Condados *pálidos* mit einem Alkoholgehalt von 15,5 Prozent und die Condados *viejos,* schwach gespritete Tropfen herkömmlichen Stils mit 17 bis 23 Prozent Alkohol. Sie können sehr gut ausfallen; vor allem die süßeren Gewächse überzeugen, die einem ordentlich bereiteten alten Oloroso ähneln. Der *joven afrutado* ist ein kalt vergorener, leichter Weißer neuerer Machart, den man aus einheimischen Trauben keltert.

Derzeit befindet sich die Weinindustrie von Condado de Huelva in einer Flaute. Mit einer Änderung der Bestimmungen, einigen neuen Rebsorten und etwas Marketing ließe sich jedoch aus der DO durchaus etwas machen.

Pferdepflüge sind in den Weinbergen von Condado de Huelva ein vertrauter Anblick. Die meisten Erzeugnisse der DO kommen als traditionell gefertigte, schwach gespritete Weine in den Handel.

Málaga

Es ist eine traurige Geschichte. Die DO Málaga, einst ein ruhmvolles Weinbaugebiet, besteht heute nur noch aus acht Bodegas und selbst diese sind zum Teil in ihrer Existenz gefährdet. Doch damit nicht genug: Die DO muss Lesegut aus Montilla kommen lassen, um ihren Bedarf zu decken.

Nicht immer fristete Málaga ein Schattendasein. Der Siegeszug von Kellereiprodukten aus dieser Region während der Renaissance gehört zu den großen Erfolgsstorys der Weingeschichte. Málaga-Wein war zusammen mit «Sack» aus Jerez und von den Kanarischen Inseln ein Verkaufsschlager.

Doch die Geschmäcker ändern sich. Als Flaschenwein immer beliebter wurde, konnte der Verbraucher plötzlich aus einer breiten Palette unterschiedlicher Erzeugnisse wählen. Fortan war Málaga-Wein nur noch ein Tropfen unter vielen. Und es kam noch schlimmer: Mit den Touristenströmen nach dem Zweiten Weltkrieg wurde Málagas Küste für den Fremdenverkehr erschlossen. Den einheimischen Winzern bot sich damit ein einträglicher Absatzmarkt vor der Haustüre, sodass man sich um Exporte nicht mehr viel scherte.

Málaga hat trotz aller Wirren überlebt. Man kennt zwei größere Anbaubereiche in der Region. Der westliche liegt in der Gegend um Estepona an der Grenze zu Cádiz und ist die Domäne der Moscatel-Traube. Der östliche Bereich wiederum erstreckt sich von der Stadt Málaga bis zur Grenze mit Granada. Man unterteilt ihn in drei Subzonen. Axarquía reicht die Küste entlang von Málaga bis Nerja. Auch hier gedeiht die Moscatel-Traube. Die anderen beiden Subzonen – Mollina und eine weitere Zone um Cuevas de San Marcos – fallen recht klein aus. Hier reifen die klassischen Pedro-Ximénez-Reben heran, aus denen der traditionelle Málaga-Wein bereitet wird.

Insgesamt sind in der Zone 12 000 Hektar mit Reben bestockt, doch nicht einmal 1000 davon haben DO-Status. Deshalb müssen auch Trauben aus Montilla zugekauft werden.

Geografie und Klima

Die Anbauflächen erstrecken sich von der Küste bis in über 700 Meter über dem Meeresspiegel. Mit zunehmender Höhe wird der Boden immer lehmhaltiger, enthält aber in der gesamten DO eine gute Dosis Kreidegestein. An der Küste ist das Klima mediterran, im Inland wird es zunehmend kontinentaler. In den Bergen können die Nächte zum Vorteil der dort wachsenden Reben überraschend kalt ausfallen.

Málagas beste Tropfen entstehen aus der Pedro Ximénez, man findet jedoch auch Moscatel in Verschnitten oder als reinsortiges Erzeugnis. Für den klassischen Málaga-Wein werden die Trauben vollreif gelesen und anschließend in der Sonne getrocknet. Dabei verdunstet ein Großteil des Wassers

Oben: Hoch über dem Fluss Tajo liegt am Rande eines Schwindel erregend steilen Abhangs die Altstadt von Ronda.

in den Trauben. Zurück bleibt eine zähe, fast schon rosinierte Beere mit einem hohen natürlichen Zuckergehalt.

Bei dieser mächtigen Zuckerdosis fermentiert die Hefe nur kurz. Sobald der Gärprozess eingesetzt hat, spritet man den Most daher mit Weingeist und bringt ihn so auf bis zu 23 Prozent Alkohol. Anschließend beginnt der Ausbau. Er läuft entweder statisch in Fässern oder dynamisch in einer Art *solera*-System ab (siehe Seite 192). Anschließend komponiert jede Bodega ihren Wein nach einer hauseigenen Verschnittformel und fügt gegebenenfalls noch einen geringen Anteil eines ganz alten Tropfens hinzu, um dem Endprodukt eine gewisse Patina zu verleihen.

Auch ein trockener, voll vergorener Málaga-Wein wurde versuchsweise schon auf den Markt gebracht. Darüber hinaus offeriert man einen halbsüßen *abocado* mit bis zu 50 Gramm unvergorenem Traubensaft pro Liter. Der Moscatel ist angenehm zu trinken, hält aber einem Vergleich mit dem echten Málaga-Wein (bis zu 600 g/l) nicht stand: Letzterer läuft dunkel oder goldgelb ins Glas, bekundet im Duft ein Schokoladenaroma und am Gaumen eine kräftige Rosinennote bei schier endlosem Abgang. Er ist aber auch sehr teuer und hoffnungslos altmodisch. Vor unseren Augen entschläft derzeit einer der großen Weine der Welt für immer.

Wichtige Erzeuger

Larios, Málaga. Das riesige Getränke- und Destillierunternehmen bringt Jahr für Jahr rund 5000 hl Málaga-Wein von guter Qualität auf den Markt – und hält damit einen Klassiker am Leben. Mithilfe des ausgedehnten Verteilernetzes versorgt man das ganze Land mit dem Erzeugnis und gewährleistet so, dass das edle Gewächs aus Spaniens Süden nicht in Vergessenheit gerät. Der Benefique des Hauses ist ein *oloroso* aus 100 % Pedro Ximénez, der traditionelle *dulce* wird ebenfalls aus dieser Traube bereitet und mit 5 % Vidueña angereichert.

López Hermanos, Málaga.
Gegründet 1885. Der größte noch existierende Erzeuger in der DO arbeitet hart, damit Málaga-Wein nicht ganz in der Versenkung verschwindet. Deshalb bietet man eine Vielzahl unterschiedlicher Stile an, etwa einen 15-prozentigen Málaga *pálido* namens Cartojal und einige ausgezeichnete Moscatel. Flaggschiff der traditionellen Linie ist der Málaga Virgen (75 % Pedro Ximénez/25 % Moscatel) mit 17 % Alkohol. Alle Weine bieten ein hervorragendes Preis-Leistungs-Verhältnis. *Bester Wein:* ein «Dry Oloroso» mit 18 % Alkohol, der unter dem Markennamen Trajinero angeboten wird.

Scholtz, Málaga.
Gegründet 1807. Scholtz schloss 1996 seine Pforten, hat jedoch noch so große Vorräte, dass die Versorgung in nächster Zeit wohl kaum gefährdet sein dürfte. Hier entstanden ausnahmslos beispielhafte Weine. Wer also noch auf einen Scholtz stößt – insbesondere den Lágrima 10 Años oder das Paradepferd des Hauses, den Pedro Ximénez Añejo –, sollte unbedingt zugreifen. Diese Kreszenzen wird es bald nicht mehr geben.

Jerez

Die DO *Jerez/Xérès/Sherry y Manzanilla de Sanlúcar* hat vermutlich deshalb den längsten Namen aller spanischen Weinzonen, weil sie am längsten für seinen Schutz kämpfen musste. Ihre Bemühungen um Anerkennung der Bezeichnung wurden zusätzlich durch historische und sprachliche Wirren erschwert: Die ersten Siedler nannten die Stadt Jerez *Ceret*, die Mauren *Scheris* und die Kastilier nach der *reconquista* im 13. Jahrhundert *Xerez*. Um so mehr verwundert es, dass Sherry erst seit dem 1. Januar 1996 den offiziellen Schutz der EU genießt. Dabei hatten sich viel zu viele zuvor mit fremden Federn geschmückt und den Namen verwendet.

Gerade deshalb aber dauerte es so lange, bis die Region im Süden Spaniens das Exklusivrecht zur Führung des Namens zugestanden bekam. In aller Welt hatten Kellereien ihre Erzeugnisse als «Sherry» bezeichnet und vom Ruhm des Originals profitiert.

Zwar kannte man den Wein in Großbritannien schon seit 1340, doch erst im Jahr 1587 avancierte er zu einem Modegetränk – vor allem weil Sir Francis Drake die Hafenstadt Cádiz angegriffen, einen Großteil der spanischen Flotte angezündet und sich mit fast 3000 Fässern «Sherris Sack», wie die Engländer den Sherry damals noch nannten, davongemacht hatte. Plötzlich wurde London mit dem berauschenden Getränk überschwemmt und es entstand ein Markt, der nahezu 400 Jahre fast ohne Unterbrechnung florierte.

Zwölf Jahre nachdem Drake «dem spanischen König den Bart versengt» hatte, räsonnierte Shakespeares Sir John Falstaff in *Heinrich IV.* ausführlich über die Vorzüge von Sherris Sack.

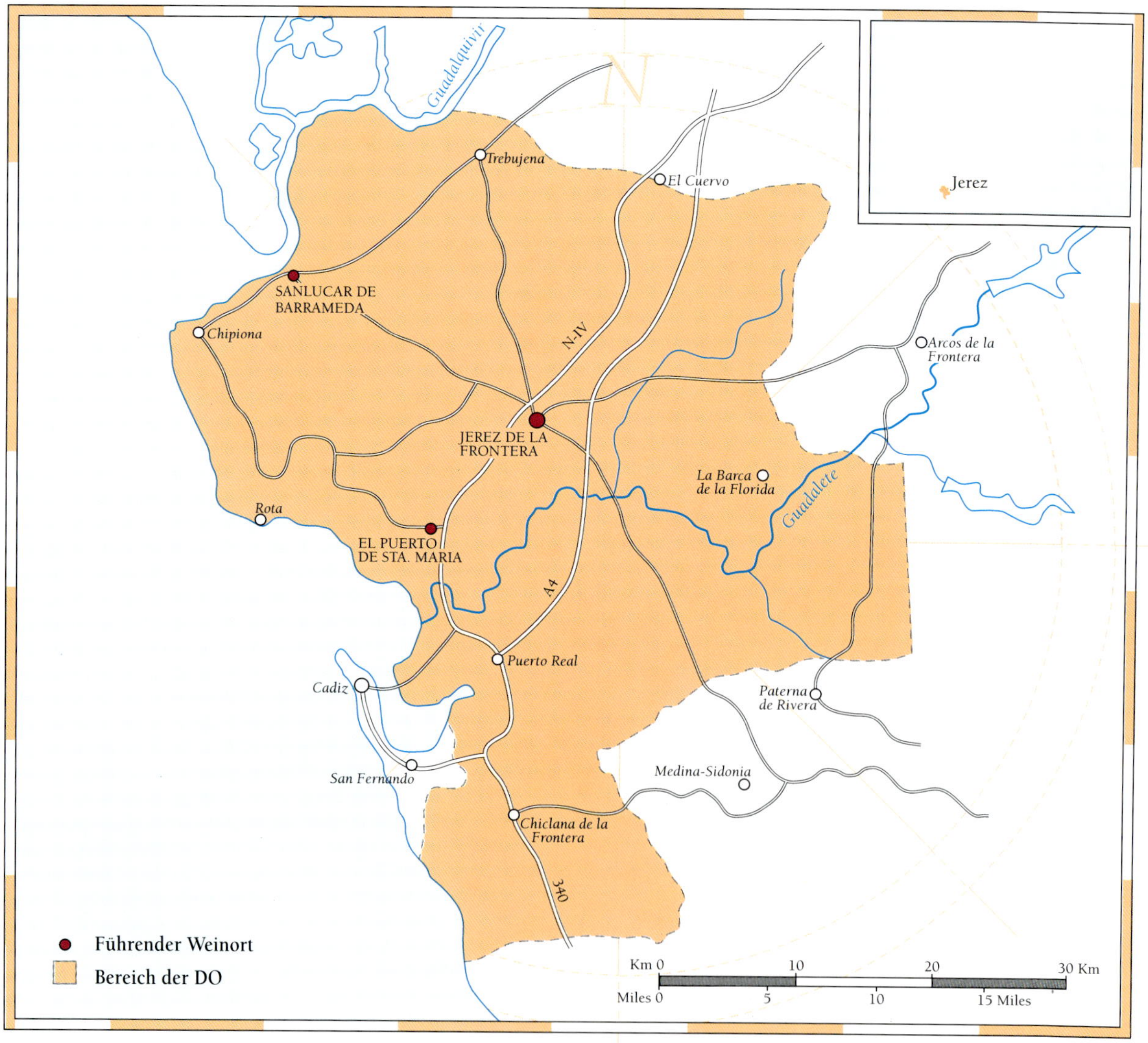

Er sei so viel besser als alle anderen Weine, erklärte er, denn er «steigt euch in das Gehirn, zerteilt da alle die albernen, dummen und rohen Dünste, die es umgeben». Nun, geschmeckt hat er ihm wohl auch.

Die Blüte des Sherrys

Die frühe Geschichte des Sherry wurde bereits an anderer Stelle abgehandelt, da sie untrennbar mit den Anfangstagen des spanischen Weins verbunden ist. Im 19. Jahrhundert war Sherry weltweit zu einem gefragten Trunk avanciert. Als aufgespriteter, im Fass oxidierter Wein hielt er sich lange und ließ sich zudem gut transportieren. So wurde der Name «Sherry» in besseren Kreisen als Bezeichnung für einen guten Tropfen schlechthin verwendet. In einer britischen Weinhändlerliste aus dem letzten Jahrhundert etwa steht zu lesen: «Château d'Yquem – feinster Sherry». Eine bessere Werbung kann sich kein Erzeuger wünschen.

Im letzten Viertel des 19. Jahrhunderts erlebte der Sherry nach einigen Wirren einen Wiederaufschwung. In Großbritannien und den Niederlanden – damals wie heute die Hauptabnehmer für südspanischen Likörwein –, aber auch in Belgien, Deutschland und Skandinavien entdeckte man die Vorzüge dieses edlen, warmen Nektars, der zur Aufhellung des düsteren, dunklen nordeuropäischen Winters wie geschaffen schien. Dabei hatten die als Fino oder Manzanilla bekannten Weine aus jenen Tagen nur wenig mit den leichten, frischen, vom *flor*-Geschmack geprägten Kreszenzen gemeinsam, die der moderne Verbraucher kennt. Kühlmöglichkeiten gab es damals so gut wie keine, weshalb der mühsame, lange Transport bei hohen Temperaturen den Sherry nicht unverändert ließ. Alle Gewächse aus Jerez schmeckten bei ihrer Ankunft nach langem Fassausbau und ähnelten damit wohl einem modernen Amontillado.

Erste Vorschriften

Anfang der 30er Jahre unternahm die spanische Regierung erste Schritte zur gesetzlichen Regulierung der Weinproduktion auf nationaler Ebene. Davor hatten ausschließlich kommunale und regionale Ausschüsse beziehungsweise Berufsverbände Vorschriften erlassen. 1933 wurde in Jerez der erste *consejo regulador* eingerichtet – teilweise eine Reaktion auf die überhand nehmenden «Sherrys», die mittlerweile fast jedes Weinbaugebiet auf den Markt warf. Kaum eines dieser Erzeugnisse allerdings gereichte dem Original zur Ehre.

Der *consejo* machte Vorgaben für die einzelnen Bereiche der Weinproduktion von der Pflanzung der Reben über die Vinifikation und den Ausbau bis hin zur Vermarktung. 1940 exportierte die Region noch 240 000 Hektoliter Wein, dann brach der Markt wegen des Krieges zusammen. Kurz nach 1945 allerdings lief die Produktion in Jerez schon wieder auf Hochtouren: 1949 fanden 206 000 Hektoliter Abnehmer im Ausland und 1959 konnte man bereits 300 000 Hektoliter auf dem Exportmarkt absetzen. Der Aufschwung schien sich endlos fortzusetzen. Und doch kam es anders.

Zunächst jedoch hielt der Höhenflug an: 1969 beliefen sich die Ausfuhren auf 700 000 Hektoliter und 1979 hatten sie 1 500 000 Hektoliter erreicht, das entspricht 200 Millionen Flaschen. Damit allerdings war der Zenit erreicht. Nie wieder würde man solch ungeheure Mengen verkaufen, denn die Trinkgewohnheiten begannen sich zu verändern. Eine neue, nach dem Krieg geborene Generation verband Sherry mit alten Flaschen, die in der Ecke des biederen Wohnzimmers alter Tanten verstaubten. Gleichzeitig boomte der Weinmarkt: Mittlerweile konnte man jeden nur erdenklichen Weinstil aus allen Anbaugebieten rund um den Globus erstehen – da geriet der gute alte Sherry eben ins Hintertreffen.

Hausgemachte Probleme

Die Sherry-Industrie war in vielerlei Hinsicht an ihrem Niedergang selbst schuld. Nach Jahrhunderten endlos scheinender Prosperität war man in Selbstgefälligkeit verfallen und wollte nicht mehr auf Veränderungen reagieren. Außerdem überschwemmten zu viele Billigprodukte den Markt. Sie wurden in riesigen Tanks in alle Welt transportiert. Damit heimste man Exportsubventionen ein, obwohl das Gebräu ursprünglich gar nicht zum Trinken gedacht war.

Eine Krise hatte Jerez erfasst. Es gab zu viele Anbauflächen, zu viele Beschäftigte in diesem Erwerbszweig, zu viel Wein und zu viele Unkosten. Die Unternehmen steckten in ernsthaften Schwierigkeiten. Als die Exporte innerhalb von zehn Jahren um 50 Prozent auf 783 000 Hektoliter im Jahr 1989 zurückgingen, kam es zu Fusionen und Übernahmen. Es war für viele eine schlimme Zeit.

Anfang der 90er Jahre stabilisierte sich die Lage schließlich. Die Tage waren zwar vorbei, als man alles mit dem Namen «Sherry» auf dem Etikett an den Mann bringen konnte. Doch der Sherry hatte sich nicht zuletzt deshalb so lange gehalten, weil man sich immer auf seine solide Grundqualität verlassen konnte. Sie war ihm nicht abhanden gekommen – sie war einfach nur in Vergessenheit geraten angesichts der erbarmungswürdigen, nichts sagenden, lediglich mithilfe geschickter Marketingstrategien verkauften Billigprodukte, die seinem Image so sehr geschadet hatten.

Eine Kostprobe Fino Sherry aus den Fässern der Bodegas von Emilio Lustau. Kellermeister stellen oft ihr Können unter Beweis, indem sie die Gläser mit einem dünnen Strahl aus über einem Meter Entfernung füllen.

Die Sherry-Renaissance

Mit einem Mal entdeckte eine neue Generation von Weintrinkern, die dem veralteten braunen Getränk bereits den Rücken gekehrt hatte, den Sherry wieder. Doch nicht den Sherry herkömmlicher Prägung, sondern die jungen, kühlen, lebendigen Finos und Manzanillas mit frischer *flor*-Note. Sie schmeckten hervorragend zu leichtem, vegetarischem Essen oder Fisch, ließen sich aber auch vorzüglich alleine trinken und bekamen so wieder ihre angestammte Rolle als *aperitivos* zugewiesen. Neugierige Weinkenner wagten sich sogar an die glorreichen Olorosos und uralten *solera*-Likörweine und glaubten sie wie so viele Generationen vor ihnen neu entdeckt zu haben. Kurz: Der Sherry war wieder einmal im Rennen.

Sicher, die alte Tante hatte schon lange das Zeitliche gesegnet und der neue Pastor war ein Vegetarier, der nur Öko-Sauvignon trank. Mit den Unmengen ausdrucksarmer, öliger Flüssigkeiten, mit denen sich die Industrie während der gesamten zweiten Hälfte des 20. Jahrhunderts über Wasser gehalten hatte, war also kein Staat mehr zu machen. Weit weniger Sherry als in alten Zeiten verließ die Region, doch er war dafür von viel besserer Qualität. Man verkaufte ihn teurer und sicherte sich so Gewinne, die man in Modernisierungen und neue Verkaufsstrategien reinvestierte. Im ausgehenden Jahrtausend präsentieren sich die Weine aus Jerez so gut wie eh und je – ja, sogar noch besser. Die Auswahl ist riesig und das Preis-Leistungs-Verhältnis phänomenal.

Die Sherry-Region

Jerez liegt in einem «goldenen Dreieck», das den östlichen Teil von Cádiz einnimmt und im Norden in die Provinz Sevilla hineinragt. Im Zentrum liegen die Städte Sanlúcar de Barrameda, Jerez de la Frontera und Puerto de Santa María. Eine der frühesten Qualitätsvorschriften für Sherry besagte, dass man die in der Region hergestellten Weine nur von diesen drei Orten aus verschiffen durfte und das ist bis heute so geblieben.

Die Böden von Jerez lassen sich in drei Typen einteilen: in *arenas, barros* und *albarizas,* also Sand-, Lehm- und Kreideuntergrund. Einst wurden auf allen drei Bodenarten Reben angebaut, doch mittlerweile hat man die auf Sand und Lehm stehenden Weinberge größtenteils gerodet und kultiviert die Reben fast nur noch auf *albarizas,* denn auf ihnen reift das beste Lesegut heran. Dieser Kreideboden, der gepflügtes Land zuweilen wie beschneit wirken lässt, ist eines der drei Erfolgsgeheimnisse von Jerez.

Kilometerlange Rebflächen bei Jerez de la Frontera. Nirgendwo gedeiht die Palomino-Traube besser als in diesen niedrig gelegenen, kreidehaltigen Böden.

Die besten Weinberge liegen zum Atlantik hin; sie profitieren vom Westwind und den üppigen Regenfällen, die für ein Anbaugebiet so weit im Süden überaus wichtig sind. Trotz der Niederschläge allerdings lässt die Hitze das Bodenwasser während der Reifeperiode im Nu verdunsten. Ein Großteil der lebensnotwendigen Flüssigkeit wäre verloren – wenn da nicht die Kreide wäre. Das poröse Gestein saugt das Wasser wie ein Schwamm auf und speichert es in den unteren Schichten, wo die Temperaturen weitaus weniger schwanken als an der Oberfläche. Außerdem trocknet die Erde nach reichlichen Regenfällen in der Sonne wie Eischnee auf einem Kuchen und bildet dadurch eine harte Kruste, die die Verdunstung der Flüssigkeit im Boden mindert. Das Ergebnis: gesunde Reben und reicher Ertrag.

Pagos

Das *albariza*-Gebiet wird in 150 *pagos*, Einzellagen, unterteilt. Manche sind kaum einen Hektar groß, während die größten sich über mehrere tausend Hektar erstrecken. Jede Lage hat ihre Charakteristiken. Auf höher gelegenen, heißeren *pagos* etwa reifen Trauben für gute Olorosos heran, in den kühleren Küstengegenden wächst dagegen Lesegut, das sich eher für Finos eignet. Auf den Etiketten werden für gewöhnlich nur die acht größten und bedeutendsten Lagen erwähnt: Añina, Balbaina, Carrascal, Macharnudo und Martín Miguel im Herzen der Region um Jerez sowie die in Küstennähe gelegenen *pagos* Miraflores und Torrebreva bei Sanlúcar beziehungsweise Los Tercios bei Puerto de Santa María.

Rebsorten

Das zweite Erfolgsgeheimnis von Jerez sind die Trauben: Die größte Bedeutung hat die Listán, auch Palomino oder Listán Palomino genannt. Dahinter rangieren Moscatel und Pedro Ximénez. Die Moscatel findet oft für reinsortige Tropfen Verwendung, während die Pedro Ximénez zum Süßen oder bei der Erzeugung einer Handvoll seltener und teurer, sortenreiner Weine zum Einsatz kommt.

Ansonsten aber beherrscht die Listán das Terrain. Die ertragreiche Sorte erbringt im restlichen Spanien ausdruckslose Weine, auf Kreideboden und im ungewöhnlichen, weil sehr heißen und doch relativ feuchten Klima von Jerez aber wächst sie über sich hinaus und liefert das ideale Material für den Ausbau zum Sherry. Und damit wären wir beim dritten Erfolgsgeheimnis.

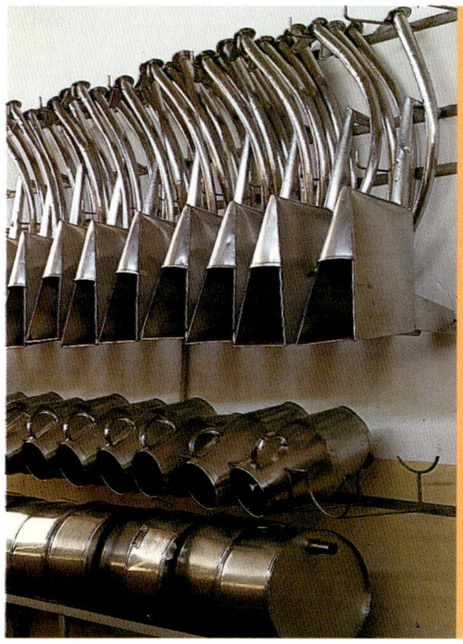

Die traditionellen Werkzeuge des *bodeguero*: Mit den *jarras* (Kannen) gießt man Wein in die *canoas* (Trichter), mit denen man die neuen Fässer auffüllt.

Der Ausbau von Sherry

Die *flor* genannte Hefeschicht wächst in der *solera* auf der Oberfläche des Weins und verleiht dem Endprodukt seinen charakteristischen Geschmack. Ohne sie gäbe es keinen Sherry.

Manche Weinregionen sind mit den idealen Klimabedingungen, Böden, Höhenlagen und Rebsorten gesegnet – Jerez gehört mit Sicherheit nicht dazu. Die herausragende Qualität der Weine ist auf die Entschlossenheit ihrer Bereiter zurückzuführen, aus den bescheidenen Vorgaben von Mutter Natur etwas Großartiges zu zaubern. Das ist nach ein paar tausend Jahren Probieren und Irren, Feinschliff und harter Arbeit auch vollends gelungen.

Die Erschaffung des Sherry beginnt im Weinberg. Die Listán Palomino braucht für ein gutes Gedeihen bestimmte Lagen, die Meeresbrisen und einen hohen Kreidegehalt im Boden. Im Laufe der Jahre haben die Bodegas herausgefunden, auf welchen Flächen die besten Trauben für Finos wachsen und wo Olorosos besser heranreifen. Der Ausbau von Sherry

allerdings ist auch ein Musterbeispiel für Chancengleichheit: Auf allen Weinen lässt man anfangs den *flor* wachsen, um zu sehen, ob sie nach der *solera* das Zeug zum Fino haben.

Das erste Jahr

Jeder Sherry ist zunächst trocken. Nach dem Gärvorgang haben die Weine zwölf bis 13 Prozent Alkohol. Man lagert sie bis zum Januar nach der Lese in Tanks und bewertet dann ihre Qualität. Die besten Exemplare werden auf 14,5 Prozent Alkohol aufgespritet und kommen ins Fass, schwächere Tropfen bringt man mit Weingeist auf 16,5 Prozent Alkohol und verkauft oder lagert sie, um sie für Verschnitte einzusetzen.

Im Fass entsteht der *flor*. Diese Hefeschicht ernährt sich von Reststoffen im Wein und bildet einen Überzug, der hauchdünn sein kann, manchmal aber auch zu einer schäumenden Decke heranwächst. Im Frühjahr wird der Wein mit dem kräftigsten Hefebelag erneut auf 15,5 Prozent Alkohol aufgespritet, der idealen Stärke für den *flor*. Aus diesem Tropfen entstehen später einmal Finos. Den Fassinhalt mit einer schwächeren *flor*-Schicht bringt man auf 17,5 Prozent Alkohol, wodurch die Hefe abstirbt. Diese Weine baut man zu Olorosos aus.

Bis dahin stammen alle Erzeugnisse vom selben Jahrgang – man nennt sie *añadas,* «Jährlinge». Nur sehr wenig Jahrgangs-Sherry gelangt in Umlauf. Emilio Lustau listet einen 1918er Amontillado auf und auch Williams & Humbert bewahrt für Besucher eine Jahrgangssammlung auf, die bis in die 20er zurückreicht. Die große Mehrzahl der Weine allerdings kommt in die *solera,* dem ausgefeilten System zur Erzeugung von Sherry.

Die *solera*

Man stelle sich eine dreireihige Fasspyramide mit sieben Fässern in der untersten, sechs in der mittleren und fünf in der obersten Reihe vor. Die unterste Reihe nennt man die *solera.* In der Regel werden *botas,* 500-Liter-Fässer, dafür verwendet. Pro Jahr verkauft man nur ein Drittel des Inhalts aus den untersten *botas.* Den frei werdenden Raum füllt man mit Wein aus der Reihe darüber, der ersten *criadera,* wörtlich «Kinderstube». In sie kommt wiederum Wein aus der nächst höheren Stufe, der zweiten *criadera.* Und diese letzte Lage füllt man schließlich mit jungem *añada* auf. Die Weine werden sorgfältig ausgewählt, damit nur beste Qualität in die *solera* gelangt. Junge Tropfen durchlaufen das System in fünf bis hundert Jahren. In dieser Zeit nehmen sie die Charakteristiken ihrer Vorgänger im Fass an. Auf diese natürliche Art der Qualitätssicherung gründete sich einst der Erfolg von Sherry. Ganz

Eine *solera* mit den Krügen und Trichtern, die Traditionalisten noch immer zum Umfüllen der Weine verwenden.

zum Schluss verschneidet man die gereiften Weine zu *cabeceos* – die Franzosen nennen sie *cuvées*. Dabei entstehen preislich günstige Supermarkt-Sherrys ebenso wie bemerkenswerte «Einzelfass-Sherrys» von immenser Ausdruckskraft.

Die Stile

Fino: So heißt der leichteste und trockenste Sherry; in ihm tritt die zarte, frische Hefenote der *flor*-Schicht hervor. In kühleren Küstenregionen wie Sanlúcar de Barrameda kennt man den Fino als Manzanilla. Dort wächst der *flor* das ganze Jahr über. Er prägt den Geschmack des Weins sehr stark und bewahrt seine zarte, blass strohgelbe Farbe. In wärmeren Binnenzonen wie Jerez stirbt die Hefe im Hochsommer ab, sodass die Weine dunkler und aromatischer ausfallen. Finos kommen in der Regel nach fünf bis zehn Jahren auf den Markt.

Amontillado: Er beginnt zunächst als Fino, bleibt jedoch sehr viel länger in der *solera* als dieser. Mit etwa 15 Jahren nimmt der Amontillado eine dunklere Farbe und ein robusteres Aroma an, verliert aber trotzdem nicht den würzigen Charakter seiner Jugend.

Oloroso: Ein Oloroso durchläuft das *solera*-System, ohne den *flor* zu entwickeln. Olorosos sind dunkler, körperreicher und kräftiger im Aroma als Finos und Amontillados, nicht jedoch süßer. Sie gehören zu den langlebigsten Weinen der Welt – selbst nach über hundert Jahren kann man sie problemlos trinken. Die besten fließen goldgelb ins Glas, verströmen einen nussigen Duft und bekunden am Gaumen kräftige Fülle bei einem langen, knochentrockenen Abgang.

Palo Cortado: Diese seltene Spielart beginnt zunächst als Fino, verliert dann aber den *flor* und nähert sich einem Oloroso an. Er offenbart dessen nachhaltiges Finish, zeigt jedoch gleichzeitig den würzigen Charakter eines Amontillado.

Cream Sherry: Diese und andere Arten sind speziell auf bestimmte Märkte zugeschnitten. Jeder Sherry ist von Natur aus trocken. Es kommen jedoch auch Dessertweine wie der Cream Sherry auf den Markt. Man süßt sie mit *vinos dulces* aus Sirup *(almíbar)* oder eingedicktem Traubenmost *(arrope)* aus Pedro Ximénez und der mittlerweile immer öfter für trockene Varianten verwendeten Moscatel. Viele im Handel erhältliche Amontillados sind ein Verschnitt aus Jung- und Süßweinen, der als Medium Dry auf den Markt kommt. Mit dieser Massenware möchte man eine möglichst große Käuferschicht erreichen – aber wie so oft spricht man damit niemanden so richtig an.

Die besten *vinos dulces* in Jerez kommen nach dem Süßen zurück in die *solera* und bleiben dort noch einmal 20 Jahre, bis sie für den Verkauf freigegeben werden.

Wichtige Erzeuger

Agustín Blázquez, Jerez. *Gegründet 1795.* Diese Bodega propagierte schon früh begeistert die neuen, leichteren, frischeren Fino-Stile; ihr ausgezeichneter Carta Blanca gehört zu den besten Tropfen dieser Richtung und trägt als einer der wenigen Sherrys einen Datumsstempel auf dem Rückenetikett, damit der Kunde weiß, wie lange der Wein in der Flasche war. Weiter im Sortiment: ein Carta Oro und Carta Plata (beide Amontillados) sowie ein Carta Rioja (Oloroso) und ein Medal (Cream).

Argüeso (Herederos), Sanlúcar de Barrameda. *Gegründet 1822.* Vorsicht, es gibt zwei Argüeso. Dieser Betrieb bewirtschaftet 40 ha. Er hat sich auf Manzanilla spezialisiert und bringt einen herausragenden Las Medallas de Argüeso in Umlauf. Manche ziehen ihm möglicherweise den Manzanilla *pasada* namens San León vor, aber beide sind Klassiker. Man stellt ferner einen Amontillado und einen ausgezeichneten Moscatel her, die jedoch zusammen nur 5 % der Produktion ausmachen.

Barbadillo, Sanlúcar de Barrameda. *Gegründet 1821.* Ein weiterer herausragender Manzanilla-Produzent, der früher John Harvey belieferte. Mit einem Jahresausstoß von 100 000 hl gehört Barbadillo zu den größten Bodegas in Sanlúcar. *Beste Weine:* Der beste Manzanilla heißt Soleo und ist ein großartiger Tropfen, doch er ist nicht der einzige Sherry im Sortiment. Der Eva Manzanilla und Cream geraten ebenfalls ausgezeichnet. Superb auch der Príncipe, ein Amontillado in zwei Versionen, und der Cuca Oloroso *viejo*.

Bobadilla, Jerez. *Gegründet 1882.* Das Unternehmen wurde 1990 von Osborne aufgekauft, fertigt jedoch noch immer Weine im Hausstil aus Lesegut von den 38 ha eigener Rebfläche. Der Alcázar (Amontillado), der Capitán (Oloroso), der La Merced (Cream) und der Romántico (Pedro Ximénez) sind alle sehr gut. Unter dem Siegel der DE Brandy de Jerez gibt man ferner einen Brandy heraus, der zum Verkaufsschlager geworden ist. *Bester Wein:* der ausgezeichnete klassische Fino namens Victoria.

Croft, Jerez. *Gegründet 1970.* Croft hatte über 200 Jahre lang von Oporto in Portugal aus Sherry exportiert, machte jedoch erst 1970 eine eigene Bodega in Jerez auf. Die ganze Ausrüstung und Organisation sind deshalb auf dem neuesten Stand. Das Unternehmen bewirtschaftet rund 350 ha und stellt jährlich 80 000 hl Wein her. Sie werden unter dem Namen des Hauses verkauft. Der Delicado ist ein angenehmer Fino, der Classic ein guter Amontillado und der Original eine überaus beliebte, für den Massenmarkt bereitete, gesüßte Fino-Mixtur. *Bester Wein:* der ausgezeichnete Palo Cortado, begehrtes Erzeugnis des Hauses Croft.

Delgado Zuleta, Sanlúcar de Barrameda. *Gegründet 1744.* Der hochklassige Hersteller bringt jährlich rund 10 000 hl Sherry sowie *jóvenes afrutados* unter dem Siegel der VdlT Cádiz auf den Markt. Gute Tropfen findet man unter den Markennamen Barbiana (Manzanilla *pasada*) und ¿Quo Vadis? (Amontillado). Auch der Amontillado namens Zuleta gerät exzellent. *Bester Wein:* Das berühmteste Pferd im Stall ist der ausgezeichnete La Goya Manzanilla *pasada*.

Emilio Hidalgo, Jerez. Aufgepasst – auch dieser Name kommt in Jerez zweimal vor. Die Bodega befindet sich im Herzen der Altstadt von Jerez und bereitet Weine klassischen Zuschnitts: Der Charito Manzanilla und der Panesa Fino fallen gut, der Magistral Cream bzw. der Privilegio Pedro Ximénez sehr gut und der Gobernador Oloroso sowie Tresilio Amontillado sogar ausgezeichnet aus.

Emilio Lustau, Jerez. *Gegründet 1896.* Der Name Emilio Lustau bürgt in der Sherry-Szene für Qualität. Das in einer schönen Bodega in der Altstadt eingerichtete, altehrwürdige Unternehmen wurde einst von einem Rechtsanwalt mit einer Vorliebe für guten Sherry gegründet. In den ersten Jahren war das Gut ein reiner Familienbetrieb. Dann zog Emilio Lustau, der Schwiegersohn des Gründers, das Geschäft professionell auf. Man ließ den Begriff *Almacenista* (eigentlich «Lagerhalter») rechtlich schützen und verwendete ihn für spezielle Weine, die man von den in Jerez zahlreich vertretenen kleinen Privaterzeugern und Hobbywinzern aufkaufte – auch José Berdejo, der Firmengründer, war einer dieser Einzelkämpfer. Die Almacenista-Weine erscheinen unter dem Namen Lustau, auf dem Etikett sind jedoch Einzelheiten über den eigentlichen Hersteller angegeben. Diese edlen Nektare brachten Lustau verdientermaßen einen legendären Ruf ein, den sich das Gut bis heute bewahrt hat. Mit dem Adelsprädikat Almacenista verbindet man Erzeugnisse von stupender Qualität. Lustaus Nachfolger Rafael Balao zog sich Ende der 80er aus gesundheitlichen Gründen aus dem Geschäft zurück und verkaufte die Bodega an Luís Caballero aus Puerto de Santa María. Dieses Unternehmen ist wegen seiner ordentlich gemachten Supermarktweine bekannt. Anfänglich fürchtete man, Lustau könnte in der Muttergesellschaft aufgehen. Das Gegenteil war jedoch der Fall. Der neue Eigentümer belieferte die Tochter nicht nur mit Lesegut aus dem 170 ha großen *pago* Montenegrillo – Lustau hatte bislang alle Trauben zugekauft –, sondern bemühte sich auch um eine weitere Verbesserung der Qualität durch neue Impulse und Investitionen. Aus diesem Grund gehört Lustau heute zu den Spitzen-Bodegas von Jerez. Die Almacenista-Linie ändert sich zwar von Jahr zu Jahr, je nachdem, welche Weine heran-

Idealer Untergrund für die Palomino-Rebe: die fast schon aus purer Kreide bestehenden *albariza*-Böden des Weinbergs Vina el Caballo von Osborne westlich von Jerez de la Frontera.

reifen und von den Kleinwinzern geliefert werden können, sie umfasst aber ausnahmslos Sherrys von wenigstens außergewöhnlicher Qualität, darunter auch Seltenheiten wie den Palo Cortado und sogar einen Manzanilla Amontillada. Unter dem Markennamen Solera bringt man ferner eine traditionelle Palette von bester Lustau-Qualität auf den Markt, in der sich ein Puerto Fino, ein Reserva Los Arcos Amontillado, der großartige Emperatriz Eugenia Oloroso und ein beeindruckender Reserva Moscatel namens Emilín finden.

Garvey, Jerez. *Gegründet 1780.* Eine große, auf den Export spezialisierte Bodega mit 500 ha Anbaufläche und zwei Zweigstellen: eine im alten Viertel von Jerez, die andere vor der Stadt. Garvey experimentierte in den frühen 20er Jahren des 19. Jahrhunderts als erster Erzeuger mit «leichten» Sherrys (Finos), als das Gros der Weine noch als Oloroso auf den Markt kam. Der Ruf der Bodega gründet sich vorwiegend auf den Fino San Patricio, der trotz wechselnder Besitzer in den letzten Jahren weiterhin von ausgezeichneter Qualität ist. Im Programm hat man außerdem noch den sehr guten Tío Guillermo Amontillado und einen Flor de Jerez Oloroso. *Bester Wein:* der San Patricio.

González Byass, Jerez. *Gegründet 1835.* Eine altgediente Sherry-Bodega mit grandiosen Gebäuden im Zentrum von Jerez, 800 ha Anbaufläche und einer Produktion von 200 000 hl jährlich. Ende der 80er sorgte ein Besitzerwechsel für einige Turbulenzen, die sich zum Glück 1991 legten. Das Unternehmen ist ein Familienbetrieb, an dem jedoch die IDV-Gruppe (International Distillers and Vintners) als Minderheitsaktionär beteiligt ist. Die internationale Reputation von González Byass beruht auf einem einzigen Wein: dem Tío Pepe. Er wurde angeblich nach einem gewissen «Onkel Josef» benannt, der einst ein Fass mit besonders leichtem, trockenem Fino in einer Ecke für sich allein reserviert hatte. Im Gegensatz zu vielen anderen Sherrys auf dem internationalen Markt, die nur noch von ihrem Namen, ihrer Tradition, historischen Anekdoten oder einfach einem großen Werbeaufwand leben, ist der in Spanien verkaufte Tío Pepe das Musterbeispiel eines großartigen reifen Fino – angesichts der exportierten Menge eine erstaunliche Leistung. Das Unternehmen musste einen riesigen neuen Komplex errichten lassen; in dieser dreistöckigen Bodega, der einzigen ihrer Art in Jerez, wird ausschließlich Tío Pepe ausgebaut. Außerdem hat sich González Byass den Markt für leichtere, frischere Erzeugnisse mit einem ausgezeichneten, köstlichen Manzanilla namens El Rocío erschlossen. Darüber hinaus führt man eine breite Palette ordentlich gemachter Alltagsweine mittlerer Qualität. Ein echtes Ereignis sind dagegen die Apóstoles, 13 riesige Eichenfässer im Zentrum des großen Bodega-Komplexes, die jeweils nach den zwölf Aposteln benannt und grob nach Michelangelos *Abendmahl* angeordnet sind. Das 13. und letzte Fass in der Mitte trägt keinen Namen und ist mit Brandy gefüllt. «Judas» enthält *vinagre de Jerez* – Sherry-Essig. In den anderen Fässern lagern Weine aus verschiedenen alten *soleras,* die zum Teil noch in der Mitte des letzten Jahrhunderts entstanden sind. Jedes Jahr wird eine geringe Menge Oloroso *seco* aus diesen Fässern verkauft. Der Apóstoles bekundet einen klassischen Stil und wäre schon von unseren Urgroßeltern als sehr guter Sherry erkannt worden. In dieselbe Richtung gehen der Matusalén, ein ehrwürdiger, goldener, honigartiger Oloroso *dulce,* der so alt schmeckt, wie sein Name andeutet; der Amontillado del Duque, ein außerordentlich feiner, konzentrierter trockener Amontillado, und der Noë, ein Pedro Ximénez von enormer Geschmeidigkeit, Fülle und Reife. Von solchen Weinen kann man nur träumen.

John Harvey, Jerez. *Gegründet 1970.* Das Unternehmen war schon anno 1769 in Jerez aktiv. Bis 1870 hatte es seinen Sitz im englischen Bristol. Es kaufte seine Weine von den unzähligen Erzeugern in Jerez und Sanlúcar, insbesondere von Antonio Barbadillo. 1970 erwarb John Harvey Mackenzie & Co und richtete sich in einer modernen, mit neuester Technologie ausgestatteten, doch traditionell gehaltenen Bodega in Jerez ein. Später übernahm man so bekannte Güter wie Marqués de Misa, Diez Merito, De Terry und Palomino y Vergara. Die letztgenannte Bodega war für einen einzigen Wein, einen Fino namens Tío Mateo, berühmt. Die *soleras* sowie die Namen wurden an das neue Unternehmen Marqués del Real Tesoro in seiner seit 1990 bestehenden Form veräußert. Die meisten Weinberge der insgesamt 1000 ha Rebfläche, die man im Zuge der Aufkäufe erwarb, liefern mittlerweile das Basismaterial für den Bristol Cream, nach dem weltweit eine ungeheure Nachfrage herrscht. Dieses Erzeugnis bleibt das Flaggschiff von Harvey und gerät in der in Spanien verkauften Variante trotz seines Status als «Marken-Sherry» überraschend gut. Auch der Bristol Fino zeigt sich als guter, sauberer Wein. Im Sortiment hat man überdies einen Bristol Medium Dry, der allerdings im Vegleich mit dem Cream ein wenig enttäuschend ausfällt. Harvey gehört zur Allied-Domecq-Gruppe. Im Direktorium dieses Konzerns möchte man anscheinend den La Ina (siehe Pedro Domecq) als Fino-Flaggschiff sehen, da eine Eigenkonkurrenz bei diesem Qualitätsniveau nicht besonders sinnvoll ist.

Los Infantes de Orleans-Borbón, Sanlúcar de Barrameda. Die «Königskinder» gehören Barbadillo und der spanischen Königsfamilie. Die Weine dieser Bodega geraten generell sehr gut. Sie tragen Namen wie La Ballena Manzanilla, Alvaro Fino, El Botánico Amontillado, Fenicio Oloroso und Carla Pedro Ximénez. *Beste Weine:* der ausgezeichnete Torre Breva Manzanilla, der aus dem gleichnamigen *pago* stammt, und ein köstlicher Cream namens Orleans 1884.

Internacionales (Bodegas), Jerez. Der Medina-Gruppe gehören eine Reihe sehr großer Bodegas an, darunter die einst dem Rumasa-Imperium angeschlossenen Güter, zu denen auch Internacionales zählte. Die Produktionsmenge liegt bei 170 000 hl jährlich. Die höchste Qualität zeigt das einstige Rumasa-Paradepferd: der Don Zoilo. Der Fino von Internacionales gehörte schon immer zu den besten und teuersten seiner Art. Das restliche Programm mit Manzanillas, Amontillados, Olorosos und Creams fällt sehr gut aus, reicht aber nur ganz selten an den Fino heran.

Jesús Ferris, Jerez. *Gegründet 1975.* Eine für Jerez-Standards relativ kleine Bodega mit 35 ha und einer Vorliebe für süßere Tropfen. Die Linie Las 3 Cándidas umfasst drei Weine: einen Amontillado, einen Oloroso *seco* und einen Oloroso *dulce,* die alle sehr gut ausfallen. *Beste Weine:* zwei *dulces* der Marke J Ferris M, ein ausgezeichneter reinsortiger Moscatel und ein herausragender Pedro Ximénez.

Luís Caballero, Puerto de Santa María. *Gegründet 1830.* Ein Familienunternehmen mit einer langen Reputation auf dem heimischen und internationalen Markt. Seit 1933 gehört ihm das Haus Burdon; die unter diesem Namen herausgebrachten Sherrys – die Firma nennt sie ihre «Kampfweine» – gehen in den Export. Der derzeitige Besitzer Luís Caballero ist ein begeisterter Fino-Anhänger und hat eine interessante Methode zur Optimierung der Frische und des *flor*-Geschmacks seines Pavon Fino entwickelt. Sobald der Haupt-*cabeceo* verschnitten ist, kommt etwas *sobretabla* hinzu, ein junger, für die *criadera* vorgesehener Tropfen. In der Flasche können sich die Weine dann vermengen. So wird der Pavon zu einem guten Wein von beachtlicher Frische und Zartheit. Im Angebot hat Caballero darüber hinaus einen sehr guten Moscatel *dulce* namens Lerchundi, sein Hauptaugenmerk richtet er allerdings auf die Herstellung verlässlicher Weine für Supermärkte in Spanien und im Ausland. Mit der Übernahme von Emilio Lustau 1990 hat sich der Qualitätsschwerpunkt verlagert. Trotzdem gelingt es Caballero, die Güte und Tradition des klassischen Sherry-Hauses aufrecht zu erhalten und gleichzeitig auf dem Massenmarkt zu reüssieren.

Manuel de Argüeso, Jerez. Die relativ kleine Bodega (9000 hl) gehört zu Valdespino. Ihr Meisterstück ist der außergewöhnliche Pedro Ximénez: Er liegt so schwarz und undurchsichtig im Glas, dass man fast meint, ein Löffel könnte darin stecken bleiben. Zweifellos einer der größten Dessertweine der Welt.

Marqués del Real Tesoro, Jerez. *Gegründet 1860.* Anfang der 90er wurden die Überreste dieser im Dornröschenschlaf liegenden Firma aufgekauft und wieder auf Vordermann gebracht. Man richtete am Stadtrand eine funkelnagelneue, sehr elegante Kellerei ein. Da die bestehenden *soleras* sehr klein und ein wenig provisorisch waren, kaufte die

Bodega die Fässer und den Namen des exzellenten Fino Tío Mateo von dem Erzeuger John Harvey, der beides seinerseits vom ursprünglichen Besitzer Palomino y Vergara erstanden hatte. Das Niveau des Tío Mateo wurde erfolgreich gehalten – der Tropfen gehört weiterhin zu den klassischen Finos aus Jerez. Die Bodega bietet enorme Expansionsmöglichkeiten und die Eigentümer scheuen nicht vor Investitionen und Qualitätsverbesserungen zurück. Von dieser Bodega wird man noch hören.

Osborne, Puerto de Santa María. *Gegründet 1772*. Der Name Osborne kam erst 1890 auf. Das noch immer in Familienbesitz befindliche Unternehmen zeichnet für die berühmten schwarzen Stiersilhouetten verantwortlich, die man trotz eines Verbots von Autobahnwerbung noch überall an den Straßen stehen sieht. Der Hauptsitz der Firma in Puerto de Santa María ist ein wunderschöner Bau. Vor einigen Jahren hat Osborne Bobadilla in Jerez übernommen, es wird also gezielt expandiert. Trotzdem scheint man die Linie klassischer Weine in alle Ewigkeit fortzuführen. Im Ausland nennt man die Produkte weiterhin Duff-Gordon, in Spanien dagegen kennt jedes Kind Osborne. Der Bailén Oloroso und der Coquinero Amontillado fallen sehr gut aus. *Beste Weine:* Der ausgezeichnete Fino Quinta ist das Prachtexemplar der Bodega. Köstlich fällt auch der außergewöhnliche Pedro Ximénez 1827 aus.

Pedro Domecq, Jerez. *Gegründet 1730*. Die Familie hat das Ruder noch in der Hand, doch die Firma ist wie John Harvey und andere Erzeuger in den Besitz von Allied-Domecq übergegangen. Zur Bodega gehören 750 ha Rebfläche, die Jahresproduktion liegt bei 80 000 hl Wein. Pedro Domecq genießt einen beneidenswerten Ruf für ausgezeichnete Qualitätskontrolle und Innovationsgeist. Schon seit einigen Jahren führt Beltrán Domecq das Unternehmen, obwohl Vater Ignacio – wegen seines Verkostungstalents «die Nase» genannt – bis weit in die 80er Jahre hinein noch tagtäglich mit einem klapprigen alten Moped und einem Schoßhündchen auf dem Gepäckträger ins Büro knatterte. Leider verstarb der Seniorchef Ende 1997, doch der Name Domecq lebt weiter – wie seit über 250 Jahren. Nach dem Zusammenschluss mit John Harvey avancierte der La Ina zum Schmuckstück der Bodega. Der klassische, elegante, außergewöhnliche Fino stellt seinen Gegenspieler Bristol Cream, einen Oloroso *dulce,* locker in den Schatten. Darüber hinaus produziert Domecq eine breite Palette unterschiedlichster Erzeugnisse, vom passablen Celebration Cream für den Massenmarkt bis hin zum sehr guten Viña 25 Pedro Ximénez. Von Bedeutung jedoch ist nur die Spitzenriege: neben dem La Ina Fino der Capuchino Palo Cortado, der Río Viejo Oloroso *seco,* der Sibarita Oloroso *viejísimo* und der fulminante Venerable Pedro Ximénez. Die geringsten unter diesen Weinen sind noch immer ausgezeichnet, die meisten geraten sogar herausragend. Wer sich nach der Übernahme durch Allied-Domecq um die Individualität, den Stil und die Qualität der Sherrys dieses Gutes sorgte, kann aufatmen. Interessante Randbemerkung: Domecq erzeugte 1874 mit dem Fundador den ersten Brandy de Jerez.

Rainera Pérez Marín, Sanlúcar de Barrameda. *Gegründet 1825*. Das auf Manzanilla spezialisierte Haus stellt den klassischen La Guita («der Faden») her. Er ist nach der Schnur benannt, die durch den Korken gezogen wurde, damit man ihn nicht verliert und die Flasche gegebenenfalls wieder schließen kann. Der eigentliche Manzanilla, erkennbar am weißen Etikett, ist in der Region gut bekannt und das Musterbeispiel eines frischen Weins mit *flor*-Note. Über die Grenzen von Jerez hinaus hat der Manzanilla *pasada* (mit gelbem Etikett) Bekanntheit erlangt. Er gilt ebenfalls als Klassiker seiner Art und verträgt überdies längere Transportwege besser. Alle Erzeugnisse geraten ausgezeichnet.

Sánchez Romate, Jerez. *Gegründet 1781*. Sánchez ist heutzutage wohl vor allem wegen des grandiosen Brandy de Jerez namens Cardenal Mendoza bekannt, dennoch bewirtschaftet das Haus noch 80 ha Anbaufläche und produziert 30 000 hl Sherry im Jahr. Der Marizmeño ist ein guter, klassischer Fino und auch der Iberia Cream sowie der Dulce Gloria können sich sehen lassen. *Beste Weine:* die ältesten Tropfen machen das Rennen. Prachtexemplare sind der ausgezeichnete Amontillado und der Don José, ein

Dry Oloroso. Am besten allerdings schneidet der überwältigende Cardenal Cisneros Pedro Ximénez ab.

Sandeman, Jerez. *Gegründet 1790.* Das Unternehmen Sandeman-Coprimar, so der volle Name, fing ähnlich wie Croft an: Über eine Niederlassung im portugiesischen Oporto ließ man Sherry nach England liefern. Als aber der wichtigste Zulieferer Pemartín, der heute zu Bodegas Internacionales gehört, Bankrott ging, musste eine eigene Bodega in Jerez eingerichtet werden. Derzeit bewirtschaftet das Haus 358 ha Rebfläche und erzeugt 90 000 hl Wein. Die Hauptlinie umfasst einen Armada Cream, einen Don Fino – beides gute Tropfen – sowie als Neuheit den besonders trockenen jungen Soleo, der auf den jungen Fino/Manzanilla-Markt abzielt. *Beste Weine:* Die meisten Verkoster bewerten die älteren Weine des Hauses am besten, also den Character Medium-Dry (ein recht profaner Name für solch ein exzellentes Gewächs mit 5 % Pedro Ximénez) und insbesondere den Royal Corregidor Oloroso (mit 10 % Pedro Ximénez).

De Terry, Puerto de Santa María. *Gegründet 1865.* Eine Bodega irischen Ursprungs, die heute zum Haus John Harvey und damit zu Allied-Domecq gehört. Harvey kaufte De Terry ausschließlich wegen des vorzüglichen Brandy de Jerez. Dennoch bereitet die Bodega weiterhin eine geringe Menge guten Sherry. Ihr Paradepferd ist der Maruja, ein gelungener Manzanilla, der mit dem eingängigen Namen «Sherry de Terry» auf den Markt kommt.

Valdespino, Jerez. *Gegründet 1837.* Die Wurzeln des Hauses reichen viel weiter zurück. Im 13. Jahrhundert drängten kastilische Soldaten die maurischen Truppen nach Granada zurück. Eine Zeit lang bildete die Region um Jerez eine Art Grenzland zwischen dem christlichen und arabischen Spanien – deshalb auch der vollstädige Name Jerez de la Frontera. Der Legende nach sollen 1264 zwölf Ritter von König Alfons dem Weisen gegen die Mauren zu Felde gezogen sein und Jerez wieder eingenommen haben. Es folgten 20 Jahre Belagerung und Schlachten, doch Jerez fiel nie wieder an die einstigen Besatzer. Alfonso schenkte den Rittern Ländereien und Weingärten, darunter auch eine Lage namens Valdespino. Damit könnte die Bodega in Jerez 1999 ihr 735-jähriges Bestehen feiern – auf jeden Fall ein eindrucksvolles Jubiläum. Heute gehören fünf Bodegas in Jerez (unter anderem Manuel Argüeso) und zwei in Sanlúcar zum Haus. Man setzt auf traditionelle Weinbereitung. Die breite Palette umfasst maßgeschneiderte Marken für wichtige Exportkunden und hauseigene Erzeugnisse. Aus 155 ha Rebfläche holt man alljährlich rund 45 000 hl Wein heraus. *Beste Weine:* der grandiose Fino Inocente, spanisch *Ynocente,* der vom *pago* Macharnudo stammt und noch immer in Eiche vergoren wird, und der *viejo dulce* Oloroso. Der Valdespino Coliseo Amontillado ist über 90 Jahre alt. Don Miguel Valdespino, der derzeitige Firmenchef, hütet in einer kleinen Bodega hinter seinem Büro ein paar besondere Fässer für ausgesuchte Kunden. Der angenehme, höfliche, zurückhaltende Mann ist mit Leib und Seele Sherry-Produzent und eine der ganz großen Persönlichkeiten von Jerez.

Vinícola Hidalgo, Sanlúcar de Barrameda. *Gegründet 1792.* Das Familienunternehmen bewirtschaftet 70 ha Anbaufläche und stellt rund 15 000 hl Wein pro Jahr her. 90 % davon kommen als reinsortiger Manzanilla La Gitana in den Handel, den manche für den besten Sherry seiner Art halten. Im Angebot hat das Haus überdies einen Napoleon Amontillado und Oloroso sowie einen Palo Cortado namens Hidalgo. Exzellente Gewächse.

Williams & Humbert, Jerez. Ein altehrwürdiges Haus, das in letzter Zeit mehrfach den Eigentümer gewechselt hat und sogar einmal zur mittlerweile nicht mehr existenten Rumasa-Gruppe zählte. Heute ist es im Besitz eines niederländischen Konsortiums, dem auch Bols gehört. Trotz seiner bewegten Vergangenheit floriert das Unternehmen und bereitet aus dem Lesegut von 288 ha Fläche insgesamt 60 000 hl jährlich. Wichtigster Auslandsmarkt war von jeher Großbritannien, was auch in den Sherry-Bezeichnungen zum Tragen kommt. Der Dry Sack ist ein Oloroso mit 5 % Pedro Ximénez und in England seit vielen Jahren ein Renner. (Die Rumasa-Nachfolger strengten langwierige Prozesse um die Rechte am Markennamen an, die Williams & Humbert aber letztendlich gewann.) Empfehlenswert sind auch der Alegría Manzanilla, der Canasta Cream, der Dos Cortados Oloroso und der Pando Fino. Die England-Fraktion ist mit dem gesüßten Amontillado As You Like It und dem Oloroso Dulce A Winter's Tale gut vertreten. *Beste Weine:* der Canasta Cream und der Alegría. Wer zu den Glücklichen gehört, die den Bodegas von Williams & Humbert einen Besuch abstatten dürfen, für den hält man einen besonderen Leckerbissen parat: Das Unternehmen hat eine Sammlung von *añadas* (Jahrgangs-Sherrys) aufgebaut, die fast lückenlos bis ins Jahr 1921 zurückreicht. Die Gelegenheit, einen Schluck davon zu erhaschen, sollte man sich nicht entgehen lassen.

Pedro Domecqs Bodega wurde nach der Moschee in Córdoba «La Mezquita» benannt – aus offensichtlichen Gründen. Fässer findet man allerdings im Inneren des Originals mit Sicherheit nicht.

Ganz links: eine *Casa blanca* in Jerez. Blauer Himmel, Palmen und Sonnenblumen – jetzt fehlt nur noch ein Manzanilla.

Montilla-Moriles

Tinajas in den Kellern von Alvear, der ältesten und größten Bodega in der DO Montilla-Moriles.

Montilla konnte vor kurzem ein großes Comeback feiern. Noch Anfang des 20. Jahrhunderts gelangte eine ordentliche Menge der hier erzeugten Weine geradewegs in die Sherry-Bodegas. Als Jerez und Montilla 1933 jeweils einen eigenen *consejo regulador* bekamen, war damit allerdings Schluss.

Obwohl Jerez als Hauptabnehmer ausfiel, bekam Montilla wieder Oberwasser und begann sich auf die eigenen Tugenden zu besinnen. Schließlich hatte die Region ebenfalls beachtliche Kreszenzen vorzuweisen – größtenteils ungespritete Tropfen aus der Pedro Ximénez, die zu alkoholreichen Weinen vergoren und in *tinajas* ausgebaut wurden.

Die DO liegt in der Umgebung der beiden Städte Montilla und Moriles in der Provinz Córdoba. Die gleichnamige Provinzmetropole war einst Hauptstadt eines Kalifats – die maurische Vergangenheit spiegelt sich in der Architektur noch deutlich wider. Córdobas Schmuckstück ist die Moschee La Mezquita: Das tausend Jahre alte Prachtbauwerk im Zentrum der Stadt hat sich die majestätische Würde eines islamischen Gotteshauses bewahrt, obwohl es im 13. Jahrhundert teilweise zu einer christlichen Kathedrale umgebaut wurde.

Geografie und Klima

Die Böden lassen sich in zwei Typen einteilen: die *alberos* mit der für Andalusien charakteristischen, kreideweißen Erde und die sandigen *ruedos* an der Grenze der Region. Der mittlere Bereich umfasst etwa 2670 Hektar Anbaufläche und ist als *superior* klassifiziert. Hier reifen die besten Trauben heran; sie werden meist zu Exportweinen verarbeitet. Die Weinberge liegen in 300 bis 700 Meter Höhe. Trotz relativ hoher Niederschlagsmengen herrscht ein heißes, kontinentales, an manchen Stellen schon ins Semiaride reichendes Klima, denn nicht selten regnet es alles auf einmal herab, sodass der Rest des Jahres überwiegend trocken bleibt.

Die Pedro Ximénez führt in der DO Montilla-Moriles das unumschränkte Regiment. Aus ihr werden die meisten klassischen Export-Montillas gekeltert, lediglich Moscatel-Weine gibt es noch hin und wieder. Insbesondere für die *jóvenes afrutados* neuen Stils aber finden auch andere Trauben wie Lairén (Airén), Baladí und Torrontés Verwendung.

Als der Sherry 1979 in ein tiefes Exportloch fiel, riss er die meisten anderen gespriteten Weine in Andalusien mit sich. So hatte auch Montilla mit schwindenden Auslandsverkäufen zu kämpfen. Ende der 80er Jahre trat die DO aber erneut auf die Bühne. Seit die EU 1996 den Namen «Sherry» europaweit schützte und damit alle Imitate vom Markt fegte, sind auch für Montilla klare Verhältnisse geschaffen. Die Region kann sich nun einen eigenen Ruf aufbauen.

Es geht aufwärts

Die DO brachte sich mit zwei Strategien auf Vordermann. Zunächst setzte man auf *jóvenes afrutados*. Diese leichten, frischen, kalt vergorenen, bald nach der Lese verkauften Weine werden meist aus den Rebsorten Baladí oder Torrontés, zuweilen aber auch aus Pedro Ximénez und sogar Moscatel gekeltert. Sie behaupteten sich auf dem Markt für Alltagsweine und brachten der Weinindustrie von Montilla genug Geld ein, um wirtschaftlich zu gesunden. Dann befassten sich die Erzeuger in der DO mit den Klassikern der Region. Zum Glück entschieden sich die meisten für den Erhalt dieser schutzwürdigen Exemplare.

Am Anfang sind alle Montilla-Weine gleich. Nach der Lese kommt der Saft – streng getrennt in Vorlaufmost sowie Pressmoste der ersten und zweiten Pressung – in die Gärtanks. Die dritte Pressung ist für die Destille bestimmt. In Edelstahl läuft die Gärung bei exakter Temperaturregelung wie üblich ab.

Anschließend entscheidet der Kellermeister, welcher Wein ein *joven afrutado* und welcher ein traditioneller Montilla werden soll. Ersterer wird gekühlt, gefiltert und abgefüllt, während Letzterer als Vorbereitung auf die nächste Ausbaustufe eine malolaktische Gärung durchläuft. Der voll vergorene Wein kommt in Beton-*tinajas* oder große Eichenfässer, damit sich wie beim Sherry der *flor* entwickelt.

Die Weine mit der kräftigsten Hefeschicht zieht man ab und füllt sie in Fässer, die nie ganz bis oben hin gefüllt werden: Es bleibt eine *ullage*, ein Lufteinschluss zwischen der Flüssigkeit und dem Fass, in dem sich der *flor* weiter entwickeln kann. Aus diesen Tropfen entstehen die hellen, trockenen Montillas, die man in Spanien und den meisten Exportmärkten als Fino kennt. Zeigt sich auf einem Wein keine oder fast keine *flor*-Schicht, kommt er in Fässer, die bis obenhin gefüllt werden, damit sich keine Hefe mehr entwickeln kann.

Montilla-Weine erreichen ungespritet einen natürlichen Alkoholgehalt von 15,5 Prozent. Beide Arten, ob mit oder ohne *flor*, reifen abschließend in einer *solera* heran, wo sie die Charakteristiken ihrer älteren Vorläufer annehmen. Die Pedro Ximénez hat einen höheren Zuckergehalt als die in Jerez verwendete Palomino – und das macht auch den Unterschied zwischen einem Montillado und einem Sherry aus.

Moderne Montillas unterteilt man in drei Arten. Die erste Gruppe umfasst die leichten, frischen *jóvenes afrutados* aus Pedro Ximénez oder anderen Trauben, die zur Wahrung eines hohen Säuregrads früh gelesen werden und 12 Prozent Alkohol nicht übersteigen. Sie kommen als angenehmer, allerdings auch neutraler Trunk auf den Markt, an dem niemand Anstoß nehmen kann. Die zweite Gruppe setzt sich aus den *vinos crianzas* zusammen; diese in *tinajas* oder Fässern ausgebauten Weine werden für gewöhnlich unter dem Markennamen der jeweiligen Handelskette als Dry, Medium oder Sweet angeboten. Die dritte Gruppe schließlich besteht aus den *vinos generosos*, die auf den meisten Märkten Finos oder Olorosos genannt werden. Die Finos gelangen meist ungespritet in Umlauf, den Amontillados und Olorosos allerdings setzt man gelegentlich einen Schuss Alkohol zu, sodass sie bis zu 18 Prozent erreichen. Die einzigen routinemäßig aufgespriteten Kellereiprodukte in Montilla sind die aus der Pedro Ximénez gekelterten Dessertweine. Das Lesegut wird vor dem Pressen in der Sonne getrocknet. Während des Gärprozesses reichert man die Weine mit einem klaren Weinbrand namens *aguardiente* an; so erhält man einen Tropfen von immenser Fülle und Süße bei voluminösem Körper. Die Einheimischen gießen ihn mit Vorliebe auf eine Portion Eis zum Nachtisch.

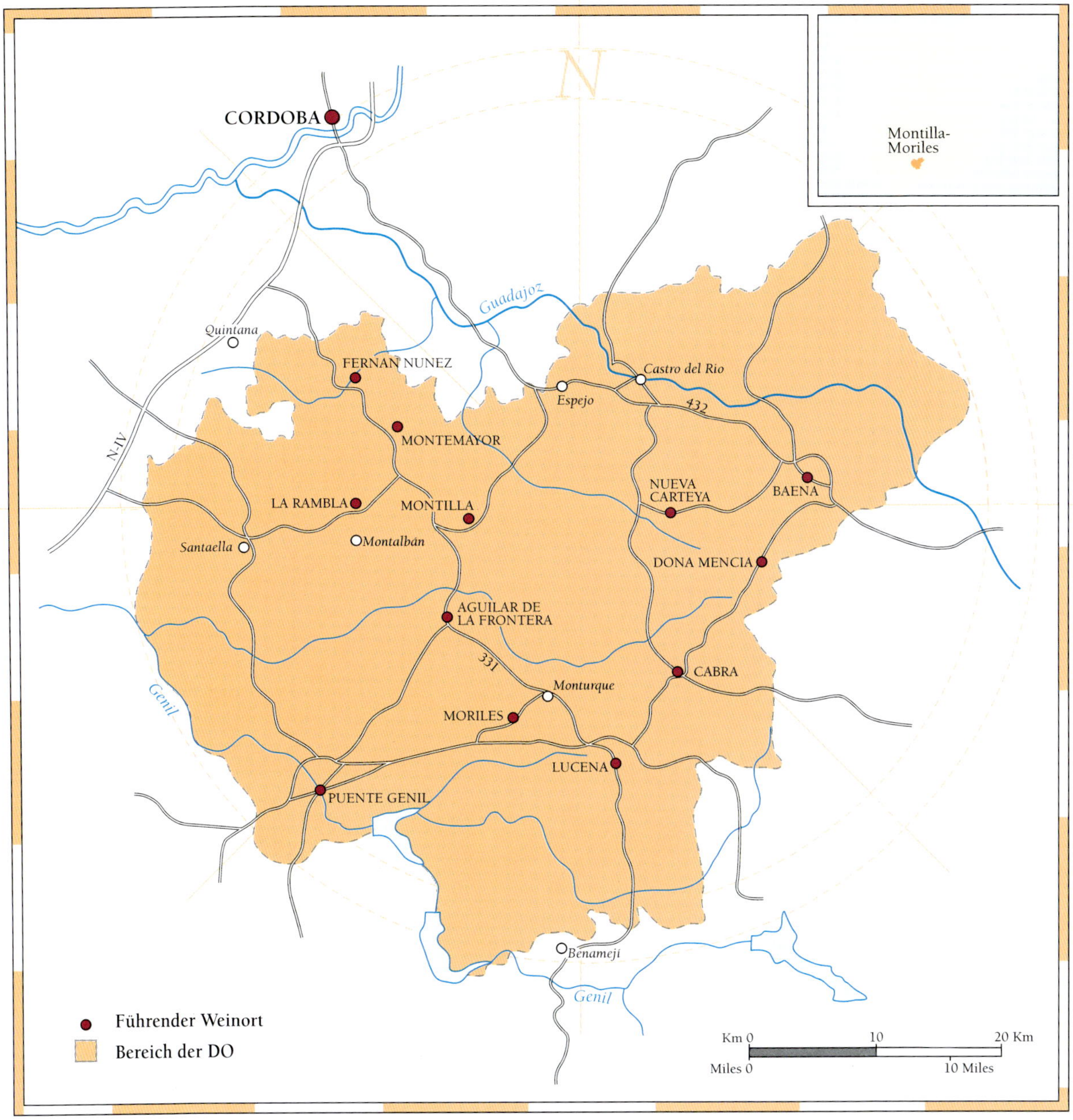

Wichtige Erzeuger

Alle aufgeführten Weine sind reinsortige Pedro Ximénez, falls nichts anderes angegeben ist.

Alvear, Montilla. *Gegründet 1729.* Alvear ist das älteste und größte Unternehmen in der gesamten DO. Auch nach 300 Jahren befindet es sich noch in Familienbesitz. Man bewirtschaftet 128 ha Rebfläche. Die Jahresproduktion liegt bei 100 000 hl, die in Betontanks und Edelstahl ausgebaut werden. Alle Erzeugnisse sind von beispielhafter Qualität. Die Angebotspalette umfasst zwei Finos, den Capataz und den CB (benannt nach dem langgedienten Kellermeister Carlos Billanueva; zwei Amontillados, den Carlos VII und den Solera Fundación; einen Oloroso Asunción *abocado* und zwei Pedro Ximénez: den Alvear Pedro Ximénez 1927 und 1830. Die Jahreszahl im Namen der beiden letztgenannten Kreszenzen weist auf das Anfangsjahr der *solera* hin. Der 1830 gehört zu Spaniens besten Weinen seiner Art. Alvear brachte als eine der ersten Bodegas einen weißen *joven afrutado* namens Marqués de la Sierra auf den Markt.

Aragón, Lucena. *Gegründet 1946.* Die relativ altmodische Bodega vergärt ihre Weine noch immer in Zementbottichen und verkauft mehr als die Hälfte ihrer Produktion offen. Die in Flaschen abgefüllten Tropfen allerdings können ausgezeichnet ausfallen. *Beste Weine:* der Fino Moriles 47, der Amontillado Pacorrito und der Pedro Ximénez Araceli.

Cobos, Montilla. *Gegründet 1882.* Das Unternehmen gehört zusammen mit den Montilla-Gütern Montebello, Montuila und Velasco Chacón zum Nahrungsmittel- und Getränkekonzern NaViSA. Die Weine werden zwischen den Bodegas sehr stark gemischt und aufeinander abgestimmt. *Beste Weine:* Die besten Erzeugnisse sind nach allgemeiner Auffassung die aus dem Hause Cobos. Das Gut stellt einen sehr guten Pedro Ximénez Tres Pasas und zwei gute Finos namens Cobos und Pompeyo her, wobei der Pompeyo die Nase vorn hat.

Conde de la Cortina, Montilla. *Gegründet 1973.* Das Gut gehört mittlerweile zu Bodegas Alvear, bereitet aber unter seinem eigenen Namen noch 100 000 hl. Man hat zwei gute Süßweine im Sortiment: den Cortina Pale Cream und den Gran Vino Dulce (75 % Pedro Ximénez/25 % Moscatel). *Beste Weine:* ein Fino mit dem Namen Monumental und ein reinsortiger Moscatel Dulce, die beide exzellent ausfallen.

Crismona, Doña Mencía. *Gegründet 1904.* Die Bodega wurde umfassend modernisiert und bereitet ihre Weine von den hauseigenen 90 ha Rebfläche nun in neuen Tanks, aber auch in traditionellen *tinajas*. *Bester Wein:* ein sehr guter *dulce* namens Samarra.

Gracia Hermanos, Montilla. *Gegründet 1945.* Die kleine, aber von Grund auf modernisierte Bodega gehört wie Pérez Barquero und Tomás García zur Compañía Vinícola del Sur. Sie kreiert einige köstliche Kreszenzen wie den Corredera und den herausragenden María del Valle, beides Finos, sowie den Montearruit Amontillado *viejo*. Die süßeren Weine fallen zwar beachtlich aus, reichen aber nicht ganz an die anderen heran. *Bester Wein:* der Oloroso Cream.

Pérez Barquero, Montilla. *Gegründet 1905.* Eine weitere größere Bodega in Montilla. Sie gehört mit Tomás García und Gracia Hermanos zur Compañía Vinícola del Sur und bewirtschaftet 125 ha. In den letzten Jahren hat man die Kellerei erweitert und mit neuester Technologie ausgestattet. Das Programm umfasst eine Reihe guter Basisweine, darunter den Los Amigos Fino und den Los Palcos Pale Cream. Außerdem bietet man einen sehr guten *joven afrutado semiseco* namens Viña Amalia an (75 % Pedro Ximénez/25 % Vidueño). *Beste Weine:* die unter dem Markennamen Gran Barquero herausgegebenen Finos, Amontillados und Olorosos.

Rodríguez Chiachio, Cabra. Eine für Montilla-Verhältnisse kleinere Bodega mit 50 ha und einem Ausstoß von 4000 hl jährlich. Die Erzeugnisse erscheinen unter mehreren Markennamen. *Beste Weine:* die Los Mellizos. Dazu zählen zwei gute Finos; der bessere wird als Solera Fundación angeboten.

Toro Albala, Aguilar de la Frontera. *Gegründet 1922*. Die Bodega Toro Albala steht neben einem alten Heizkraftwerk, deshalb auch der Name Eléctrico für eine ihrer Produktlinien. Das Gut nennt 7 ha Rebfläche sein Eigen, kauft aber noch Trauben zu, sodass man auf einen Gesamtausstoß von jährlich 1500 hl kommt – nicht gerade viel, dafür sind die Weine aber beispielhaft. Man offeriert zwei großartige Finos, den Eléctrico und einen Fino de Lagar, sowie zwei herausragende Amontillados, genannt Toro Albala Viejísimo Solera 1911 und Viejísimo Eléctrico Solera 1922. Darüber hinaus umfasst die Angebotspalette drei Süßweine: den ausgezeichneten Mistela Pedro Ximénez aus unvergorenem Traubensaft und Weingeist, den grandiosen Don Pedro Ximénez und den alles überragenden Eléctrico Pedro Ximénez, eines der allerbesten Gewächse der gesamten Region. Im Sortiment findet sich ferner ein großartiger weißer *joven afrutado* namens Joven Eléctrico, der die leblos-sauberen, neutralen, trockenen Pendants anderer Hersteller in den Schatten stellt. Alle Weine des Hauses Toro Albala werden in bester alter Tradition handgefertigt und gehören zu den absoluten Highlights von Montilla.

Rebflächen und Olivenhaine auf den Hügeln von Montilla. In den Rebflächen herrscht die Pedro Ximénez vor. Sie verleiht den gespriteten Weinen der DO ihren charakteristischen Geschmack.

Ganz links: *criaderas* in der zu Alvear gehörenden Bodega La Monumental. Auf dem Bild ist D. Juan Rodríguez zu sehen, der bis 1932 die Bodegas leitete.

Die Kanaren: Wein auf Vulkanen

Die Kanaren wuchsen durch Vulkanausbrüche aus dem Meer – der nur hier anzutreffende schwarze Lavasand erinnert noch heute an die Ursprünge der Inseln.

Die Weine der Kanarischen Inseln präsentieren sich gewissermaßen erstarrt wie die Lava, aus der die Inseln entstanden sind: Seit den Tagen der Konquistadoren haben sie sich nicht mehr verändert. Die Reblaus ist niemals bis hierher vorgedrungen, eine Veredelung auf neue Wurzelstöcke war also nicht notwendig. Deshalb gedeiht hier noch manche Rebsorte, die auf dem Festland längst verschwunden ist. Selbst die Tradition der süßen *vinos de licor* ist nach wie vor lebendig. Gleichwohl wurde die kanarische Weinindustrie von einer neuen Welle erfasst: Immer öfter kommt modernste Technologie zum Einsatz. Um die Weinbereitung zu verstehen, muss man zunächst die Geografie der Inseln betrachten.

Die *autonomía* Canarias ist in zwei Provinzen gegliedert und umfasst insgesamt sieben Hauptinseln und ein paar verstreute, winzige Eilande. Die vier westlichen Inseln Teneriffa, La Gomera, El Hierro und La Palma gehören zu Santa Cruz de Tenerife, die drei östlichen, nämlich Gran Canaria, Fuerteventura und Lanzarote, zu Las Palmas de Gran Canaria. Die regionale Verwaltung hat ihren Sitz in Santa Cruz de Tenerife. Auf Teneriffa findet man aber auch das Gros der Weine und fünf der neun DOs. Die Inselgruppe liegt 1100 Kilometer vom Festlandspanien, aber nur etwas mehr als 100 Kilometer von der marokkanischen Küste im Osten entfernt.

Über die Geschichte der Kanaren ist wenig bekannt. Als die Römer in der Antike auf Fuerteventura landeten, fanden sie das Eiland von wilden Hunderudeln bevölkert und nannten es entsprechend *Insula Canaria,* die Hundeinsel. Später wurden auch die Nachbarinseln unter diesem Namen bekannt. Im Lauf der nächsten Jahrhunderte landeten immer wieder Besucher auf dem Archipel, darunter auch jene geheimnisvollen hellhäutigen, langohrigen, rothaarigen Fremden, die an erstaunlich vielen Orten im Atlantik und Pazifik gesichtet wurden. 1402 ging ein spanisches Schiff mit einem französischen Kapitän namens Jean de Béthencourt auf Gran Canaria vor Anker. Er traf dort auf die Guanchen, einen Stamm, der noch wie in der Steinzeit lebte. Béthencourt nahm die Inseln für Spanien in Besitz und nannte sie *Las Islas Canarias*.

Damals wie heute sorgten die aus dem Bett des Atlantiks aufsteigenden Vulkankegel für selten fruchtbare Böden. Das nördliche Europa war einst der größte Abnehmer für den «Canary Sack», wie der auf den Inseln entstandene süße Wein genannt wurde.

Auf den Kanaren findet man eine große Bandbreite verschiedener mikroklimatischer Bedingungen; sie reichen vom Kleinklima der subtropischen, palmengesäumten Strände bis hin zum Bestandsklima der stark bewaldeten Krater erloschener Vulkane mit einer an äquatoriale Regenwälder erinnernden Vegetation und Luftfeuchtigkeit.

An Süßwasserquellen fehlt es nicht und in der Regenzeit füllen sich die Vulkankrater oft mit Wasser. Das meiste davon versickert im Lavafelsen und speist natürliche Quellen, einiges allerdings fließt auch die *barrancos* hinunter. Diese einst von Lavaströmen gebildeten Trockenschluchten verlaufen von den Kratern bis zum Strand.

Weinstile im Wandel

In solchen subtropischen Gefilden entsteht Wein. Im gebirgigen Norden von La Palma etwa keltert man ihn wie vor 500 Jahren in Höhlen, die aus dem Fels gehauen wurden. *Rancios* alten Stils baut man hier unter freiem Himmel aus. Im Lauf der Zeit allerdings hat sich die Weinbereitung gewandelt.

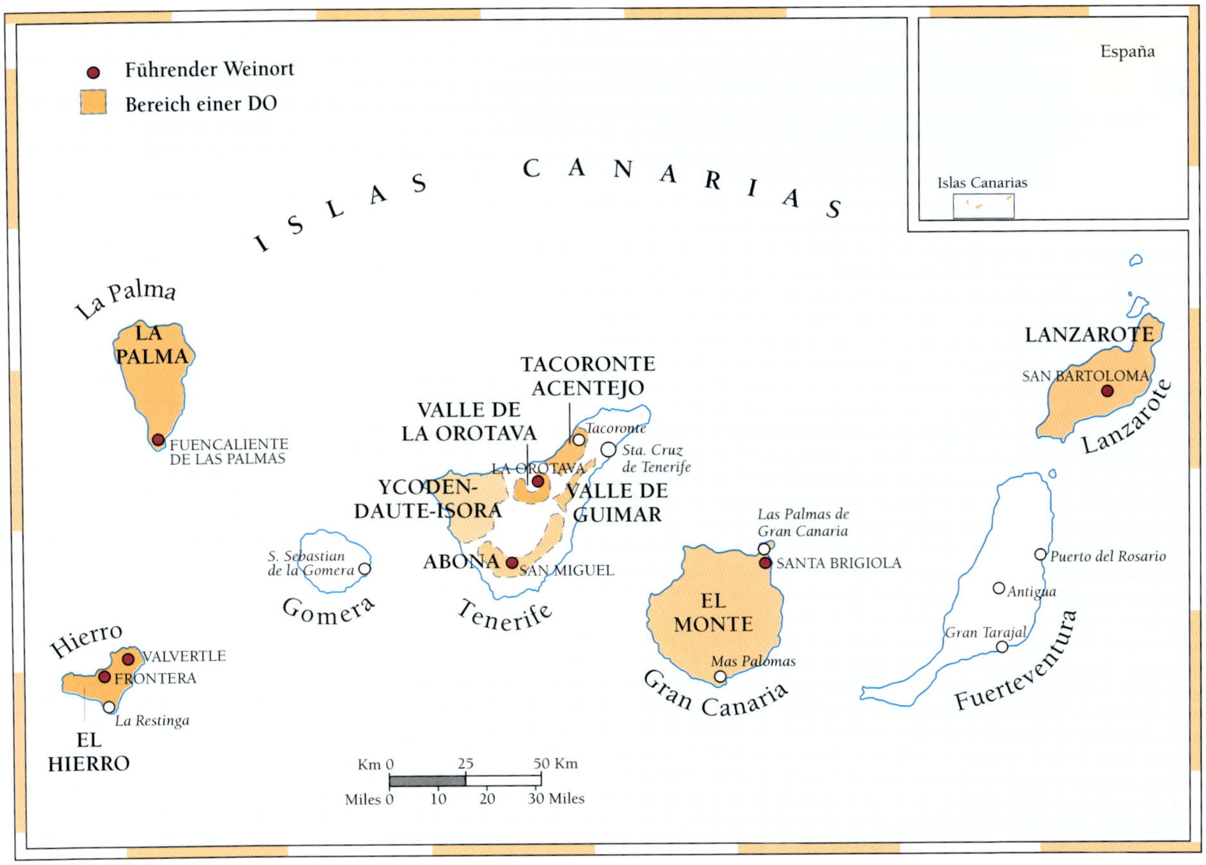

Für die nachhaltigsten Veränderungen sorgte die Tourismusindustrie, die heute der Motor der Wirtschaft ist. Fast das ganze Jahr über bevölkern Unmengen von Erholungssuchenden die Kanaren und konsumieren einen Großteil der Inselerzeugnisse. Unter all den Imbissstuben und internationalen Restaurants für das britische, deutsche, skandinavische und amerikanische Urlauberheer ist es fast unmöglich, eine einheimische Küche auszumachen.

In der Nebensaison jedoch kann man im Inland durchaus noch lokale Spezialitäten entdecken. Frischer Fisch und Meeresfrüchte werden in Hülle und Fülle angeboten und der fruchtbare Boden liefert Obst und Feldfrüchte zuhauf. Die drei wichtigsten landwirtschaftlichen Erzeugnisse sind Tomaten, Kartoffeln und Bananen, daneben findet man noch Kohl, Zwiebeln, Kürbisse, Süßkartoffeln, Karotten, Knoblauch und Hülsenfrüchte aller Art.

Zu den klassischen Gerichten auf Teneriffa gehört ein Eintopf namens *puchero canario* aus Rind, Huhn, *chorizo* und vielem mehr. Dazu speist man *gofio*, eine einheimische Getreideart, die man für Beilagen ebenso wie zum Backen von Brot verwendet.

Die Obstlandschaft ist von paradiesischer Vielfalt. Feigen wachsen wild am Straßenrand oder werden in Plantagen kultiviert. Selbst auf Pflanzungen mit Mangofrüchten, Orangen, Ananas und sogar Papayas trifft man gelegentlich. Darüber hinaus werden häufig Avocados angebaut. Und in vielen Gerichten sind Wildpilze ein fester Bestandteil.

Als weitere Spezialität ist der *mojo* zu nennen, eine Art Gemüsebrühe. Sie wird wahlweise aus Paprika, Koriander, Knoblauch und Safran bereitet. Käse verwendet man ebenfalls gern als Grundlage, der *mojo* gerät dann sehr zähflüssig und wird als Brotaufstrich gegessen. Jede Insel stellt übrigens ihren eigenen Käse her: Auf Lanzarote ist es der *conejero*, auf La Palma der *palmero*, auf Fuerteventura nennt man in *majorero*, auf El Hierro *Herreño* und auf Gran Canaria *flor de Guia*. Auf Gomera und Teneriffa heißt er wie die Inseln selbst.

Als Nachspeise reicht man meist frische Früchte oder Gebäck. Ein typisches Beispiel dafür sind die *rosquetes* auf Teneriffa, kleine, in Sirup gekochte oder auch mit Eiweiß und Zucker überzogene Kuchenstücke. Seltsamerweise ist aus einer der wichtigsten Anbaufrüchte der Kanaren, der Banane, keine einzige Spezialität entstanden.

La Palma

La Palma, *La Isla Bonita*. Bizarre Felsklippen prägen die Küste.

Ganz rechts: La Palmas Tor zum Himmel. Das Observatorium auf dem Roque de los Muchachos nutzt die klare, saubere Atmosphäre der Insel.

La Palma ist *La Isla Bonita,* die schöne Insel. Überall an der Küste können Besucher von hoch gelegenen *miradores* – Aussichtspunkten auf den steilen schwarzen Klippen – den Ausblick auf das unglaublich blaue Meer, die wolkenverhangenen Vulkankegel im Landesinneren, die strahlendweiß getünchten Dörfer und das undurchdringlich dichte Grün der Bananenplantagen genießen. Zuweilen scheint es, als sei jeder freie Quadratmeter Boden mit einer Bananenpalme bepflanzt. Doch auch Reben wachsen auf La Palma.

Zur Lesezeit hängen die Bodegas Schilder mit der Aufschrift *no aceptamos uvas de plataneros* an die Tore: «Wir nehmen keine Trauben von Bananenzüchtern an.» Anscheinend hat die Banane einen so unersättlichen Appetit auf Nährstoffe und entzieht dem Boden so viel Flüssigkeit, dass alle Reben in der Nähe darunter leiden. Das gesamte Lesegut mancher Winzer hat zuweilen in einem Dutzend Plastikkörben auf der Ladefläche eines Pritschenwagens Platz, ein gesundes Maß Vorsicht schadet daher nicht. Klein ist manchmal durchaus fein, aber am Rande einer Bananenplantage herangereifte Trauben können unreif und sauer ausfallen.

La Palmas Städte sind eine seltsame Mischung aus spanischem Landstil und südamerikanischer Kolonialarchitektur; sie erinnern an Siedlungen in Kuba oder der Dominikanischen Republik. Durch seine günstige Lage am nordwestlichsten Ende der Inselgruppe war das Eiland von jeher eine ideale Zwischenstation für Schiffe, die in die Neue Welt oder heimwärts nach Europa segelten. Es erhielt deshalb auch die offizielle Genehmigung, die Reisenden zu verpflegen und mit ihnen Handel zu treiben – ein Privileg, das nur noch Sevilla und Vigo auf dem Festland zugestanden wurde. Auf diese Weise gelangte die Insel zu Wohlstand und Reichtum.

Gelegentlich erschüttern Vulkanausbrüche die insulare Stille. Die letzte große Eruption fand im Oktober 1971 statt. Allzu viel Schaden ist dadurch nicht entstanden. Doch die Menschen wurden mehr als deutlich daran erinnert, dass mit den Naturgewalten nicht zu spaßen ist.

Die Zusammensetzung der DO

Die DO La Palma besteht aus drei Subzonen: Fuencaliente-Las Manchas im Umkreis der Stadt Fuencaliente im Süden, Hoyo de Mazo um den gleichnamigen Ort in der westlichen Mitte der Region und Norte del Palma im Norden. Faszinierend ist vor allem der letztgenannte Bereich. Er umfasst eine nordöstliche Zone mit relativ modernen Weinbaumethoden und den Nordwesten, in dem noch alles mit der Hand gemacht wird, nichts in die Flasche gelangt und sich in den letzten paar hundert Jahren kaum etwas geändert hat.

Hoch oben in Richtung der Caldera de Taburiente, eines riesigen erloschenen Vulkankraters, liegt ein nebelverhangener, steiler, feuchter Kiefernwald. In diesem unzugänglichen Gebiet findet man kleine, in den Fels gehauene Bodegas. In ihnen entsteht ein Wein namens Tea, der vorwiegend aus Albillo-Trauben gekeltert wird. Die Reben wachsen an Schwindel erregend steilen Hängen. *Tea* ist das kanarisch-spanische Wort für die einheimische Kiefernart, aus denen die 500-Liter-Fässer für den Ausbau der Weine gefertigt werden.

Vinos de tea zählen nicht zur DO La Palma, haben jedoch unter den Liebhabern traditioneller *rancios* eine feste Fangemeinde. Man schreibt diesen Tropfen sogar eine Heilwirkung zu. Die Stile variieren von arzneiisch bis zu einem Einschlag, den ein Andalusier als «Dry Oloroso» beschreiben würde. Die Kiefernfässer wiederum geben ihrem Inhalt eine zusätzliche harzige Note mit auf den Weg. Der *consejo regulador* überwacht die Produktion in der Hoffnung, dass diese Weine eines Tages eine Klasse für sich bilden und der DO La Palma zu Ruhm und Glanz verhelfen.

Rebsorten

Das Gros der Weißen entsteht in Fuencaliente-Las Manchas, während die Roten überwiegend in Hoyo de Mazo bereitet werden. Zugelassen sind Listán negro, Prieto und Negramoll für Rote (20 Prozent der Produktion) sowie Albillo, Bujariego, Gual, Listán blanco (70 Prozent der Rebfläche), Malvasía und Sabro für Weiße. Ferner kultiviert man elf Zusatztrauben, die auf den Kanarischen Inseln alle gut eingeführt sind.

Der Untergrund besteht in ganz La Palma aus fruchtbaren Oberböden über vulkanischem Muttergestein. Man hat die Weinberge in Terrassen an den Hängen der Täler und *barrancos* in Höhen zwischen 200 und 1200 Metern angelegt.

Im Allgemeinen gelangen die Weine als *jóvenes* in Weiß, *rosado* und Rot in den Handel. Die besten Roten findet man in Hoyo de Mazo, während bei den Weißen Fuencaliente die Spitzenposition einnimmt. Die letztgenannte Subzone zeichnet für drei Viertel der Produktion verantwortlich. Wichtigste Traube ist die Malvasía. Die Palette der Weinstile reicht von trockenen *jóvenes* bis zu süßen *vinos de licor,* die zum Teil bis auf 22 Prozent Alkohol aufgespritet sind.

Am höchsten stuft man in der Regel die Süßweine aus edelfaulen Trauben ein. Sehr gute Arbeit wird aber auch bei trocken vergorenen Malvasía geleistet. Außerdem kommen fruchtige, einer *maceración carbónica* unterzogene Rote auf den Markt. Die größte Faszination üben allerdings die Weine aus alten Rebsorten wie Gual, Bujariego und Sabro aus, die im Festlandspanien schon längst ausgestorben sind.

Wichtige Erzeuger

Carballo, Fuencaliente.
Gegründet 1990. Das kleine, in Familienbesitz befindliche Gut verwendet nur Trauben von den 7,5 ha hauseigener Rebfläche. Aus den klassischen Rebsorten der Insel fertigt es rund 150 hl meist reinsortiger Ökoweine – die meisten davon *jóvenes*. Der einfache weiße Listán blanco trinkt sich sehr angenehm, wird aber vom Bujariego in den Schatten gestellt, der üppig ist, ohne süß zu wirken. Zu den traditionelleren Tropfen zählen der Vidueño Seco (Verdello/Gual/Sabro/Bastardo blanco; 14,5 % Alkohol; 2 Jahre Flaschenreifung) mit Anklängen an einen Dry Oloroso. Besser gerät der Vidueño Dulce aus denselben Rebsorten, ein Klassiker unter den kanarischen Süßweinen. Rotweine sind von untergeordneter Bedeutung, lediglich der Negramoll *joven* fällt ganz passabel aus. *Bester Wein:* der sehr gute und sehr traditionelle Malvasía Dulce.

El Hoyo, Villa de Mazo.
Gegründet 1986. Eine Bodega der neuen Generation, die sich modernster Kellertechnik bedient. Sie bereitet Weine aus den Trauben ihrer Anteilseigner, die zusammen genommen rund 100 ha Rebfläche in der näheren Umgebung bewirtschaften. Rechtlich ist das Gut eine *Sociedad Agrícola de Transformación (SAT),* ein Mittelding zwischen einer traditionellen Genossenschaft und einer Gesellschaft mit beschränkter Haftung, *Sociedad Limitada,* bzw. einer AG, *Sociedad Anonima* genannt. El Hoyo bereitet Weine für andere, kleinere Bodegas. Der Markenname lautet Hoyo de Mazo. Man befasst sich intensiv mit der Negramoll-Traube, die nach Überzeugung des Kellermeisters von der Pinot noir abstammt. Er experimentiert mit verschiedenen Bereitungsmethoden. So stellt er einen *rosado* nach der *sangrado*-Methode her, bei der der Wein nur kurz an der Maische vergoren wird. Darüber hinaus hat er eine echte rote *crianza* im Programm, die 8 Monate in amerikanischer Eiche liegt. Die Mehrzahl der Roten allerdings gelangt als angenehme *jóvenes* in Umlauf. Eigentlicher Trumpf des Hauses sind die Weißweine. Man offeriert einen einfachen, guten *joven* Hoyo de Mazo (80 % Listán blanco; 13,5 % Alkohol) und einen Moscatel Seco ohne DO-Status, der trocken vergorene Moscatel-Trauben zu ungeahnten alkoholischen Höhen von 15 % führt. Immer noch sehr gut, aber etwas spröde fällt dagegen der traditionelle Malvasía Dulce aus. Der Süßwein Viña Etna Verdello Dulce ist eine erstaunliche Kreszenz: Sie wird aus 90 % Verdello gekeltert, in Kastanienholz vergoren und prahlt mit natürlichen 15 % Alkohol. *Bester Wein:* der ausgezeichnete Sabro Dulce, der zu 85 % aus dieser uralten Sorte besteht. Seine Trauben stammen von 100-jährigen Reben. Schmeckte so etwa der «Canary Sack» vor einem halben Jahrtausend? Wenn ja, dann ist es nicht verwunderlich, dass er damals so begehrt war. Der Sabro Dulce jedenfalls ist ein köstlicher Nektar.

Llanovid Cooperativa, Fuencaliente.
Gegründet 1948. Der Haupterzeuger in der Subzone Fuencaliente-Las Manchas. Hier entstehen rund 5000 hl meist reinsortiger Tropfen. Die Bodega wurde teilweise modernisiert und vergärt ihre Weine in Edelstahl und mit Kunststoff ausgekleideten Betonbottichen. 1993 fügte man einen *crianza*-Keller hinzu, um mit dem Fassausbau von vorwiegend weißen Gewächsen in Tronçais-Eiche experimentieren zu können. Kellermeister Carlos Lozano erprobt ferner unterschiedliche Bereitungsmethoden für die Malvasía-Gewächse. Die Bodega füllt 90 % ihrer Weine ab und gibt den Rest ihren Mitgliedern zurück – eine etwas seltsame Praxis. Hauptmarke ist der Teneguía. Die ausnahmslos sehr guten Roten und *rosados* werden als *jóvenes* aus Negramoll bereitet; Spitzenreiter unter ihnen ist ein vorzüglicher Wein namens Escamez Teneguía, der einer *maceración carbónica* unterzogen wird. Die Bodega experimentiert ferner mit Schaumweinen nach dem *método tradicional* aus Listán blanco, Bujariego, Malvasía und Xarel-lo. Die ersten Ergebnisse fallen nicht schlecht aus, doch es gibt noch einiges zu tun. *Beste Weine:* die Weißen, unter ihnen ein im Fass vergorener, 3 Monate an der Hefe liegender Malvasía Seco, ein Sabro Dulce aus edelfaulen Trauben mit 20 % Gual und zwei klassische Malvasía Dulce, auch sie Botrytis-Weine: ein *joven* und ein 2 Jahre in der Flasche gealterter Tropfen. Sie alle verdienen das Prädikat «ausgezeichnet».

El Hierro

Wichtige Erzeuger

Vinícola Insular del Hierro Cooperativa, Frontera. *Gegründet 1986*. Die topmoderne Bodega arbeitet mit allerneuester Edelstahltechnologie und produziert rund 1500 hl Wein jährlich. Unter dem Markennamen Herrero erscheinen *jóvenes* in allen drei Farben, die roten und weißen *crianzas* nennt man Viña Frontera. Die Weißen werden größtenteils aus der Vijariego gekeltert, die Roten bereitet man aus Listán negro und Negramoll.

Bodegas El Tesoro, Valverde. Dieses Gut hat sich auf klassische weiße *vinos licorosos dulces* spezialisiert, die legitimen Nachfolger des einst berühmten Canary Sack.

Die ersten Reben auf dem Eiland El Hierro pflanzte 1526 ein Engländer namens John Hill, um die anhaltende Nachfrage nach «Sack» befriedigen zu können. Dieser süße, kräftige Tropfen war der Spitzenreiter im europäischen und transatlantischen Weinhandel des 16. und 17. Jahrhunderts. Während der Canary Sack von den anderen Kanarischen Inseln nach Großbritannien, in die Niederlande sowie nach Skandinavien und Deutschland verschifft wurde, war El Hierros Hauptexportmarkt die Neue Welt, vor allem Kuba und Venezuela.

Doch nicht nur Wein gelangte von hier aus nach Übersee – immer wieder suchten junge Leute ihr Glück auf dem neuen Kontinent. So überrascht es nicht, dass es in Venezuela bis heute eine große Landsmannschaft gibt, die ihre Tropfen von El Hierro bezieht.

Geografie und Klima

Die Rebflächen der DO El Hierro sind an terrassierten Hängen angelegt. Wie vielerorts auf den Kanaren pflanzte man die Stöcke dort, wo sich eben die Gelegenheit bot und genug Sonne schien. Während auf einigen Nachbarinseln Vulkankegel und mehr oder weniger erloschene Krater die Landschaft prägen, findet man auf El Hierro nichts dergleichen. Die Insel gehört zum Rand eines gigantischen Kraters, der viel größer als alle sichtbaren Vulkane der Kanaren ist und größtenteils unter Wasser verläuft.

Die Landschaft dieses Fleckchens Erde ist überaus vielgestaltig. Man findet schroffe, ins Meer ragende Felsklippen, subtropische Wälder, Sandstrände und tiefe Täler mit terrassierten Weinbergen in Höhen bis zu 700 Metern über dem Meeresspiegel. Die sandigen oder steinigen Böden bedecken Muttergestein vulkanischen Ursprungs. Oft werden die Reben in Bodennähe erzogen, um die Lese einfacher zu gestalten.

Rebsorten

Listán negro und Negramoll sind die wichtigsten Rotweintrauben, für die Bereitung von Weißen kultiviert man Verijadiego (auch als Vijariego bekannt; auf anderen Inseln nennt man sie Bujariego), Listán blanco und Bremajuelo (Bermejuelo). Darüber hinaus stehen in einigen Weinbergen Uval, Verdello, Torrontés, Pedro Ximénez und Moscatel. Die jahrhundertealte Süßweintradition der Kanarischen Inseln ist noch allgegenwärtig.

Ein nicht unbeträchtlicher Teil der Gesamtproduktion auf El Hierro entfällt denn auch auf Klassiker alter Schule. 50 Prozent verlassen als Weißweine die Kellereien, hinzu kommen weitere fünf Prozent *dulces* aus Pedro Ximénez und Moscatel.

Oben: Die Kirche Frontera Candelaria auf einem Hügel in Küstennähe. Auch die Weinberge von El Hierro liegen oft an steilen Hängen.

Aus der Moscatel keltert man übrigens auch herkömmliche, viele Jahre lang in Kastanienfässern ausgebaute *rancios*. Einige der besten Süßweine stammen von edelfaulen Trauben. Liefe heute ein Geisterschiff aus dem 17. Jahrhundert die Insel an, würde die untote Mannschaft die klassischen Moscatel und Pedro Ximénez unserer Zeit zweifellos als alte Bekannte wieder erkennen.

Immer mehr Bodegas aber modernisieren und so verlagert sich der Schwerpunkt nach und nach auf leichtere Tropfen. *Jóvenes* trifft man in allen drei Farben an: *Rosados* machen 20 und Rotweine 25 Prozent der Produktion aus. Interessanterweise kann man auch auf dem roten und weißen *crianza*-Sektor beachtliche Erfolge vorweisen. Zwar sind auf El Hierro nur zwei oder drei Bodegas aktiv, doch die Zukunft sieht viel versprechend aus.

Obwohl der Fremdenverkehr im Vergleich zu den anderen Inseln der Kanaren eher unbedeutend ist, fließt das Gros der Weine in die Tourismusindustrie.

Die Kosten für den Versand der Erzeugnisse von der Insel sind immens: Die Flaschen müssen zunächst zu einem der großen Häfen auf Teneriffa gelangen, bevor sie weiter verschifft werden können. Deshalb werden für geraume Zeit wohl die heimwehkranken Ex-Insulaner in Venezuela die größten Abnehmer der El-Hierro-Weine bleiben.

Abona

In der Festland-DO von Ribera del Duero (Kastilien-León) gibt es noch in 900 Meter Höhe Weinberge und in der VdlT Sierra de Alcaraz (Kastilien-La Mancha) wachsen sogar auf 1000 Metern Reben. Die *viñeros* von Vilaflor, einer der sieben Gemeinden der DO Abona, beeindruckt das alles nicht: Ihre Anbauflächen liegen 1700 Meter über dem Meeresspiegel auf halben Weg zum Gipfel des Teide und sind nur mit Mühe zu erreichen. Und trotzdem werden sie bewirtschaftet. Die DO im Süden und Südosten Teneriffas liefert einen Großteil der Weine für die Fremdenverkehrsindustrie in den Städten entlang der Südküste.

Bis in 600 Meter Höhe überwiegen sandige und zuweilen tonhaltige Böden mit Schwemmlandablagerungen. Noch weiter oben setzt sich der Untergrund vorwiegend aus Vulkanasche zusammen; er ist mancherorts mit grobem Lavakies bedeckt, was die Wasserverdunstung reduziert. Das Klima präsentiert sich subtropisch: An der Küste ist es heiß und trocken, mit zunehmender Höhe jedoch wird es rasch kühler und es besteht sogar zuweilen Frostgefahr. Man baut die typischen kanarischen Rebsorten an, allen voran Listán blanco für Weißweine sowie Bastardo negro (eine der klassischen Trauben für den guten alten Canary Sack), Listán negro, Malvasía rosada und Tintilla für Rote. Auf Versuchsanlagen hegt man ferner Negramoll, Malvasía, Verdello sowie die altehrwürdigen Trauben Bermejuela, Gual und Sabro. Die drei letztgenannten Sorten sind besonders interessant, denn sie wurden vor vier- bis fünfhundert Jahren von Siedlern mitgebracht und sind in ihren eigentlichen Herkunftsregionen schon längst ausgestorben. Auf den Inseln haben sie als ertragsarme, aber gut angepasste Varietäten überlebt.

Die Weine sind eher einfach gestrickt. Man produziert *jóvenes* für den Verkauf in den Touristengettos. 70 Prozent der Gewächse sind weiß, 20 Prozent *rosado* und zehn Prozent rot. Man exportiert sogar Weine aus organischem Anbau, für den sich die Insel hervorragend eignet, da man weder Schädlinge noch ernste Rebkrankheiten kennt. Die experimentellen Weißen aus Bermejuela, Gual und Sabro sind einen Versuch wert. Sie haben ihren Preis, vermitteln aber eine Vorstellung davon, wie die Weine vor Hunderten von Jahren hier geschmeckt haben könnten.

Wichtige Erzeuger

Cumbres de Abona Cooperativa, Arico. *Gegründet 1989.* Die hypermoderne Bodega fertigt Ökoweine und verkauft als einziges Gut der Insel Flaschen ins Ausland; ihre Erzeugnisse gehen nach Deutschland und in die Schweiz. Den Mitgliedern gehören insgesamt 300 ha Weinberge. 7 weitere sind im Besitz der Genossenschaft selbst; sie dienen als Versuchsanlagen. Die Basislinie wird Flor de Chasna genannt. *Beste Weine:* Sehr gut gerät der weiße Flor de Chasna, der ausschließlich aus Trauben von den Hochlandlagen gekeltert wird. Er wird jedoch vom ökologisch erzeugten weißen Viña Peraza noch übertroffen.

Teneriffa einmal anders: Ein Großteil der Weine für durstige Touristenkehlen in den Urlauberorten an der Küste reift in den unzugänglichen Lagen der DO Abona heran.

Tacoronte-Acentejo

Ein echter Zungenbrecher, dieser Name. Die Marketing-fachleute hatten sicher nichts mitzureden, als man die nach Binissalem auf den Balearen zweite spanische Insel-DO Tacoronte-Acentejo taufte. Doch die Kellereien machen das Werbedefizit des Namens mehr als wett: Die Zone ist nicht nur das größte, sondern auch das fortschrittlichste und exportorientierteste Weinbaugebiet auf den Kanaren. Die 42 modernen, mit reichlich Edelstahl bestückten, wenn auch zuweilen recht kleinen Bodegas bilden das Kontrastprogramm zu den bäuerlichen Betrieben in den anderen DOs auf der Insel.

Tacoronte-Acentejo zieht sich die Nordwestküste von Teneriffa entlang. Das «Rückgrat» der Insel verläuft vom Krater des Teide in nordöstlicher Richtung. Dicht gegenüber der an der Südostküste liegenden Provinzhauptstadt befinden sich Tacoronte und La Victoria de Acentejo, die der DO ihren Namen gegeben haben. Zwischen dem zweiten Hafen der Insel, Puerto de la Cruz, und dem Flughafen im Norden blüht das Geschäftsleben. Die Architektur erinnert an den südamerikanischen Kolonialstil. Man sieht viele liebenswerte alte Gebäude mit offenen Balkonen und Galerien in den oberen Stockwerken.

Hier findet man noch Plätze, an denen der Fremdenverkehr nicht den Alltag prägt. Trotzdem wird wie überall auf den Inseln alles, was nicht weiter als 500 Meter vom Strand entfernt liegt, für die Urlauber erschlossen.

Geografie und Klima

Zum Glück hat man dem Tourismus noch keine Rebflächen geopfert. Die Weinberge liegen an Hängen in 200 bis 800 Meter Höhe. In niederen Lagen besteht der Untergrund vorwiegend aus fruchtbarem Lehm über vulkanischem Gestein. Je weiter man nach oben kommt, desto dünner gerät der Oberboden. Das beeinträchtigt allerdings nicht unbedingt die Qualität der Trauben. Vielmehr hat der Winzer dadurch mehr Auswahlmöglichkeiten bei der Lese. Er kann zwischen reiferen, dickschaligen Beeren aus Talbereichen oder Lesegut mit mehr Säure und Frische aus Hochlagen entscheiden. Bei subtropischem Klima fallen jährlich rund 300 Millimeter Regen. Die Bedingungen für Weine guter Qualität sind also günstig.

In der DO Tacoronte-Acentejo setzt man auf die bewährten Inselreben. Für Rote verwendet man bevorzugt Listán negro und Negramoll; zugelassen wurden ferner Tintilla, Moscatel negro und Malvasía rosada. Erste Wahl bei den Weißen sind Gual, Malvasía, Listán blanco und Marmajuelo; als zusätzliche Sorten für Verschnitte nennt man Pedro Jiménez – man beachte die etwas andere Schreibweise –, Moscatel, Verdello, Vijariego, Forastera blanca und Torrontés. Noch immer wird reichlich Wein auf die altmodische Art in großen Holzfässern zubereitet, die meisten bedeutenderen Bodegas aber haben mit Edelstahl aufgerüstet und sich sogar Spielraum für eine weitere Expansion gelassen.

Man zeigt Zielstrebigkeit: Der Export ist nicht nur ein Wunsch oder gar ein ferner Traum, sondern ein festes Vorhaben – dafür plant, investiert und arbeitet man. Vorangetrieben wurden die Bemühungen um Erlangung des DO-Status, dann um Modernisierung und jetzt auch um die Erschließung des Exportmarktes von der Präsidentin des *consejo regulador,* Lourdes Fernández López. Die Chemikerin hat Tacoronte-Acentejo zum Vorbild für andere Regionen gemacht, die ebenfalls den Rang einer *Denominación de Origen* anstreben.

Vinifikation und Weinstile

Rund 90 Prozent der Weine verlassen die Keller als Rote. Weiße machen acht und *rosados* sogar nur zwei Prozent der Produktion aus. Man entdeckt gerade die *crianza.* Zwar dominieren nach wie vor *jóvenes,* doch immer mehr Bodegas satteln auf Eiche um, wobei ihnen spanisches und französisches Holz lieber ist als amerikanisches. Einige der neuen roten Tropfen geraten sehr gut, insbesondere wenn sie aus Listán negro bereitet sind.

Interessanterweise ist es in der DO noch immer üblich, Roten nach dem Verschneiden mit einem Schuss Weißwein Feuer und Brillanz zu verleihen. Diese Praxis war einst auch in Châteauneuf-du-Pape im französischen Rhônetal, im italienischen Chianti und natürlich in Rioja üblich. Allerdings sind die meisten Weinbauregionen mittlerweile davon abgekommen – nicht so Tacoronte-Acentejo.

Gelegentlich kann man sogar Ansätze für eine Bereitung neuen Stils erkennen. Manche Weiße werden in französischer Eiche ausgebaut, während man Rote zuweilen einer *maceración carbónica* unterzieht und ihnen so einen köstlich fruchtigen Anstrich verleiht. Zudem keltert man in guten Jahren aus hochwertigem Lesegut *crianzas,* die ebenfalls in französischer Eiche reifen. Sollte sich Tacoronte-Acentejo auf dem internationalen Markt nicht behaupten können, dann liegt es sicher nicht an mangelndem Engagement. Die Zeichen stehen gut.

Wichtige Erzeuger

AFECAN, Tegueste. *Gegründet 1990.* Die kleine, moderne, gut ausgestattete Bodega bewirtschaftet 4 ha und bereitet *jóvenes* in Weiß und Rot, die als El Lomo auf den Markt kommen. Man hat zwei sehr gute Weiße im Angebot, die beide aus 90 % Listán blanco gekeltert und in Edelstahl bzw. im Fass vergoren werden. *Beste Weine:* zwei Rote, von denen der eine (80 % Listán negro/15 % Negramoll/5 % Listán blanco) nach dem üblichen Verfahren ausgebaut wird, während man den anderen, einen reinsortigen Listán negro, einer *maceración carbónica* unterzieht. Beide schmecken ausgezeichnet.

Flores, La Matanza. *Gegründet 1972.* Eine winzige Familien-Bodega mit 4 ha, die nur einen Roten unter dem Namen Viña Flores herstellt: den sehr angenehmen *joven* (75 % Listán negro/ 22 % Negramoll/3 % Listán blanco).

Insulares Tenerife, Tacoronte.
Gegründet 1992. Diese Gesellschafter-Genossenschaft (SAT) ist der größte Produzent der DO. Unter ihren 375 Anteilseignern befindet sich sogar eine weitere Genossenschaft mit 170 Winzern – die Gesamtzahl der Mitglieder liegt also bei über 550. Sie kultivieren insgesamt 250 ha Anbaufläche und erzeugen rund 5000 hl jährlich. Insulares Tenerife beeindruckt durch makellose Sauberkeit und einen effizienten Betrieb. Die Bodega ist für die doppelte Kapazität der heutigen Produktion ausgelegt und kann ihren Ausstoß bei Bedarf entsprechend erhöhen. Der wichtigste Wein heißt Viña Norte – er gehört zu den besten Tropfen auf den Kanarischen Inseln. Darüber hinaus offeriert man zwei gute Weiße: einen in Edelstahl und einen 3 Monate in Alliers-Eiche ausgebauten Listán negro. Der *rosado* (95 % Listán negro/5 % Negramoll) steht ihnen nicht nach. *Beste Weine:* die drei Roten. Sie werden aus 90–95 % Listán negro und einem Restanteil Negramoll bereitet. Der Viña Norte Tinto ist ein *joven del año* mit einem ausgewogenen Verhältnis zwischen Frucht, Tannin und Säure – ein ausgezeichneter Trunk. Auch eine *maceración-carbónica*-Version ist erhältlich; sie erfreut sich höchster Beliebtheit. Manche Kunden allerdings bevorzugen den Viña Norte Tinto Madera, der 4 bis 5 Monate in Alliers-Eiche liegt. Seit dem 96er Jahrgang gibt es eine äußerst viel versprechende rote *crianza* mit 6-monatigem Ausbau in Eiche. Die Bodega ist beispielgebend für alle anderen Erzeuger in der DO.

La Isleta, Tejina-La Laguna.
Gegründet 1869. Ein weiteres kleines Familienunternehmen mit 12 ha Anbaufläche und einem Ausstoß von rund 500 hl. Man stellt rote und weiße *jóvenes* aus Listán blanco und Listán negro her. Sie stellen gute Qualität unter Beweis, wobei die Roten eine Spur besser ausfallen.

Monje, El Sauzal.
Gegründet 1956. Der Familie Monje gehören 14 ha Rebfläche. Sie bereitet 600 hl Wein pro Jahr. Das Gros ist rot, im Programm hat man aber auch Weiße, *rosados* und etwas *dulce*. Die Weine werden zum Teil noch immer in traditionellen *lagares* aus Stein über dem alten Fasskeller bereitet. Die Bodega ist zwar klein, übt aber einen beträchtlichen Einfluss auf die Weinszene der DO aus, da man um gute Arbeit bis ins Detail und qualitätsvolle Produktion bemüht ist. Die Bodega hat auf internationalen Verkostungswettbewerben seit 1977 immer wieder Auszeichnungen gewonnen. Die Angebotspalette umfasst im Wesentlichen vier Weine. Der Dragoblanco ist ein angenehmer weißer *joven* aus Listán blanco. Den *rosado joven* aus Listán negro nennt man Bibiana. *Beste Weine:* die Roten. Der Monje Tinto *joven* (80 % Listán negro/15 % Listán blanco/ 5 % Negramoll) wird für kurze Zeit im Fass ausgebaut. Und den ausgezeichneten Hollera Monje aus Listán negro unterzieht man einer *maceración carbónica*; bei internationalen Verkostungen räumt er regelmäßig Preise ab. Dann hat man noch einen älteren Tropfen namens Monje d'Autor im Sortiment. Dieser erste vollwertige *crianza* des Hauses ist aus denselben Trauben verschnitten wie der *joven* und wird 10 Monate in Eiche ausgebaut.

La Palmera, El Sauzal.
Gegründet 1969. Eine weitere kleine Bodega mit 43 ha Rebfläche. Sie bringt gute weiße und rote *jóvenes* namens La Palmera auf den Markt, von denen manche sogar kurzzeitig mit Eiche in Berührung kommen. Der Weiße besteht aus 90 % Listán blanco und 10 % Malvasía, der Rote ist ein Mix aus 60 % Listán negro, 15 % Negramoll, 10 % Listán blanco, 10 % Gual und 5 % Tintilla.

Die Kirche Santa Catalina in Tacoronte. Die DO Tacoronte-Acentejo ist das größte Weinbaugebiet auf den Kanarischen Inseln.

Ycoden-Daute-Isora

Der Teide auf Teneriffa. Als die alten Guanchenstämme Ycoden, Daute und Isora die Insel bevölkerten, spie der heute erloschene Vulkan vermutlich noch Feuer und Asche.

Ycoden, Daute und Isora hießen drei Guanchenstämme, die vor der Ankunft der Konquistadoren auf den Kanaren lebten. So bleiben die Ureinwohner heute durch eine DO-Bezeichnung in Erinnerung, obwohl sie Wein vermutlich überhaupt nicht kannten. Die ersten Reben wurden nämlich erst von den Spaniern auf die Kanaren gebracht.

Die *Denominación de Origen* umfasst neun Städte und Dörfer an der Westspitze Teneriffas zwischen Guía de Isora und La Guancha. Als das Anbaugebiet noch eine *Vino-de-la-Tierra*-Zone war, herrschte zwischen den Kellereien eine harte Konkurrenz. Man stritt viel darüber, welche Bodega denn nun die beste sei. Mit der Verwendung der alten Stammesnamen für eine DO-Zone war jedoch jedermann glücklich.

Interessanterweise scheint neben einem seltsamen Feriendorf an der Küste die einzige Touristenattraktion in dieser Gegend der berühmte Drachenbaum in Icod de los Vinos zu sein. Das einem riesigen Brokkoli ähnelnde Gewächs beherrscht das Zentrum der Stadt. Die Art ist überaus selten und außer auf den Kanarischen Inseln nur noch an der afrikanischen Küste anzutreffen. Lediglich alle acht Jahre treibt ein neuer Ast an ihm aus. Man schätzt das Alter des Baums auf mehrere tausend Jahre. Ein anderes Exemplar bei Orotava soll sogar rund 10 000 Jahre alt sein.

Geografie und Klima

Entlang der Küste werden die Stöcke in Sandböden kultiviert; weiter landeinwärts enthält der Untergrund mehr Lehm über dem allgegenwärtigen Vulkangestein. An den Hängen des Teide wachsen die Reben in 200 bis 1000 Meter Höhe.

Die DO ist die heißeste und niederschlagsreichste Ecke der Insel. Sie liegt geschützt vor den austrocknenden Winden aus dem Süden und steht gleichzeitig unter dem Einfluss der *alicios*, der feuchten Brisen aus dem Westen. Den Reben steht daher ausreichend Flüssigkeit zur Verfügung. Das gemäßigt heiße Klima begünstigt den Anbau weißer Rebsorten, deshalb kennt man die DO Ycoden-Daute-Isora auch vorwiegend wegen ihrer Weißweine.

Rebsorten

Rangerste unter den Trauben der Zone ist die Listán blanco, auf die rund 70 Prozent des Rebbestands entfallen. Die Listán negro nimmt 20 und die Negramoll fünf Prozent der Anbaufläche ein, die restlichen fünf Prozent müssen sich Gual, Malvasía, Vijariego, Moscatel, Bermejuela, Forastera, Sabro, Pedro Ximénez, Torrontés und Verdello (Weiße) beziehungsweise Malvasía rosada, Moscatel negro, Tintilla und Vijariego negro (Rote) untereinander aufteilen.

Man setzt in Ycoden-Daute-Isora auf moderne Weinbereitung. Der Bereich ist nach Tacoronte-Acentejo der zweitgrößte Produzent auf den Kanaren. Die meisten Häuser arbeiten mit Edelstahltanks, Temperaturregelung und dem sonst üblichen Arsenal an neuester Kellertechnik. Trotzdem aber haben sich ein paar *artesanal* arbeitende Bodegas gehalten und seit einiger Zeit erlebt die Fassgärung sogar so etwas wie ein Comeback. Man tastet sich jedoch erst ganz langsam an die *crianza* heran: Bislang bauen zwei Güter ihre Weine regelmäßig in Eiche aus und man muss erst noch sehen, was daraus wird.

Vinifikation und Weinstile

Welche Methoden man auch immer anwendet, die Weine geraten exzellent – vor allem die Weißen aus Listán, denen man zuweilen ein Quäntchen teurerer Trauben hinzufügt, um ihnen noch mehr Format zu geben. Einige dieser Tropfen werden im Fass vergoren, die meisten allerdings verlassen die Bodegas als *jóvenes*. Auf Teneriffa scheint es eine Art stillschweigendes Übereinkommen zu geben, wonach Tacoronte-Acentejo die besten Roten und Ycoden-Daute-Isora die vorzüglichsten Weißen bereitet. Beim jährlichen Festessen des *consejo regulador* würde es zwar niemand wagen, so etwas zu behaupten, ganz von der Hand zu weisen ist es jedoch nicht.

Die *rosados* machen rund 15 und die Roten etwa 20 Prozent der Gesamtproduktion aus. Die für kanarische Verhältnisse beachtliche Größe der Betriebe, die gute, verlässliche Grundqualität der Weine und der unstillbare Durst der Touristenindustrie deuten auf eine viel versprechende Zukunft für die DO Ycoden-Daute-Isora hin. Ob man eines Tages allerdings auch im Exportgeschäft mitmischen kann, ist eine andere Frage.

Wichtige Erzeuger

Cueva del Rey, Icod de los Vinos.
Die Bodega ist winzig, ihr Besitzer jedoch geht mit solcher Begeisterung zur Sache, dass man sie einfach erwähnen muss. Fernando González arbeitet als Englischlehrer und baut in seiner Freizeit in 11 kleinen Glasfasertanks 250 hl Wein aus. Die Temperaturregelung erschöpft sich in einem Aggregat aus einer alten Kühltruhe. González hat es an einen mit Kaltwasser gefüllten Behälter im daneben liegenden Raum angeschlossen, wo die Roten bei etwas höheren Temperaturen als üblich vergoren werden. Ein Teil seiner Trauben reift im ehemaligen Küchengarten heran, den Rest kauft er etwas zu früh gelesen ein. Die alten Ställe wurden in ein Privatmuseum über die Familie González umfunktioniert, dessen Pforten der rührige Kleinstwinzer jedem öffnet, der vorbeischaut, um ihm seine Weine abzukaufen. Mit seinen kleinen Tanks und der sorgfältigen Bereitung ist er weitaus flexibler als größere Bodegas und zieht deshalb aus Experimenten sofort optimalen Nutzen. Seine Weine – durchweg *jóvenes* – sind meist gut und gelegentlich sogar ausgezeichnet. González offeriert einen beeindruckenden Weißen aus der Listán blanco, der die frische, saubere pflanzliche Note der Traube hervorkehrt, ohne ausdrucksarm zu sein. Der *rosado* wird vorwiegend aus Listán negro gekeltert und einen Tag lang einer Kohlensäuremaischung unterzogen, um die Frische zu bewahren. Der Rote schließlich ist das Musterbeispiel eines reifen, warmen Listán negro. Falls der Mann je Geld zum Investieren in die Finger bekommt, wird er in der DO sicher für Furore sorgen.

La Palmita, Icod de los Vinos.
Gegründet 1992. Ein weiteres kleines Gut, das 2,5 ha bewirtschaftet und aus eigenem sowie zugekauftem Lesegut 500 hl Wein keltert. Die Erzeugnisse gelangen als *jóvenes* in allen drei Farben in Umlauf, wobei Listán blanco und negro sowie Negramoll die vorherrschenden Sorten sind.

Viña Donia, Icod de los Vinos.
Die Genossenschaft aus 125 Mitgliedern verfügt über 600–650 ha Weingärten und zahlt eine Prämie für das beste Lesegut. An der Tür hängt ein Schild, mit dem man sich *plataneros* fern hält (siehe S. 204). Der Schwerpunkt liegt auf Weißweinen. Man setzt moderne Kellertechnik ein. Kurz vor der Lese des 96er Jahrgangs erweiterte man die Anbaufläche. Der jährliche Ausstoß liegt bei 1500 hl mit steigender Tendenz. Alle Weine kommen als *jóvenes* in den Handel. Der einfache Weiße ist ein guter, frischer, lebendiger Listán blanco; darüber hinaus offeriert man einen klassischen reinsortigen Vijariego im reinsten kanarischen Stil und eine viel versprechende Versuchs*cuvée*. Faszinierend der *aguja*, ein leicht perlender Weißer aus Listán blanco. Der *rosado* ist ein sehr angenehmer Verschnitt aus 80 % Listán negro und 20 % Listán blanco, die zusammen in einer pneumatischen Presse gekeltert werden und 12 Stunden lang an der Maische liegen. Den Roten bereitet man aus einem weichen, fruchtigen Mix mit 95 % Listán negro und 5 % Negramoll.

Viña La Guancha, La Guancha.
Eine der wenigen Bodegas, die echte Fortschritte bei der Bereitung roter *crianzas* macht. Sie hat in eine moderne Ausrüstung investiert und nimmt die Kellerkunst sehr ernst. Ihre Weine gelangen unter dem Markennamen Viña Zanata in Umlauf. Darunter ist ein guter weißer *joven* aus Listán blanco, der hier nicht so ausdrucksschwach ausfällt, wie es in anderen Regionen oftmals der Fall ist. *Bester Wein:* die rote *crianza,* die 8 bis 10 Monate in Alliers-Eiche liegt und einen ausgezeichneten Stil sowie eine beachtliche Länge unter Beweis stellt. Andere Erzeuger sollten sich dieses Gewächs zum Vorbild nehmen. Eine Bodega, die man im Auge behalten muss.

Viñátigo, La Guancha.
Gegründet 1990. Ein Familienunternehmen, das weitaus älter ist, als das offizielle Gründungsdatum vermuten lässt. Es verarbeitet vorwiegend eigenes Lesegut, das man aus den hauseigenen, rund 500 m hoch gelegenen Rebflächen in unmittelbarer Umgebung der Bodega holt. Das Sortiment umfasst drei Weiße, alles *jóvenes* aus Listán blanco: ein trockenes Erzeugnis, einen *semiseco* und einen sehr guten, ordentlich gemachten, im Fass vergorenen Viñátigo Tradicional. Dieser ist im postmodernen Weinstil gefertigt, der eine feste Anhängerschar hat. *Beste Weine:* der einfache, trockene Weißwein gehört zu den Spitzenreitern der Region. Er beweist, dass man aus Listán blanco frische, charaktervolle Tropfen mit dem richtigen Säuremaß keltern kann, wenn man sich nur dahinter klemmt. Der beste Rote ist ein Verschnitt aus 75 % Listán negro und 25 % Negramoll, den man einer *maceración carbónica* unterzogen hat. Alle Erzeugnisse fallen in der Regel ausgezeichnet aus.

Der berühmte Drachenbaum von Icod de los Vinos, der mehrere tausend Jahre alt sein soll.

Valle de Güímar

Wichtige Erzeuger

Valle de Güímar Cooperativa, Güímar. *Gegründet 1991.* Der größte Produzent der Zone. Die Genossenschaft bereitet einige beachtliche Weine, die Brumas de Ayosa genannt werden. Man bietet zwei weiße gute *jóvenes* aus der Listán blanco an, eine trocken vergorene Version und einen *semiseco*.

Viña El Machado, Güímar. *Gegründet 1987.* Eine winzige, aber engagierte Bodega mit 0,5 ha Fläche, die mit zugekauftem Lesegut auf 50 hl jährlich kommt. Sie ist typisch für die vielen kleinen Erzeuger in der DO. Unter dem Markennamen Viña Melozar bringt man leidliche Weine unter die Leute.

Wenn man auf dem südlichen Flughafen von Teneriffa, dem Aeropuerto Reina Sofia, landet und anschließend auf der *autopista* TF-1 Richtung Santa Cruz fährt, kommt man durch die ehemalige VdlT-Zone Abona-Valle de Güímar. Sie reichte einst bis an die Stadtgrenzen von Santa Cruz. Heute umfasst der Bereich zwei DOs: Abona im Süden der Insel und Valle de Güímar um die beiden Städte Arafo und Güímar zwischen Los Cristianos und Santa Cruz.

Das Tal, das der Zone seinen Namen gab, verläuft vom Gebirge im Landesinneren bis fast zur Küste. Es ist sehr fruchtbar und dicht mit Bananen, Tomaten, Kartoffeln und Weinreben, den wichtigsten landwirtschaftlichen Erzeugnissen der Region, bepflanzt. Die DO umfasst elf Städte und Dörfer entlang der Küste, von denen viele schon seit mindestens hundert Jahren Wein anbauen, wenn auch in sehr kleinem Maßstab.

Die Rebflächen liegen in 200 bis 1400 Meter Höhe. An den niedriger gelegenen Hängen wachsen sie in schwerem, fruchtbarem Untergrund, weiter oben überwiegen vulkanische Unterböden. Man kultiviert die klassischen kanarischen Reben: Listán negro, Negramoll und Tintillo, die man zu Roten verarbeitet, sowie Listán blanco, Malvasía, Moscatel, Gual und Vijariego, aus denen man Weißweine keltert.

Vinifikation und Weinstile

Obwohl die meisten Erzeuger in der Do Valle de Güímar mit einer durchschnittlichen Betriebsgröße von nur einem Hektar relativ klein sind, setzt man im Allgemeinen eine moderne Kellertechnik ein. Der Weinstil ist nicht viel anders als in den restlichen Zonen auf Teneriffa, schließlich beliefert man fast den gleichen Markt.

Es werden vorwiegend weiße *jóvenes* aus Listán blanco bereitet, daneben findet man noch Süßweine aus verschiedenen Anteilen Malvasía und Moscatel. Auch einige *rosados* und Rote entstehen in der DO. Man versucht sich sogar an einer Vergärung im Fass und einem Ausbau zur *crianza*.

Valle de la Orotava

Wichtige Erzeuger

El Mocán, Los Realejos. Das Familienunternehmen bewirtschaftet 6 ha und hat seine Kellertechnik teilweise modernisiert. Die Produktionsmenge liegt bei 400 hl pro Jahr. *Beste Weine:* die süßeren Weißen aus Listán blanco, darunter ein guter *joven semiseco* und ein ausgezeichneter *dulce* mit 15 % Alkohol aus edelfaulen Trauben.

Valle de la Orotava Cooperativa, La Perdoma-La Orotava. *Gegründet 1988.* Eine Genossenschaft mit 120 ha Anbaufläche und einem Ausstoß von 6000 hl. Markenname: Gran Tehyda. Man bereitet Weiße in einer trockenen und lieblichen Version aus der Listán blanco sowie *rosados* und Rote aus der Listán negro, alles *jóvenes*.

Orotava ist eine liebenswerte alte Stadt im Kolonialstil. Sie liegt an der Nordwestküste Teneriffas. Heute ist ihre Umgebung für den Fremdenverkehr erschlossen, doch früher gehörte die Gegend zu den ersten Weinbaugebieten. Kurz nachdem die Insel im 15. Jahrhundert von den Spaniern in Beschlag genommen wurde, pflanzte man hier schon die ersten Rebstöcke. Der Tourismus und der Bananenanbau haben die Anbauflächen zwar schrumpfen lassen, doch die Anerkennung als DO zeigt, dass die alte Weinindustrie noch lange nicht am Ende ist.

Zur DO mit ihren ringförmig um die Stadt Orotava angelegten Weinbergen zählen auch die Nachbarorte Los Realejos und Puerto de la Cruz. Die Reben wachsen an Berghängen in 200 bis 800 Meter über dem Meeresspiegel in Vulkansandböden über Lavagestein. Die Niederschlagsmenge ist hier etwas geringer als auf der anderen Seite der Insel, doch die feuchten Westwinde *alicios* bewässern die Stöcke durch *precipitaciones horizontales*, «horizontalen Regen». Dabei bildet sich Kondenswasser, das den Wurzeln als Nährflüssigkeit zur Verfügung steht.

Auch hier wachsen alle bevorzugten kanarischen Reben. Die wichtigste rote Traube ist die Listán negro, während bei den weißen Listán blanco und Gual dominieren. Auf die beiden Listán-Sorten entfallen 90 Prozent des Rebbestands, wobei die Weißweine knapp zwei Drittel der Produktion ausmachen. Zugelassen sind ferner Malvasía rosada, Tintilla, Vijariego negro und Negramoll für Rote und *rosados* sowie Malvasía, Verdello, Vijariego und Torrontés für Weiße. Die Stöcke werden auf recht ungewöhnliche Weise erzogen: Man führt sie an Pergolen etwa 60 Zentimeter über dem Boden entlang.

Gekeltert werden vorwiegend trockene weiße und leichte, fruchtige rote *jóvenes*. Man fertigt jedoch auch süßere Tropfen aus edelfaulen Trauben. Mit einem Ausbau in amerikanischer Eiche bis *crianza*-Niveau wird bereits experimentiert, doch diese Methode steckt noch in den Kinderschuhen. Die gesamte Produktion gelangt auf den einheimischen Markt. Dadurch werden die Bodegas zwar zu Qualitätskontrolle und Modernisierung gezwungen, für die Erschließung eines Exportmarkts indes reicht das noch nicht.

El Monte

Die DO El Monte erstreckt sich über die gesamte Insel Gran Canaria, obwohl alle Rebflächen in den einstmals als Santa Brígida und San Mateo bekannten Zonen im Nordosten der Insel sowie in einem halbkreisförmigen Anbaugebiet um die Hauptstadt Las Palmas liegen.

Die rund 450 Hektar Weinberge verteilen sich auf 15 Städte und Dörfer. Sie sind in *barrancos* und an Berghängen in vulkanischen Böden auf 300 bis 800 Meter Höhe angelegt. Die besten Anbauflächen findet man zwischen La Caldera de Bandama und Monte Lentiscal, wo auch der berühmteste Wein der Insel, der «rote Bergwein», heranreift.

Man kultiviert eine Vielzahl von Rebsorten, die wichtigsten sind Listán negro – hier heißt sie Negro común –, Breval, Malvasía, Moscatel, Pedro Ximénez, Mulata (Negramoll), Malvasía rosada und Vijariego. Als Zweitsorten verwendet man Albillo, Marmajuelo, Forastera, Gual, Listán blanco, Torrontés, Verdello, Moscatel negro, Tintilla und Vijariego negro.

Der bekannteste Rote der Kanaren ist der *tinto del monte* oder «Bergwein»: ein erstaunlich kraftvoller *joven* mit 12 bis 13,5 Prozent Alkohol. Man bereitet ihn aus der Negro común und trinkt ihn auf der ganzen Insel mit Begeisterung. Diesem Tropfen verdankt El Monte übrigens auch den *Denominación-de-Origen*-Status.

In höheren Lagen erbringt die Negro común hellere, dünnschaligere Trauben, die man oft zu angenehmen, erfrischenden, leichten *rosados* verarbeitet. Daneben erzeugt man auch einige weiße *jóvenes* aus Breval und Listán blanco. Die Weine passen hervorragend zum örtlichen Klima und der Gastronomie der Insel – von der Fremdenverkehrsindustrie ganz zu schweigen.

Da Gran Canaria zu den Kanaren gehört, darf natürlich ein *dulce* nicht fehlen. Er wird entweder aus der Moscatell-Traube bereitet und weist dann einen natürlichen Alkoholgehalt von etwa 15 Prozent auf oder kommt als gespriteter *vino de licor* aus Malvasía und anderen Sorten in den Handel. Die Gesamtproduktion der DO ist gering, deshalb wird man Gran-Canaria-Weine bis auf weiteres wohl kaum außerhalb der Inselgruppe antreffen.

Wichtige Erzeuger

San Juan del Mocanál, Santa Brígida. Die einzige einheimische Bodega mit einer nennenswerten Größe. Die meisten auf der Insel erhältlichen Weine, die nicht «ab Bodega» verkauft werden, stammen aus diesem Haus. Man offeriert ausschließlich *jóvenes,* darunter einen Weißen (80 % Breval/20 % Listán blanco), einen *tinto del monte* (100 % Negro común) und einen *dulce* (100 % Moscatel). *Bester Wein:* Der Rote ist ganz annehmbar.

Der majestätische Gipfel des Teide, von Mes del Mar an der Nordküste von Teneriffa aus gesehen. Hier wachsen noch in 1400 Meter Höhe Reben.

Lanzarote

Lanzarote ist ein Erlebnis. Man fühlt sich wie in eine andere Welt versetzt: Boden und Gestein sind tiefschwarz. Die Reben hat man in Mulden gepflanzt oder durch halbkreisförmige Mäuerchen vor den ständigen Winden geschützt. Auf der *ceniza,* Asche, wächst weder Unkraut noch sonst eine Pflanze; die Landwirte müssen mancherorts bis zu 60 Zentimeter tief graben, bis sie auf fruchtbaren Boden mit ausreichender Feuchtigkeit stoßen.

Im Zentrum von Lanzarote liegt der Nationalpark Timanfaya, ein Stück Erdgeschichte aus dem 18. Jahrhundert. Über 30 Vulkane gibt es auf der Insel, einige davon sind noch nicht erloschen; sie grollen und rauchen von Zeit zu Zeit bedrohlich, als wollten sie eine neuerliche Eruption ankündigen. So brach 1730 auf Lanzarote ein Vulkan aus und spie sechs Jahre lang Magma. Als er schließlich erkaltete, war die ganze Insel mit schwarzer Asche überzogen. In der Inselmitte hatte sich eine Landschaft aus massiver schwarzer Lava mit Bergen, Tälern, Felsformationen und Höhlen gebildet – alles pechschwarz.

Die Fremdenverkehrsbehörden erklärten die Region zum Nationalpark und bauten nur eine einzige Straße hindurch. Das Schutzgebiet gehört zu den kleinsten, aber auch großartigsten Naturdenkmälern seiner Art in Europa. Zwar ist die Lava schon längst erkaltet, dennoch meint man, der Ausbruch habe erst gestern stattgefunden, denn selbst nach fast 300 Jahren wächst auf der Insel kaum ein Grashalm.

Klima und Weinbau

Mit der Lava kam der Rebbau. Vulkanböden sind sehr fruchtbar und die darauf liegende Asche verhindert gleichzeitig das Austreiben der vom Wind herangetragenen Unkrautsamen. Nach dem großen Knall gediehen die Weinstöcke ausgezeichnet, der Wind allerdings blieb ein Problem. Die *alicios* sind nicht besonders kräftig, aber heiß, feucht und gnadenlos, denn sie lassen die Trauben an den Stöcken verdorren. Deshalb gruben die Weinbauern Mulden in die Asche oder bauten *abrigos,* Schutzmauern, um die Reben. Natürlich mussten die Pflanzen dazu in gehörigem Abstand voneinander stehen – ertragsarme Sorten erbringen hier also noch weniger Lesegut. Doch der Weinbau ist überall auf den Kanaren ein Kampf.

Lanzarote liegt als östlichste Insel nur etwa hundert Kilometer von Afrika entfernt und hat das wärmste, trockenste Klima der gesamten Inselgruppe. Die jährliche Niederschlagsmenge liegt bei lächerlichen 150 Millimetern; jeder Tropfen Regen muss von der Asche gespeichert werden.

Die DO erstreckt sich zwar über die ganze Insel, wird aber trotzdem noch in drei Subzonen unterteilt: La Geria im Süden um die Stadt Yaiza, Tinajo/San Bartolomé in der Mitte und Haría-Ye im Norden. Große Unterschiede zwischen den Weinen aus diesen drei Bereichen gibt es eigentlich nicht. Und auch die Probleme der Weinbauern sind im Wesentlichen dieselben. Geringe Erträge, hohe Kosten und die Entfernung dieser einzigartigen, fast schon außerirdisch anmutenden Insel vom Festland machen Exporte unwahrscheinlich.

Rebsorten

Auf Lanzarote baut man erst seit etwa 1735 Wein an, während man auf den meisten anderen Inseln schon im 15. Jahrhundert damit begann. Listán negro – hier als Negro común bekannt – und Negramoll sind wie überall auf den Inseln die wichtigsten Rebsorten für die Rotweinerzeugung. Die Weißen bereitet man aus Listán blanco und Malvasía. Daneben werden noch die kanarischen Trauben Diego und Burra blanca kultiviert. Für Süßweine verwendet man die Moscatel.

Die besten Qualitätsweine keltert man aus Trauben von bis zu hundert Jahre alten Rebstöcken; ihre Erträge liegen noch ein Stück unter dem sowieso schon mageren Durchschnitt. Ein Hektar Anbaufläche auf Lanzarote erbringt in normalen Jahren zehn bis 15 Hektoliter Wein. Zum Vergleich: In der knochentrockenen Ebene von La Mancha kommt man auf 25 Hektoliter pro Hektar.

Da den Touristen der Sinn nach *jóvenes* steht, sind die jungen Tropfen auf dem Vormarsch. Trotzdem spielen Süßweine noch eine wichtige Rolle: Über die Hälfte der Weißen auf der Insel kommen als süße Moscatel oder Malvasía auf den Markt. Sie haben entweder einen hohen natürlichen Zuckergehalt oder werden als gespritete *vinos de licor* mit bis zu 22 Prozent Alkohol verkauft. Die *jóvenes* für die Tourismusindustrie sind weiß, rosé oder rot und können zuweilen sogar als *semisecos* in den Regalen stehen. Selbst ein bisschen Schaumwein stellt man auf Lanzarote her, er ist allerdings nicht für die *Denominación de Origen* zugelassen.

Auf der Insel wird viermal mehr Wein konsumiert als erzeugt, man ist also nicht auf Exporte angewiesen, auch wenn einige Flaschen durchaus ins Ausland gelangen. Die Bars und Restaurants entlang der schwarzen Strände werden wohl weiterhin die Hauptabnehmer von Weinen aus Lanzarote bleiben.

Wer etwas tiefer in die Weinlandschaft der Kanarischen Inseln vordringen will, reist in ein Städtchen namens Teguise etwa zwölf Kilometer nördlich von Arrecife und geht dort in ein Geschäft namens La Bodeguita del Medio. Jesús López, der Besitzer, ist ein eifriger Förderer kanarischer Tropfen und Speisen. Sein Weinsortiment gehört zu den besten auf den Kanarischen Inseln.

Wichtige Erzeuger

Barreto, San Bartolomé.
Gegründet 1950. Diese Bodega bewirtschaftet rund 35 ha Anbaufläche auf der Insel und betreibt eine teilweise modernisierte Kellerei, in der Edelstahlgärtanks neben traditionellen kunststoffverkleideten Betonbottichen für die Lagerung stehen. Die hier erzeugten Weine sind alle weiß und süß. Man verarbeitet Moscatel- oder Malvasía-Trauben und bringt die Weine unter der Bezeichnung Campesino in Umlauf. *Bester Wein:* Der Malvasía von Barreto ist ein überaus angenehmer Trinkgenosse.

El Grifo, San Bartolomé.
Gegründet 1775. Lanzarotes beste Bodega ist in ihrer heutigen Form seit 1980 aktiv. Sie betreibt stolz ein eigenes Weinmuseum. Die nagelneue Kellerei ist mit topmoderner Edelstahltechnologie ausgestattet. Auf den 40 ha hauseigener Fläche wachsen größtenteils Malvasía und Moscatel. Die Jahresproduktion liegt bei 4500 hl und umfasst auch *jóvenes* in Weiß, Rosé und Rot. Der Weiße (90 % Malvasía/10 % Listán blanco) gerät leidlich. Im Sortiment führt man ferner trocken ausgegorene, liebliche und im Fass fermentierte Malvasía-Weine. Auch ein Roter findet sich; er wird in geeigneten Jahren zur *crianza* ausgebaut. Und sogar einen nach dem *método tradicional* erzeugten Schaumwein hat man im Programm. Er sieht einer viel versprechenden Zukunft entgegen, braucht allerdings noch einigen Schliff. *Bester Wein:* Klassische, süße Weißweine («Canary Sack») aus Malvasía – darauf versteht man sich bei El Grifo am besten. Doch in der Bodega steckt noch mehr. Man darf gespannt sein.

Mozaga, Mozaga.
Gegründet 1974. Das Gut stellt 2500 hl Wein unter dem Markennamen Mozaga her. Man offeriert einen weißen *joven semidulce* und eine *crianza* aus Malvasía, einen reinsortigen Diego *reserva,* einen *rosado semiseco* sowie Rote in den Ausführungen *joven* und *crianza* aus Listán negro, eine *dulce-crianza* aus Malvasía und eine *dulce-gran reserva* aus der Moscatel-Traube. Die Experimentierfreudigkeit lässt den Willen zum Erfolg erkennen. Auch dieses Gut sollte man im Auge behalten. *Bester Wein:* der weiße *joven semiseco*.

Weinbau à la Lanzarote: Die Weinbauern graben Mulden (*hoyos*) oder bauen Steinbarrieren (*abrigos*) um die Stöcke, damit die Reben windgeschützt stehen.

Landweine in Andalusien und auf den Kanaren

Andalusien

VdlT Cádiz.
Diese Landweinzone wurde eingerichtet, um die überschüssigen Sherry-Trauben zu verwerten. Man keltert aus ihnen einen trockenen weißen *joven afrutado*. Die Beeren dafür werden früh gelesen, damit sie noch reichlich Säure aufweisen. Man serviert den Wein gekühlt in den Fischrestaurants von Puerto de Santa María und Sanlúcar de Barrameda. Wichtigste Traube ist die Palomino, als Zweitsorten kultiviert man unter anderem Moscatel de Chipiona, Mantúa und Perruno.

Der VdlT-Bereich ist mehr oder weniger deckungsgleich mit der DO Jerez. Ihm gehören 10 Städte an, darunter Jerez, Puerto, Sanlúcar, Trebujena, Chipiona, Chiclana und Arcos. Man diskutiert noch immer, ob ausschließlich aus der Moscatel-Traube gekelterte Weine und insbesondere die *mistelas* (eine Mischung aus unvergorenem Traubensaft und Weingeist) den Status der DO Jerez erhalten oder dieser VdlT zugeordnet werden sollten. In beiden Zonen sind jedenfalls nur Weißweine zugelassen.

Wichtige Erzeuger

Barbadillo, Sanlúcar de Barrameda.
Der Castillo de San Diego aus 100 % Palomino gehört zu den besten Tropfen der VdlT.

VdlT Contraviesa-Alapujara (Granada).
Dieser 7000 ha große Bereich umfasst 13 Orte entlang eines Großteils der Küste von Granada und im Hinterland von Almuñécar. Er grenzt im Nordwesten an die VC-Zone Lopera. Einst nannte man ihn Costa-Albondón. Kultiviert werden vorwiegend Garnacha tinta, Jaén blanco (90 % der Rebflächen), Mantúa, Pedro Ximénez, Tempranillo und Vigiriega (Vijariego); als Zweitsorte fungiert Perruno. Der VdlT-Status gilt für Weiße, Rosés und Rote, traditionell aber dominiert hier der klassische alte Ostküsten-*rancio*. Er bleibt viele Jahre lang im Fass und wird offen verkauft. Die Einheimischen schätzen ihn, als Exportwein allerdings wird er kaum Karriere machen. Ein geringer Anteil herkömmlicher Weine wird von ambitionierteren Bodegas gefertigt, die vielleicht einmal einen überregionalen Verkauf anstreben. Dafür muss allerdings noch viel getan werden.

VC Laujar (Almería).
Die Region setzt sich aus drei Städten um Laujar zusammen. Es werden rund 400 ha Rebfläche kultiviert. Auf ihr wächst offiziell nur die Jaén-blanco-Traube, die man zu Weißweinen mit einem Mindestgehalt von 13,5 % Alkohol verarbeitet. In der Praxis aber baut man auch noch die Airén an und fertigt leichte Rote aus der Jaén negro. Die Produktion ist ländlich-bäuerlich geprägt; kein einziger Erzeuger füllt in Flaschen ab.

VC Villaviciosa (Córdoba).
Dieses Weinbaugebiet besteht aus nur zwei Gemeinden: Espiel und Villaviciosa de Córdoba selbst. Die Produktion wird von einer einzigen Genossenschaft mit 5000 ha Anbaufläche dominiert. Wichtigste Trauben sind die Airén und Pedro Ximénez, dahinter rangiert die Palomino. Aus ihnen keltert man Weißweine.

Wichtige Erzeuger

Gomez Nevado, Villaviciosa.
Diese Bodega fertigt aus 70 % Airén, 20 % Palomino und 10 % Pedro Ximénez Montilla-ähnliche Tropfen von interessanter Qualität. Bester Wein ist der Roble Viejo, ein anständig gemachter «Amontillado».

VC Lopera (Jaén).
Lopera und vier weitere Städte bilden diese Zone, in der offiziell Pedro Ximénez angebaut und Weißwein mit einem Mindestalkoholgehalt von 13 % erzeugt wird. Die Erzeugnisse ähneln Montillas. Die VC umfasst rund 350 ha Rebfläche.

VC Aljarafe (Sevilla).
Hier wachsen zwei der unbekanntesten spanischen Rebsorten, Garrido fino und Zalema (siehe auch Condada de Huelva, S. 186). Aus ihnen bereitet man Weiße. Die etwa 1000 ha große Anbaufläche erstreckt sich zwischen der Stadt Sevilla und der Grenze zur DO Condado de Huelva. Zur VC gehören 22 Gemeinden. Wichtigste Stadt ist Bollullos de la Mitación. Man setzt auf ähnliche Weinstile wie in Condado de Huelva, das heißt, die Erzeugnisse werden aufgespritet und ausgebaut. Nur zwei Bodegas allerdings füllen ihre Weine ab.

Wichtige Erzeuger

Góngora, Villanueva del Ariscal.
Eine kleine Kellerei, die sehr annehmbare, preisgünstige *generosos* und *jóvenes afrutados* in Sherry-ähnlichem Stil erzeugt. Die *generosos* heißen Aljarafe, Pata de Hierro («Finos») und Pedro Ximénez Góngora *(dulces)*. Die *jóvenes* nennt man Marqués de Eliche.

VC Lebrija (Sevilla).
Diese VC besteht einzig und allein aus der Gemeinde Lebrija im Westen der Provinz Sevilla ganz in der Nähe des Nationalparks Coto Doñana. Zugelassen sind Weiße aus Palomino mit der Perruno als Zweitrebe.

VC Los Palacios (Sevilla).
Drei Städte östlich von Sevilla um Los Palacios bilden diesen Bereich. Offiziell werden nur Weiße aus Palomino hergestellt, häufigste Rebe auf den 1400 ha Fläche allerdings ist die Mollar. Ferner kultiviert man Airén und Zalema. Alle Weine werden offen verkauft, das Gros der Mollar-Trauben verarbeitet man zu *mistelas*.

Die Kanaren

VdlT La Gomera (Santa Cruz de Tenerife).
Nachdem El Hierro davongezogen ist und selbst El Monte auf Gran Canaria 1997 die DO-Plakette verliehen bekommen hat, bleibt La Gomera als einzige Insel ohne oberste Weihen. Die VdlT-Zone umfasst sechs Städte und Dörfer mit rund 350 ha Weinbergen im nordwestlichen Teil des Eilands – der gesamten Anbaufläche auf La Gomera. Es dominieren Böden vulkanischen Ursprungs. In den besten Lagen werden die Reben an Spalieren erzogen, in schlechteren Weinbergen hält man sie niedrig. Das Klima ist typisch kanarisch: heiß, trocken und dennoch niederschlagsreich, mit frischen Meeresbrisen.

Die meisten Weine werden als *jóvenes* verkauft; man keltert sie aus einer erstaunlichen Vielzahl von Trauben. Die wichtigsten Sorten sind: Bermejuela, Gual, Malvasía, Moscatel, Torrontés, Verdello, Vijariego, Listán negro und Negramoll. Als zusätzliche Varietäten kultiviert man Forastera, Listán blanco, Pedro Ximénez, Malvasía rosada, Moscatel negro, Tintilla und Vijariego negro. In der Praxis aber hat die Forastera den höchsten Stellenwert. Die meisten Weine sind kräftige Weiße mit bis zu 15 % Alkohol und der für die Kanaren typischen Wärme und subtropischen Note. Man findet jedoch auch einige leichte Rote, denen man oft etwas Weißwein hinzufügt, um sie aufzuhellen.

Drei Bodegas fertigen ordentliche Weine mit einem gewissen Potenzial. Vielleicht darf sich La Gomera bald schon in die Riege der DOs einreihen.

Lesezeit in Andalusien: Unter den Landweinen der Region findet man *jóvenes* ebenso wie *generosos*.

Glossar

Die folgenden Begriffe werden entweder in diesem Buch verwendet oder tauchen auf spanischen Weinetiketten auf.

Adega Das galicische Wort für Bodega.
Afrutado Wein, der speziell bereitet wurde, um das Fruchtelement zu betonen.
Aguja Leicht perlender Tropfen, dem man oft vor der Abfüllung etwas Zucker zusetzt.
Albariza Weißer, stark kalkhaltiger Boden.
Añada Jahrgangswein.
Aperitivo Aperitif.
Arenas Sandböden.
Arrope Eingedickter, zum Süßen verwendeter Traubensaft.
Artesanal In traditionellem Stil von Hand gefertigt.
Autoevacuaciones Kleine, diskusförmige Tanks, die zur Vergärung von Trauben ohne Pressen verwendet werden.
Barrica Ein Fass mit 220–230 Liter Fassungsvermögen.
Barros Lehmböden.
Blanco Weißwein.
Bocoy/Bota Ein 550–600-Liter-Fass.
Bodega (auch Adega, Celler, Cava) 1. Ein oberirdischer Keller 2. Eine Kellerei bzw. ein Wein erzeugendes Unternehmen 3. Ein Weingeschäft 4. Der Weinkeller eines Restaurants.
Bodeguero Vertreter einer Bodega, der der Besitzer, der Kellermeister oder ein anderer Angestellter sein kann.
Cabeceo Die *cuvée* oder der endgültige Verschnitt, die man zusammenstellt, nachdem ein Wein die *solera* durchlaufen hat.
Cava 1. Ein Schaumwein (siehe *espumoso*) 2. Katalanisches Wort für Bodega 3. Ein unterirdischer Keller.
Celler Katalanische Bezeichnung für Bodega.
Consejo regulador Offizielles Gremium zum Schutz, zur Überwachung und zur Förderung einer *Denominación de Origen*.
Criadera Die oberen Fassreihen, in denen Wein im *solera*-System ausgebaut wird.
Cosecha Lese.
Crianza Ausbaustufe eines Weins. Erzeugnisse mit dieser Bezeichnung müssen mindestens sechs Monate in Eiche und ein weiteres Jahr in der Flasche gelegen haben. Rote werden nach zwei Jahren, Weiße und *rosados* nach einem Jahr freigegeben.
Cubo/Depósito Ein in älteren bzw. traditionell ausgerichteten Bodegas verwendeter Holzbottich oder meist mit Kunstharzen ausgekleideter, zuweilen auch gefliester Betonbehälter.
Conjunto de Varias Cosechas (CVC) Ein Verschnitt aus mehreren Jahrgängen.
Denominación de Origen (DO) Qualitätsweinregion.
Denominación de Origen Calificada (DOCa) Höchste Qualitätsstufe. Rioja darf sich seit 1991 DOCa nennen.
Doble pasta Ein körperreicher roter Verschnittwein, der mit der doppelten Maischemenge vergoren wird.
Dorado Die ältere, leicht aufgespritete Version eines *pálido*.
Dulce Süß. Wird für Sirup zum Süßen und gespritete oder ungespritete Süßweine verwendet.
En cabeza Art der Rebenerziehung, bei der der Kopf des Stocks nach unten geneigt wird.
En vaso Art der Rebenerziehung, bei der mehrere aufrecht wachsende Triebe in pokalähnlicher Form angeordnet werden. Französisch *gobelet* genannt.
Enverado Wein aus früh oder sogar noch unreif gelesenen Trauben, um einen hohen Säuregehalt zu erhalten.
Espumoso Schaumwein. Man unterscheidet:
Cava – In der Flasche vergorener Schaumwein aus Trauben, die in der Denominación Cava herangereift sind.
Espumoso método tradicional – In der Flasche vergorener Schaumwein.
Espumoso – Nach dem Transferverfahren hergestellter Schaumwein, der in einer Flasche vergärt, anschließend in einen Drucktank kommt und nach der Filtration unter Druck in die Flasche gefüllt wird.
Granvás – Nach der *cuve-close*-Methode gefertigter Schaumwein, der im Tank vergoren wird und anschließend geklärt sowie mit einer Dosage versehen unter Druck in die Flasche kommt.
Gasificado – Schaumwein, der durch Anreicherung von Stillwein mit Kohlendioxid entsteht.
Fino Der leichteste und feinste Sherry – knochentrocken, hell, delikat.
Flor Eine schwimmende Hefeschicht, die sich auf Fino Sherry und anderen Weintypen bildet und ihnen einen charakteristischen Geschmack verleiht.
Generoso Gespriteter Wein; kommt vor allem als Aperitif oder Dessertwein auf den Markt.
Gran Reserva Mindestens zwei Jahre in Eiche und weitere drei Jahre in der Flasche gereifter Qualitätswein; Rote werden nach fünf, Weiße und *rosados* nach vier Jahren freigegeben.
Joven Ein junger Wein, der nicht oder nur geringfügig ausgebaut und sofort freigegeben wird.
Lagar Steintrog, in dem Trauben zerstampft oder gepresst werden.
Maceración carbónica (Kohlensäuremaischung) Traditionelle Gärtechnik, bei der ungemahlene Trauben in einen mit Kohlendioxid gefüllten Tank kommen. Die Gärung setzt im Inneren der Beeren ein.
Manzanilla Sherry – meist ein Fino – mit einer eigentümlichen, erfrischend salzigen Note, die durch den Ausbau in den Bodegas von Sanlúcar de Barrameda bei Jeez entsteht.
Método industrial Gewerbliche Weinbereitung (im Gegensatz zum *método rural*), ursprünglich mit Korbpressen und Eichenfässern. Wurde zuerst in der DOCa Rioja angewandt.
Método rural Weinbereitungsmethode, bei der die Trauben in Trögen zerdrückt und in offenen Behältern unter ihrer eigenen Kohlendioxidschicht vergoren werden. Entstand in der DO Rioja und wird gelegentlich noch heute angewandt.
Método tradicional Verfahren der Schaumweinherstellung, bei dem eine natürliche Zweitgärung in der Flasche stattfindet.
Oloroso Sherry-Stil. Olorosos sind in jungen Jahren schwerer und weniger brillant als Finos, reifen jedoch zu üppigen, schweren, kraftvollen Tropfen mit knochentrockenem Abgang heran.
Orujo Bezeichnung für Traubenschalen oder Hülsen. Wird auch für Tresterschnaps ähnlich dem französischen *marc* und italienischen *grappa* verwendet.
Pago Einzellage.
Pálido Natürlich alkoholreicher oder leicht gespriteter, heller Weißwein mit wenig Ausbau, oft in einer *tinaja* statt in Eiche.
Palo Cortado Ein trockener, üppiger, weicher und seltener Sherry, der einem Oloroso ähnelt und gleichzeitig manche Charakteristiken eines Amontillado aufweist.
Placa Ein in einen Gärbehälter eingetauchtes Aggregat zur Kühlung des Mosts.
Rancio Ein unter Sauerstoffeinwirkung gealterter Wein, der eine dunkle Farbe und einen «ranzigen» Geschmack annimmt.
Reglamento Bestimmungen, nach denen sich die Weinerzeuger einer *Denominación de Origen* zu richten haben. Die Einhaltung der Vorschriften wird vom *consejo regulador* überwacht.
Reserva Qualitätswein, der mindestens ein Jahr in Eiche und ein Jahr in der Flasche ausgebaut wurde. Rote werden nach drei, Weiße und *rosados* nach zwei Jahren freigegeben.
Roble Eiche.
Rosado Roséwein. Er wird aus roten, nur kurz an der Maische vergorenen Trauben oder einem Verschnitt aus roten und weißen Weinen gekeltert.
Seco Trocken.
Sin cosecha (S/C) Wein ohne Jahrgangsbezeichnung.
Semidulce Lieblich.
Semiseco Halbtrocken.
Solera Ausbauverfahren, bei dem der Wein eine Reihe von Fässern «durchläuft». Wird auch für die unterste Fassreihe eines solchen Ausbausystems verwendet.
Tinaja Ein oft urnenförmiger Behälter, der früher aus Ton gebrannt wurde, heute jedoch meist aus Beton gefertigt und mit Kunststoff ausgekleidet ist.
Tinto Rotwein.
Varietal Wein, der zu mindestens 85 % aus einer einzigen Traube gekeltert ist (der Rest kann aus beliebigen anderen Rebsorten bestehen).
Viejo Alt. Wird für Qualitätsweine verwendet, die mindestens drei Jahre lang ausgebaut werden.
Vendimia Lese bzw. Jahrgang.
Viñero Ein Weinbergbesitzer, Weinbauer oder Arbeiter in einem Weinberg.
Vino Comarcal Tafelwein mit einem gewissen regionalen Charakter. Entspricht in etwa den französischen Klassifizierungen *vin de pays de région* und *vin de pays de département*.
Vino ecológico Auf so natürlichem Wege wie möglich und mit einem Mindestmaß an chemischen Unkraut- sowie Schädlingsbekämpfungsmitteln erzeugter Wein.
Vino de licor Süßer, oft leicht gespriteter, meist weißer, gelegentlich aber auch roter Wein.
Vino de Mesa Wörtlich «Tafelwein». Ein durch Verschnitt von Weinen aus verschiedenen spanischen Regionen hergestellter Wein.
Vino de la Tierra Landwein. Tafelwein, der eventuell bald in den Rang eines Qualitätsweins erhoben wird. Entspricht in etwa der französischen Klassifizierung *vin de pays de zone*.

Statistik: Anbauzonen und Erträge

In der nachfolgenden Tabelle sind für jede Anbauzone die Durchschnittsproduktion, der Maximalertrag und das tatsächliche Ertragsmittel angegeben. Viele DOs, vor allem wenn sie erst 1990 oder danach den DO-Status verliehen bekommen haben, erreichen weder die Höchsterträge, noch steht ihnen die gesamte Rebfläche für Qualitätsweine zur Verfügung. Monterei beispielsweise hat 3000 ha Anbaufläche, doch nur 500 davon konnten 1998 für die Erzeugung von DO-Weinen genutzt werden. Die Durchschnittserträge liegen oft niedrig, weil die Reben auf einem Großteil der Fläche noch nicht ausgewachsen sind. Ein Strich weist auf fehlende statistische Angaben hin. DOs in einer mit (+) gekennzeichneten Region reichen über die jeweilige *autonomía* hinaus.

Denominación de Origen	Autonomía	Erlangung des DO-Status	Anbaufläche in ha	Durchschnittliche Produktion in hl	Maximalertrag in hl/ha	Durchschnittsertrag in hl/ha
Abona	Kanarische Inseln	1996	1053	5000	70	5
Alella	Katalonien	1932	355	4750	45	13
Alicante	Valencia	1957	13159	350000	49	27
Almansa	Kastilien-La Mancha	1966	7600	120000	35	16
Ampurdán-Costa Brava	Katalonien	1975	2977	70000	49	24
Bierzo	Kastilien-León	1989	3475	200000	84	58
Binissalem	Balearen	1991	300	9500	63	32
Bizkaiko Txakolina	Baskenland	1994	56	—	94	—
Bullas	Murcia	1994	2500	45000	56	18
Calatayud	Aragonien	1990	9529	170000	56	18
Campo de Borja	Aragonien	1980	6847	148000	56	22
Cariñena	Aragonien	1932	21597	400000	52	19
Cava	Katalonien (+)	1959	32904	1500000	80	46
Cigales	Kastilien-León	1991	1926	25000	49	13
Conca de Barberà	Katalonien	1989	10150	200000	49	20
Condado de Huelva	Andalusien	1964	6432	400000	70	62
Costers del Segre	Katalonien	1988	4081	115000	65	28
El Hierro	Kanarische Inseln	1996	250	2200	18	9
El Monte	Kanarische Inseln	1997	450	—	—	—
Getariako Txakolina	Baskenland	1990	85	5000	94	59
Jerez y Manzanilla	Andalusien	1933	11624	850000	103	73
Jumilla	Murcia	1966	42300	250000	28	6
La Palma	Kanarische Inseln	1994	883	9620	56	11
La Mancha	Kastilien-La Mancha	1966	178543	750000	85	4
Lanzarote	Kanarische Inseln	1994	3270	28000	35	9
Málaga	Andalusien	1937	830	40000	70	48
Méntrida	Kastilien-La Mancha	1960	12931	100000	42	8
Mondéjar	Kastilien-La Mancha	1997	3000	14000	42	5
Monterrei	Galicien	1996	3000	8000	91	3
Montilla-Moriles	Andalusien	1933	12900	650000	56	50
Navarra	Navarra	1958	13171	550000	56	42
Penedès	Katalonien	1960	26389	1800000	54	68
Pla de Bages	Katalonien	1997	350	—	—	—
Priorato	Katalonien	1954	1820	11000	42	6
Rías Baixas	Galicien	1988	1923	70000	87	36
Ribeira Sacra	Galicien	1997	1550	15000	77	10
Ribeiro	Galicien	1957	3100	225000	91	73
Ribera del Duero	Kastilien-León	1982	11874	450000	49	38
Ribera del Guadiana	Extremadura	1997	3388	82000	45	24
Rioja	La Rioja (+)	1926	50733	2444684	63	48
Rueda	Kastilien-León	1980	6253	140000	56	22
Somontano	Aragonien	1985	3000	73500	63	25
Tacoronte-Acentejo	Kanarische Inseln	1992	938	28000	70	30
Tarragona	Katalonien	1933	18422	450000	59	24
Terra Alta	Katalonien	1985	8171	330000	56	40
Toro	Kastilien-León	1987	3364	30000	63	9
Utiel-Requena	Valencia	1957	39843	1600000	49	40
Valdeorras	Galicien	1957	2700	42500	70	16
Valdepeñas	Kastilien-La Mancha	1964	29212	900000	42	31
Valencia	Valencia	1957	17355	600000	56	35
Valle de Güímar	Kanarische Inseln	1996	529	9000	70	17
Valle de la Orotava	Kanarische Inseln	1996	430	9000	74	21
Vinos de Madrid	Madrid	1990	11758	300000	56	26
Ycoden-Daute-Isora	Kanarische Inseln	1994	875	10500	70	12
Yecla	Murcia	1975	12000	120000	28	10

Register

Kursive Seitenzahlen verweisen auf Bildunterschriften. Bodegas werden unter dem vollständigen Namen aufgeführt, d. h. Antonio Barceló erscheint unter 'A'.

A

B

C

Bildnachweis

Umschlag
Cephas Picture Library/Mick Rock

AKG: 10

Anthony Blake Photo Library:
John Heseltine: 184; John Sims: 185 unten

Bridgeman Art Library/Palacio de Senado, Madrid: 72

Michael Busselle: 31, 50 unten, 51

Cephas Picture Library: Nigel Blythe: 90, 124; Fernando Briones: 18, 30, 38, 42, 44; PA Broadbent: 210; D Burrows: 207, 211; Eric Burt: 130, 212–213; Mick Rock: 6, 11, 12, 16, 17, 19, 20 Mitte, 20 unten, 27, 28, 32–33, 35, 40–41, 45, 48, 54, 56, 57, 60 oben, 61, 63, 64, 66, 67, 82, 92, 93, 94, 95, 96, 98–99, 100, 103, 104, 105, 106–107, 108, 109, 110, 113, 116, 123, 125, 128, 133, 134, 138, 139, 140, 141, 142–143, 145, 147, 148, 150–151, 152, 153, 154, 155, 156, 161, 162, 164, 165, 168, 170–171, 174, 178, 181, 186, 189, 194, 196, 198, 200, 201, 217; Raymond Short: 131, 132; Peter Stowell: 160; Roy Stedall: 49, 158

Corbis UK Ltd.: Michael Busselle: 177; Franz-Marc Frei: 202; Hans Georg Roth: 205; Nik Wheeler: 204

Index Fototeca Especializada en Ilustracion: 24, 37

Pictures Colour Library Ltd.: 182, 206, 209

Janet Price: 4, 43, 52, 53, 79, 87

Peter Wilson: 137, 185 oben, 187

Root Stock/Hendrik Holler: 3, 8-9, 20 oben, 21, 46–47, 58, 59, 70, 73, 74, 76, 77, 80, 81, 84, 85, 86, 88, 89, 97, 117, 118–119, 120, 121, 127, 129, 167, 172–173, 175, 190-191 unten, 192, 197

Scope: Jean Luc Barde: 36, 78, 83, 191 oben, 193;
Michel Gotin: 26; Daniele Taulin-Hommell: 215